Herwig Blankertz

Die Geschichte der Pädagogik

Von der Aufklärung bis zur Gegenwart

Büchse der Pandora

Den Einband gestaltete Peter Großhaus unter Verwendung des Kupferstiches „Der Schulmeister" von Christoph Weigel, 1689.

CIP-Kurztitelaufnahme der Deutschen Bibliothek

Blankertz, Herwig:
Die Geschichte der Pädagogik:
Von der Aufklärung bis zur Gegenwart /
Herwig Blankertz. — Wetzlar:
Büchse der Pandora, 1982
ISBN 3-88178-055-6

Originalausgabe
Ausstattung und Satz: VA Peter Großhaus, Werdorf
Druck und Bindung: Fuldaer Verlagsanstalt

ISBN 3-88178-055-6

FÜR GISEL
ZUM 5.4.1982
VON HERWIG

INHALTSVERZEICHNIS

Nachweis der Abbildungen:
Bernfeld-Archiv: 302; Bildarchiv Marburg: 88, 105, 142; Bildarchiv Preussischer Kulturbesitz: 12, 50, 71, 102, 112, 136, 144, 187, 222 und Titel; Büchse der Pandora: 68, 85, 230, 260, 266, 288; Historia-Photo: 263; Ullstein: 37, 306; Privatbesitz: 264, 268.

VORWORT

Diese Geschichte der Pädagogik ist mit Ausnahme des Kapitels IV aus einem Studienbrief entwickelt, den ich für die Fern-Universität Hagen zu schreiben hatte. Der Versuch, einen Zusammenhang zwischen der Geschichte pädagogischer Theorien, der Schule, der Bildung und des sozialen Systems Erziehung in möglichst einfachen Strukturen vorzustellen, schließt an den Studienbrief an; die fernstudiendidaktische Bearbeitung hingegen habe ich zugunsten einer besseren Lesbarkeit zurückgenommen.

Die Studienbrieffassung lag meinem Tübinger Kollegen Ulrich Herrmann vor. Er hat mir viele wichtige Hinweise und kritische Anmerkungen gegeben. Ich bin ihm zu Dank verpflichtet.

Gisela Blankertz, Jörg Bockow, Michael Heidemann und Hermann-Josef Schlicht haben bei der Literatur- und Bildbeschaffung sowie beim Korrekturlesen geholfen. Hildegard Bredemeier und Brigitte Ehlert hatten die Hauptlast mit dem Schreiben dieses Textes. Ihnen allen danke ich herzlich.

Münster, Frühjahr 1982 *Herwig Blankertz*

SCHULSZENE AUS DER „JOBSIADE“
(Federlithographie von H. Kortum nach dem Gemälde von P. Hasenclever)

EINLEITUNG

SCHRIFTLICHE UND NICHTSCHRIFTLICHE BILDUNGSWEGE

Diese Geschichte der neueren Pädagogik beginnt mit einer Vorbemerkung gleichsam außerhalb des Themas. Es müssen einige Hinweise zu der Struktur der von der Aufklärung vorgefundenen Bildungswege gemacht werden, weil die Aufklärung auf pädagogischem Gebiet mit einer Kritik der überlieferten Erziehung anhob. Diese Kritik ist nur verständlich, wenn man weiß, gegen wen und was sie sich richtete. Die Kennzeichnung als Einleitung hat aber noch einen weiteren Sinn. Das Kapitel über die Bildungswege des Mittelalters ist nicht, wie die dann folgende Darstellung der Pädagogik vom 17. bis 20. Jahrhundert, aus dem Selbstverständnis der Zeit heraus entwickelt und von daher in einen Beurteilungshorizont versetzt worden, sondern es ist aus der Fragehaltung der Aufklärung geschrieben. Die Aufklärung war an einer umfassenden Institutionalisierung der Erziehung interessiert. Von diesem Interesse geleitet, wurde rückwärts die Frage nach institutionalisierter Erziehung im Mittelalter gestellt. In einer solchen Einstellung ist diese Einleitung nur als Vorbemerkung für eine Darstellung der Pädagogik der Aufklärung zu lesen. Würde man unabhängig davon die Bildungswege des Mittelalters darstellen wollen, so müßte man eine ganz andere Voraussetzung mitberücksichtigen, nämlich den produktiven Sinn einer gerade nicht aus dem Lebenszusammenhang der Erwachsenen ausgegliederten, einer nicht oder jedenfalls nur sehr schwach institutionalisierten Erziehung. (Dazu vgl. Philippe Ariès. L'enfant et la vie familiale sous l'Ancien Régime. Paris 1960. Deutsche Übersetzung: Geschichte der Kindheit. München 1975).

BILDUNGSWEGE IM MITTELALTER

DER BILDUNGSWEG FÜR DEN KLERIKER: SEPTEM ARTES LIBERALES

Die Frage nach einem selbständigen Problembereich „Erziehung“, der für die gesamte Jugend eines Volkes gleichermaßen bestimmbar sein soll, ist ein spätes Ereignis im menschlichen Denken. Im Grunde ist eine solche Frage erst von der Aufklärung hervorgebracht worden. Unter einem bestimmten Gesichtspunkt kann man sogar sagen, „Aufklärung“ sei definierbar durch eben diese Frage. Gleichwohl standen die europäischen Völker im 17. und 18. Jahrhundert keineswegs unvermittelt vor einem Neubeginn im Bildungswesen. Als sie begannen, pädagogische Strukturen im Bewußtsein ebenso wie in der sozialen Wirklichkeit nach Maßgabe aufklärerischer Prinzipien zu schaffen, da mußten sie sich auseinandersetzen mit Erziehungstheorien und Erziehungspraxen einzelner Ämter und Stände, der Kirchen und der weltlichen Herrschaftsträger, vor allem aber mit der vom Mittelalter überlieferten Scheidung in schriftliche und nichtschriftliche Bildungswege.

Schulische Bildung war schriftliche Bildung; aber sie war nur für eine sehr kleine Minorität der Jugend vorgesehen, nämlich für angehende Kleriker und, was lange das gleiche bedeutete, Gelehrte. So waren die Schulen auch durchweg Einrichtungen der Kirche: Klöster-, Dom- und Stiftsschulen.

Schriftliche Bildung hatte einen lateinisch-gelehrten Charakter; sie folgte einem Lehrkanon, der sich mit einer für uns nur schwer vorstellbaren Konstanz von der Spätantike durch das ganze Mittelalter hindurch bis in die Neuzeit gehalten hatte, wenn natürlich auch mit vielen Gewichtsverlagerungen und inhaltlichen Verschiebungen. Aber trotz aller Veränderungen in den verschiedenen Phasen des Mittelalters ist das auffälligste Merkmal für den Blick des Nachgeborenen doch die Beharrung: Manche Lehrbücher waren über Jahrhunderte hinweg unverändert im Gebrauch geblieben, die ars minor des Donatus, eine Elementargrammatik der lateinischen Sprache, sogar fast 1000 Jahre. Diese Konstanz hatte zur Voraussetzung ein statisches Welt- und Wissenschaftsverständnis: Was der Mensch überhaupt wissen konnte, war – jedenfalls dem Prinzip nach – bekannt. Worauf es erzieherisch und unterrichtlich ankommen mußte, war Einübung und Nachfolge.

Die so angelegte lateinische Schulbildung, die den gelehrten Unterbau für theologische (aber natürlich auch für juristische und medizinische) Studien abgab, war didaktisch organisiert im System der septem artes liberales. „Frei" hießen diese Künste (oder wie es uns verständlicher klingt: Disziplinen), weil sie dem antiken Verständnis zufolge für den freien, nicht versklavten Menschen zugänglich waren. Doch lag in dem gemeinten Sachverhalt eine nötigende Tendenz, die die gesellschaftlich bedingte Einschränkung übersteigen mußte: Die der Jugend zu vermittelnden Exempla sollten diejenigen Gehalte des Wissens sein, kraft derer sich der Geist zu sich selbst befreit. Insofern waren die dazu dienlichen Disziplinen in einem tieferen Sinne als „freie" qualifiziert. Diesen Gedanken in geschichtswirksamer Verbindlichkeit auszuführen, war allerdings erst die Bildungsidee des Humanismus. Das mittelalterliche Schulwesen hatte demgegenüber ein sehr viel simpleres, überdies durch einen Übersetzungsfehler gestütztes Verhältnis zu den septem artes liberales: Denn „liberales" wurde fälschlich auf „liber" zurückgeführt, so daß man von den sieben Buchwissenschaften ausgehen konnte, die ungeachtet ihres antik-heidnischen Ursprungs der Weisheit Gottes und der heiligen Schrift zu danken waren. Das Mißverständnis, statt von den befreienden von den buchmäßigen Disziplinen zu sprechen, hatte dann auch noch eine Verschiebung des Gewichtes zugunsten der sprachlichen Fächer zur Folge gehabt, so daß die drei sprachlichen Disziplinen (Grammatik, Rhetorik, Dialektik) schließlich fast 80% des gesamten Bildungsganges ausfüllten und sich die vier mathematischen Disziplinen (Arithmetik, Geometrie, Musik und Astronomie) die verbleibenden 20% teilen mußten.

SEPTEM ARTES LIBERALES

Trivium: lingua – 1. Grammatik, 2. Rhetorik, 3. Dialektik (Logik);
Quadrivium: artes reales – 4. Arithmetik, 5. Geometrie, 6. Musik, 7. Astronomie.

Da die drei sprachlichen Disziplinen in ihrer didaktischen Substanz so sehr dasjenige verkörperten, was im Mittelalter den Begriff „Schule" inhaltlich ausmachte und von dem sich das Unterrichtswesen in der Neuzeit nur ganz allmählich ablösen konnte, sollen sie mit einigen Strichen erläutert werden:

Grammatik: Der Grammatikunterricht war lateinischer Sprachunterricht, untergliedert in vier Stufen, aber nicht eigentlich fremdsprachlicher Unterricht im modernen Sinne des Wortes. Das Kirchenlatein war keine Fremdsprache, sondern das Organ sowohl der religiösen Aussage als auch der weltlichen Verständigung im Rahmen von Wissenschaft und Bildung. Der Klosterschüler wuchs in diese Sprache hinein wie in eine zweite Muttersprache: Lange bevor er die erste Grammatikstunde erhielt, hatte er bereits lateinische Gebete und Gesänge, das Credo und das Paternoster im täglichen Umgang wie selbstverständlich aufgenommen. Und da alle anderen Disziplinen der septem artes ebenso wie alle weiterführenden Studien nur in lateinischer Sprache möglich waren, mußte die „Grammatik" abgeschlossen sein, bevor überhaupt eine zweite Disziplin begonnen werden konnte; darum nannte man die Grammatik auch die aula romana, nämlich den Vorraum der Studien. Demgemäß lernte der Schüler die septem artes in einem strengen Nacheinander. Die uns vertraute und ganz selbstverständliche Vorstellung, daß ein Lehrplan mit beispielsweise sieben Fächern realisiert wird, in dem die Schüler diese Fächer parallel nebeneinander lernen und in ihnen fortschreiten, ist erst durch die sogenannte didaktische Reform im 17. Jahrhundert, d.h. durch den Einfluß eines frühen Stückes der Aufklärungspädagogik in das Unterrichtswesen eingebracht worden. Vordem galt im wesentlichen nur das Nacheinander, weil das Lernen auf das Modell eines abgeschlossenen Systems hin orientiert war, in das man Schritt für Schritt einzudringen hatte. Die einzige pädagogische Hilfe, die dem Kind bei diesem Weg gewährt wurde, war die Präsentation in Versen – das doctrinale des Alexander de Villadei, welches vom 13. Jahrhundert an der Formenlehre zugrunde gelegt wurde, war in 2600 leoninischen Hexametern abgefaßt.

Rhetorik: Das zweite Fach im Trivium war die Rhetorik, die Anleitung zur Beredsamkeit, die in der Antike eine große politische und philosophische Bedeutung gehabt hatte. Im mittelalterlichen Unterrichtswesen war sie zu einem die Nachahmung sprachlicher Ausdrucksformen einübenden System verflacht, und der Unterschied zwischen Reden und Schreiben war verwischt worden. Die Rhetorik erstarrte in einem geistlosen Formelwesen, wurde aber bis tief in die Neuzeit in den Schulen gelehrt. Erst die literarische Epoche des Sturm und Drang am Ausgang der Aufklärung bereitete mit ihrem „Ursprünglichkeitspathos" der Rhetorik das Ende. Goethe legte in diesem Sinne seinem Faust ein an Wagner gerichtetes Rhetorikprivatissimum in den Mund: „Es trägt Verstand und rechter Sinn mit wenig Kunst sich selber vor".

Dialektik: Das dritte Fach der sprachlichen Disziplinen war die Dialektik. Das Wort Dialektik stammt aus dem Griechischen und meint zunächst nur eine gesprächsweise Erörterung, ein Abwägen von Gründen und Gegengründen, dann, bei Sokrates, in pädagogischer Absicht ein Verfahren, welches den Gesprächspartner zum Selbstfinden des Gesuchten anleitet. Ein solcher Versuch setzt voraus, daß das Denken selbst kraft eigener Dynamik Wahrheit erschließt und d.h., daß es eine strenge Gesetzmäßigkeit repräsentiert. Wird diese Voraussetzung bewußt gemacht, so ist man bei der Logik. Deshalb gehörte zum Fach Dialektik zentral die Beschäftigung mit der formalen Logik des Aristoteles, die Lehre von den zulässigen (nämlich erkenntnisverbürgenden) und den unzulässigen (nämlich zu Irrtümern führenden) Schlußverfahren des Denkens. Das Unterrichtsfach „Dialektik" beabsichtigte die schulmäßige Einführung in die Philosophie als Vorstufe des Wissens für den Glauben; da das Philosophieren aber unhintergehbar an das Denken gebunden war, schien die Logik die angemessene Einübung zu sein.

Das didaktische System des streng sachlogisch geordneten Lehrgangs fand – von der Mitte des 14. Jahrhunderts an – seine Fortsetzung in der Universität: Die mittelalterliche Universität hatte eine Durchgangsfakultät, die alle Studenten durchlaufen mußten, bevor sie in eine der drei oberen Berufsfakultäten (theologische, juristische, medizinische) eintreten konnten. Diese Durchgangsfakultät war die sogenannte „Artistenfakultät" (auch: Philosophische Fakultät), d.h. in ihr waren die septem artes liberales als das vollständige System des Wissens und Wißbaren repräsentiert. Der wichtigste akademische Grad, den man in der Artistenfakultät erlangen konnte, war der des Magisters, der zugleich die Lehrbefähigung an der Universität einschloß; in den oberen Fakultäten war die Doktor-Promotion der höchste erreichbare Abschluß, der für geistliche wie weltliche Laufbahnen faktisch eine Gleichstellung mit dem Adel bedeutete.

Die lateinisch-literarische und damit schulisch-schriftliche Bildung war während des gesamten Mittelalters das Berufskennzeichen des theologischen Gelehrten. Natürlich hatten auch andere Personengruppen Anteil an dieser Bildung, dies schon allein deshalb, weil ja auch die juristischen und medizinischen Studien daran anschlossen, doch änderte das nichts an dem Prinzip.

Bildungswege für Laien

Ritter: Der weltliche Herrenstand, die Ritterschaft, distanzierte sich vom Klerus, indem Lesen und Schreiben als „pfäffische Künste" verächtlich gemacht wurden. In der fürstlichen Oberschicht, aus der ja auch der höhere Klerus hervorging, hat es gleichwohl hochgebildete Ritter gegeben. Aber die spezifisch ritterliche Erziehung war nicht-schriftlich. Sie war auf die militärischen und administrativen Aufgaben bezogen, die der Adel im mittelalterlichen Lehnsstaat zu erfüllen hatte. Das Ziel dieser ritterlichen Erziehung differenzierte sich in körperliche Tüchtigkeit, musisch-ästhetische Empfindsamkeit und gesellschaftlichen Schliff, dies alles eingeordnet in ein religiös sanktioniertes Tugendsystem. Der Weg dahin führte über die Ausbildungsstufen Page (Junker) – Knappe – Ritter; der „Lehrplan" war ebenso wie der der schulisch-literarischen Bildung durch sieben Fächer charakterisiert. Diese „ritterlichen Künste" waren nicht so streng aus einem System legitimiert wie die literarischen Disziplinen, sondern nur durch einen Seitenblick auf eben die septem artes liberales festgelegt als septem probitates: Reiten, Schwimmen, Pfeilschuß, Fechten, Jagen, Schachspiel, Verskunst, mitunter auch andere „Disziplinen".

Handwerker: Vom Prinzip her ebenfalls nicht schriftlich war die Berufausbildung des mittelalterlichen Handwerkers. Das Handwerk hatte seinen Platz im solidarischen Dienst an der Güterherstellung mit einem Richtmaß, welches an der Bedürfnislage orientiert und sozialethisch begründet war: Nicht der ökonomische Konkurrenzkampf, sondern die Zugehörigkeit zur Zunft regulierte das Verhalten. Von daher war auch der Bildungsgang bestimmt: Die in einem handwerklichen Beruf angesammelten Erfahrungen, Werkregeln und Problemlösungsmuster mußten im dreistufigen Ausbildungsgang von Lehrling – Geselle – Meister übernommen werden. Die Erziehung galt vom Technischen her gesehen der Nachahmung komplexer Zusammenhänge, vorwiegend unter Anspannung der Sinnesorgane (qualitatives Vermögen) und bei ausdrücklicher Sperre gegen analytisches Denken (quantifizierendes Vermögen). Das war möglich und notwendig, um die eigentlich personale Erziehung des Nachwuchses auf den Handwerkerstand insgesamt, nicht auf das einzelne Handwerk beziehen zu können. Das Wichtigste war nämlich die Tatsache, daß mit dem Handwerk erstmalig in der Geschichte ein werktätiger Bürgerstand mit ungeschmälerter Ehre die soziale Szenerie betreten hatte. Eben deshalb war die Erziehung – analog zur ritterlichen – vom Handwerksstand insgesamt her gedacht. Demgegenüber traten die spezifischen Kennzeichen des einzelnen Berufes so sehr zurück, daß Handwerker ganz unterschiedlicher Anforderungsstrukturen gleich lange Ausbildungszeiten und übereinstimmend definierte Ausbildungskriterien hatten. Aber während die unliterarische, antiintellektualistische ritterliche Erziehung nach dem Zerbrechen des mittelalterlichen Lehnsstaates verschwand, behielt die handwerkliche Erziehung vermöge ihrer sozialpolitischen Implikation noch lange ihre pädagogische Kraft. Den Übergang von der Bedarfsdeckungs- zur Konkurrenzökonomie, von der statischen zur dynamischen, auf Wachstum hin orientierten Wirtschaft mußte der neuzeitliche Verwaltungsstaat auch in einem zähen Kampf gegen die handwerkliche Berufserziehung vorbereiten; bestimmte Aspekte des in der Aufklärung entstandenen modernen Unterrichtswesens sind nur auf dem Hintergrund dieses Kampfes verständlich.

Kaufleute: Eine besondere, von der handwerklichen Erziehung abgehobene Stellung nahm schon während des gesamten Mittelalters die Berufausbildung der Kaufleute ein. Zwar galt auch hier die im Handwerk maßgebliche Praxis des Hineinwachsens: Vorzeigen, Vormachen, Nachmachen, Üben; aber sie war in ihrem wechselnden Charakter freier und enthielt vor allem durch Reisen und Auslandsaufenthalte ein Element der Distanzierung vom jeweils Vorgegebenen. Der wichtigste Einschnitt in der Geschichte des Kaufmanns – und zugleich der nicht-klerikalen Bildung – war der Beginn der Schriftlichkeit des kaufmännischen Verkehrs, für den hanseschen Kaufmann seit 1250, allgemein etwa ein Jahrhundert später. Zunächst besuchte der kaufmännische Nachwuchs Dom- und Klosterschulen – andere Schulen standen ja nicht zur Verfügung – und demzufolge wurde der kaufmännische Schriftverkehr im 14. Jahrhundert in lateinischer Sprache abgewickelt. In dem Maße aber, in dem sich dieser Schriftverkehr ausweitete, tendierte er zur Muttersprache. So führten die Erfordernisse der kaufmännischen Berufsausbildung zu deutschen Schreib-, Lese- und Rechenschulen, die von den Städten und von Privatleuten eingerichtet wurden. In ihnen erhielten angehende Kaufleute eine schriftliche Elementarbildung, so daß im 15. Jahrhundert unter den Kaufleuten kaum noch Analphabeten waren; viele Kaufleute beherrschten sogar mehrere Sprachen in Wort und Schrift. Diese weltliche Schriftlichkeit war für den Kaufmannsstand deutlich ausgeprägt, gegen Ende des Mittelalters aber keineswegs mehr auf ihn allein beschränkt. Auch Handwerker und andere Teile der städtischen Bevölkerung zeigten Interesse an schriftlich-literarischer Bildung. Dennoch blieb ein erheblicher Abstand, weil in der kaufmännischen Berufsausbildung die Schriftlichkeit verknüpft war mit einem dem Handwerk fremden Gewinnstreben und mit den in der Rechenhaftigkeit gegebenen Vorformen von rationaler Durchdringung ökonomischer Vorgänge.

Landvolk: Die überwältigende Mehrheit der Kinder erhielt im Mittelalter weder eine lateinisch-literarische, noch eine ritterliche, noch eine handwerkliche oder kaufmännische Bildung. Denn die gesellschaftlich-beruflichen Funktionen der ländlich-bäuerlichen Bevölkerung, die in den seit alters überlieferten Formen der Landbestellung bestanden, wurden reflexionslos erlernt durch Hineinwachsen und Mittun; planmäßige Erziehung und Ausbildung gab es nicht einmal in Ansätzen. Analphabetentum, intellektuelle Rückständigkeit, soziale Mißachtung und Ausschluß vom öffentlichen Leben waren weit verbreitet und wurden kaum als Mißstand empfunden. Dem entsprach auch die religiöse Erziehung. Sie beschränkte sich darauf, durch Liturgie und Brauchtum die christlichen Glaubenswahrheiten sinnfällig vor aller Augen zu stellen, in der Regel ohne geistige Aneignung, auf nur emotionale Zustimmung beschränkt.

Renaissance, Humanismus, Reformation: Modifikation der mittelalterlichen Bildungswege

Der Übergang vom Mittelalter zur Neuzeit (Ende 15., Anfang 16. Jahrhundert) war ein allmählicher Prozeß, der seine tiefgreifenden Wirkungen auf alle Bereiche des öffentlichen Lebens nicht auf einen Schlag, sondern Schritt für Schritt und mit vielfältigen Phasenverschiebungen freigab. Da die Schulen nur einen kleinen Prozentsatz der Jugend erfaßten und die Erziehung überhaupt, also auch die außerschulische, kaum als selbständiger Lehrbereich wahrgenommen wurde, erwiesen sich die überlieferten Strukturen der Bildungswege als zählebig, dies umso mehr, da Statik und Konstanz ohnehin ihre hervorstechendsten Merkmale waren. Gleichwohl gab es einige Modifikationen, die mit berücksichtigt werden müssen, wenn die Hauptangriffspunkte der Aufklärungspädagogik gegen die mittelalterliche Erziehungstradition richtig eingeschätzt werden sollen.

Die Renaissance griff auf die Werte der Antike (Kunst, Literatur, Philosophie, Lebensgefühl) vor deren mittelalterlich-scholastischen Uminterpretation zurück.

Dadurch wurde überall in Europa das Bedürfnis nach einer nicht mehr theologisch überformten, sondern rein weltlichen Bildung gefördert. Die Kloster- und Domschulen wurden ausgebaut, schließlich neue Schulen von den Städten gegründet, zumeist unter dem Namen „Lateinschule“, gelegentlich auch, bei besonders gut ausgebauten Anstalten, unter dem Namen des Gymnasiums oder der Gelehrtenschule. Fragmentarische Lateinschulen, die nur die unteren Klassen führten, hießen häufig Trivialschulen. Der entscheidende didaktische Unterschied dieses Lateinschulwesens gegenüber dem mittelalterlichen System der Dom- und Klosterschulen bestand darin, daß der Humanismus der Renaissancezeit das Lateinische als Bildungsmacht definiert hatte. Zwar blieben die Schulen eingeordnet in ein religiös legitimiertes Gesamtkonzept – eine berühmte Zielformel lautete: „sapiens atque eloquens pietas“ (Weisheit und Beredsamkeit im Dienste der Frömmigkeit) – aber der Inhalt des Lateinunterrichtes hatte sich geändert. Das im Mittelalter in den Schulen gelehrte Kirchenlatein galt nun als „barbarisch“; an dessen Stelle trat das von den Humanisten als klassisch ausgezeichnete Latein des Cicero; an manchen Schulen wurde auch Griechisch und Hebräisch gelehrt.

Der Humanismus unterstellte einen Zusammenhang zwischen vollendetem Menschentum und dessen Vergegenwärtigung über die in bezug auf eben dieses Menschentum als klassisch definierte Literatur. Dieses pädagogisch-didaktische Konzept fand zunächst große Resonanz. Als bedeutendsten äußeren Erfolg werteten es die Humanisten, daß der „Adel des Blutes“, der Stand der Hochwohlgeborenen, seine Jugend der bürgerlichen Bildung, dem „Adel des Geistes“, anvertraute. Das hing zusammen mit den Anfängen des neuzeitlichen Staates: Wenn der Monarch ein absoluter Herrscher sein und das Territorium zentral verwalten wollte, mußte er als erstes die überlieferten Korporationsrechte des Adels brechen, ein mit Geld entlohntes Söldnerheer und eine Berufsbeamtenschaft aufbauen. In diesem Prozeß wies der absolutistische Verwaltungsstaat dem Adel bald privilegierte Funktionen im Bereich von Hof-, Militär- und Administrationsdiensten an. Das hatte Folgen für die Entwicklung eines neuen aristokratischen Bildungsideals. Bis dieses neue Ideal wirksam wurde, konnten humanistische Gelehrtenschulen ein knappes Jahrhundert lang das Vakuum ausfüllen. Daß sie das vermochten, verweist auf ihr hohes öffentliches Ansehen. Ansehen und Glanz der Lateinschulen blieben indessen nicht unbestritten. Die humanistische Wende in der Didaktik – vom Kirchenlatein zum ciceronianischen Latein – traf zusammen mit einer Expansion der Schülerzahlen: Nicht nur der Adel schickte seine Jugend in die gelehrten Schulen, sondern zunehmend auch das Bürgertum, verstärkt durch die laientheologische Forderung nach schriftlicher Bildung für jeden Christen (Luthers Lehre vom allgemeinen Priestertum, demzufolge jeder Mensch selbst Gottes Wort sollte lesen können, war das erste Argument für eine allgemeine Unterrichtspflicht). Beide Veränderungen – die qualitative wie die quantitative – zerstörten die Voraussetzungen, kraft derer die mittelalterlichen Dom- und Klosterschulen ihr Lehrsystem so lange hatten aufrecht halten können. Denn für den im Konvikt lebenden Klosterschüler war das Kirchenlatein eine zweite Mutter- und Berufssprache gewesen, keine Fremdsprache, für den Schüler der humanistischen Lateinschule hingegen, der in einem muttersprachlich orientierten Elternhaus lebte, war das ciceronianische Latein nicht nur eine fremde, sondern auch eine tote Sprache. Diese tote Sprache konnte weder Verständigungsmittel der modernen Wissenschaften werden noch eine religiöse Funktion erlangen: die katholische Kirche hielt am mittelalterlichen Latein fest und in der protestantischen dominierte die deutsche Predigt. Die ständig größer werdende Zahl von Lateinschülern, die keine akademischen (weltlichen oder geistlichen) Studien anstrebten, sondern einige Jahre Schulbesuch als allgemeine Vorbereitung für andere gesellschaftliche Funktionen oder Berufe nutzten, erschwerten die schulpädagogische Situation noch mehr. Denn trotz aller Änderungen hatte die Schule festgehalten an dem Ziel, zu einem flüssigen Beherrschen des Lateins in Wort und Schrift zu führen, ebenso wie an der Methode des streng sachlogischen Fortschreitens im System des Wissens. Mit dem Schwinden der objektiven Voraussetzung dieses Lehrsystems ließ natürlich auch die Lernmotivation nach. Dem begegnete die Schule mit drakonischen Zwangsmaßnahmen und öffnete sich gerade dadurch einer pädagogischen Kritik. Reformation und Gegenreformation förderten aber nicht nur – in spannungsreichem Bündnis mit dem Humanismus – die Ausdehnung der Lateinschulen, sondern setzten auch erste Anfänge für ein Volksschulwesen. Denn die Glaubensspaltung machte notwendig, was das christliche Mittelalter dem allgemeinen Lebenszusammenhang überlassen hatte, nämlich einen systematischen Religionsunterricht. Das laientheologische Argument der Reformation und der Wunsch (auch der nachreformatorischen katholischen Kirche), jeden Gläubigen mit Bekenntnisformeln, Katechismussätzen, Bibelsprüchen und einem Minimum an konfessionsspezifischen Argumentationen auszustatten, führte zu Schulen, die die Forderungen nach schriftlicher Elementarbildung auch für die Kinder des einfachen Volkes in Angriff nahmen. Es waren rein religiös orientierte Küsterschulen, in denen in erster Linie das Lesen von Bibel und Katechismus gelehrt wurde; Schreiben war schon seltener, vom Rechnen ganz zu schweigen.

KAPITEL I

AUFKLÄRUNG

BEGRIFF DER AUFKLÄRUNG UND SEINE AUSLEGUNG AUF ERZIEHUNG

Der Begriff „Aufklärung“ ist mehrdeutig. Immer aber ist der selbständige Gebrauch des Intellekts, ein „Klären“ der Dinge und Zustände, ein Aufweis der „nackten Wahrheit“ gemeint. Eine Epoche, in der das Vertrauen zu der Kraft der menschlichen Vernunft größer ist als das Bedürfnis nach Orientierung und Anleitung durch Traditionen und Autorität, nennt man darum ein Zeitalter der Aufklärung. Ob mit einem Titel „Pädagogik im Zeitalter der Aufklärung“ dann die Pädagogik des 17. und 18. Jahrhunderts gemeint ist oder diejenige unserer eigenen Zeit, ist damit allerdings noch nicht eindeutig entschieden. Die vom Rowohlt-Verlag herausgegebene Deutsche Enzyklopädie versteht sich als Beitrag zur „zweiten Aufklärung“. Damit ist angespielt auf die berühmte Enzyklopädie, die der Mathematiker d'Alembert mit dem Philosophen Diderot zwischen 1750 und 1780 herausgab (die Freunde und Mitarbeiter von d'Alembert und Diderot sind daher unter dem Namen der „Enzyklopädisten“ in die Geschichte eingegangen) und um die sich damals, im Vorfeld der großen Revolution, die Kerntruppe der radikalen französischen Aufklärung gesammelt hatte. Insofern denken wir mit Recht an das 18. Jahrhundert, wenn der Begriff Aufklärung fällt. Aber wenn ein Philosoph, ein Erziehungs- oder Sozialwissenschaftler, ein Literat oder ein praktischer Pädagoge, befragt nach den Motiven seiner Arbeit, von sich sagt: „Ich bin Aufklärer“, dann ist diesem Begriff Aufklärung eine systematische Bedeutung beigelegt, die die historische Zuordnung fraglich macht. Die nähere Bestimmung von Tendenzen unserer eigenen Zeit als „zweite Aufklärung“ stabilisiert freilich die historische Datierung wieder. Denn mit ihr wird ja vorausgesetzt, daß es in der Vergangenheit bereits einmal so etwas wie „Aufklärung“ gegeben habe, die *erste* Aufkärung nämlich, die mit Renaissance, Humanismus und Reformation begann und die dann im 17. und 18. Jahrhundert ihren Höhepunkt fand. Einer solchen Festlegung steht nicht im Wege, den Begriff „Aufklärung“ auch noch auf sehr viel weiter zurückliegende geschichtliche Vorgänge anzuwenden. Die griechische Philosophie des 5. und 4. vorchristlichen Jahrhunderts, die die Macht des Wissens entdeckte und – nicht zufällig – zugleich auch dessen Lehrbarkeit als Geschäft, d.h. den Beruf des Pädagogen, wirkte gewiß auch aufklärerisch. Gleichwohl darf die europäische Kulturbewegung des 17. und 18. Jahrhunderts als erste Aufklärung bezeichnet werden, weil hier die Freigabe der menschlichen Autonomie sowie der Möglichkeiten, sich systematisch und universal der eigenen Vernunft zu bedienen, so sehr in den Mittelpunkt des gesellschaftlichen Lebens gerückt worden ist wie niemals zuvor.

Das Programm der Aufklärung stammt in seiner verbindlichen deutschsprachigen

IMMANUEL KANT

Formulierung erst aus einer Zeit, da die Epoche bereits ihrem Ende entgegen ging. 1784 beantwortete Immanuel Kant, der philosophischer Repräsentant, zugleich aber auch schon Überwinder der Aufklärung war, die Frage: „Was ist Aufklärung?"

„Aufklärung ist der Ausgang des Menschen aus seiner selbstverschuldeten Unmündigkeit. Unmündigkeit ist das Unvermögen, sich seines Verstandes ohne Leitung eines anderen zu bedienen. Selbstverschuldet ist diese Unmündigkeit, wenn die Ursache derselben nicht am Mangel des Verstandes, sondern der Entschließung und des Mutes liegt, sich seiner ohne Leitung eines anderen zu bedienen. Sapere aude! Habe Mut, Dich Deines Verstandes zu bedienen! ist also der Wahlspruch der Aufklärung. Faulheit und Feigheit sind Ursachen, warum ein so großer Teil der Menschen, nachdem sie die Natur längst von fremder Leitung freigesprochen, dennoch gerne zeitlebens unmündig bleiben, und warum es anderen so leicht wird, sich zu deren Vormündern aufzuwerfen. Es ist so bequem, unmündig zu sein..."[1]

So unvergleichlich die Formulierungen Kants sind, so war der sachliche Gehalt seiner Aussagen doch schon lange vor ihm Gemeingut. Die französischen Enzyklopädisten hatten mit ihrem 35-bändigen „Reallexikon der Aufklärung" den Anspruch nicht nur für sich selbst realisiert, sondern die im Anspruch mit enthaltene pädagogische Verpflichtung ernstgenommen. Aber auch in Deutschland hatten sich die Aufklärer schon lange das gedacht, was Kant auf den Begriff brachte. Sehr deutlich läßt sich das ablesen an einer Schrift, die Christian Thomasius 1692, also fast ein Jahrhundert vor Kants Definition der Aufklärung, publiziert hatte. Thomasius ist der erste Professor gewesen, der an einer deutschen Universität (Halle) seine Vorlesungen nicht mehr in lateinischer, sondern in deutscher Sprache vortrug; er publizierte auch Bücher in deutscher Sprache. Ein Vergleich zeigt nun nicht nur die sachliche Gemeinsamkeit mit den späteren Formulierungen Kants, sondern auch, welche Schwierigkeiten Thomasius noch hatte, sich deutsch auszudrücken und welche Entwicklung die deutsche Sprache in der dazwischenliegenden Zeit genommen hat:

„Daß die Menschen meistenteils sich falsche definitiones rerum et ideas machen, dafür kann der menschliche Verstand oder das lumen naturale nicht, sondern ihr böser Wille, mit welchem sie mutwillig aus Liebe zu denen praejudicis, die der Ursprung alles Irrtums seien, ihren Verstand verdunkeln, und die falschen ideas pro genuinis achten, ja wohl vorsätzlich dieselben häufen..."[2]

GESCHICHTE, SYSTEM, VERNUNFT

Die Aufklärung setzte voraus, daß die Menschheit durch Jahrhunderte hindurch in Wahn und Umnachtung befangen gewesen sei und erst jetzt, durch die klärende Arbeit der freien und auf sich selbst gestellten Vernunft, zu ihren wahren Möglichkeiten geführt werde. Dieses Selbstbewußtsein konkretisierte sich in einer sehr spezifischen, für die Aufklärung typischen Geschichtsauffassung.

Im Mittelalter galten Mensch und Welt als Träger einer Bestimmung, der sie sich in der Zeit anzunähern haben, aber verwirklicht werden kann diese Bestimmung erst nach aller Zeit. Das Es-chaton (das Äußerste), was ihnen aufgegeben ist, ist zugleich das zeitlich Letzte, in welchem die Zeit aufhört. Die Einsichten der neuzeitlichen Astronomie, die Entdeckungen des Kopernikus, Keplers und Galileis konnten leicht die Vorstellung zerstören, als ob man im Raume aufsteigend in den Himmel käme. Die Hoffnung hingegen, in der Zeit fortschreitend aus dem zeitlichen Leben (auf dieser Erde) in die (himmlische) Ewigkeit zu gelangen, erwies sich als hartnäckiger. Aber gerade an diesem Punkt setzte die Aufklärung ihr kritisches Geschäft an. Sie bestimmte die Zeit als die Voraussetzung für jegliches zeitliche Geschehen. Dann aber war die Zeit selbst unzeitlich, überzeitlich, ewig. Wenn aber die Zeit nur ein formales Ordnungsprinzip des Geschehens ist, dann hat es keinen Sinn, darauf zu hoffen, daß durch das Verstreichen von Zeit der Mensch auf geheimnisvolle, übernatürliche Weise seiner Bestimmung zugeführt werde. Ist eine solche Hoffnung unsinnig, so muß Geschichte anders gesehen werden: Die Menschheit ist in ihrem geschichtlichen Fortgang selbst auf dem Wege aus der Finsternis zum (aufgeklärten!) Licht. Das Licht soll und wird in dieser Welt aufgehen, nicht im Jenseits. Um derjenigen willen, die das Licht sehen werden, sind Leiden und Mühsal der vorausgegangenen Geschlechter gerechtfertigt. In diesem aufklärerischen Sinne bestimmte noch Friedrich Schiller, 1789 als Geschichtsprofessor in Jena, Rang und Wert des Mittelalters: Die Barbarei des Mittelalters ist, für sich alleine betrachtet, sinnlos. Im Blick auf die Gesamtentwicklung erscheinen jene finsteren Zeiten aber als Etappen, ja geradezu als unerläßliche Vorstufen für das später Erreichte. Von daher war es dem Aufklärungsphilosophen dann möglich, innerweltlich, d.h. ohne Inanspruchnahme einer religiösen Verheißung, den Sinn der Geschichte zu behaupten. Jedenfalls galt das für das Menschengeschlecht insgesamt; – einzelne Menschen, einzelne Völker, einzelne Zeitalter (wie z.B. das Mittelalter) erschienen nur gerechtfertigt unter dem Gesichtspunkt eines geschichtlichen Zieles, welches auch sie unbewußt und ungewollt in ihrem dumpfen Wandel befördert haben.

„Dumpf" war der Wandel der vorausgegangenen Geschlechter, weil erst die Aufklärung den Menschen über das Ziel seines Weges „aufzuklären" vermag. Die christliche Endzeiterwartung erschien also säkularisiert, auf die Erde heruntergeholt als Fortschrittsgedanke. Fortschritt aber ist nicht denkbar ohne Bezug auf einen idealen Endzustand, dem sich das Geschehen der Geschichte in der Zeit nähert.

Auf diesem geschichtsphilosophischen Hintergrund wird deutlich, was die Aufklärung mit ihren Losungsworten „Vernunft" und „Philosophie" durch einen vielfältigen Bedeutungswandel hindurch meinte. Ein Bedeutungswandel zwischen dem 17. und 18. Jahrhundert ist besonders wichtig und soll darum erläutert werden.

Im 17. Jahrhundert sahen die Philosophen ihren Ehrgeiz darin, die Kraft der Vernunft im „System" zu bewähren: wirklich begründetes Wissen schien erst dann gesichert zu sein, wenn es dem Denken gelungen war, von einer höchsten und absolut unangreifbaren Gewißheit aus den Gesamtumkreis allen Wissens systematisch ableiten zu können. Die Methode des strengen Beweises, die nichts als gesichert hinnimmt, was nicht in allen Einzelheiten von rationaler Einsicht bestätigt ist, und die Methode der logischen Schlußfolgerung sollten alle gültigen Sätze mit der ursprünglichen Gewißheit verknüpfen und eine in sich geschlossene Kette des Wißbaren erzeugen. Repräsentativ dafür war der Franzose René Descartes, der Vater der modernen, die Aufklärung im engeren Sinne einleitenden Philosophie.

Descartes war Mathematiker; die Mathematik diente ihm als Vorbild für sichere Erkenntnis, doch war ihm ihr Zustand unbefriedigend. Geometrie erschien als zu anschaulich, Algebra als zu abstrakt. Darum suchte er nach der Möglichkeit, den geometrisch-anschaulichen Raum als algebraischen Ausdruck zu fassen: er dachte sich Punkte und Kurven als durch Koordinaten bestimmt und suchte die Gleichungen auf, welche die gesetzmäßige Abhängigkeit der variablen Koordinaten untereinander repräsentieren. Dieses Modell – mit dem er die analytische Geometrie erfunden hatte – wollte er verallgemeinern für jede, auch außermathematische Erkenntnis. Dazu war es notwendig, den einen festen Punkt zu finden, der für das nichtmathematische Wissen die Funktion übernehmen konnte, die für den mathematischen Bereich die Axiome erfüllten. Da sich von diesem einen festen Punkt aus alle Erkenntnis als Systemzusammenhang sollte deduzieren lassen, durfte er selbst nicht deduziert sein, sondern mußte unmittelbar gewiß sein.

Um auf diesen Punkt zu führen, schlug Descartes den analytischen Weg der Kritik ein: er durchforschte den gesamten Bestand des ihm zugänglichen Wissens und stellte es vor den Richterstuhl der Vernunft. Einen großen Teil seiner Bewußtseinsinhalte hatte er aus der Tradition (Bücher, vermittelt durch Lehrer) und der Autorität (Lehrer, die sich ihrerseits auf Bücher beriefen) gewonnen. Das alles hatte, für sich genommen, keine Beweiskraft, so sehr er auch seinen Lehrern dankbar verbunden war. Ein weiterer Teil stammte aus der eigenen Erfahrung, vermittelt durch die Sinne. Die Sinneswahrnehmung aber kann trügerisch sein, so daß auch hier keine Gewißheit zu holen war. Das menschliche Realitätsbewußtsein schien auf Sand gebaut zu sein. Denn der Unterschied zwischen Realität und bloßem Traum konnte immer nur im Nachhinein – nach dem Aufwachen aus dem Traum – konstatiert werden. So war nie auszuschließen, daß das, was als Realität empfunden wurde, sich nachträglich als Traum herausstellte. Demgegenüber machte Descartes sich selbst einen Einwand: mochte das Realitätsbewußtsein durch das Traumargument bezweifelbar sein, nicht aber waren es die Vorstellungselemente selber. Zwar verknüpfte der Traum die Vorstellungselemente anders als das wache Bewußtsein, doch blieb identisch, daß das Geschehen in Raum und Zeit verlief, daß die Gegenstände Größe, Gestalt und Aussehen hatten, ja daß $2+5=7$ war und daß ein Quadrat vier Seiten hatte. Auch im Zweifel-Experiment spielten die Ergebnisse mathematischen

Denkens offenbar die beste Rolle. Aber der Philosoph Descartes ließ sich vom Mathematiker Descartes nicht täuschen: dem Zweifel, methodisch auf die Spitze getrieben, müßten auch die mathematischen Wahrheiten weichen, dann nämlich, wenn angenommen würde, kein allervollkommenster und allergütigster Gott sei unser Schöpfer, sondern ein böser Lügengeist. Der Schöpfer mit dem Charakter eines täuschenden Dämons könnte ja dem Menschen die Evidenz der mathematischen Wahrheiten gerade zu dem Zweck vorgaukeln, um ihn erst recht in die Irre zu führen.

Das war ein erregender Augenblick in der Geschichte der europäischen Philosophie, als mit Descartes erstmalig ein christlicher Denker – für einen Augenblick lang – eine atheistische Hypothese einführte, nicht aus existentiellen Glaubenszweifeln, sondern um der Strenge und Konsequenz der Methode willen. Denn unter der Voraussetzung des bösen Lügengeistes wurde zwar alles ungewiß – nun war schlechthin an allem zu zweifeln – , aber eben dieser Zweifel an allem Denkinhalt schuf im Selbstbewußtsein des Zweifelnden den gesuchten festen Punkt: um zu zweifeln, um getäuscht und in die Irre geführt zu werden, mußte jedenfalls der Zweifelnde existent sein. „Cogito ergo sum" (ich denke, also bin ich), „sum cogitans" (ich bin denkend).

Mit dieser Feststellung hatte der methodisch-universelle Zweifel sein Ziel erreicht. Das Ergebnis, nämlich die Gewißheit der eigenen Existenz zu haben, war, für sich genommen, nicht besonders aufregend, denn erstens hatte Descartes natürlich niemals ernstlich an seiner Existenz gezweifelt und zweitens gehörten Überlegungen mit dem gleichen Resultat seit zwei Jahrtausenden zum Bestand des abendländischen Philosophierens. Nein, das Epochale bci Descartes war etwas anderes, nämlich daß die menschliche Existenz unbezweifelbar als geistige Leistung gefaßt werden konnte, daß das menschliche Selbstbewußtsein als Ratio sich aller göttlichen Allmacht zum Trotze zu konstituieren vermochte – das war der Blitzstrahl des Denkens, aus dem die Aufklärung ihre Kraft bezog.

Die Erkenntnisgewißheit des „sum cogitans", des einen festen Punktes, dessen ein more geometrico aufgebautes System des Wissens bedurfte, war ohne Gott gesichert worden. Aber kein zweiter Schritt war für Descartes ohne Gott möglich. Denn die Mathematik, die im Prozeß des methodischen Zweifelns nur durch die Lügengeist-Hypothese zu problematisieren gewesen war, bedurfte zu ihrer Sicherung im System nun des Beweises der Existenz Gottes: Gott kann den Menschen nicht täuschen wollen – das würde im Widerspruch zu der im Begriff Gottes enthaltenen Vollkommenheit stehen. Und so folgte im synthetischen Verfahren als zweiter Schritt der rationale Gottesbeweis, dann die Entfaltung der Mathematik, dann die universalmathematische Ableitung allen nichtmathematischen Wissens – voll entfaltet war dies das Cartesianische System.

Im 18. Jahrhundert verzichteten die Aufklärer weithin auf diese Art von philosophischem System. Sie wetteiferten nicht mehr mit Descartes – und seinen Nachfolgern – um den höchsten Grad systematischer Vollständigkeit und methodischer Strenge. Sie suchten nach einer anderen Realisierung der Philosophie, einer erweiterten und lebendigeren. Das hatte verschiedene Gründe. Die Cartesianische Philosophie war ein strenger Rationalismus, eine Erkenntnistheorie, die, am Modell der

Mathematik orientiert, im Grunde nur die erfahrungsunabhängigen, rein denkerisch gewonnenen Einsichten als wirklich zuverlässig anerkannte. Demgegenüber erhob sich, besonders stark ausgeprägt in England, ein Widerspruch als Empirismus (Theorie der erfahrungsabhängigen Erkenntnis) und Sensualismus (Theorie der Abhängigkeit der Erkenntnis von sinnlicher Wahrnehmung). Der englische Philosoph John Locke schleuderte die empiristische Kampfansage dem Cartesianischen Rationalismus in einer glanzvollen Formulierung entgegen: „Nihil est in intellectu, quod non antea fuerit in sensu" (Nichts ist im Geiste, was nicht vorher in den Sinnen war). Daß die Aufklärungsphilosphen nicht nur in England, wo Common-Sense-Erfahrung, Tüftler- und Bastlergesinnung verbreiteter waren als auf dem Kontinent, sondern auch in Frankreich und Deutschland gerne empiristische Thesen vertraten (selbst dann, wenn sie an einem festen Kern rationalistischer Argumentation festhielten), folgte nicht nur innerphilosophischen Auseinandersetzungen. Entscheidend war vielmehr eine veränderte wissenschafts- und sozialgeschichtliche Konstellation.

Der Vormarsch der exakten Naturwissenschaften, nach Isaak Newton unübersehbar, verlangte die Einbeziehung der Erfahrung in die philosophische Lehre von gesicherter Erkenntnis. Die erst am Ende des Zeitalters der Aufklärung von Immanuel Kant publizierte „Kritik der reinen Vernunft" (1781) kann man unter diesem Gesichtspunkt als die Wissenschaftstheorie der klassischen Physik (Galilei, Newton) lesen, zugleich aber auch als produktive Synthese der rationalistisch-empiristischen Auseinandersetzungen in der Erkenntnistheorie. Indessen war im 18. Jahrhundert die allgemeine Abwendung von der Faszination eines geschlossenen philosophischen Systems nicht nur wissenschaftsgeschichtlich bedingt. Noch wichtiger war vielmehr, daß die rationalistischen Systeme unlösbar verbunden schienen mit der traditionellen Metaphysik, insbesondere mit der sogenannten natürlichen Theologie (philosophische Gotteslehre: rationale Beweise der Existenz Gottes, der Unsterblichkeit der Seele, der Freiheit des Willens sowie Versuche der Theodizee, d.h. Rechtfertigung Gottes als Schöpfer einer unvollkommenen Welt). Zwar hatte Descartes aus methodischen Gründen für einen kurzen Moment die atheistische Hypothese gewagt, das menschliche Selbstbewußtsein aufklärerisch konstituiert, dann aber im zweiten Schritt einen Gottesbeweis deduziert.

Gottfried Wilhelm Leibniz, der bedeutendste rationalistische Philosoph in Deutschland, hat mit der Lehre von dieser Welt als der besten aller möglichen die Frage, die der Mensch in der Situation des Ingenieurs an die Konstruktionsleistung des Weltenbaumeisters zu stellen begann, im Sinne der kirchlichen Tradition beantwortet. Die kämpferische Aufklärung aber war im 18. Jahrhundert ein gutes Stück weiter fortgeschritten in der Auseinandersetzung mit den überlieferten Herrschaftsagenturen. Der empiristische Satz, daß nichts im Geiste sei, was nicht vorher in den Sinnen gewesen wäre, war – ungeachtet seiner philosophischen Stichhaltigkeit – eine Herausforderung aller Metaphysik. (Metaphysische Einsichten können grundsätzlich nicht sinnlich, sondern, wenn überhaupt, nur rein rational gewonnen werden). Und eben deshalb erfreute sich die empiristisch-sensualistische Programmatik einer gleichsam politischen Sympathie, die das (metaphysischer Neigungen verdächtige) Systemdenken zurücktreten ließ. Es mußte aber auch deshalb zurücktreten, weil sich nunmehr die im Begriff der Aufklärung als wesentliches Element enthaltene Tendenz zur praktischen Wirksamkeit entfaltete: Aufklärung wurde zu einem eminent pädagogischen Begriff und das hieß zunächst einmal, sie wurde Popularphilosophie. Die Menschen des 18. Jahrhunderts verstanden alles vernünftig Durchdachte als Philosophie: Beginnend bei der Mathematik über die Naturwissenschaften bis zu den technischen Disziplinen, von den ersten Versuchen einer rationalen Durchdringung handwerklicher Verfahrensweisen und angesammelter Umgangserfahrung bis zu den gerade entstehenden Staats-, Finanz- und Wirtschaftswissenschaften, von der Dichtung und Literatur bis zu Pädagogik und Medizin. „Philosophisch", das hieß schlechterdings „vernünftig": Wenn der preußische Kronprinz, der spätere Friedrich der Große, seine Briefe unterzeichnete mit Frédéric le philosophe, oder wenn ein Schuhmacher in Venedig bekanntmachen ließ, er fertige Stiefel nach philosophischem System, so ging es stets darum, die Vernunft in der Bewährung des wirklichen Lebens gegen eine unvernünftige Tradition auszuspielen – sei es in Anwendung anatomischer, physiologischer und hygienischer Einsichten bei der Herstellung von Schuhen (ein modisch geschnittener, aber unbequemer oder ungesunder Schuh war dann ein unphilosophischer), sei es in Anwendung von Naturrecht und Toleranz bei der Lenkung der Staatsgeschäfte (eine auf Willkür, Folter und Gesinnungszwang basierende Politik war dann eine unphilosophische).

Indessen, soweit auch immer der Bogen von den Systemen des 17. Jahrhunderts bis zum popularphilosophischen Allerweltsbegriff des 18. Jahrhunderts gespannt war, so war doch – auch über den Gegensatz von Rationalismus und Empirismus hinweg – eine unerhört wichtige Übereinstimmung geblieben: Die Aufklärung glaubte an Einheit und Identität der Vernunft. Sie, die Vernunft, galt als ein und dieselbe für alle denkenden Subjekte, für alle Nationen, Rassen, Epochen und Kulturen. Hinter der Fülle, der Vielfalt und dem Wechsel von Glauben und Sitten, Lebensüberzeugungen, theoretischen Positionen und Urteilen mußte es einen festen Bestand geben, in dessen geschichts- und kulturübergreifender Beharrlichkeit die Vernunft sich selber zur Sprache bringt. Das finden wir, wie selbstverständlich, auch bei einem Klassiker der Pädagogik: Jean-Jacques Rousseau. Im Vorwort zu seiner Erziehungsutopie „Emile" erörtert er das Verhältnis von absoluter Richtigkeit eines Konzeptes und den Bedingungen seiner Ausführbarkeit. Die Ausführbarkeit hänge, so führt Rousseau aus, an historisch-gesellschaftlich-geographischen Bedingungen:

> „Andere mögen sich damit beschäftigen, wenn sie wollen, jeder für das Land oder den Staat, den er im Blick hat. Mir genügt es, daß man überall dort, wo Menschen geboren werden, aus ihnen das machen kann, was ich vorschlage, und daß, wenn dies geschehen ist, das Beste für sie selbst und andere daraus geworden ist."[3]

Hier, bei Rousseau, sind Identität und Kraft einer überhistorischen Vernunft auf die Erziehung bezogen. Für seine Erziehungsutopie, die von realen politisch-sozialen Bedingungen abstrahierte, erhob er einen Anspruch, der an die strenge Gesetzmäßigkeit der Experimentalphysik gemahnte, nämlich gültig zu sein zu jeder Zeit und an jedem Ort der Welt – „überall dort, wo Menschen geboren werden". Die pädagogisch gewandte, aufklärerische Vernunft leugnete natürlich nicht die jeweils maßgeblichen Bedingungen einer konkreten Erziehung, aber sie traute sich zu, durch diese Bedingungen hindurch die Eigenstruktur der Erziehung als solche freizulegen.

Der Name „Philosoph" hatte am Vorabend der großen Französischen Revolution den Klang eines politischen Parteinamens für alle, die den Anbruch einer neuen Zeit voraussagten und herbeizuführen trachteten. Dieser Kampf wurde, wie durch die Einbindung des Rousseau-Zitates in den hier thematisierten Zusammenhang angedeutet, auch auf dem Felde der Erziehung ausgetragen. Die im Begriff der Aufklärung enthaltene erzieherische Energie war so groß, daß man das Jahrhundert der Vernunft, das philosophische Jahrhundert, mit gleichem Recht auch das Jahrhundert der Pädagogik nennen konnte – so Joachim Heinrich Campe im Vorwort des von ihm herausgegebenen aufklärungspädagogischen „Revisionswerkes" (1785). Die Gesichtspunkte, die sich im Zeitalter der Aufklärung für die Pädagogik durchsetzten, seien noch ohne systematische Begründung in sechs Punkten formuliert. In diesen Punkten sind die Übereinstimmungen festgehalten, die für viele Aufklärungsphilosophen galten, von August Hermann Francke, einem Mann radikaler pietistischer Frömmigkeit, bis zu Johann Bernhard Basedow, der die antichristliche Seite repräsentierte.

Übereinstimmungen der Aufklärungspädagogen

Erziehung liegt in der Hand des Menschen und kann zum Gegenstand einer eigenen Reflexion gemacht werden. In der Aufklärung entstand eine selbständige pädagogische Literatur, eine Wissenschaft von der Erziehung, und erste Ansätze für eine planmäßige Heranbildung von Erziehern und Lehrern zu ihrem Berufe. Ernst Christian Trapp, ein Theoretiker der Aufklärungspädagogik aus dem Kreise der Philanthropen, erhielt 1779 den ersten Lehrstuhl für Pädagogik an einer deutschen Universität (Halle).

Erziehung führt in das wirkliche Leben, und das wirkliche Leben erfordert ausdrücklich Erziehung. Francke war zuversichtlich, zur „wahren Gottseligkeit und christlichen Klugheit" erziehen zu können, und mit „christlicher Klugheit" meinte er die volle Bewährung im gesellschaftlich-beruflichen Leben. Der Aufklärungspädagoge Christian Gotthilf Salzmann, ebenso Philanthrop wie Trapp und Basedow, ließ in einem volkspädagogischen Roman „Carl von Carlsberg" einen Lehrer der alten Lateinschule das Wort „Zögling" zurückweisen:

> „Ich habe keine Zöglinge, lieber Herr, dieses Wort, das von Dessau herkommt" – (in Dessau hatte der Philanthrop Basedow 1774 eine Musterschule mit dem Namen „Philanthropinum" gegründet) – „habe ich immer verabscheut, Schüler habe ich."[4]

Auf der Folie dieser Zurückweisung durch den Vertreter der alten, nur auf intellektuelle Wissensvermittlung gerichteten Schule, läßt sich die Übereinstimmung der Aufklärungspädagogen umso deutlicher ablesen. Was das „wirkliche Leben" sei, darüber waren pietistische und philanthropische Erzieher oftmals verschiedener Ansicht. Sie waren sich aber darin einig, daß eine umfassende Erziehung, daß nicht nur intellektuell-kognitive Schulung, sondern auch Leibes- und Handfertigkeitsübungen, moralische, emotionale und ästhetische Verhaltensorientierungen notwendig und möglich waren, daß man sich nicht auf Unterricht im Sinne der Vermittlung von Buchwissen beschränken durfte, sondern den Menschen auch und vor allem charakterlich erziehen müsse.

Es gibt die Methode der richtigen Erziehung. Die Anfänge einer Wissenschaft von der Erziehung waren identisch mit dem Glauben an die Kraft der Vernunft, die Eigenstruktur der Erziehung durch alle Deformationen und Mißbräuche hindurch freilegen zu können. Daraus folgte notwendigerweise die Überzeugung, eine exakt beschreibbar lehr- und lernbare Methode des richtigen Erziehens entwickeln zu können. Nur unter dieser Voraussetzung hatte es ja einen Sinn, mit der Ausbildung von Lehrern, mit der Erziehung der Erzieher zu beginnen. Das war die Stunde der Didaktik. So ist es kein Zufall, daß die erste sich im spezifischen Sinne als aufklärerisch ankündigende pädagogische Strömung die der „didaktischen Reformer" des 17. Jahrhunderts war. Die „Didactica Magna" von 1638 des Johann Amos Comenius errang europäische Bedeutung. Sie markierte trotz ihrer festen Einbindung in Glaubensgewißheit und Frömmigkeitsdemut die Signaturen jener rationalen Unterrichtswissenschaft, die notwendig war, um das Konzept der allgemeinen Schulpflicht überhaupt nur denken zu können.

Erziehung kann das Kind als Kind (nicht nur als kleinen Erwachsenen) sehen. Jean-Jacques Rousseau gilt in der Geschicht der Pädagogik als der Entdecker des Eigenrechts des Kindes. Aber so genial auch die Rousseausche Begründung im „Emile" war, nämlich aufsteigend von Gefühlsargumenten bis zu einer streng logischen Beweisführung einen sich gegenseitig stützenden Zusammenhang herauszuarbeiten, so sehr war die Grundthese doch eine Gemeinüberzeugung der Aufklärung. Die eine, mit sich identische und in allen menschlichen Subjekten ansprechbare Vernunft war die Voraussetzung dafür, daß man eine Anthropologie, eine Lehre vom Menschen als einem rational steuerbaren und eben dadurch erziehbaren Wesen entwickeln konnte. Von der Einsicht in den Menschen aber war es nur ein kleiner Schritt, mit dem der erwachsene Erzieher das Kind als Kind verstehen und behandeln zu können glaubte. Die Konsequenz, die Rousseau zog, indem er das Spiel als Modellfall für gelungene pädagogische Situationen überhaupt pädagogisch qualifizierte, war keine Gemeinüberzeugung – sie wurde es vielmehr erst in der Nachfolge Rousseaus. In der pietistischen Erziehung galt sogar ein striktes Spielverbot. Das aber kann, so befremdlich ein pädagogisch begründetes Spielverbot dem Nachgeborenen auch immer dünken mag, nicht verdecken, daß auch der pietistische Pädagoge seine Zuversicht erziehen zu können, auf seine Hinwendung zum Kind als Kind gründete.

Erziehungsbedürftigkeit begründet Forderung nach allgemeiner Schulpflicht. Der Glaube an die Möglichkeit der Erziehung war allen Richtungen der Aufklärungspädagogik gemein, unabhängig davon, ob eine optimistische metaphysische These (der Mensch ist von Natur aus gut, so: Rousseau) oder eine pessimistische (der

Mensch ist von Natur aus, d.h. seit Adams Sündenfall, schlecht, so: Francke) als Grundlage der jeweiligen Anthropologie diente. Denn in jedem Fall erschien der Mensch als ein der Erziehung bedürftiges Wesen: keinem Menschen durfte Erziehung vorenthalten werden. Aus der Erziehbarkeit des Menschen wurde alsbald die Notwendigkeit abgeleitet, ihn auch tatsächlich zu erziehen; und der absolutistische Verwaltungsstaat, der ohnehin dazu neigte, sich als der Sachwalter des sozialen und des moralischen Nutzens aller zu verstehen, sah sich aufklärerisch in die Pflicht genommen, ein lückenloses Schulsystem aufzubauen. Daß Schule, Staatsschule zumal, von einem umfassenden Erziehungsauftrag besessen, auch etwas anderes zu sein vermochte als eine Wohltat, konnte beim Entwurf der allgemeinen Schulpflicht natürlich noch nicht gesehen werden. Aber bereits gegen Ende der Aufklärung setzte, lange bevor die Unterrichtspflicht voll realisiert war, eine pädagogisch motivierte Schulkritik ein.

Die Schule löst sich aus der Bevormundung der Kirche. Nach der Konstitution des menschlichen Selbstbewußtseins kraft eigener Vernunft (Descartes: „sum cogitans"), und nach Einsicht in die Möglichkeiten rational vorgehender Pädagogik, löste sich die Erziehung von kirchlicher Verkündigung, in die sie bis dahin selbstverständlich eingebunden war. Diese Emanzipation, die auch von den pädagogischen Richtungen im Zeitalter der Aufklärung befördert wurde, die noch ganz aus religiöser Überzeugung angelegt waren, bewirkte, daß die Schule immer mehr von der Kirche abrückte und schließlich den Anspruch auf Autonomie erhob. Das heißt nicht, daß der Einfluß der Kirche auf die Schule schnell und konsequent überwunden werden konnte. So sind die letzten Reste der geistlichen Schulaufsicht in Deutschland erst durch die Weimarer Reichsverfassung von 1919 beseitigt worden. Aber der Autonomieanspruch wurde durch die Pädagogik der Aufklärung zum ersten Mal zum Programm erhoben.

Pädagogischer Realismus im 17. Jahrhundert

Visionärer Beginn: Johann Amos Comenius und die Didaktik

Vorbemerkung: Wenn Aufklärung eine human gebotene Pflicht war, mußte sie als möglich gedacht werden können, mußte die Anleitung des Menschen zur Erfüllung seiner Bestimmung auch in seine Hand gelegt sein. In der Tat lag im Begriff der Aufklärung von Anfang an jene Tendenz zur praktischen Wirksamkeit, die ihn zu einem pädagogischen Begriff machte. Daß nicht nur Unterricht, also Vermittlung von Wissen, sondern Erziehung im weitesten Sinne des Wortes ein sinnvolles Unterfangen mit vordem nicht geahnten Möglichkeiten sei, wurde zum ersten Mal im 17. Jahrhundert ausgesprochen. Die Pädagogen, denen es gelang, eine breitere Öffentlichkeit für Unterricht und Schule als selbständigen Problemkomplex zu interessieren, sind unter dem Titel „Didaktische Reformer" in die Geschichte eingegangen. Die Einsicht in die Möglichkeit der Pädagogik war bei ihnen allerdings noch eingebunden in die „zitternde Emphase“ einer unerwartet-ungeheuerlichen Entdekkung. Erst ganz allmählich wurde sie im Laufe der Aufklärung zu einer nicht mehr zu bezweifelnden Gemeinüberzeugung.

Das Wort „Didaktik“ entstammt der griechischen Sprache und hat eine Fülle von Varianten, die sich alle auf Schule, Lehrer, Unterricht und Wissenschaft beziehen. Gleichwohl hatte dieses Wort bei den alten Griechen keine im engeren Sinne pädagogische Bedeutung, eher eine literarische, nämlich bezogen auf lehrhafte Poesie. Auch die Römer haben das Wort in seiner lateinischen Abwandlung so verstanden; und dieser Bedeutungssinn hielt sich durch das Mittelalter bis zur Neuzeit, mitunter präzisiert auf Belehrung durch gedächtnismäßiges Einprägen von Orakeln, Sprichwörtern und Sentenzen. Selbstverständlich kann man den Lehrkanon der septem artes liberales als „Lehrplan“ und damit als didaktische Konzeption sehen und interpretieren. Aber das Pädagogische war kein Bedeutungszusammenhang, der im Bewußtsein der pädagogisch handelnden Menschen selbständige Probleme hatte hervortreten lassen. Das begann erst im 17. Jahrhundert, und insofern datiert auch erst von da an die Geschichte der Didaktik als eines spezifisch pädagogischen Problems.

Der Anfang der spezifisch pädagogischen Problemstellung war dadurch gesetzt, daß aus den Scholaren die Zöglinge, aus den Lehrern die Erzieher wurden. Die veränderte Sichtweise legte Heil und Verlorenheit des Menschen in die Hand der Erziehung. Und unter eben diesem Gesichtspunkt hatte sich der überlieferte Lehrkanon vor der aufgeklärten pädagogischen Vernunft zu verantworten. Dieser Lehrkanon, das System der septem artes liberales, war seit dem Ende des 16. Jahrhunderts nicht mehr intakt. Die Gründe dafür wurden bereits aufgeführt. Dasjenige, was die Kritik der Zeitgenossen als erstes herausforderte, war der vollständige Verbalismus in den Schulen. Die vier als „real“ gekennzeichneten Disziplinen des alten Kanons, die ohnehin immer nur eine untergeordnete Rolle gespielt hatten, waren nun gänzlich verschwunden. In den Lateinschulen lernten die Kinder nur die alten Sprachen, in der Regel nur das Lateinische. Die in der antiken Literatur immerhin enthaltenen realistischen Inhalte blieben bildungsunwirksam, weil sie nicht thematisiert wurden – die Schule war ausschließlich mit der Einübung der grammatischen und rhetorischen Formen des lateinischen Stils in Rede, Prosa und Poesie beschäftigt. Die Anfänge des deutschsprachigen Elementarschulwesens, die seit der Reformation datierten, waren ebenso verbalistisch wie das Lateinschulwesen.

Gegenüber dem Verbalismus formierte sich die Kritik unter dem Stichwort „Realismus“. Der Realismus fand in zwei Formen Eingang in das pädagogische Denken: methodischer und inhaltlicher Realismus. Beide Formen waren von großer Bedeutung für die Entwicklung der Erziehungskonzeption der Aufklärung. Der methodische Realismus nahm seinen Anfang bei drei kritischen Einwänden gegen das überlieferte Schulwesen, um dann, über den vordergründigen Anlaß weit hinausweisend, in die große Didaktik überzugehen.

Drei kritische Einwände gegen das überkommene Schulwesen:

Überschätzung des Altertums: Das Selbstbewußtsein des neuzeitlichen Menschen konnte die Stellung, die der antiken Literatur und Wissenschaft eingeräumt wurde, nicht länger hinnehmen. Eine Schule, für die in weltlichen Fragen die Antike höchste und unveränderbare Autorität war, mußte zunehmend in Widerspruch zu der dynamischen Erweiterung des Wissens geraten. Dazu kam die Tatsache, daß die modernen, zukunftsweisenden, das Weltbild verändernden Wissenschaften auch in der Muttersprache der Forscher artikulierbar waren und – um der Aufklärung willen – artikuliert werden mußten.

Falsche Methode des Sprachunterrichts: Das Lernen fremder Spachen, insbesondere auch der alten Sprachen, wurde von den Reformern als unentbehrlich angesehen. Das war deshalb nahegelegt, weil sie alle noch von einer festen theologischen Bindung her dachten: die alten Sprachen galten, einem Wort Luthers zufolge, als die Scheiden, in denen das Messer des Geistes steckt. Aber die überlieferte Methode des Spachunterrichts wurde als unzureichend empfunden. Daß ein Kind in zehnjährigem Schulbesuch nur leidliches Latein und bestenfalls ein paar Brocken Griechisch lernen können sollte, wurde als unzureichend kritisiert. Ein beliebtes Gegenbeispiel war der Troßbube, der mit dem Heer in fremde Länder zieht und der in sehr viel kürzerer Zeit lernt, sich in mehreren Sprachen flüssig auszudrücken. Der mangelnde Erfolg des schulischen Sprachunterrichts mußte also seine Ursache in der falschen, nämlich naturwidrigen Methode des Lernens haben.

Realismus gegen Verbalismus: Die Kritik an der Überschätzung der pädagogischen Bedeutung des Altertums und die Kritik der falschen Methode des Sprachunterrichts zusammengenommen, gipfelten in der Verbalismuskritik: nach Auffassung der Reformer legte die Schule überhaupt viel zu einseitig das Gewicht ihrer Bemühungen auf den Sprachunterricht, so daß die Realien gegenüber den Worten zu kurz kämen. Vorrangig wäre aber das Sachwissen; Sprachen hätten nur einen mittelbaren bzw. vermittelnden Wert. In diesem Sinne kann man auch den Philosophen Leibniz verstehen, wenn er meinte, man werde nicht klüger dadurch, daß man dieselbe Sache in drei Sprachen ausdrücken könne, und die in dieser Zeit immer wieder angestellten Versuche, eine universale Weltsprache zu konstruieren. Sprache als etwas anderes anzusehen als nur ein Verständigungsmittel, nämlich als Ausdruck von Lebensform, Gesittung und ethnischer Solidarität, dazu bedurfte es eines historischen Sinnes, der hier nicht präsent war, aber auch nicht präsent zu sein brauchte. Denn die Feststellung, nicht Beredsamkeit, sondern Weisheit, d.h. Einsicht in die Sachzusammenhänge der natürlichen, der geistigen und der sozialen Umwelt habe das Ziel der Erziehung zu sein, wäre auch bei einer differenzierteren Betrachtung der Sprache richtig gewesen. Die verbreitete, im einzelnen sehr unterschiedlich argumentierende didaktische Reformliteratur stimmte zunächst einmal überein im methodischen Realismus: der Schulunterricht sollte realistischer werden, indem er, statt sich auf bloße Worte zu beschränken, die im Wort gemeinten Sachen umfassend und im Lichte einer enzyklopädischen Philosophie zur Geltung bringen möge.

Comenius als Didaktiker. Unter den didaktischen Reformern des 17. Jahrhunderts gebührt zwei Männern eine besondere Beachtung: Wolfgang Ratke und Johann Amos Comenius. Ratke – als Autor lateinischer Schriften führte er den Namen Ratichius – war ein ausgesprochener „Polyhistor". Dieser Typ von Vielwisser und Alleskönner war im 17. Jahrhundert nicht selten. Diese Menschen pendelten zwischen den europäischen Fürstenhöfen, Residenzen und Rathäusern,

Handelszentren und Umschlagplätzen für das neue Wissen hin und her; sie gaben vor, den Stein des Weisen zu besitzen, Gold produzieren, Bodenschätze heben, das perpetuum mobile konstruieren zu können. Sie waren es, die Glas oder Porzellan erfanden, ein System erdachten, um die aktive Handelsbilanz des Territoriums zu sichern, oder eben auch eine neue Methode ersannen, um Kinder zu erziehen und erfolgreich zu unterweisen.

Seit der Erfindung des Buchdrucks durch Johann Gutenberg in der Mitte des 15. Jahrhunderts konnte dem vordem so mühevollen Geschäft der Buchherstellung, welches im Ergebnis qualitativ sehr unterschiedlich und quantitativ eng begrenzt geblieben war, eine ganz neue Perspektive gegeben werden. Es wurde möglich, eine praktisch unbegrenzte Zahl von Exemplaren eines Buches in durchgehend gleicher Qualität zu erstellen. So wird klar, daß die fortschreitende Mechanisierung des Buchdrucks die Phantasie aller Projektemacher auch auf Erziehung und Volksbildung lenkte, ja überhaupt erst die Vorstellung einer allgemeinen Alphabetisierung hervorbrachte. Was im einzelnen realisierbar sein würde, konnte niemand genau wissen, daß aber ungeahnte Möglichkeiten sich auftun würden, das war gewiß. Und diese Chance ergriffen die Didaktiker. Der Übergang zwischen Wagemut, Forscherdrang und konstruktiver Vorwegnahme künftiger Möglichkeiten auf der einen Seite, Hochstapelei, Abenteurertum und Dummenfang auf der anderen, war bei ihnen fließend. So gab es Didaktiker, die Schulen projektierten, in denen die Kinder innerhalb weniger Monate fließend mehrere Sprachen lernen können sollten, die Lehrbücher ankündigten, mit denen ganze Völker zu neuen Menschen sollten umgeschaffen, irdischer Wohlstand und ewige Seligkeit für jedermann sollten herbeigeführt werden können.

Comenius, ein Mann unbedingter Frömmigkeit, Bischof der Böhmischen Brüder, war in seiner Persönlichkeit zu ernsthaft und zu glaubwürdig, als daß der Verdacht auf Hochstapelei auch nur irgendwie passend erscheinen könnte. Um so mehr belegt sein Werk die ungeheure Erwartung, die mit der bewußten, rationalen Inangriffnahme einer pädagogischen Fragestellung verbunden war. Das Titelblatt der „Didactica Magna“, die 1628 in tschechischer, 1638 in lateinischer und 1657 in überarbeiteter lateinischer Fassung erschienen ist, gibt davon einen unmittelbaren Eindruck.

GROSSE DIDAKTIK

DIE VOLLSTÄNDIGE KUNST, ALLE MENSCHEN ALLES ZU LEHREN

oder

Sichere und vorzügliche Art und Weise,
in allen Gemeinden, Städten und Dörfern eines jeden christlichen Landes
Schulen zu errichten, in denen die gesamte Jugend beiderlei Geschlechts
ohne jede Ausnahme

RASCH, ANGENEHM UND GRÜNDLICH

in den Wissenschaften gebildet, zu guten Sitten geführt, mit Frömmigkeit erfüllt
und auf diese Weise in den Jugendjahren zu allem, was für dieses
und das künftige Leben nötig ist, angeleitet werden kann;
worin von allem, wozu wir raten

die GRUNDLAGE in der Natur der Sache selbst gezeigt,

die WAHRHEIT durch Vergleichsbeispiele aus den

mechanischen Künsten dargetan,
die REIHENFOLGE nach Jahren, Monaten, Tagen und Stunden
festgelegt und schließlich
der WEG gewiesen wird, auf dem sich alles leicht
und mit Sicherheit erreichen läßt.
ERSTES UND LETZTES ZIEL UNSRER DIDAKTIK SOLL ES SEIN,
die Unterrichtsweise aufzuspüren und zu erkunden, bei welcher die Lehrer weniger
zu lehren brauchen, die Schüler dennoch mehr lernen; in den Schulen weniger
Lärm, Überdruß und unnütze Mühe herrsche, in der Christenheit weniger
Finsternis, Verwirrung und Streit, dafür mehr Licht, Ordnung, Friede und Ruhe.[5]

Der Autor der Didactica Magna sah den Weg des einzelnen Menschen durch das zeitliche Leben hindurch in gerader Linie in die ewige Seligkeit führend. Er zweifelte nicht daran, daß die menschliche Individualität in der künftigen Gemeinschaft mit Gott erhalten bleibe. Luthers Lehre von der Auferstehung des Leibes wurde von ihm noch ebenso wörtlich verstanden wie vom Reformator selber. Und doch ist sein Abstand zum Reformator beträchtlich: Comenius war ein Künder der modernen Welt. Denn er gestand dem Menschen die Möglichkeit zu, die Welt in Ordnung zu bringen. Zwar glaubte auch er an den Sündenfall Adams, durch welchen der Mensch seiner ursprünglich guten Natur untreu geworden sei. Aber er interpretierte Christi Erlösertat als Wiederherstellung der guten Natur im buchstäblichen Sinne des Wortes und sah den Menschen – allen entgegenstehenden Erfahrungen zum Trotze – zum Höchsten fähig. Anders hätte er nicht das Pathos des 17. Jahrhunderts, das Pathos der großen Entdeckungen, einen Schleier des göttlichen Geheimnisses gelüftet zu haben, teilen können – (die Teilhabe an diesem Pathos schloß nicht aus, daß Comenius sich zeit seines Lebens mit dem Gedanken trug, aus theologischen Gründen das kopernikanische Weltbild zu widerlegen). Freilich war das von den Naturwissenschaften gelüftete Geheimnis nach der Meinung des Comenius nicht dasjenige von Gottes Sein und Wesen, sondern nur das seines Wirkens. Aber gerade deswegen, weil er dieses Wirken als eine Selbstoffenbarung Gottes begriff, war es ihm möglich, eine große Pansophie, d.h. den Gesamtzusammenhang der Wissenschaften als ein Werk des Menschen religiös zu legitimieren: Forschung ist Nachvollzug von Gottes Schöpferakt. Aus dieser Sicherheit konnte er ganz unbefangen die Rationalisierung des Publikationswesens durch den Buchdruck als Muster der Rationalisierung des Unterrichts durch die Methode bezeichnen, und von den Maschinen, die damals bekannt waren, die am präzisesten arbeitende – die Uhr – als Modell für den Ablauf des Lernens wählen. Aber nicht nur Gottes Wirken, auch seinen Willen kann der Mensch nach Comenius erkennen. Die von Gott geschaffene Welt, die Heilige Schrift und die Stimme des Gewissens in jedem einzelnen, das waren nach Comenius die drei Quellen der Frömmigkeit und der Erkenntnis in einem. Zwischen Welt- und Gotteserkenntnis ließ Comenius keinen Unterschied mehr zu, vielmehr konnte und mußte vollkommene Welterkenntnis das Ideal einer vollkommenen Gotteserkenntnis realisieren und damit die Harmonie einer Ordnung, in der jede Sache ihren jeweils bestimmten, gerechtfertigten Platz hat. Das ist das Grundmotiv der comenianischen Pansophie, die aus sich eine so starke erzieherische Energie, ein System der Pädagogik und eine Fülle weiterwirkender didaktischer Prinzipien entließ.

Für das Umdenken der christlichen Pansophie in eine Didaktik war entscheidend, daß Comenius eine relative Möglichkeit fand, die Summe allen Wissens vom Begriff des Ganzen zu unterscheiden, die Allweisheit von Allerweltswisserei abzugrenzen. Denn die Pansophie, didaktisch betrachtet, mußte ja zunächst einmal zur unrealisierbaren Enzyklopädie tendieren. Unrealisierbar wäre solch enzyklopädisches Wissen, weil es die Möglichkeit des Menschen im allgemeinen und die Fassungskraft des Kindes im besonderen überstiege; sie wäre aber auch pädagogisch unsinnig, weil sie als Summierung keine Differenzierungsmöglichkeit gegenüber den unterschiedlichen Bedeutsamkeiten der Dinge und gegenüber ihrer gegenseitigen Verträglichkeit hätte. Comenius aber konnte der tendenziellen Forderung nach allumfassender, enzyklopädischer Bildung einen präzisen pädagogischen Sinn geben: ihm gelang die fragliche Unterscheidung („Alles" – „All"), indem er der Mannigfaltigkeit der enzyklopädischen Harmonie einige wenige, mit sich selbst identische Prinzipien unterstellte. Von diesem Hintergrund aus konnte er einerseits wahre Erkenntnis mit der Einsicht in den Zusammenhang aller Dinge definieren, andererseits aber ohne Paradoxie feststellen, daß es zur Allweisheit nur weniger hauptsächlicher, wenn freilich auch wahrer und wohlbegründeter Kenntnis bedürfe.

Comenius folgerte , Erziehung habe den Menschen als Ganzen zu bilden, Schulen hätten darum nicht nur Wissen zu lehren, sondern auch Sitte und Frömmigkeit und zwar jeweils in ihrem vollständigen Zusammenhang. Alle alles gründlich zu lehren, das war gesellschaftspolitisch ein unerhört kühner, ja revolutionärer Anspruch, pädagogisch gesehen der noch ungebrochene Optimismus der Aufbruchsstunde. Didaktische Strukturen aber ergaben sich erst dadurch, daß Comenius es nicht dabei beließ, mit „allen", denen alles gelehrt werden solle, die verschiedenen Menschen zu meinen – die vom Glück begünstigten wie die elenden und unglücklichen, die begabten wie die unbegabten, die armen wie die reichen, die Herren wie die Knechte –, sondern auch noch einmal jeden einzelnen in seiner individuellen Entwicklung. Das aber hieß, daß Wissen und Haltung, wie sie von der Erziehung vermittelt wurden, nicht erst am Ende eines Bildungsganges die geforderte Einheit darstellen durften, sondern daß eben dies zu jeder Zeit gewährleistet sein mußte. „Alle alles gründlich zu lehren" war auch auf die verschiedenen Altersstufen zu beziehen: schon das kleine Kind im Vorschulalter sollte „Alles" lernen, nämlich ein seiner Fassungskraft entsprechendes vollständiges Weltbild erhalten – nicht Elemente, die sich erst viele Jahre später zu einem sinnvollen Ganzen fügen würden.

Das bedeutete einen völligen Umsturz der bisherigen, fast 2000 Jahre alten Methode des Lernens. Im alten Schul-Kanon der septem artes liberales war das Ordnungsprinzip die Sachlogik gewesen, Comenius setzte an ihre Stelle die Verstehbarkeit. Den Anfang des Lernens hatten die sachlogischen Elemente markiert, jetzt traten an deren Stelle das jeweils Bekannte und Nahe. Der Fortgang des Lernens hatte bis dahin stets von einzelnen Elementen zum Zusammengesetzten geführt. Jetzt mußte jeweils das „Ganze" in zunehmender Differenzierung gelehrt werden; für die Behandlung der Teilgebiete hatte im artes-Kanon ein strenges Nacheinander gegolten, die Unvertauschbarkeit in der Reihenfolge, während jetzt die Gleichzeitigkeit aller bildungsrelevanten Inhalte gefordert war und das Nacheinander den

Schwierigkeitsgrad im gleichen Sachgebiet betraf.

Unter dieser Voraussetzung wurde dann auch jenes unterrichtsorganisatorische Konzept diskussionsfähig, welches die Verwirklichung einer allgemeinen Schulpflicht – und das hieß auch: einer Schule für riesige Massen von Kindern – überhaupt erst in den Bereich der Denkmöglichkeit brachte: Klassenunterricht. Bis dahin war Schulunterricht ein Einzelunterricht unter erschwerten Bedingungen gewesen. Zwar war ein Lehrer für eine Gruppe von Schülern zuständig, doch galt seine konkrete Aktion immer nur einem Schüler – die anderen mußte er durch Aufgabenbindung und Disziplinarmaßnahmen in Schach halten. Davon konnte in dem Augenblick abgegangen werden, da die Unterrichtsmethode vom Prinzip der Sachlogik gelöst und auf das der Naturgemäßheit – der menschlichen Entwicklung – verpflichtet worden war. Nun konnten viele Kinder – Comenius dachte an 100! – gleichzeitig von einem Lehrer unterrichtet werden, dann nämlich, wenn alle Schüler gleichzeitig mit dem Lehrer eine Gedankenbewegung vollzogen und gemeinsam in der Sache fortschritten, indem sie sich selber differenzierten. Das vielgeschmähte, aber bis heute nicht wirklich beseitigte schulpädagogische Schreckgespenst des „Frontalunterrichts" nahm seinen Anfang als eine der kühnsten Unterrichtsformen überhaupt!

Bei Comenius war auch diese unterrichtsorganisatorische Konsequenz fest eingebunden in die pansophische Prämisse: der Einheit der göttlichen Natur entspricht eine einheitliche Natur des Menschen, der jede verantwortliche Leistung des Menschen entspringt. Der Zögling war darum zur Entfaltung seiner Selbständigkeit anzuleiten: in der Beschäftigung mit dem empirischen Material mußte er selber es sein, der Regeln abstrahierte und allgemeine Gesetzmäßigkeiten entdeckte. Mußte dieser Teil der Arbeit vom Zögling selber geleistet werden, so war es Sache des Lehrers, die betreffende Aufgabe erst dann zu stellen, wenn der Zögling so weit war, sie meistern zu können. Wie die Natur auf die geeignete Zeit achtet, so verlangte Comenius vom Lehrer ein entsprechendes Einfühlungsvermögen. Und von daher folgerte er: *ein* Lehrer hatte die Klasse zu *einer* Arbeit anzuhalten, hatte hierbei *einen* Autor zugrundezulegen und sich von *einer* Methode (der „natürlichen") leiten zu lassen. Die Natur macht keine Sprünge; also hatte sich auch die Didaktik solcher zu enthalten. Das war der tiefere Sinn der unterrichtsmethodischen Maximen, vom Leichten zum Schweren fortzuschreiten, dem Zögling den Nutzen des Lernens für das Leben klarzumachen, ihm Anschauungsmaterial zu bieten und vieles andere mehr.

Das unterrichtsorganisatorische Konzept „Klassenunterricht" war die Bedingung dafür, mit einer – auch unter Zugrundelegung der optimistischen Annahmen hinsichtlich der Möglichkeiten einer erst noch aufzubauenden Lehrerbildung – sehr begrenzten Zahl von Lehrern das Programm einer allgemeinen Schulbildung denkmöglich zu machen. Das System der Bildungseinrichtung selber, welches Comenius für diese Aufgabe entwarf, mußte nach den für ihn maßgeblichen Prämissen das Ganze (Wissen, Sitte, Frömmigkeit) auf jeder Stufe jeweils ohne Einschränkung zur Geltung bringen. Jede Stufe mußte einen anderen Aspekt der menschlichen Möglichkeiten ansprechen, gemäß der natürlichen Entfaltung. Comenius kam zu vier Stufen: eine erste Stufe von der Geburt bis zum 6. Lebensjahr, der die Ausbildung

JOHANN AMOS COMENIUS

der äußeren Sinne zugeordnet wurden, eine zweite Stufe vom 6. bis zum 12. Lebensjahr, der die Ausbildung der inneren Sinne, insbesondere des Vorstellungsvermögens zukam, eine dritte Stufe vom 12. bis 18. Lebensjahr, in der Verständnis und Urteil zu entwickeln waren, und schließlich eine vierte Stufe vom 18. bis 24. Lebensjahr, in der die Formung des Willens thematisch zu sein hatte. Daß es einer Willenshaltung als Voraussetzung erfolgreichen Lernens auf jeder Entwicklungsstufe bedarf, war Comenius völlig klar; seine vierte Gliederungsstufe unterstellt lediglich, daß hier „das Ganze" nun noch einmal unter ausdrücklicher Reflexion auf den Willen thematisch wird, um den Prozeß der zunehmenden Selbstdifferenzierung des Lernenden abschließen zu können.

Die vier Differenzierungsstufen verband Comenius zum Gesamtplan für ein Einheitsschulsystem – allen sollte alles gelehrt werden.

Johann Amos Comenius wird gelegentlich als der größte Sohn des tschechischen Volkes bezeichnet. In seiner Muttersprache hieß er Komensky – mit der latinisierten Form seines Namens ist er in die Geschichte eingegangen. Aber er hat Lateinisch nicht aus Überzeugung geschrieben, vielmehr war er emotional ganz seinem Volke und seiner Religionsgemeinschaft der Böhmischen Brüder zugetan. Lateinisch zu schreiben war ihm durch die Umstände aufgezwungen, durch Umstände nämlich, die ihn nötigten, für seine Gemeinde ein ganzes Leben lang außerhalb seiner Heimat tätig zu sein. Sein Leben stand – empirisch betrachtet – in krassem Widerspruch zum Harmonieglauben seiner Pansophie und zum Optimismus seiner Pädagogik. Als der große 30-jährige Glaubenskrieg 1618 ausbrach, war Comenius, 26 Jahre alt, Pfarrer in der böhmischen Gemeinde Fullnek. Der Krieg nahm ihm die Frau und zwei Kinder, trieb ihn und die Böhmischen Brüder in das polnische Exil (Lissa). Zwar erlangte er im Exil als Autor gewaltigen Ruhm: die von ihm verfaßten Schulbücher, insbesondere die, die die neue Methode des Sprachenlernens konkretisierten, verbreiteten sich nicht nur in Europa, sondern bis nach Amerika; die didaktischen Schriften riß man ihm aus den Händen, bevor er sie hatte wirklich abschließen können; als Schulgründer, Bildungsberater, Pansophiker, ökomenischer Theologe und kirchenpolitischer Vermittler war er überall begehrt: England, Holland, Frankreich, Schweden, Ungarn, kaum ein europäisches Land, in dem er nicht tätig gewesen wäre oder das sich nicht wenigstens um ihn bemüht hätte: in der Gelehrtenwelt genoß er höchstes Ansehen – Descartes traf mit ihm zusammen und begegnete ihm mit Achtung, obschon er die Comenianische Vermengung von Vernunft und Offenbarungswahrheiten verwarf. Aber diesem äußerem Ruhm stand die Erfolglosigkeit in dem, was ihm eigentlich wichtig war, gegenüber: die Rückkehr der Brüderunität, deren letzter Präses, d.h. oberster Bischof er war, nach Böhmen, wurde nicht erreicht, die Exilstadt Lissa wurde gebrandschatzt, die eigene Habe, Bücher und Manuskripte verbrannt, die Druckerei der Unität, sein Publikationsinstrument, zerstört, seine Gemeinde zerissen, die Brüder gemordet, gefoltert und gedemütigt. Seine zweite Frau ist den Strapazen der politisch-theologischen Reisetätigkeit erlegen. Die Weissagungen, denen er vertraute, waren durch die Fakten widerlegt. Und, wichtiger noch, die pädagogische Mitte seines Werkes wurde schon von den Zeitgenossen aus der theologisch-religiösen Klammer – Gott am Anfang wie am Ende – gelöst und verselbständigt. Für die Welt war Comenius der umjubelte Sprachenlehrer, der Autor der „Janua linguarum", des „Orbis pictus", gemalte Welt, ein Sachbuch, welches noch Goethe als Kind in der Hand gehabt hat; als Didaktiker ging er in die Geschichte der Pädagogik ein; als Mann Gottes, als der er sich selber primär verstanden hatte, fand er leidliche Aufnahme allenfalls im Pietismus. Aber Comenius lebte aus einer Gewißheit, in der Zerstörung und Unglück nicht das letzte Wort haben. Die Zusage an die Geschichte, daß jeder Augenblick bejaht sei, auch in äußerster Aussichtslosigkeit, durch keine innerweltliche Erfahrung belegt, gleichwohl diese überbietend, läßt uns über drei Jahrhunderte hinweg das Werk des Comenius als „Hinweisung zum Frieden inmitten physischer und psychischer Verwüstung"[6] verstehen.

Gotha: Der Anfang der deutschen Volksschule

Einer der ersten unter den deutschen Fürsten, die eine Verbesserung der Lage ihres Landes durch Erziehung des Volkes beabsichtigten und dafür eine systematische Entwicklung des Unterrichtswesens begannen, war Herzog Ernst der Fromme zu Gotha. Diese Wendung hing eng zusammen mit der Wirksamkeit der Didaktiker. Denn die Mutter des Herzogs und deren Umgebung hatten sich für pädagogisch-pansophische Reformen interessiert und Wolfgang Ratke eine zeitlang als Lehrer engagiert. Ernst der Fromme übernahm die ihm von daher gegebenen Anregungen und fand in Andreas Reyher, Rektor des Gothaischen Gymnasiums, den Schulmann, der die Projekte der Didaktiker in die Praxis umzusetzen wußte. Unter der Bezeichnung „Schulmethodus" ist die von Reyher verfaßte fürstliche Verfügung in die Geschichte des Bildungswesens eingegangen. Dieser Schulmethodus, 1642 erstmalig erschienen, wurde in zahlreichen Auflagen immer wieder neu präsentiert und dabei fortgeschrieben. In den ersten Fassungen hielt er sich ganz in den Grenzen des methodischen Realismus. Aber die Anwendung der didaktischen Prinzipien auf die Unterweisung der gesamten Jugend drängte zu neuen Unterrichtsfächern. Reyher bereitete sie mit kleinen, an die Schulen adressierten Schriften vor, die er 1657 zusammenfaßte zum ersten Realienbuch für die deutsche Volksschule: Rechenunterricht mit Anwendungen für das tägliche Leben, Naturlehre mit Erd- und Himmelskunde, gesellschaftliche Bildung mit Belehrung über Grenzen, Gerichte und Obrigkeiten, Wirtschaftskunde mit Informationen über kaufmännischen Warenverkehr,

Geldwesen und Haushaltsführung. Es war der erste Versuch einer vom Staat ausgehenden Wendung von der religiösen Elementarschule als reiner Lese-Schule zu einer Schule des Volkes, die die Kinder an Verhältnissen ihrer Lebenswelt orientieren sollte. Für lange Zeit blieb Gotha ein nicht erreichbares Vorbild, doch war die nötigende Kraft dieses Vorbildes von großer Wirkung. Es ist kaum ein namhafter Schulmann des 17. Jahrhunderts zu nennen, der nicht irgendwie mit Gotha in Beziehung gestanden hätte: Gotha war der Umschlagplatz für fortschrittliche pädagogische Bestrebungen der Zeit und der Fortschritt ging vom methodischen zum inhaltlichen Realismus. Dieser inhaltliche Realismus trat in zwei sozialschichtsspezifischen Varianten auf, in adeliger und in bürgerlicher Gestalt.

Ritterakademien: Die neue Adelserziehung

Während des 16. Jahrhunderts hatte der europäische Adel seinen Nachwuchs den Gelehrtenschulen der Humanisten anvertraut. Diese Schulen standen in der Tradition der artes liberales, doch hatten sie das kirchliche Latein durch das ciceronianische ersetzt und die Zielsetzung vom Priesterberuf abgelöst. Aber der Triumph der Humanisten währte nicht lange. Zu derselben Zeit, da die Didaktiker versuchten, das schwerfällig gewordene Lateinschulwesen durch eine methodische Reform zu verbessern, zog sich die adelige Jugend aus eben diesen Schulen zurück. Diese Trennung der adeligen von der bürgerlichen Jugend hatte zwei Aspekte, den Tatbestand der Separation und den einer neuen inhaltlichen Konzeption der Erziehung. Daß der Adel es vom Ende des 16. Jahrhunderts an nicht mehr als angemessen empfand, seine Kinder den bürgerlichen Gelehrtenschulen anzuvertrauen, hing mit dem neuen Funktionszuwachs dieses Standes nach der Durchsetzung des Absolutismus zusammen. Diese Tendenz verstärkte sich durch die großen Religionskriege. Denn Verwüstungen, Greuel, Seuchen und Zerstörung der Infrastruktur hatten Handel und Gewerbe schwer getroffen. Die Kraft der Städte, die den materiellen und politischen Rückhalt des bürgerlichen Selbstbewußtseins bildete, war gebrochen. Fürstentum und Adel hatten demgegenüber weniger gelitten, eher noch ihre Vorrangstellung ausgebaut.

Aus dieser Verschiebung des gesellschaftlichen Kräfteverhältnisses ergab sich die Trennung der Bildungswege für die adlige und die bürgerliche Jugend. Damit waren an sich noch keine Bildungsinhalte gesetzt. Tatsächlich blieb die separierte Adelserziehung mit bestimmten Aspekten auch weiterhin humanistischen Zielen verbunden. Aber der Adel brachte dann ein völlig neues, zunächst nur auf seinen eigenen Stand bezogenes Bildungs- und Erziehungsideal hervor. Die Wirkung auch auf die Pädagogik der bürgerlichen Welt war so groß, daß die Vergegenwärtigung der Adelserziehung zum Verständnis des Gesamtzusammenhangs unerläßlich ist.

Fürsten und deren hohe Beamte waren die ersten, die sich der Mängel ihrer eigenen Bildung bewußt wurden. Sie lernten das Ausland und die Ausländer kennen und empfanden die Rückständigkeit der Deutschen hinter anderen Völkern – trotz der zahlreichen, berühmten humanistischen Lehranstalten in deutschen Ländern. Eine europäische Vorrangstellung hatte im 17. Jahrhundert Frankreich, nicht nur und nicht einmal in erster Linie machtpolitisch, sondern durch die Vorbildhaftigkeit seiner Zivilisation. Die französische Sprache wurde die Sprache der Fürstenhöfe und der damit verbundenen Diplomatie, bald auch die der Künste und der neuen Wissenschaften, schließlich die Sprache der Bildung überhaupt. Darin lag – im Blick auf die Substanz des Vorganges – kein antihumanistischer Affekt. Denn die romanischen Sprachen und Literaturen waren gerade durch die seit der Renaissance maßgebliche Rückbesinnung auf die Antike, durch das Studium des ciceronianischen Lateins zu einer eigenen Blüte gebracht worden. Die französische Sprache hatte ihre klassische Form bereits erreicht, als in Deutschland die gelehrte Welt noch ausschließlich lateinisch gebildet war, so daß ein Gegensatz entstand zwischen der humanistisch-lateinischen und der höfisch-französischen Orientierung. Doch auch in Frankreich war im Schulwesen eine relative Abwendung von der humanistisch-lateinischen Bildung dem neuen Ansatz vorausgegangen. Das aber war im 16. Jahrhundert geschehen. Exemplarisch dafür steht Michel de Montaigne, ein Adliger aus dem südwestlichen Frankreich, der als Kind in der sorgfältigsten Weise geschult worden war – durch Hauslehrer und durch das berühmte Collège in Bordeaux –, der aber als Erwachsener seine lateinische Bildung verwarf. Als Höfling, als Offizier und Politiker lernte er die Welt kennen, zog sich dann auf seine Güter zurück und schrieb vielbeachtete Essays, in denen er Prinzipien einer neuen Bildung formulierte. Als Ideal schwebte ihm die freie Bildung des Kavaliers (Gentilhomme) zum Leben am Hofe und in der großen Welt, zur praktischen Brauchbarkeit in den Geschäften und zur feinen weltmännischen Lebensführung vor. Von diesem Ziel her hatte das überlieferte Bildungssystem keinen Sinn mehr, vor allem hatte es keinen Sinn mehr, die jungen Adligen in eine humanistische Gelehrtenschule zu schicken. Die Alternative einer erneuten spezifischen Adligenerziehung war ausgedrückt in drei pädagogischen Forderungen, nämlich

- ▷ körperliche Gewandtheit *gegen* Stubenhockergelehrsamkeit, (womit als erstes ein Anschluß an die alte nichtliterarische Adelserziehung vollzogen war),
- ▷ geistige Kraft für praktisches Handeln *gegen* scholastisches Wissen ohne mittelbare Handlungsrelevanz

und schließlich

- ▷ die Welt selbst als Bildungsquelle *gegen* rein literarische Bildung.

Ein Zeitgenosse von Montaigne, François de la Noue, entwickelte erstmalig in Europa das Konzept eigener Adelsschulen. Aber so wichtig und einflußreich Schriften und Programme auch waren, die Durchschlagskraft des neuen Ideals ging weniger von Schulen als von der Vorbildhaftigkeit einer Lebensform aus. Als Bildungsideal wurde sie gefaßt unter der Chiffre des Gentilhomme, Honnête homme oder auch Galant homme, Bezeichnungen, die man nicht zu wörtlich auslegen darf. Was gemeint war, stand vielmehr anschaulich vor aller Augen in einer langen Liste von Ministern und Marschällen von Frankreich, die alle große Generale, geschickte Diplomaten, erfindungsreiche Ingenieure, Architekten, Finanzgenies, Literaturkenner und Förderer der Künste und Wissenschaften waren, kurzum Männer, die, wie es in zeitgenössischen Wendungen oftmals hieß, zu allen Bedienungen geschickt waren und die dem Staat und seinem Fürsten zu Glanz und Ansehen verhalfen.

Die zur Realisierung dieses Bildungsideals erforderlichen Befähigungen sollten nun, nachdem sich die adlige Jugend von den Gelehrtenschulen des Bürgertums trennte, systematisch vermittelt werden: *entweder* in der Form des Einzelunterrichts durch Hofmeister und Hauslehrer, durch Sprach-, Fecht- und Tanzmeister, *oder* aber durch eigene Schulen. Die in ganz Europa dafür benutzte und verstandene Bezeichnung war Academia Equestris, wenn die einzelnen Einrichtungen häufig auch andere Namen trugen. In diesem Begriff liefen zwei Traditionslinien zusammen, nämlich die Linie der gelehrten Akademien seit der Renaissance und die der Schulen der hohen Reitkunst. In der Verbindung entstand als neues Element die institutionalisierte Adelserziehung. Nach französischen und italienischen Vorbildern entstanden auch in Deutschland Ritterakademien. Die erste Einrichtung dieser Art war das Collegium illustre in Tübingen von 1589, die letzte Gründung war die Hohe Karlsschule zu Stuttgart von 1775. Es waren für ihre Zeit die modernsten Bildungsanstalten überhaupt, die alle Vorzüge äußeren Glanzes und weltkluger Brauchbarkeit boten. Witz und Esprit, Geist und Manieren, Eigenschaften, die dem humanistisch gebildeten Deutschen im 17. Jahrhundert abgingen, konnte man hier lernen. Darüber hinaus aber machten die Ritterakademien die Realien – und das hieß: moderne Sprachen, Mathematik, Naturwissenschaften und Architektur, Geschichte und Recht, moderne Philosophie und selbstbeherrschtes Verhalten – zum inhaltlichen Zentrum der Bildung. Natürlich wurde auch Latein gelehrt; darauf konnte man nicht verzichten, weil es in der politisch-kulturellen Welt jahrhundertelang das einzige Medium der Verständigung gewesen war und bleibende Spuren hinterlassen hatte; man konnte aber auch darum nicht darauf verzichten, weil im Bewußtsein der Menschen das neue, adlige Bildungsideal zwar akzeptiert, aber dafür das alte humanistische Ideal noch nicht ausgelöscht war. So gab es auch Ritterakademien, die sehr stark dem Lateinschulprogramm verpflichtet blieben, jedenfalls für den Unterricht im engeren Sinne. Entscheidend aber war, daß die Ritterakademien nicht nur Schulen waren, sondern im Sinne der Aufklärung Erziehungsanstalten und zwar für reifere Jugendliche. Das fortgeschrittene Alter der Schüler – während der eigentlichen Kindheit wurde der Adlige im Hause durch Gouvernanten und Hofmeister unterwiesen – und der weitgesteckte Anspruch für moderne Wissenschaften führte dazu, daß die Ritterakademien zum Teil eher den Charakter von Hochschulen hatten. Aus zweien von ihnen sind auch Universitäten hervorgegangen (1694 Halle, 1743 Erlangen). Die neue Adelserziehung war, ob nun im Einzelunterricht oder in der Ritterakademie betrieben, von vornherein auf die gesellschaftliche Bestimmung ihrer Zöglinge, auf die dem Adel im absolutistischen Staat zufallende Funktion im Hof-, Militär- und Verwaltungsdienst bezogen. Das alles war ein umfassendes Programm von Berufserziehung, in der der Beruf freilich durch den angeborenen Stand vorgegeben und mit diesem identisch war. Da überdies hier die höchste Form gesellschaftlicher Bestimmung vorlag, schien der Gedanke, die frühzeitige Festlegung auf beruflich-gesellschaftliche Qualifikationen könne eine Beschränkung menschlicher Möglichkeiten sein, abwegig.

Das Bildungskonzept des 17. Jahrhunderts, welches den Tendenzen der modernen Welt am nächsten kam, wurde also zugleich als Lebensform der gesellschaftlichen Führungsschichten präsentiert. Indem Erziehung hier durch Berufs- und Standeserziehung definiert war, erhielt das höfische Bildungsideal einen Platz innerhalb der Entwicklung der Aufklärungspädagogik, der weit über das spezielle Problem einer Adelserziehung hinauswies.

Projektemacherei: Merkantilistische Staats- und Gewerbepädagogik

Die Wirklichkeit des übrigen Schulwesens blieb während des 17. Jahrhunderts von den in der Adelserziehung thematisierten neuen Gesichtspunkten des inhaltlichen Realismus noch ziemlich unberührt. In den Köpfen der merkantilistischen Staats- und Wirtschaftsdenker formierten sich bereits Pläne, die Schule, Unterricht und Erziehung in den großen Zusammenhang staatlicher Planung und Verwaltung einmünden ließen.

Merkantilismus, das war eine mit dem Prozeß der Nationalisierung Europas auf das engste zusammenhängende Epoche der Wirtschaftsgeschichte. Sie begründete den vordem nicht gekannten nationalen Charakter der Wirtschaft, so daß seitdem ihre Theorie auch *National*ökonomie (oder Volkswirtschaftslehre) genannt wird. Die besonderen Bedingungen der vielen mittleren, kleinen und kleinsten deutschen Territorien gaben dem in Deutschland wirksam gewordenen Merkantilismus das Gepräge durch die Tatsache, daß die Handelsherren Volks- und Privatwirte zugleich waren.

Die Wirtschaftstheoretiker des Merkantilismus, die sogenannten Kameralisten (von camera – Vorratskammer, Staatskasse) legten gleichfalls einen solchen Doppelgesichtspunkt ihren Erwägungen zugrunde. Sie empfingen ihre Anregungen aus der damaligen Weltwirtschaftsliteratur *und* aus der heimischen Hausväterliteratur; ihr Denken war bestimmt durch das Erlebnis von London, Paris, Amsterdam *und* durch das des heimischen Waldreichtums und der unerschlossenen Bodenschätze. Ihr Hauptproblem war die Organisation einer Ökonomie, die den ungeheuren Geldbedarf des neuzeitlichen Staates zu befriedigen vermochte. Dieser Bedarf war so groß, weil an die Stelle des Lehnsstaates der Verwaltungsstaat getreten war, d.h. anstelle der Verpflichtung der Gefolgschaft durch Lehen waren die durch Bargeld zu entlohnenden Beamten und Söldner getreten. Der Geldwert wurde definiert durch das Vorhandensein von Edelmetallen. Die Sicherung eines ständigen Machtzuwachses schien demnach nur durch eine aktive Handelsbilanz gegeben, d.h. mehr Waren ins Ausland ausführen als einführen, selber immer mehr und qualitativ Besseres produzieren. Das Territorium wurde von einer nur politischen Einheit zu einem Wirtschaftsunternehmen, für das der Landesherr zugleich der oberste Handelsherr war.

Die merkantilistischen Theoretiker sahen die Staatsform des Absolutismus nicht in der Willkürherrschaft begründet, sondern im sozialen Nutzen. Von der Voraussetzung ausgehend, daß nicht der einzelne wirtschaftende Bürger, sondern die Gesamtheit des Territoriums die ökonomisch anzusetzende Einheit ausmachte, mußten sie der Erziehung eine wichtige Rolle in ihren wirtschaftspolitischen Überlegungen einräumen. Denn wenn der auf allgemeine Wohlfahrt bezogene, als Sachwalter der wirtschaftlichen Interessen aller Bürger auftretende Staat vom einzelnen Untertan optimale Leistungsfähigkeit in der jeweiligen Berufsaufgabe verlangen mußte, lag es nahe, erzieherische Maßnahmen zu ergreifen, um eben diese Leistungsfähigkeit herbeizuführen.

Die von den Merkantilisten entwickelten Schulpläne des 17. Jahrhunderts sind allesamt nicht verwirklicht worden. Pläne von drei Projektemachern werden in der Geschichte des deutschen Bildungswesens häufig zitiert: Johann Raue, Johann Joachim Becher und Veit Ludwig von Seckendorff. Raue war ein Mann der Wissenschaft: Professor an den Universitäten Erfurt und Rostock, dann Lehrer an der Ritterakademie in Soroe (Dänemark) – daß ein Universitätsprofessor die Berufung an eine Ritterakademie annahm, unterstreicht noch einmal den besonderen Rang der neuen Adelserziehung – schließlich wurde er durch den großen Kurfürsten zum Generalinspektor aller Schulen der Mark Brandenburg ernannt.

Becher war ein typischer Polyhistor der Zeit: mit fürstlichen, zumeist handelspolitischen Aufträgen zwischen Mainz, Wien, Amsterdam und London hin- und herpendelnd, entwickelte er eine Fülle von weitreichenden, vielfach ins Phantastische weisenden Reformprojekten. Als Autor von über 50 Publikationen erging er sich in fast allen auch nur im entferntesten sozial nutzbringend erscheinenden Wissenschaften, abgefaßt in deutscher, holländischer und lateinischer Sprache.

Von Seckendorff war ein hoher Staatsbeamter, zunächst bei Ernst dem Frommen in Gotha, später in Preußen. Er bereitete die Gründung der Universität (1694) Halle vor, eine der ersten wirklich modernen Universitäten Europas, und wäre deren Kanzler geworden, wenn er nicht 1692 gestorben wäre.

In den Schulplänen dieser drei Männer stand bei allen sonstigen Unterschieden ein übereinstimmender Gedanke im Mittelpunkt, der dann noch lange Zeit ein Lieblingsthema der weit verbreiteten merkantilistischen Literatur blieb: die Konzeption einer besonderen beruflich-realistischen Bildung für die Jugend der bürgerlichen Schicht. Im Anfang schloß dieser Gedanke noch an die comenianische Pansophie an oder war doch zumindest religiös mitbegründet durch das Vertrauen, über das große Buch der Natur die Erkenntnis Gottes zu fördern, bald aber nur noch durch die Frage diktiert, „wodurch man an Kunst und Wissenschaft alle Ausländer mit der Zeit übertreffen" könne. Die Projekte von Raue, Becher und Seckendorff zielten teils auf abgestufte Einheitsschulsysteme, teils auch darauf, innerhalb eines solchen Gesamtsystems spezielle Schulen zur Vorbereitung auf die bürgerlichen Berufe einzurichten; die daran anschließende Diskussion skizzierte große, bestimmten Berufsgruppen zugedachte Schulen mit einer Fülle von Spezialklassen, bald darauf auch eigene Fachschulen für jeden Beruf. Immer aber handelte es sich darum, den Nachwuchs in frühester Jugend zu erfassen, sofort nach den Erfordernissen des späteren Berufs auszubilden und vor der Belastung mit „unnützen" Kenntnissen – gemessen am Maßstab der jeweiligen beruflichen Notwendigkeit – zu bewahren.

So simpel diese Pläne aus heutiger Sicht anmuten mögen, so aufsehenerregend wirkten sie in ihrer Zeit. Um daß zu verstehen, muß man berücksichtigen, daß

„Schulpläne" bis dahin immer nur Pläne für eine einzelne Schule gewesen waren. Jetzt aber wurden Konzepte für den Zusammenhang aller Schulen entwickelt, ja nicht nur aller Schulen, sondern aller Bildungswege überhaupt, einschließlich der bis dahin unantastbar in der Hand der Zünfte und Innungen liegenden handwerklichen und kaufmännischen Berufsausbildung. Es entstand ein schwerer Interessengegensatz zwischen Staat und Handwerk. Der merkantilistisch orientierte Verwaltungsstaat strebte nach aktiver Handelsbilanz, Produktionssteigerung und Wirtschaftswachstum; das Handwerk war demgegenüber auf regionale Bedarfsdeckung ausgerichtet. Dieser Interessengegensatz wurde auch ausgetragen auf dem Felde der Erziehung, und zwar auf folgendem Hintergrund: Die Arbeitsteilung in der vorindustriellen Gesellschaft reichte bis zum ständisch definierten Beruf, nicht weiter. Im vorindustriellen Handwerk arbeitete der Mensch – idealisiert gesprochen – in Situationen, in denen er täglich auf's neue qualitativ erfuhr, wie der spröde und tote Stoff unter seiner Hände Arbeit zum gelungenen Werkstück sich gestaltete und belebte, wie im Ertrag des manuellen Zugriffs das Geistige der Arbeit als unmittelbare, sinnlich-anschauliche Konkretisierung in Erscheinung trat. Diese Konkretisierung gestattete es, den Werkvollzug als ganzheitlich durch traditionell festgelegte, auf Beharrung angelegte Regeln bestimmt sein zu lassen. Und demzufolge war es dem handwerklichen Prinzip zuwider, durch eine Analyse aller Einzelstadien eines Werkprozesses die Bedingungen für den Erfolg der Arbeit rational durchsichtig zu machen, quantitativ-rechenhaft aufzufassen und zu dynamisieren.

Als Beispiel mag das Schmiedehandwerk dienen, in dem in der Meisterprüfung verlangt wurde, in nur zwei Hitzen den vollständigen Hufbeschlag zu fertigen, ohne Maß genommen zu haben, ohne die Hufe auch nur genau betrachtet zu haben, vielmehr nachdem das Pferd zweimal an der Werkstatt vorbeigeritten worden war. Vergleichbare Leistungen waren in fast allen anderen Handwerken üblich. Die Schulung der Sinne und der Hand, der Merk- und Schätzfähigkeit führte zu ganz außerordentlichen Befähigungen, die aber als selbstverständlich galten und die nun unter dem Gesichtspunkt einer zweckrational organisierten Ökonomie als völlig überflüssig erscheinen mußten.

Von allen Einzelheiten abgesehen, darf festgehalten werden, daß die entscheidende Differenz zwischen dem Handwerk auf der einen Seite und dem an ökonomischem Wachstum und technischem Erfindungsdrang interessierten Merkantilismus auf der anderen Seite darin bestand, daß die handwerkliche Berufsleistung auch in ihren höchsten und gelungensten Formen der Meisterschaft kein konstruktiv-theoretisches Können verlangte. Das galt nicht einmal im Architektonischen, was noch an einem so großartigen Barock-Baumeister wie Balthasar Neumann demonstrierbar ist. Dieser Sachverhalt war Prinzip der Ausbildung und wurde festgehalten. Handwerkliche Berufsausbildung war, vom Technischen her gesehen, Erziehung zur Nachahmung komplexer Zusammenhänge und zwar vorwiegend unter Anspannung der qualitativen Vermögen der Sinnesorgane und ausdrücklicher Sperre gegen analytisch-quantitatives Denken. Deshalb suchte die merkantilistische Staatspädagogik nach Wegen, Schulwesen und Berufsausbildung zugleich zu reformieren: Lateinschulen sollten eindeutig als Vorbereitungsanstalten für die gelehrten Berufe definiert sein; diese Gelehrtenschulen sollten, jedenfalls als Fernziel, auf die von den Ritterakademien vorgezeichnete Konzeption einer modernen, weltoffenen Bildung verpflichtet werden. Wichtiger aber schien zunächst, einen großen Teil der Kinder, der die Lateinschulen nur einige Jahre besuchte, um dann in einen handwerklichen oder kaufmännischen Beruf einzutreten, in Schulen umzulenken, die über den Auftrag der allgemeinen Erziehung hinaus das leisten würden, was man sich unter den gegebenen Bedingungen von der Meisterlehre nicht mehr versprechen konnte. Ebenso war auch daran gedacht, den Verbalismus der religiösen Elementarschulen mit einer ökonomischen Bildung für das einfache Volk zu brechen.

Der Interessengegensatz zwischen Staat und Handwerk war stark, aber wiederum nicht so, als ob der Merkantilismus das Handwerk hätte zerstören wollen. Dazu bestand keine Veranlassung. Denn so negativ das Handwerk im Hinblick auf den Fortschritt der Produktivkräfte betrachtet wurde, so nützlich schien es sozialpolitisch. Ebenso wie die mittelalterlichen Korporationsrechte des Adels vom Absolutismus nur insoweit gebrochen wurden, als sie dem Machtanspruch des Landesherrn entgegenstanden – dann aber als Militär- und Verwaltungsadel mit neuer Funktion wiederhergestellt und dem Staatszweck eingeordnet wurden –, so sollten auch Zünfte und Innungen einen Platz behalten: Als sozialer Schutzverband, der seine Mitglieder bei Krankheit, Invalidität und im Alter sichert, war die handwerkliche Korporation durchaus erwünscht, weil sie den patriarchalischen Staat im Kampf gegen die Armut und Bettelei unterstützte. Deswegen waren auch die Schulpläne nicht darauf ausgerichtet, die Berufsausbildung vollständig in die öffentliche Hand zu übernehmen, dem Handwerk gewissermaßen die Ausbildungsberechtigung zu entziehen. Wohl aber wurde unterstellt, mit realistisch-beruflich orientierten Schulen könne der Impuls zu einer grundlegenden Reform der Handwerkslehre und ihrer gesinnungsmäßigen Voraussetzung gegeben werden.

Für die Menschen des 17. Jahrhunderts lag das Überraschende und Faszinierende der merkantilistischen Schulpläne darin, daß in ihnen Schulwesen und Berufsausbildung aus dem übergreifenden Zusammenhang des Staatszwecks abgeleitet erschien. Der Staatszweck präsentierte sich hier in einem planwirtschaftlichen Gesamtkonzept, welches die vernünftige Gestaltung der gesellschaftlichen Ordnung zum Wohle aller ausdrückte. Höchst unwahrscheinlich dünkte die meisten Zeitgenossen wohl eine Realisierung der allgemeinen Schulpflicht. Die Vorstellung, daß wirklich alle Kinder zur Schule gehen würden, drei, fünf, acht oder zehn Jahre lang, nicht nur einige Wochen im Winter, sondern während des ganzen Jahres, daß alle Kinder nicht nur Bibeltexte würden buchstabieren lernen, sondern daß sie in Schreiben und Rechnen, in den Grundlagen des Wissens von der Natur, von der Gesellschaft, von der Geschichte und von dem Menschen unterrichtet würden, dies alles schien zu phantastisch, um es wörtlich nehmen zu dürfen. Aber die Wirtschafts- und Staatstheoretiker des Merkantilismus lenkten mit ihren Schulprojekten die Aufmerksamkeit der Herrschenden wie der politisch interessierten Öffentlichkeit insgesamt auf den Augenblick, an dem man dies alles würde in Angriff nehmen und daraus Nutzen ziehen können. Daß das ganze dann auch noch sowohl mit der christlichen Pansophie als auch mit den neuen Ideen der Aufklärung in Einklang zu stehen schien, erwies sich für die Rezeption als förderlich: das Gottwohlgefällige, das Menschenfreundliche, das Angenehme und das ökonomisch Nützliche waren – im Bewußtsein – auf das beste verbunden. Die Bedeutungsverschiebung, die der pädagogische Begriff des „Nutzens“ im 17. Jahrhundert erfuhr, deutet demgegenüber freilich schon auf weniger gute Konsequenzen in der Realisierung hin.

Christliche Pädagogik und die Ökonomisierung der Erziehung

Christliches Arbeits- und Wirtschaftsverständnis

Die politisch-kulturelle Welt des 17. und 18. Jahrhunderts war deutlich gekennzeichnet durch ein zunehmendes ökonomisches Interesse. Bis zum 17. Jahrhundert hatte die Wirtschaft für das Bewußtsein der Menschen – nicht für ihre reale Existenz! – eine nur untergeordnete Rolle gespielt. Nachdem der Mensch aber einmal begonnen hatte, sich nicht mehr primär unter dem übernatürlichen Bezugssystem von Kirche und Theologie, sondern als Teil der Natur zu begreifen, stellte er schon bald die Frage nach dem gesetzmäßigen Zusammenhang auch seines eigenen Tuns. Die Methoden, mit denen Physik und Astronomie die Geheimnisse der Natur zu enträtseln begannen, mußten dann auch zur Aufhellung der ökonomischen Arbeit taugen: Berechenbarkeit der Produktion, rationale Bestimmung des Tauschwertes, Gesetze des Güterumlaufes, des Verbrauches und des Marktes waren die ersten Schritte auf dem Weg zu einer Wissenschaft. Was man sich davon versprechen konnte, hatte Descartes schon vor Beginn des Siegeszuges der technischen Weltbeherrschung an einer berühmten Stelle seines „Discours de la Méthode“ (1637) formuliert, nämlich daß der Mensch zum Herren und Eigentümer der Natur aufsteigen kann, der Mensch als „maître et possesseur de la nature“ (Meister und Eigentümer der Natur) und damit imstande, „mühelos die Früchte der Erde und alle deren Annehmlichkeiten zu genießen“.[7]

Die Lösung nicht nur des geistigen, sondern auch des sozialen und ökonomischen Lebens von theologischer Bevormundung bedeutete im Zeitalter der Aufklärung nicht generelle Entchristlichung. Innerhalb des Zeitalters gab es vielmehr auch starke religiöse Bewegungen, die über weite Strecken mit den Tendenzen der Aufklärung übereinstimmten, insbesondere im Kampf gegen die rückwärts gewandten kirchlich-konfessionellen Streitfragen. In Deutschland war diese Richtung durch den Pietismus repräsentiert. Der Pietismus hat – neben seiner religions- und kirchengeschichtlichen Bedeutung – auch eine sehr spezifische Rolle bei der Entwicklung der Pädagogik und eines modernen deutschen Schul- und Bildungswesens gespielt. Diese Rolle ist aber nur nachvollziehbar, wenn man sich die besondere Zuspitzung vergegenwärtigt, die das christliche Arbeitsverständnis erhielt.

Biblisch gesehen ist Arbeit über Mühsal definiert, die ihren Grund hat im menschlichen Ungehorsam gegenüber Gott: Weil der Mensch die Gemeinschaft mit Gott durch den Sündenfall brach, liegt auf dem Arbeitsfeld ein Fluch, der erwartete

Früchte versagt und unerwünschte hervorbringt. Eben deshalb kann der Mensch sein Brot nur im Schweiße seines Angesichtes essen. Da aber die Schuld, die die Mühsal verursacht hat, nicht in Arbeitsunwillen, Faulheit und Verweigerung begründet ist, sondern im Bruch der Gottesgemeinschaft, kann sie auch durch Arbeit nicht aufgehoben werden. Insofern enthält die biblische Aussage weder eine Abwertung noch eine Vergötzung der Arbeit, vielmehr ist das biblische Arbeitsethos ein Ethos aus der Gebetshaltung: das Ruhegebot geht der Arbeitspflicht voraus.

Dieses biblische Arbeitsverständnis hat sehr unterschiedliche theologische Auslegungen erfahren. Die mittelalterlich-katholische Auffassung, wie sie Thomas von Aquin in theologisch-philosophische Gedanken faßte, verknüpfte zwei gegenläufige Denklinien: Einerseits nahm sie die Arbeit als Sündenfluch, den sie aber insoweit abmilderte, als er durch Arbeit wenigstens teilweise wieder gutgemacht werden kann; damit wurde die Arbeit zu einem verdienstlichen Tun im religiösen Sinne. Andererseits interpretierte sie unter Bezugnahme auf die Gottesebenbildlichkeit und den urspünglichen Schöpfungsauftrag des Menschen Arbeit als gestalterische Kraft und damit als Mittel zur Selbstveredelung.

Diese (religiös) verdienstliche Bewertung der Arbeit wurde von den Reformatoren verworfen. Nach Martin Luther konnte kein menschliches Werk vor Gott den Anspruch auf Rechtfertigung erheben, auch nicht die Werke der Frömmigkeit. Denn der erbsündebeladene Mensch wurde von Luther gesehen als völlig von der Gnade Gottes abhängig; das einzige, was der Mensch selbst tun konnte und sollte, war die Festigung seines Glaubens. Die Glaubensfestigkeit aber sollte sich gerade auch darin äußern, daß der Mensch die Last der ihm zufallenden Arbeit gehorsam als von Gott gegeben annimmt. Mit dem Gebot, der dem Menschen zugewiesenen Pflicht innerhalb der vorgegebenen sozialen Ordnung gehorsam zu sein, eng verbunden war das Verbot des Gewinnstrebens. Der kaufmännische Grundsatz, die Arbeit zum Marktpreis abzusetzen, wurde als unchristlich qualifiziert. Der Preis sollte durch das Gewissen geregelt sein, d.h. es sollte nicht mehr Gewinn erzielt werden, als durch die eigene, in die Arbeit investierte Arbeitsmühe gerechtfertigt erschien, und zwar auch dann, wenn der Markt mehr hergegeben hätte.

Einen außerordentlich folgenreichen Schritt darüber hinaus ist der Calvinismus gegangen. Ausgangspunkt war hier ebenso wie bei Luther die Rechtfertigungslehre, also die Frage, ob der Mensch im religiösen Sinne verdienstliche Werke vollbringen könne. Die schon von Luther negativ erteilte Auskunft wurde von Calvin verschärft zu einer radikalen Ausprägung der Prädestinationslehre, derzufolge schon bei der Geburt festgelegt ist, ob der Mensch von Gott gnädig angenommen oder zu ewiger Verdammnis bestimmt ist. Die Prädestinationslehre hätte zu Passivität und Resignation führen können; denn warum sollte der Mensch Anstrengungen auf sich laden, wenn er nichts an Gnade oder Verdammung würde verändern können? Der Calvinismus führte aber zu der entgegengesetzten Konsequenz, und zwar deshalb, weil das Verhalten des Menschen theologisch so interpretiert wurde, daß man an ihm ablesen konnte, ob der einzelne Mensch von Gott erwählt war oder nicht: in der Bewährung des Glaubens und in der Kraft, ein Leben zur Ehre Gottes zu führen, konnte sich nach calvinistischer Auffassung die Gnadenwahl bestätigt finden. Da die gehorsame Erfüllung der dem einzelnen Menschen gesellschaftlich zugewiesenen Arbeit als von Gott geboten angesehen wurde, stieg der wirtschaftsberufliche Erfolg geradezu zu einem Mittel der Heilsgewißheit auf.

Für das Verhältnis des Menschen zur Ökonomie war das darum so wichtig, weil der wirtschaftliche Erfolg, auch der sehr schnelle und unverhältnismäßig große, aus der bis dahin im Christentum üblichen, von Luther bekräftigten religiös-ethischen Verdächtigung entlassen wurde. Das aber war nur die eine Seite des Problems. Die andere ergab sich daraus, daß Wohlleben und Luxus in der calvinistischen Gemeinde als Zeichen der Verdammung galten. Damit war die bis dahin selbstverständliche Identität von Reichtum und gutem Leben problematisiert; oder anders ausgedrückt: der moralische Verdacht gegen den Prozeß des schnellen Reichwerdens hatte sich verlagert auf die Nutzung des Reichtums. Was aber sollten die wirtschaftsberuflich erfolgreichen Menschen mit dem Gewinn tun, wenn sie ihn nicht konsumieren durften? Nun, der Gewinn konnte zur Investition in weitere ökonomische Unternehmungen und der daraus resultierende neue, noch größere Gewinn zur abermaligen Investition bestimmt werden. Daraus ergab sich zwanglos eine ethisch-religiöse Rechtfertigung hoher Unternehmergewinne bei gleichzeitiger rücksichtsloser Disziplinierung und Ausnutzung der menschlichen Arbeitskraft. Von der religiösen Legitimation her gesehen, war natürlich die Disziplinierung der eigenen Person gemeint; sozialökonomisch interpretiert, war es aber nur ein kleiner Schritt zur Disziplinierung und Ausbeutung anderer Menschen, vor allem der lohnabhängigen Arbeiter.

Der Soziologe Max Weber hat diesen Zusammenhang in einer Abhandlung „Die protestantische Ethik und der Geist des Kapitalismus“ als eine der wichtigsten Voraussetzungen für die Industrialisierung bezeichnet: Mehrere Generationen mußten durch Konsumverzicht bei gleichzeitig sehr harter Arbeit die für die Industrialisierung notwendige Kapitalbildung leisten (Kapital ist nichts anderes als vorgetane Arbeit)!

Webers These ist in der extremen Zuspitzung, derzufolge der Calvinismus den Kapitalismus hervorgebracht habe, oft eingeschränkt worden. Aber auch zurückhaltende Auslegungen bestreiten nicht, daß die calvinistische Wirtschaftsethik die Industrialisierung begünstigt hat und daß hier gewiß einer der Gründe dafür gesehen werden kann, warum das puritanische England in der Industrialisierung dem katholischen Frankreich und dem lutherischen Deutschland um fast ein Jahrhundert vorausging. Für ein Verständnis der Bildungsgeschichte in Deutschland ist diese calvinische Wirtschaftsethik wichtig, weil sie den Pietismus und dessen Pädagogik erschließt. Zwar verblieb der Pietismus konfessionell gesehen im Luthertum, doch führte der pädagogisch besonders wirkungsvolle Flügel des Pietismus zu wirtschaftsethischen Folgerungen, die den calvinischen ähnlich waren.

Pietistische Theologie und, Pädagogik

Die Frömmigkeitsbewegung, die unter der Bezeichnung Pietismus in die Geschichte der Religion und der Pädagogik eingegangen ist, hatte ihre große Zeit am Ende des

17., Anfang des 18. Jahrhunderts. 1675 hatte Jakob Philipp Spener ein theologisches Reformprogramm vorgelegt, welches man als das pietistische Gründungsdokument ansehen darf. 1740 trat Friedrich der Große die Regierung in Preußen an, womit die westlich-aufklärerische Zivilisation sich endgültig durchgesetzt hat. Der Pietismus als geschichtliche Kraft war damit beendet, wenn er auch noch große, lang anhaltende Nachwirkungen zeigte, besonders in Preußen und Württemberg.

In seinem Kern war der Pietismus konservativ. Verbal bekannte er sich zur offiziellen Dogmatik der Lutherischen Kirche, praktisch aber verhielt er sich gleichgültig gegenüber kirchlichen Symbolen und Ritualen des Sakramentengebrauchs, ja im Grunde war er konfessionell indifferent. Daher galt dieses Bibel-, Bekehrungs- und Heiligungschristentum als eine Kraft von unberechenbaren Folgen. Die Unberechenbarkeit war darin begründet, daß hier dogmatische Indifferenz bei gleichzeitiger absoluter Verbindlichkeit praktischer Frömmigkeit eine Vermittlung von sonst kaum zu vereinbarenden theologischen Sätzen ermöglichte. Die pietistischen Überzeugungen nahmen ihren Ausgang bei Luthers Rechtfertigungslehre. Die Sündhaftigkeit des Menschen ist nicht durch gute Werke, sondern allein durch den Glauben – sola fide – überwindbar. Diese Begründung wurde noch verschärft zu einer pessimistischen Anthropologie, derzufolge die dämonische Macht der Erbsünde jedes Kinderherz mit dem bösen Eigenwillen belädt!

Gleichwohl nahmen die Pietisten eine andere Stellung zu den guten Werken als die Lutherische Orthodoxie ein, weil sie ohne dogmatische Legitimation ein konsequentes Tatchristentum für geboten hielten. Das ging nicht bis zu einer Zustimmung zur katholischen Auffassung, nach der durch gute Werke die Anwartschaft auf einen Platz im Himmel erworben werden kann, wohl aber zur Möglichkeit innerweltlicher Askese. Als vorzügliches Mittel der innerweltlichen Askese verstand man die Bewährung im Beruf und zwar durchaus im Kontext wirtschaftsethischer Maximen, wie sie im Calvinismus entwickelt worden waren. So lehrte der Pietismus im Gegensatz zur Lutherischen Orthodoxie, daß der Mensch, der sein Leben Gott anheimstelle, gute Werke vollbringe, daß Gott ihn nicht im Stich lasse und die Werke unter seinen Segen stelle.

August Hermann Francke, der bedeutendste Pädagoge unter den Pietisten, stellte sich immer wieder die Frage, wie ein Christ nach außen wirken müsse. Seine Antwort lautete:

> „Wenn man einen Christen spricht oder mit ihm umgeht, so wird man an ihm die rechte Gestalt Jesu erkennen und innewerden, wie sich da in ihm der liebliche Geist Jesu Christi abgedruckt habe und man wird an ihm gleichsam lesen können, was rechte Zuversicht und ein rechtes Vertrauen auf Gott sei. Das lernt man oft aus einem einzigen Umgang mit einem rechten Christen, nicht aus Büchern. Es ist eine Sache, etwas in den Kopf zu fassen, eine andere, sie in der Tat selbst zu sehen und zu erfahren. Darum hat Christus auch nicht gewollt, daß seine Apostel nur Bücher schreiben sollen, sondern er hat sie in alle Welt gesandt." [8]

In diesem Zusammenhang verlangte der Pietist von sich selbst, daß er nicht nur Prediger des wahren Glaubens und Verkörperung tatkräftiger Nächstenliebe sein möge, sondern auch ökonomisch überrasche. Der Christ sollte alles, was sich defor-

AUGUST HERMANN FRANCKE

miert hatte, wieder in Ordnung bringen, und die Welt sollte sehen, daß es keine nützlicheren und erfolgreicheren Menschen gäbe.

Francke gab dafür ein überzeugendes Beispiel: als Pfarrer in Glaucha (und Professor an der gerade neu gegründeten Universität Halle) gründete er 1694 mit nur einigen wenigen Talern in der Tasche eine Armenschule. Daraus erwuchs sehr schnell eine Waisenkinder-, Schüler- und Studentenstadt, in der die Anstalten Franckes schließlich 3000 Kinder aufnahmen. Die Anstalten unterhielten ein differenziertes System von Schulen, besaßen das modernste Gebäude Preußens, das erste Gebäude mit Zentralheizung, landwirtschaftliche Betriebe, Spinnereien und Webereien, eine Apotheke, die sich zu einer kleinen pharmazeutischen Fabrik entwickelte und eine in ganz Europa begehrte Medizin gegen Fleckfieber produzierte, eine Druckerei mit Versandbuchhandel, durch die innerhalb von sechs Jahren eine halbe Million Schriften abgesetzt wurden usw. In seiner Eigeninterpretation ist Francke bei alledem immer nur „in die Fußstapfen des seligen Gottes" getreten. Eine genauere Analyse dessen, was er wirklich getan hat, zeigt jedoch, daß er es an unternehmerischer Umsicht und rationaler Planung nicht hat mangeln lassen, vielmehr als ökonomisches Genie bezeichnet werden darf.

Wie aber konnte das durch die Erbsünde total verdorbene Menschenkind zu einem so überzeugenden Tatchristentum erzogen werden? Die pietistische Antwort darauf ist ebenfalls durch Franckes Biographie bezeugt. Im Jahre 1687 sollte er, 24-jährig und bereits als glänzender Kanzelredner und hochbegabter junger Gelehrter bekannt, in Lüneburg über Johannes 20,31 predigen. Diese Stelle handelt vom Glauben an Christus, durch welchen die Gläubigen in Christi Namen das Leben haben. Bei der Vorbereitung wurde Francke schmerzhaft bewußt, was er schon vordem dumpf geahnt hatte, nämlich daß er selbst diesen Glauben nicht hatte. Schon wollte er die Predigt absagen, als er auf sein Flehen zu Gott sich plötzlich erhört fühlte, „der Gnade in Christo Jesu versichert" wurde und seinen Schöpfer Vater nennen konnte.

Lüneburg war gewiß kein Damaskus, denn der Blitz aus dem Himmel traf nicht – wie bei Saulus/Paulus – den Widerstrebenden, sondern den Ringenden und Betenden, der dem Glauben nachjagte, der das Gesuchte antizipierte. Aber was Francke in Lüneburg widerfuhr, war unstreitig ein Bekehrungserlebnis. Seit diesem Tage war er Pietist, und das Erlebnis der eigenen Bekehrung hatte Wirkungen auf seine Theologie und Pädagogik. Denn ihm war dadurch klar geworden, daß der wahre Christ der neue Mensch ist, der den alten Adam in sich überwunden hat und den man an seinen Werken erkennen kann. Darüber hinaus war ihm gewiß geworden, daß der Glaube eine Sache des Herzens, der unmittelbaren Beziehung des Menschen zu Gott sein mußte, nicht eine der Bekenntnisformeln. Damit war nahegelegt, Erziehung als die Vorbereitung des erbsündenbelasteten Kindes zu seiner Bekehrung aufzufassen. Nach den vorausgegangenen theologischen Festlegungen mußte das einerseits durch eine systematische Selbstreflexion erfolgen, also einer Wendung nach innen zur Erweckung von Herzensfrömmigkeit, andererseits durch die innerweltliche Askese der Arbeit, die zugleich realisiertes Tatchristentum sein mußte und sich nicht zuletzt in ökonomischem Erfolg darstellen durfte.

Die optimistische Aussicht (Erwartung auf Bekehrungserlebnis, Religion aus dem Gewissen und Möglichkeit guter Werke) ließ beim Pietisten die pessimistische Anthropologie freilich nicht vergessen. Der Weg zur Bekehrung war hart: der böse Eigenwille des Kindes mußte gebrochen werden, Beten und Arbeiten erschienen als die einzigen Verhaltensweisen, die der Bösartigkeit des Kindes entgegenzuwirken vermochten, während das Spiel als Ausdruck von Müßiggang, der aller Laster Anfang ist, verboten war, und harte Strafen für das schwache Fleisch, welches dem willigen Geist widersteht, unerläßlich schienen.

Wirkungen und Nebenwirkungen pietistischer Pädagogik

Dieses System pietistischer Pädagogik kann als ein besonders transparentes Beispiel normativer Pädagogik gesehen werden. Normative Pädagogik geht von vorpädagogischen Voraussetzungen aus, setzt diese in Erziehungsziele um, bestimmt dann die Erziehungsmittel und kommt in einem scheinbar durchgängigen Begründungszusammenhang zu klaren Handlungsanweisungen. Ein solches System erzeugt hohe Verhaltenssicherheit, weil das Gesamtsystem dafür bürgt, daß die vorgeschriebenen Maßnahmen mit den obersten Normen übereinstimmen, ja deren logische Konsequenz sind. (Beruhigend ist das für den Adressaten, der die Normen bejaht – in unserem Fall für den Pietisten – während für denjenigen, der die Normen verwirft, die gleiche Pädagogik undiskutabel ist.)

Tatsächlich aber sind die Handlungsanweisungen gar nicht aus den Normvoraussetzungen abgeleitet, sondern entstammen anderen, nicht bewußt gemachten Entscheidungsgründen, die vor den Normen gerechtfertigt werden mußten. Solche Rechtfertigungen sind legitim und notwendig. Denn der Pädagoge gibt sich, wenn die pädagogische Fragestellung ihm als eigener Problemkomplex bewußt geworden ist, nicht mit der Normativität des Faktischen zufrieden, vielmehr will er wissen, ob dasjenige, was er tut oder tun soll, auch rechtens ist. Normative Pädagogiken sind aber dadurch gekennzeichnet, daß sie diesen Zusammenhang verschleiern, indem sie den Anschein erwecken, als ob gerade diese bestimmten Handlungsanweisungen zwingend und einzig aus den vorausgesetzten Normen folgten. Daß das keinesfalls so ist, läßt sich an der pietistischen Pädagogik leicht zeigen.

Die Didaktik der Berufs- und Standeserziehung konnte mit der pietistischen

Norm des Tatchristentums und dem Verständnis gesellschaftlicher Arbeit als innerweltliche Askese gerechtfertigt werden. Daraus folgte aber nicht, daß diese Didaktik eine logische Ableitung aus der Norm des Tatchristentums sei. Andere pädagogische Systeme der Zeit kamen zu dem gleichen Ergebnis, obwohl sie Normvoraussetzungen machten, die vom Pietismus abwichen, ihm zum Teil sogar feindlich entgegenstanden. Sie kamen zu gleichen Konsequenzen, weil die objektiven ökonomischen Anforderungen des gesellschaftlichen Lebens dahin tendierten, die gesamte Erziehung auf Stand und Beruf zu konzentrieren. Der Pietist rechtfertigte die Berufs- und Standeserziehung mit dem Tatchristentum, der Merkantilismus mit der Staatswohlfahrt, speziell mit der aktiven Handelsbilanz, der Philanthrop mit der Glückseligkeit des einzelnen Menschen oder als betonter Aufklärer mit dem Fortschritt des Menschengeschlechts. Aber alle diese Normvoraussetzungen (Tatchristentum, Staatswohlfahrt, Glückseligkeit, Fortschritt) sind auch unter anderen objektiven Bedingungen zur Rechtfertigung anderer pädagogischer Handlungsweisen herangezogen worden. Indessen: Die partielle Übereinstimmung, in den wie auch immer zustande gekommenen Schlußfolgerungen trotz differierender Voraussetzungen, hat die pietistische Pädagogik in den Gesamtzusammenhang der Aufklärungspädagogik eingestellt. Aber die wirkliche geschichtliche Bedeutung des Pietismus ist nur nachzuvollziehen, wenn man beides sieht: Spannung und Übereinstimmung mit der Aufklärung.

Von der Voraussetzung des erbsündebelasteten Menschen ausgehend, aber mit der pädagogischen Zusage einer möglichen Bekehrung, forderte der Pietismus eine geschlossene christliche Moral. Dies drückte sich speziell aus im Kampf gegen die Adiaphora (Mitteldinge). Die christliche Theologie hatte zwischen Glaubensgerechtigkeit und Sündhaftigkeit immer einen gewissen Spielraum für ein religiös indifferentes Verhalten angenommen, eben die sogenannten Mitteldinge.

Dazu hatte das Luthertum die gesamte weltliche Kultur gerechnet einschließlich der staatlich-gesellschaftlichen Ordnung. Für die Herrschenden war das eine sehr angenehme Interpretation. Denn die politischen Strukturen waren dann einerseits als Mitteldinge dem Rigorismus des Evangeliums entzogen, andererseits waren sie als solche Mitteldinge doch von Gott selbst gegeben und darum bei allen Mängeln religiös zu respektieren. Das war die Voraussetzung für das Staatskirchentum und alle damit verbundenen Interessenverquickungen bis hin zu dem das Gewissen des einzelnen Menschen vergewaltigenden Grundsatz, die Untertanen hätten die Religion ihres Monarchen zu bekennen.

Der Pietismus verwarf die Lehre von den Mitteldingen kompromißlos. Das hatte – vordergründig – eine tragikomische Seite. Unter dem Gesichtspunkt des geforderten asketischen Lebens wurde für unerlaubt erklärt: kindliches Spielen, Tanzen, Theater, weltliche Musik, elegante Kleidung, kurz jede Form von Muße und Entspannung. Ein Theologe des 19. Jahrhunderts, David Friedrich Strauß, hat den Pietismus von diesem Aspekt her ironisch definiert: „Wenn du zu einem Pietisten sagst, es regnet, mein Herr, spannen sie den Schirm auf, so antwortet er gewiß: Ja, aber Gott ist der beste Schirm!“

Die pietistische Lebensmaxime war die der pietistischen Pädagogik: Beten und

Arbeiten, und zwar in dem Sinne, daß, wenn nicht gebetet wurde, zu arbeiten sei. Eine andere Möglichkeit eröffnete sich nicht. Erfolgreiche wirtschaftsberufliche Arbeit war Vorbeugung, Buße, Strafe und Mittel zur Darstellung von Gottes Segen auf einem christlichen Leben, auch durch den Nachweis des ökonomischen Erfolges. Arbeit wurde zum diesseitigen Zweck, der auf das jenseitige Leben vorbereiten konnte. Der Graf Ludwig von Zinzendorf, ein Schüler Franckes und Begründer des Herrnhuter Pietismus, hat es ausdrücklich so formuliert:

> „Man arbeitet nicht allein, daß man lebt, sondern man lebt um der Arbeit willen, und wenn man nichts mehr zu arbeiten hat, so leidet man oder entschläft.“[9]

Härter noch als in Franckes Anstalten in Halle stellte sich die pietistische Erziehung bei den Herrnhutern dar: 5 Stunden Unterricht, 6 Stunden körperliche Arbeit, 3 Stunden Andachtsübungen, das war der Tageslauf im Herrnhuter Waisenhaus, und diese Einteilung entsprach dem, was dem Erwachsenen mit einem selten weniger als 15-stündigen Arbeitstag abverlangt wurde. Im Nachhinein erscheint das als fatal, ja als Substanzverlust gegenüber dem biblischen Arbeitsverständnis. Aber geschichtlich gesehen hat der Pietismus dazu beigetragen, die Religion in die praktische Moral zu verlegen, und er hat nicht nur in Sachen Berufs- und Standeserziehung mit der Aufklärung zusammengehen können, sondern auch im Kampf gegen das Staatskirchentum.

Die Motive waren freilich verschieden: Die Aufklärung bekämpfte das Staatskirchentum, weil sie das politisch-gesellschaftliche Leben aus den Kräften der Vernunft gestaltet sehen wollte. Der Pietismus hingegen bekämpfte das Staatskirchentum, weil sich die geschlossene christliche Moral wenigstens im Privatleben des Einzelnen verwirklichen sollte und der Mensch eben deshalb vom staatlichen Gewissenszwang befreit werden mußte.

Die Forderung nach Trennung von Staat und Kirche war für Pietismus und Aufklärung verschieden begründet, ebenso wie die Didaktik der Berufs- und Standeserziehung unterschiedlich motiviert war. In der Stoßrichtung aber standen sie zusammen. Das ist noch ein weiteres Mal auf Franckes Biographie rückbeziehbar. Franckes Vater war Justizrat bei Herzog Ernst dem Frommen in Gotha. August Hermann Francke selbst war Schüler des Gothaischen Gymnasiums gewesen, welches durch Andreas Reyher, den Verfasser des Schulmethodus, im Sinne der didaktischen Reform umgestaltet worden war. Diese Einflüsse sind in Franckes Schul- und Erziehungsanstalten in deutlichen Spuren rekonstruierbar. Und überall dort, wo die Schüler Franckes als Pfarrer, Prediger, Schulleiter, Lehrer oder Erzieher auftauchten, wirkten sie hin auf eine beruflich-realistische Wendung des Schulwesens und zwar bezeichnenderweise in aller Regel erfolgreicher als Merkantilisten und Philanthropen. So war auch der Gründer der ersten dauerhaften Realschule eine Pietist, Johann Julius Hecker, der 1726 zum Studium im „pietistischen Hauptquartier“ in Halle gerade noch rechtzeitig eingetroffen war, um die letzte große Ansprache zu hören, die Francke an seine Mitarbeiter und Studenten richtete. Diese Rede beeindruckte Hecker tief und schrieb ihm das Motto seiner Lebensarbeit vor.

Der Pietismus hat gemeinsam mit der Aufklärung die soziale Zerissenheit zu mildern getrachtet, hat geholfen, den neuen Stand des gebildeten Bürgertums zu schaffen, der das Zentrum der deutschen Kultur geworden ist. Der Pietismus hat durch die Betonung der Herzensfrömmigkeit, der Erziehung zur Innerlichkeit, zur Selbstreflexion und Selbstanalyse, eine Empfindsamkeit hervorgerufen, die er selbst nicht befriedigen konnte und die eben dadurch das Publikum für die Sentimentalität der großen deutschen Literatur am Ende des 18. Jahrhunderts vorbereitet hat. Das war natürlich eine ungewollte Nebenwirkung. Denn moraltheologisch mußte der Pietismus diese Literatur ablehnen – dennoch aber ist es eine seiner Wirkungen.

Man kann sogar noch ein Stück weitergehen und die Wirkung des Pietismus auf den größten Philosophen der Aufklärung, auf Immanuel Kant beziehen. Denn Kants Ethik koppelte die Moralität einer Handlung kompromißlos von ihren Folgen ab. Die Moralität einer Handlung liegt nach Kant nicht in ihren Folgen, sondern in ihrem Motiv, d.h. im Gewissen des Handelnden – und ist eben deshalb dem Tribunal der Gesellschaft entzogen (weil das Gewissen, d.h. die Moralität einer Handlung nicht von außen prüfbar ist, das ist nur hinsichtlich der Legalität der Handlungen, d.h. ihrer Übereinstimmung mit dem positiven Recht und der Konvention möglich). Die Tatsache, daß am Ende des 18. Jahrhunders viele Menschen das eigene Verständnis des „Guten" in der Kantischen Ethik auf den Begriff gebracht sahen, kann als Resultat pietistischer Pädagogik vorgestellt werden.

Universität Halle 1694

1694 wurde in Halle eine Universität gegründet. Diese erste im Sinne der Aufklärung moderne Universität ging aus einer Ritterakademie hervor. Sie war der erste Schritt auf dem Wege, die aus dem Mittelalter überlieferte Universität so zu erneuern, daß sie noch eine Chance für die Zukunft hatte. An der Wende vom 17. zum 18. Jahrhundert war das durchaus nicht selbstverständlich. Denn die Universitäten hatten infolge der Struktur ihrer scholastischen Lehrweise, die das Wissen als einen fest geschlossenen, im Grund unveränderlichen Zusammenhang nahm, die Fühlung mit der Zeit verloren. Die moderne Philosophie, die die Wendung zum Subjekt vollzogen hatte, und die neuen Wissenschaften, insbesondere Astronomie und Physik, die das Weltbild veränderten, kündigten die Zeichen der Zukunft an. Doch für diese Disziplinen war hinter der Latinitätsmauer der Universitäten kein Platz. Darum gaben viele führende Köpfe der Aufklärung den Universitäten keine große Chance mehr zum Überleben. Der Philosoph, Mathematiker und Politiker Leibniz etwa war von ihrem Absterben überzeugt; er nahm an, daß für die Ausbildung zu höheren Berufen Fachschulen, für den Fortschritt der Wissenschaften Akademien, die nicht primär der Lehre, sondern der Forschung dienen würden, gegründet werden müßten, und er selbst tat alles in seinen Kräften Stehende, um diese Entwicklung zu fördern. Entsprechende Hinweise enthielten auch alle Schulpläne merkantilistischer Theoretiker.

Halle aber machte dann den Anfang für eine neue Universitätsentwicklung, die Forschung und Lehre miteinander zu verbinden wußte. Halles spezifischer Beitrag dazu bestand darin, daß diese Universität erstmalig die neuzeitlichen Wissenschaften in sich aufnahm und in allen Fakultäten grundlegend werden ließ. Das betraf vor allem die Philosophische Fakultät, die gemäß der mittelalterlichen Struktur die „untere“ Fakultät gewesen war, eine Durchgangsfakultät für alle Studenten, bevor sie eine der „oberen“ Fakultäten besuchen konnten. Es gab drei obere Fakultäten, die Theologische, die Juristische und die Medizinische Fakultät. Gegenüber der eigentlich wissenschaftlichen und zugleich berufspropädeutischen Funktion der oberen Fakultäten hatte die Philosophische Fakultät eine eher vorbereitende Funktion, wie sie heute die Oberstufe des Gymnasiums wahrnimmt.

In Halle wurde die untere Fakultät nun zur führenden. Denn sie, die Philosophische Fakultät, war es, die die weltverändernden Wissenschaften aufnahm und mit ihnen als erste Fakultät ein neues Prinzip, das Prinzip der Denk- und Lehrfreiheit. Bis dahin hatte auf allen Universitäten die gebundene Lehrform geherrscht. Die Professoren waren verpflichtet, die approbierte Lehre zu überliefern, vor allem in der Theologie und Philosophie, im wesentlichen aber auch in der Jurisprudenz und in der Medizin. In Halle aber hielt die neue Wissenschaft ihren Einzug nicht in Gestalt eines anerkannten Schulsystems, wie es das auch zuvor schon gegeben hatte, wenn lutherische oder reformierte Universitäten gegründet worden waren, sondern als Prinzip des freien Denkens und Forschens. Damit vollzog sich nicht nur ein Wandel im Inhalt der Lehre, sondern entscheidender auch ein Wandel in der Form des akademischen Unterrichts. Denn für den freien, systematischen Vortrag der Ergebnisse der Wissenschaft wie für die Einführung in die Dynamik eines auf Veränderung und Fortschritt abzielenden wissenschaftlichen Arbeitens mußte sich auf die Dauer die Muttersprache durchsetzen. Christian Thomasius gab dafür das erste aufsehenerregende Exempel.

Der preußische Staat schloß in Halle seinen Bund mit den Mächten des geistigen Fortschritts. Das war, neben dem berüchtigten Militarismus, auch ein Stück preußischer Geschichte. Neben Thomasius lehrte in Halle Christian Wolff, der als Praeceptor Germaniae galt, der große Exerziermeister der deutschen philosophischen Terminologie. Beide, Thomasius und Wolff, bildeten von Halle aus die Juristen und Beamten des neuen preußischen Staates im Sinne der Aufklärung, die 1740 mit Friedrich dem Großen den Thron bestieg. Der Pietist Francke war der dritte bedeutende Kopf der neuen Universität. Er erzog dem deutschen Norden seine Prediger und Lehrer im Geiste praktischer Frömmigkeit, erfüllte sie mit Interesse für die Erziehung der Jugend und gab ihnen die comenianische Didaktik und Unterrichtsmethode weiter.

Der preußische Staat hatte seine Universität Halle zunächst als Oppositionsuniversität gegen die altkonservativen, starr lutherischen Universitäten Wittenberg und Leipzig im sächsischen Nachbarstaat gegründet. Wenn wir es sonst nicht wüßten, dann sagten es uns die Feinde: „Halam tendis? – aut pietista aut atheista reversurus“ (Was, Du gehst nach Halle? – dann sieh Dich vor, Du kommst entweder als Pietist oder aber als Atheist zurück!) lautete eine damals geläufige studentische Redensart. „Atheismus“: Das war in den Augen der protestantischen Orthodoxie dasjenige, was Thomasius und Wolff lehrten. „Pietismus“: Das war das nicht weniger Verhaßte, was Francke vortrug und vorlebte, nämlich eine Theologie, die im Gegensatz zur Orthodoxie das Hauptgewicht auf die subjektive Seite der Religion legte, auf die innere Aneignung des Heils und auf ein frommes Leben. Die Gemeinsamkeit von Francke mit Thomasius und Wolff, die durch die Feindseligkeit der Orthodoxie ebenso wie durch partielle Übereinstimmungen in den Mitteln der Weltveränderung konstituiert war, hielt allerdings nur in Zeiten der gemeinsamen Bedrängnis. Als Francke den preußischen König Friedrich Wilhelm I., den sogenannten „Soldatenkönig" für den Pietismus gewonnen hatte, nutzte er seinen Einfluß auf den Monarchen zu einer gemeinen Intrige gegen Wolff aus. Das war der dunkelste Punkt in Franckes Biographie und zugleich ein schwerer Verstoß gegen das Prinzip des freien Philosophierens an der Universität Halle. Wolff, des Atheismus angeklagt, mußte, unter Androhung der Todesstrafe, Preußen innerhalb 48 Stunden verlassen.

Die erste Amtshandlung Friedrichs des Großen 1740 war es, das Dekret der Rückberufung Wolffs nach Halle zu unterzeichnen. Der triumphale Einzug, den Wolff dann in Halle nahm, signalisierte zugleich das Ende der geschichtlichen Möglichkeiten des Pietismus: Die Aufklärung hatte über ihren religiösen Nebenzweig gesiegt.

Modelle eines neuen Bildungswesens im 18. Jahrhundert

Zum pädagogischen Begriff der Industrie

Die Realisierungen von Reformprojekten für ein modernes Schulwesen im 18. Jahrhundert lassen sich in zwei große Komplexe scheiden: in Einrichtungen, die die Aufklärung für das einfache Volk, und in solche, die Aufklärung für das Bürgertum zu besorgen hatten. Das einfache Volk war Objekt der pädagogischen Bemühungen und blieb es auch während des gesamten Zeitalters. Das Bürgertum war eher das Subjekt dieser pädagogischen Bemühungen, ja das Subjekt der Aufklärung selber. Dementsprechend unterschiedlich fielen die Modelle der neuen Bildungseinrichtungen aus, je nachdem, für welche sozialen Schichten sie gedacht waren. Aber so deutlich die Schulen für das einfache Volk, für die unterständischen Massen, von denen für das Bürgertum unterschieden waren, so eng waren sie doch zunächst einmal durch ein übergreifendes Bildungsideal, das der „Industriösität" charakterisiert.

Der Begriff „Industrie" spielte in der Pädagogik des 18. Jahrhunderts eine wichtige Rolle. In seiner Bedeutung stand der Begriff noch sehr nahe bei seinem lateinischen Ursprungswort „industria". Gelegentlich wurde das Wort allerdings auch schon anders benutzt. In der ersten deutschen Übersetzung des Hauptwerkes von Adam Smith, dem Begründer der liberalistischen Wirtschaftstheorie (Inquiry into the nature and causes of the wealth of nations), setzte der Übersetzer im Jahre 1776 das Wort „Industrie" bereits zur Kennzeichnung der Fabrikation eines gewerblichen Großbetriebes ein. Gleichwohl blieb im allgemeinen Sprachgebrauch noch lange die Bedeutung von Fleiß und Regsamkeit vorherrschend.

Man kann sagen, daß im deutschen Sprachraum das Wort „Industrie" zunächst einen pädagogischen Sinn hatte. Es war Begriff für Zusammenhang und Legitimation der verschiedenen neuen Bildungsinstitutionen, die die bürgerliche Pädagogik in Unterscheidung von der adeligen Pädagogik propagierte: Was für den Adel der Gentilhomme war, wurde für das Bürgertum der homo oeconomicus, dessen charakteristische Eigenschaft in der „Industriösität" gesehen wurde. Industriösität meinte diejenigen menschlichen Qualitäten, die emsig und erfinderisch produktive Erwerbstätigkeiten hervorzubringen versprachen. Deshalb ergab sich vom Begriff der Industrie her auch keine Abgrenzung zur Landwirtschaft, vielmehr sollten auch die Bauern zur „Industriösität" erzogen werden. Eine entsprechende Definition lautete:

> „Es läßt sich daher die bäuerliche Industrie dahin bestimmen, sie sei die Verwendung der Zeit und Kräfte des Bauern nach dem Gesetz der Sparsamkeit, zur Erreichung des häuslichen Wohlstandes, die ihm die Erfüllung der Pflicht gegen den Staat möglich und leicht macht und seinen eigenen Lebensgenuß erhöht."[10]

Unter den Bedingungen einer sozialökonomischen Ordnung, in der mehr als 80% der Menschen auf dem Lande lebten, mußten Projekte zur Umwandlung der rein religiösen Elementarschulen in eine realistisch orientierte, allgemeine Volksschule auf Bauernschulen abzielen. Aufgrund des angezeigten Verständnisses von „Industrie" waren Bauernschulen im Begriff der Industrieschulen mit einbezogen. Allerdings standen die ersten Projekte dieser Art ausschließlich im Interesse der Armenfürsorge, und zwar nicht nur bezogen auf Kinder, sondern auch auf Erwachsene. Das betraf insbesondere Bettler, Arbeitslose, Asoziale, die in „Zucht- und Arbeitshäusern" gesammelt und für die Arbeit in Manufakturen oder landwirtschaftlichen Domänen diszipliniert werden sollten.

Armut und soziale Not wurden dabei durchweg als individuelle Probleme gesehen, nämlich als Folge von Faulheit und Unwissenheit. Insofern konnte der Industrieschulgedanke als ein sozialpädagogisches Instrument empfunden werden, ohne dabei die vorgegebene politisch-ökonomische Ordnung selber zu belasten oder gar zu problematisieren. Die schulische Entwicklung im Zusammenhang mit dem Bildungsideal der Industriösität wurde als Ausdruck des gesellschaftlichen Selbstbewußtseins des Bürgertums so stark empfunden, daß die Herrschenden gewisse Bedenken hegten. Eine oft zitierte Kabinettsorder Friedrichs des Großen an seinen Minister, den Freiherrn von Zedlitz, ist dafür illustrierend. Bildungsgeschichtlich sind diese Sätze auch noch für einen anderen Aspekt aufschlußreich: Wenn man bedenkt, daß dieser König eines immerhin deutschsprachigen Landes die französische Sprache so beherrschte, daß er sich als ebenbürtiger Korrespondenz- und Gesprächspartner von Voltaire verstehen konnte, kann sein primitives Deutsch als Beleg für den Rückstand einer deutschen Nationalbildung gelesen werden:

> „...darum müssen sich die Schulmeister Mühe geben, daß die Leute attachement zur Religion behalten und sie soweit bringen, daß sie nicht stehlen und morden... sonsten ist es auf dem platten Lande genug, wenn sie ein bißchen lesen und schreiben lernen; wissen sie hingegen zuviel, so laufen sie in die Städte und wollen Sekretärs und sowas werden."[11]

Tatsächlich war die Schulbildung in Preußen für das einfache Landvolk so schlecht, daß Friedrich der Große während des siebenjährigen Krieges (1756-1763) Unteroffiziere in Sachsen rekrutieren mußte. Das geringe Maß an intellektueller Bildung, welches von militärischen Unterführern verlangt wurde, ging schon über das Niveau der preußischen Elementarschulen hinaus, während es in Sachsen (Gotha!) bereits allgemein erreicht wurde.

Die Situation der (religiösen) Elementar- und Armenschule

Um Bedeutung und Konzept der von den Aufklärungspädagogen aller Richtungen begünstigten industrieschulpädagogischen Alternative richtig bewerten zu können, ist es notwendig, sich Rechenschaft abzulegen über die Situation der durchschnittlichen Elementarschule, am besten anhand von vier Kriterien: Schulbücher, Unterricht, Lehrer, Schulpflicht.

Schulbücher: Im allgemeinen lagen dem Unterricht Katechismus, Bibel, Gesangbuch und ein eigenes als Schulbuch geschriebenes Werk zugrunde. Aber auch diese speziellen Schulbücher variierten doch auch nur religiöse Themen, zumeist in großem Stumpfsinn. Das in preußischen Schulen vorgeschriebene „Berlinische Buchstabier- und Lesebuch" behandelte die Schwierigkeit der Auslauthäufung etwa durch folgende Übung:

> „So wisse, was am Tage des Gerichts einem solchen Kinde des Zorns widerfährt: Gott verwirfts, verfluchts, strafts und verdammts. Der Satan quälts, peinigts, marterts." [12]

Unterricht: Der Unterricht verlief nach einem simplen, kaum irgendeine Variation zulassenden Schema: Zunächst wurde ein Kapitel aus dem Katechismus abgefragt, dann ein biblischer Spruch auswendig gelernt, dann ein Abschnitt aus dem Neuen Testament diktiert. Das alles spielte sich unter äußeren Bedingungen ab, die zeitgenössische Berichte vielfältig festgehalten haben, etwa so:

> „Die Schulstube war die einzige im Hause; zwar geräumig genug: aber für das, was sie alles fassen sollte, doch immer zu klein. Als wir hereintraten, schlug uns widriger Dampf entgegen, der uns das Atmen eine Weile sehr beschwerlich machte. Das erste, was wir erblickten, war ein Hühnerhahn, und weiterhin zwei Hühner und ein Hund. Am Kamin stand ein Bett, worauf ein Spinnrad, ein Brot, und allerlei zerrissene Kleidungsstücke lagen. Zunächst am Bette stand eine Wiege; daneben saß die Hausfrau und besänftigte ihr schreiendes Kind. An der einen Wand war eine Schneiderwerkstätte aufgeschlagen, woran ein arbeitender Geselle saß. An der anderen war ein großer Kasten, ein Speiseschrank, Kleidungsstücke und andere Sachen angebracht. Den übrigen Raum nahmen die Schulkinder an einem Tisch und auf mehreren Bänken ein. Es waren ihrer 50 von verschiedenem Alter und Geschlecht, aber alle untereinander und dicht zusammengepfropft. Wir mußten stehen, weil zum Sitzen kein Platz war. Am Ende des Schultisches erblickten wir den Lehrer. Er war eben beschäftigt, die Lektion der Kinder, mit der Karbatsche in der Hand, zu überhören... er tat es, und ließ seine größeren Schüler etwas Auswendiggelerntes hersagen, wovon wir anfangs beinahe nichts verstehen konnten, denn

das saugende Kind schrie immerfort und der Hahn, welcher sich bei unserem Eintritt in einen kleinen Alkoven zurückgezogen hatte, krähte von da aus so mächtig dazwischen, daß uns die Ohren gellten... das gelernte Pensum war ein Stück aus dem Katechismus, und der Reihe nach die siebente Bitte... darauf eine ausführliche Entwicklung in Frage und Antwort, mit biblischen Sprüchen ausgestopft..." [13]

Und nach Beendigung der Schulbesichtigung stellte der Begleiter dem Berichterstatter folgende Frage:

„...wie bekömmt Ihnen das alles, was Sie in unserer Schule nach Leib und Seele erfahren haben? Diese Schule und Rochows Schule? Diese Lehrbücher und Rochows Bücher? Dieser Unterricht und Rochows Unterricht?" [14]

Das Ende der Schilderung macht deutlich, daß der Berichterstatter eine propagandistische Absicht verfolgte zugunsten des Aufklärungspädagogen Friedrich Eberhard Rochow, der Bauernschulen im Sinne des Industrieschulkonzepts einrichtete.

Lehrer: Nach Erhebungen in Preußen im Jahre 1771 hatte die Hälfte aller Elementarschullehrer ein Einkommen von nur 30 Talern im Jahr. Die Hauptquelle des Lehrergehaltes war das Schulgeld, welches die Eltern bezahlen mußten. Die Lehrer an den preußischen „Gnadenschulen", von denen Friedrich der Große ganze sieben in seinem Lande eingerichtet hatte, erhielten ihr Gehalt vom Staat und zwar in der Höhe von 50-100 Talern im Jahr. Rochow zahlte den Lehrern in seinen Musterschulen 200 Taler pro Jahr. Um eine Vergleichsgröße zu haben, kann man auf den Philosophen Christian Wolff verweisen, der, als er 1740 aus dem Exil nach Halle zurückberufen wurde ein Gehalt von 2000 Talern im Jahr erhielt. Das war gewiß für einen Professor ein Spitzengehalt. Gleichwohl: dieses Spitzengehalt war zehnmal höher als die Bezüge der besonders privilegierten Lehrer in Rochows Musterschulen, vierzigmal höher als die Gehälter der Lehrer an den Gnadenschulen und sechsundsechzigmal höher als ein durchschnittliches Lehrergehalt. Es ist klar, daß das Lehrergehalt im allgemeinen unterhalb des Existenzminimums lag. Der Lehrer mußte noch einer anderen Beschäftigung nachgehen, wenn er nicht verhungern wollte. Er war Kuhhirt, Nachtwächter, Gartenknecht, Tagelöhner, beurlaubter oder ausgedienter Soldat: Von einer pädagogischen Ausbildung auch im bescheidensten Sinne war keine Rede.

Schulpflicht: Im 17. Jahrhundert hatten bereits Weimar (1619) und Gotha (1640) die Schulpflicht eingeführt. Preußen folgte 1717, genauer gefaßt im Generallandschulreglement von 1763 und dann im Allgemeinen Landrecht von 1794 bekräftigt. Juristisch genommen handelte es sich bei diesen Gesetzen nicht um Schulpflicht, sondern um Unterrichtspflicht, weil die Schulpflicht nur dann wirksam wurde, wenn die vorgesehenen Kenntnisse nicht auf andere Weise, d.h. durch Privatunterricht erworben wurden. Eine Schulpflicht im wörtlichen Sinne gibt es in Deutschland erst seit der Weimarer Reichsverfassung von 1919. Gleichwohl ist es zulässig, auch für das 18. Jahrhundert von Schulpflicht zu sprechen, weil sich der Staat mit der verfügten Unterrichtspflicht selbst die Aufgabe stellte, für ausreichende Schulen zu sorgen und frühzeitige Ausbeutung der kindlichen Arbeitskraft zu unterbinden.

Inhaltlich definierten die Unterrichtspflichtgesetze des 18. Jahrhunderts das Bildungsziel mit den Kenntnissen, die für jeden vernünftigen Menschen im Rahmen seines gesellschaftlichen Standes notwendig seien. Das Urteil darüber, ob dieser Kenntnisstand erreicht sei, wurde den Pfarrern übertragen, doch ging man davon aus, daß die Kinder vom 5. bis 13. Lebensjahr, also etwa 8 Jahre lang die Schule besuchen sollten. Indessen erweckt diese Aufgabe beim heutigen Leser unzutreffende Vorstellungen. Denn die Kinder auf dem Lande erschienen überhaupt nur während des Winters für einen Zeitraum von 8-10 Wochen in der Schule. In der übrigen Zeit des Jahres waren sie durch Viehhüten, Kindermädchendienste usw. voll gebunden. Da die Lehrer von ihrem Gehalt nicht leben konnten, sondern einer weiteren, zumeist landwirtschaftlichen Arbeit nachgehen mußten, wären auch sie gar nicht in der Lage gewesen, einen kontinuierlichen Schulbetrieb aufrecht zu erhalten. Zählt man die Wochen des tatsächlichen Schulbesuches zusammen und rechnet sie auf eine vollständig durchgeführte Schulpflicht um, so betrug die im Durchschnitt realisierte Schulzeit kaum mehr als 2 Jahre.

Das Industrieschulkonzept als Alternative

Die Misere des Unterrichtswesens für das einfache Volk lag also nicht nur in der Reduktion auf eine eng gefaßte Religionsdidaktik, sondern ebenso auch in den Lebensbedingungen der Menschen, die ihre Kinder frühzeitig ökonomisch einsetzen mußten. Das Industrieschulkonzept bestand in dem Versuch, die allgemeine Schul- und Unterrichtspflicht durchzusetzen, indem die Notwendigkeit der Kinderarbeit akzeptiert und zum Bestandteil der Schule selber gemacht wurde. So waren die ersten im größerem Umfang eingerichteten Industrieschulen im Grunde von Kindern betriebene Gewerbeunternehmen, die den Bedürfnissen der Elementarschule angepaßt waren. Ferdinand Kindermann, ein katholischer Schulmann unter der Protektion der Kaiserin Maria Theresia, hat ab 1770 in Böhmen damit begonnen, das ökonomisch zu nutzende Spinnen, Stricken und Flechten der Kinder mit dem religiösen Elementarschulunterricht zu verbinden. Die Aufklärungspädagogik erwies sich nun gerade dadurch als Pädagogik, daß sie es dabei nicht bewenden ließ, sondern didaktisch verarbeitete, d.h. der ökonomische Gesichtspunkt blieb nicht als schulisch organisierte Kinderarbeit neben dem Unterricht stehen, sondern wurde selber zum Gegenstand von Belehrung und Reflexion gemacht. Der Göttinger Pastor und Professor Philipp Sextro gründete Industrieschulen dieser Konzeption; und es ist kein Zufall, daß er dem ökonomischen Gesichtspunkt die Unterrichtsinhalte zuordnete:

> „Die Hauptsache ist dabei aber nicht dasjenige, was gearbeitet und gewonnen wird, sondern wieviel intensive und extensive Kraft geweckt wird.“ [15]

Der von wirtschaftlichen Erwägungen ausgelöste Versuch war damit in eine pädagogische Fragestellung überführt. Aber in dem Maße, in dem das Industrieschulkonzept pädagogisch durchdacht werden sollte, mußte eine Rückfrage gestellt und beantwortet werden, die zunächst gar nicht im Blickkreis der Projektemacher gelegen hatte. Das war die Frage, wie und in welchem Umfang sich die menschlichen

Möglichkeiten eines Kindes entwickeln ließen, welches von frühester Jugend an auf den ökonomischen Ertrag seiner Arbeitskraft hin erzogen wird, und zwar im Hinblick auf Berufsfelder, die durch die Standeszugehörigkeit der Eltern bereits vorgegeben sind. Diese Frage rührte an den Nerv des aufklärerischen Selbstverständnisses; und in der Tat wurde sie zu einem zentralen Lehrstück der pädagogischen Theorie der Aufklärung. Von den Antworten, die darauf im Systemzusammenhang der Aufklärungspädagogik gegeben wurden, wird noch zu handeln sein.

Der bei der Armenfürsorge ansetzende Industrieschulgedanke, der Erziehung des gesamten Volkes zur Industriösität als einer gesellschaftlichen Tugend und das der Aufklärung verpflichtete Programm einer lückenlos durchgesetzten Schulpflicht waren für die Aufklärungpädagogik eine Einheit. Belegt ist das durch Johann Heinrich Campe, einen der bedeutendsten Theoretiker unter den Philanthropen:

> „Will man eine Nation umformen, will man verständige, kluge, gewandte, emsige und wackere Menschen bilden, so gebe man die alten auf, und beschränke seinen Fleiß auf denjenigen Stoff, der noch bearbeitet werden kann, weil er noch nicht abgehärtet ist. In den Schulen oder nirgends kann eine Nation zur Industrie wie zu jeder anderen moralischen und politischen Tugend gebildet werden. In den Schulen, ihr Fürsten, in den Schulen, ihr Väter des Staates, in den Schulen und nirgends sonst muß man die Werkstatt anlegen, wenn man Menschen veredeln, Gewerbe, Künste und Wissenschaften befördern und Nahrung und öffentlichen Wohlstand des Landes erhöhen will."[16]

Dieser etwas pathetische Aufruf Campes unterstellte ein Interesse des Staates an Industrieschulen. Ein solches Interesse bestand in der Tat, wenn freilich auch primär ökonomisch motiviert: Wirtschaftspolitisch war der Staat besorgt, durch Verarmung vieler Untertanen wirtschaftlich geschwächt und durch Steuerausfall und Fürsorgezahlung belastet zu werden; militärpolitisch befürchtete er, die bäuerlichen Untertanen würden durch Unterernährung, Alkoholisierung und Verwahrlosung so demoralisiert, daß sie nicht mehr für die Armee verwendbar seien. Unter diesem Gesichtspunkt zeigte sich der Staat an der Industrieschulpädagogik interessiert.

Der wichtigste Aufklärungspädagoge in Preußen, der für ein umfassendes Konzept der vollen Menschenbildung für die gesamte ländlich-bäuerliche Bevölkerung im Dienste des Staatszweckes und der vorgegebenen gesellschaftlichen Ordnung eintrat, war Rochow. Er war Gutsherr auf Reckahn in der Mark Brandenburg und richtete auf seinen Gütern Musterschulen ein, die vor aller Augen demonstrieren sollten, wie die Schule des Volkes aussehen sollte und auch konnte. Rochow trug auch als Autor von Schulbüchern zu der von ihm gewiesenen Entwicklung bei; so hat er u.a. den „Kinderfreund" geschrieben, der als erster tragfähiger Ansatz für eine Didaktik des Deutschunterrichtes angesehen werden kann.

Das Bestechende an Rochow war die Glaubwürdigkeit, mit der er sein unbedingtes Eintreten für die Menschenwürde eines jeden Bauernkindes pragmatisch mit den Bedingungen des Ständestaates vermittelte. Als Aufklärer war ihm gewiß, daß die humanen Möglichkeiten in intellektueller und gefühlsmäßiger Hinsicht bei allen Menschenkindern im gleichen Sinne angelegt seien. Eine harmonische Ausbildung aller Kräfte schien daher pädagogisch zwingend geboten. Rochow unterstellte zwar nicht die Möglichkeit zur Ausbildung gleicher Fähigkeiten bei allen, aber doch die zu einer identischen Elementarentwicklung der Vernunft, auf die sich schulische Bildung in erster Linie zu beziehen habe. Darum konnte der Geltungsbereich nicht eingeschränkt werden; er erstreckte sich „von der Hütte bis zum Palast“ (so Rochow selbst!). Auf der anderen Seite war Rochow sich als politisch denkender Mensch darüber im klaren, daß das gleichmachende pädagogische Prinzip sozialpolitisch entschärft sein mußte, wenn es Aussicht auf Realisierung haben sollte. Das war von Rochow aber nicht nur taktisch gedacht: er war kein Revolutionär. Und so kam er zu einer Lösung, die die Herrschenden ebenso faszinierte wie sie ihnen paradox erschien: Rochow betrieb die volle Ausbildung der Denk- und Urteilskraft, die Ausbildung aller Möglichkeiten des Verstandes, aber er konzentrierte die Anstrengung auf die Inhalte des ländlich-bäuerlichen Lebens- und Berufskreises. Daß eine solche didaktische Konzentration zu einem ökonomisch effizienten Verhalten führen würde, hatten die Merkantilisten des 17. Jahrhunderts bereits gesagt. Rochow aber fügte nun hinzu, daß eine politische Beschränkung ebenfalls die Folge sein werde; Gehorsam sei nicht auf Dummheit angewiesen (vgl. die Aussage Friedrich des Großen), sondern sei sogar besser begründet, wenn er auf Einsicht beruhe.

Die Dynamik wirtschaftlicher Eigeninitiative, die das Industrieschulprogramm auszulösen versprach, konnte, so sehr sie für sich genommen vom Staatszweck her gewünscht sein mußte, erst dann für eine allgemeine Schulreform politisch akzeptabel werden, wenn sie unverrückbar auch die Pflicht zum Gehorsam zu sichern versprach. Genau dieses behauptete Rochow: Intelligenz und Urteilskraft werden ein ökonomisch im Wohlstand befindliches Volk sehr viel willfähriger in politischer Hinsicht halten als ein ungebildetes Volk. Daran hielt Rochow auch und um so hartnäkkiger nach Ausbruch der Französichen Revolution fest.

Rochows Musterschulen leisteten hervorragende pädagogische Arbeit. Sie wurden zu einem Reiseziel für den politisch-pädagogischen Tourismus, ähnlich wie im 17. Jahrhundert Gotha. Im Unterschied zu Gotha, wo sich hauptsächlich die geistlichen und gelehrten Anhänger der didaktischen Reform trafen, sah man in Reckahn auch die höchsten politischen Würdenträger: Minister, hohe Offiziere, Oberkonsistorialräte, Gutsherren und Pfarrer. Großes Interesse, Zustimmung, ja Begeisterung war die überwiegende Reaktion der Besucher, ganz zu schweigen von der Übereinstimmung mit anderen Vertretern der Aufklärungspädagogik, die ihrerseits Reckahn publizistisch propagierten und es an „Stimmungsmache“ nicht fehlen ließen. Alle von Rochow gegründeten Musterschulen wurden im Laufe der Zeit in den Kreis der staatlich besonders geförderten „Gnadenschulen“ aufgenommen.

Aber das, was Rochow erstrebt und erhofft hatte, eine umfassende Reform des Bildungswesens aus dem Geist seines Ansatzes, blieb aus. Sie scheiterte letztlich an der anders gerichteten Interessengrundlage der staatlichen Ausgabenpolitik. Die Hebung des Bildungsstandes des einfachen Volkes auf dem Lande erschien für den Staat wünschenswert, sofern und insoweit eben dadurch die ökonomische Effizienz der Bevölkerung erhöht und gleichzeitig die politische Unterordnung erhalten bleiben konnten. Aber die „Aufklärung“ des gemeinen Mannes über seine eigene Stellung im gesellschaftlichen System konnte nicht ohne sozialpolitische Sprengkraft bleiben, weil dieses System den gemeinen Mann eben doch sehr erheblich übervorteilte. Deshalb konnte das, was in einzelnen Modellschulen interessiert beobachtet, mit öffentlichem Beifall bedacht, ja mit allerhöchstem Wohlwollen ausgestattet wurde, doch nicht für eine Gesamtreform des öffentlichen Unterrichtswesens Verwendung finden. Rochow und viele andere Aufklärungspädagogen haben sich diesen Widerspruch teils nicht eingestanden, teils haben sie ihn überspielt mit der pädagogischen Verpflichtung, auch unter objektiv widrigen Umständen in der Zuwendung zu den ihnen überantworteten Kindern nicht aufzugeben.

REALSCHULEN UND FACHSCHULEN

Von diesem Befund aus muß sich unser Blick nun zu dem anderen Aspekt von Realisierung wenden, zur Aufklärung für das Bürgertum. Das Bürgertum war im 18. Jahrhundert die soziale Schicht, die dem Höhepunkt ihrer geschichtlichen Möglichkeit entgegenstrebte, der bürgerlichen Revolution, dem Sturz der Adelsherrschaft, der Befreiung von staatskirchlicher Bevormundung und absolutistischer Regierungsform. Aufklärung für das Bürgertum, das hieß, in den Kategorien des Bildungswesens gesprochen: Realschulen – Fachschulen – technisch-ökonomische Wissenschaften.

Die erste dauerhafte Realschule wurde 1747 von dem Pietisten Hecker in Berlin gegründet. Das Projekt war seit Jahrzehnten öffentlich diskutiert worden und entsprach so sehr einem wirklichen Bedürfnis, daß um die Jahrhundertmitte eine Einrichtung mit weitreichender Perspektive geschaffen werden konnte. Hecker war sich dessen durchaus bewußt. Er gab seiner „ökonomisch-mathematischen Realschule" eine Mittelstellung zwischen den Lateinschulen und den religiösen Elementarschulen. Es handelte sich aber nicht um eine Neugründung, sondern um eine Weiterentwicklung aus vorhandenen Schulformen. Dazu bestand die Möglichkeit, weil Hecker einen ganzen Komplex verschiedener Schularten leitete.

Hecker hatte Schritt für Schritt in seiner deutschen Schule Französischunterricht, kaufmännischen Schriftverkehr, Geometrieunterricht und naturwissenschaftlichen Unterricht eingeführt, bevor er dann eine besondere Realschule abspaltete. Man muß sich diese Realschule als eine Art Oberstufe vorstellen: Zugang zur Realschule hatten sowohl Schüler, die zuvor die deutsche Schule, also eine Elementarschule, absolviert hatten, als auch Schüler, die eine entsprechende Zeit auf der Lateinschule Heckers gewesen waren oder die von einer anderen Schule kamen bzw. nach privater Vorbereitung eintreten wollten.

Ein solcher, von außen zur Heckerschen Realschule kommender Schüler war der Buchhändler Friedrich Nicolai, eine der großen und etwas tragikomischen Figuren der Berliner Aufklärung. Mit Lessing und Moses Mendelssohn stemmte er sich gegen die bereits heraufziehende, die Aufklärung hinter sich lassende Deutsche Klassik. Als Zeuge der Schulgeschichte ist er hörenswert. Denn Nicolai hatte, bevor er in Heckers Realschule eintrat, zwei berühmte Gelehrtenschulen besucht, das Joachimsthaler Gymnasium zu Berlin und die Lateinschule der Franckeschen Stiftung in Halle. Er urteilte später:

> „Das Schicksal hat gewollt, daß ich in dem einen Jahre, welches ich in dieser Nicht-Gelehrtenschule zubrachte, weit mehr von den Anfangsgründen wahrer Gelehrsamkeit lernte als vorher an zwei Gelehrtenschulen." [17]

Nicolais Kritik seiner Hallenser Schulerfahrung richtete sich in erster Linie gegen die übersteigerte Religiösität pietistischer Erziehung. Den Zusammenhang pietistischer Erziehungsmaximen mit der von ihm so gerühmten Heckerschen Realschule hat er nicht begriffen. Für unseren Zusammenhang aber ist etwas anderes entscheidend. Denn das, was Nicolai wohltuend und im Gegensatz zum Unterricht an den Gelehrtenschulen so vorzüglich fand, war nicht nur der realistische Inhalt als solcher, sondern vor allem die neue Methode. Die neue Methode hing freilich auch mit den realistischen Inhalten zusammen: nämlich die Hinführung des Lernenden zum Beweis statt Dressur durch Auswendiglernen, die Befähigung zur rationalen Argumentation statt zu autoritätsgläubigem Gehorsam. Vielleicht darf man den Vergleich wagen, daß es sich hier bei Heckers Realschule im verkleinerten Maßstab um analoge Vorzüge handelte, wie bei der Universität Halle, die sich vor den veralteten und hinter ihren Latinitätsmauern vom Fortschritt der neuzeitlichen Wissenschaft abgeschnittenen Universitäten auszeichnete.

Die vereinigten Heckerschen Schulanstalten hatten einen großen Zulauf. In der Zeit von 1747-1777 verdoppelte sich die Schülerzahl auf 1400. Die Realschule hatte daran einen nicht unerheblichen Anteil. Hecker experimentierte mit einer Fülle von unterschiedlichen Fachklassen: mit Klassen für Mathematik, Geometrie, Architektur und Bau, Geographie und Physik, Manufaktur, Kommerz, Handel und Ökonomie sowie einer Klasse für Kuriositäten. Direkt berufsbezogen waren nur zwei Klassen , die für das Baufach und die für den Kaufmannsstand. Die übrigen Klassen waren Unterrichtsfächer, denen jedoch die didaktische Konzentration auf ein Ausbildungsziel ermangelte. So erstaunt es nicht, dieses Sammelsurium im Laufe der weiteren Entwicklung wieder verschwinden zu sehen: Die Schule verlor nach und nach ihren beruflich-fachlichen Charakter – am längsten hielt sich noch der Bezug zur Ökonomie – und wurde schließlich Realgymnasium und Oberrealschule. In dieser gewandelten Form war die Heckersche Schule dauerhaft, nämlich als Realschule in dem sich erst im 19. Jahrhundert herausbildenden Sinne. Die Bedeutung der Schule lag nicht so sehr in ihrem Bestand, als vielmehr in ihrer Vorbildhaftigkeit. Sie war Vorbild für Schulgründungen mannigfacher Art an zahlreichen anderen Orten. Das von Hecker zunächst verfolgte doppelte Ziel einer gehobenen, dem bürgerlichen Leben verpflichteten Bildung und zugleich der spezifischen Vorbereitung auf bestimmte Berufe konnte zwar nicht festgehalten werden, aber es wirkte in zwei Richtungen weiter: Die Heckersche Realschule regte die Gründung weiterer Realschulen an, war aber auch Modell für Fachschulen, die sich nur jeweils *einer* Berufsrichtung widmeten.

FACHSCHULGRÜNDUNGEN IM 18. JAHRHUNDERT

KUNSTAKADEMIEN		BAUSCHULEN		BERGSCHULEN	
Berlin	1696	Hamburg	1767	Freiburg i.S.	1765
Stuttgart	1761	Burbach	1768	Berlin	1770
Leipzig	1764	Berlin	1776	Clausthal	1775
Dresden	1764	Karlsruhe	1780		
Düsseldorf	1767	Eisenach	1784	HANDELSSCHULEN	
Hanau	1772	Erfurt	1786	Hamburg	1768
Schwäb. Gmünd	1776	Hannover	1791	Magdeburg	1778
				Berlin	1791
				Nürnberg	1795

außerdem entstand eine größere Zahl weniger anspruchsvoller Schulen
- ▷ Provinzialkunstschulen
- ▷ Zeichenschulen
- ▷ Handwerkerschulen
- ▷ gewerbliche Sonntagsschulen

(Fachschulen für Maschinenbau kamen erst im 19. Jahrhundert hinzu)

Der Impuls der Heckerschen Realschule wirkte sich also sowohl auf die bis heute anhaltende Linie einer Realschultradition innerhalb der allgemeinbildenden Schulen aus, als auch auf die Entwicklungslinie einer theorieorientierten, schulischen Berufsausbildung.

Diese berufsbezogenen Fachschulen waren modern freilich nur in ihrer Absicht, in ihren gesinnungsmäßigen Voraussetzungen hinsichtlich einer Abkehr von der starren, jede dynamische Entwicklung vereitelnden Zunftgesinnung, doch hatten sie das Prinzip des anbrechenden Zeitalters noch keineswegs in Lehre umgesetzt. Von ihrer Didaktik führte nur eine ganz schmale Linie zum späteren technologischen Unterricht hin. Diese Linie war in der didaktischen Funktion des Zeichnens erkennbar. Schon in Heckers Realschule war das Zeichnen in allen Fachklassen obligatorisch. In vielen Fach- und Handwerkerschulen dominierte es dann, ja nicht wenige dieser Schulen nannten sich ausdrücklich „Zeichenschulen". Das zunächst nur unsicher geahnte didaktische Prinzip einer Theoretisierung der Berufsvorbereitung wurde im Zeichenunterricht als erstes antizipiert. Das Ziel dieser Schulen lag also nicht darin, formale Zeichenfertigkeiten zu vermitteln, vielmehr ging es darum, über das Zeichnen zu lehren, technologische Kenntnisse unter bestimmten Aufgabenstellungen zu ordnen, das konstruktiv-funktionale Denken zu fördern und so die noch gar nicht vorhandene Technologie vorzubereiten. Daß dieser Weg sinnvoll war, läßt sich an den zu einer „technischen Sprache" verdichteten zeichnerischen Symbolen und ihrer Übertragbarkeit in technologische Sachverhalte zeigen. Der Ort, an dem der entscheidende Schritt über die unzulänglichen Versuche hinaus gelang, nämlich noch im 18. Jahrhundert das Prinzip der technischen Weltbeherrschung zur Grundlage der Lehre zu machen, hieß Paris: Ecole Polytechnique 1794!

TECHNISCHE WISSENSCHAFT: ECOLE POLYTECHNIQUE

Die Gründung dieser ersten modernen technischen Hochschule Europas ist einzustellen in einen Zusammenhang, der durch die französische Vorrangstellung in den Naturwissenschaften und ihrer Anwendung auf Probleme der technischen Praxis bis Ende des 18. Jahrhunderts charakterisiert ist. Auf diesen Vorrang ist es zurückzuführen, daß die französischen Worte „ingénieur“ und „technique“ alternativlos als Ingenieur und Technik in den deutschen Sprachgebrauch eingegangen sind. Doch ist dieser Vorrang nicht mit den Anfängen und Fortschritten der Industrialisierung gleichzusetzen.

Die Industrialisierung begann in England. Sie war von der Mitte des 18. Jahrhunderts an dort in schnellem Vormarsch, während die kontinental-europäischen Staaten noch reine Agrargesellschaften waren. Die führende Rolle Englands war nicht auf eine Überlegenheit der britischen Wissenschaft zurückzuführen. Mathematik und experimentelle Naturwissenschaften waren zu der Zeit in Paris, Gießen und Göttingen besser vertreten. Ebensowenig kann man den Engländern ein höheres technisches Geschick, ein besser ausgebautes Schulwesen oder eine effizientere Berufsausbildung zuschreiben. Die Gründe müssen vielmehr an andererer Stelle gesucht werden. Zunächst einmal tendierte der in England vorherrschende Puritanismus zu der religiös-ethischen Rechtfertigung der Unternehmerprofite bei rücksichtsloser Ausbeutung der menschlichen Arbeitskraft. Im katholischen Frankreich und im überwiegend lutherischen Deutschland bestanden religiöse Hemmungen. Zweitens gab es in England keine so festgefügte Zunfttradition wie auf dem Kontinent und deshalb auch keine Vorbehalte von seiten des Adels und der bürgerlichen Gelehrtenschicht, sich am Industrialisierungsprozeß aktiv zu beteiligen. Der Personenkreis, der an technischen Erfindungen arbeitete, war in England sehr viel größer als in irgendeinem anderen europäischen Land. Drittens begann die Industrialisierung mit der Textilindustrie, für die sich in England die Rahmenbedingungen als äußerst günstig erwiesen: gute Wolle gab es auf der Insel, Baumwolle konnte zu niedrigen Preisen aus den Kolonien eingeführt werden. Darüber hinaus trugen die technologischen Bedingungen der Mechanisierung der Textilherstellung zum englischen Vorsprung bei. Denn die Entwicklung von Textilmaschinen erforderte im Anfang nur Bastler- und Tüftlergeschick, keine wissenschaftlich-technischen Voraussetzungen. Wissenschaftliche Forschung und qualifizierte technische Ausbildung wirkten sich erst aus, als die Industrialisierung Maschinenbau, Optik und Chemie erreicht hatte. Von diesem Augenblick an holten Frankreich und Deutschland den englischen Vorsprung schnell auf.

Die Gründung der Ecole Polytechnique war also keine Folge der Industrialisierung, sondern ging ihr voraus. Der Vorrang der Franzosen in der Anwendung von Mathematik und Naturwissenschaften auf technische Probleme war eine Möglichkeitsbedingung dafür, daß diese erste hohe Schule der Ingenieurwissenschaften in Paris entstand. Das Motiv aber wird nur aus einem anderen Zusammenhang verstehbar: Die Umwandlung der auf Erfahrung und Tradition beruhenden handwerklichen Produktionsweisen in das streng rationale, rechnende Verfahren der modernen Industrie führte über die kausal-erklärenden Naturwissenschaften. Nur auf diesem Wege war es möglich, die Grenzen, in denen handwerkliche Kunstfertigkeit statisch eingeschlossen war, zu überschreiten. Indessen waren diese Grenzen gerade nicht allein technischer Art, ja nicht einmal nur technisch-ökonomischer Art. Der Versuch, die industrielle Revolution lediglich aus dem sich wechselseitig stimulierenden Verhältnis von wirtschaftlichen Interessen und technischen Möglichkeiten zu erklären, führt zu keinem Ergebnis, endet vielmehr in einem technisch-ökonomischen Zirkel. Aber dieser Zirkel selbst hat eine Vorausssetzung, die die gemeinsame Bedingung für die industrielle und für die politische Revolution ausdrückte. Sie war genau das, was Aufklärung meinte: Wille zur Herrschaft der Vernunft im gesellschaftlichen Leben.

Lorenz von Stein, ein Staatsrechtler und Nationalökonom, hat um 1840 auf diesen Zusammenhang hingewiesen, wenn auch nur als Gleichzeitigkeit und mit dem Ausdruck des Erstaunens:

> „Da entstanden plötzlich und merkwürdigerweise in derselben Zeit, wo die Ideen der Freiheit und Gleichheit in Frankreich Platz griffen, in England die ersten Maschinen. Mit ihnen beginnt das Güterleben der ganzen Welt, für Produktion, Konsumtion und Verkehr eine ganz neue Epoche. Sie sind die wahre revolutionäre Gewalt in der materiellen Welt; und von dieser, welche sie beherrschen, reichen sie auf allen Punkten tief in die geistige hinein." [18]

Was Lorenz von Stein beschrieb, das war der Siegeszug der Technik in der Epoche des Kapitalismus, von dessen Subjekt, der Bourgeoisie, Karl Marx im „Kommunistischen Manifest" 1848 rühmte, sie habe mit der industriellen Technik ganz andere, nämlich sehr viel bedeutendere und folgenreichere Wunderwerke vollbracht als ägyptische Pyramiden, römische Wasserleitungen und gotische Kathedralen, habe ganz andere Züge ausführen lassen als Völkerwanderungen und Kreuzzüge. Tatsächlich korrespondierten der wechselseitigen Abhängigkeit von industrieller und politischer Revolution die Postulate von Freiheit und Gleichheit. Denn gesellschaftliche Gleichheit war nur erreichbar, indem Dienstleistungen ihr persönlicher Charakter genommen und Maschinen übertragen wurde. Für die industrielle Revolution wurde die Maschine so zum Prinzip der Rationalisierung: Das ist ihre technisch-wirtschaftliche Bedeutung. Politisch gesehen aber gab die Maschine die Möglichkeit, die Gesellschaft zu egalisieren, und eben dieses war zugleich eine pädagogische Schubkraft der Reform des Unterrichtswesens. Darum war es kein Zufall, sondern eine Konsequenz, daß an der Stelle Europas, an der das Bewußtsein von der Möglichkeit, eine bessere Gesellschaft planen und berechnen zu können, am schärfsten ausgeprägt war, im revolutionären Paris von 1789, die erste hohe Schule der technischen Wissenschaften entstand, obschon Frankreich zu diesem Zeitpunkt ein reiner Agrarstaat war.

Im Gegensatz zum pragmatischen Vorgehen der Engländer muß der von einer politischen Doktrin bedingte Ansatz der Franzosen einer pädagogischen Interpretation unterzogen werden, um zu verstehen, daß im revolutionären Paris der didaktische Vorgriff auf das technische Zeitalter unter den Bedingungen einer vorindustriellen Gesellschaft gelang. (Übrigens ist dies einer der seltenen Fälle in der Geschichte des Bildungswesens, daß eine Schule der gesellschaftlichen Entwicklung so deutlich vorauseilte).

Das organisierte didaktische Prinzip der Ecole Polytechnique stellte sich dar in der

GASPARD MONGE

Géometrie descriptive. Sie war das Werk des Mathematikers Gaspard Monge. Géometrie descriptive bedeutete die Anwendung der Analysis auf die Darstellung von Oberflächen, d.h. die Verbindung von Mathematik und Zeichnen zu einer neuen Einheit. Im Vorwort zu der 1794 veröffentlichten Abhandlung über die Aufgaben der Geometrie war es Monge gelungen, das Prinzip der industriellen Revolution auf einen Begriff zu bringen. Dies Prinzip bildete zugleich die Leitlinie für eine Lehrbarkeit der neuen technischen Wissenschaften: Der Fortschritt der Industrie verlangte die Rationalisierung der Arbeit; diese wurde ermöglicht durch die Anwendung der Naturwissenschaften und die Quantifizierung des Gegenstandes über die Géometrie descriptive; die Rationalisierung ermöglichte dann den Einsatz von Maschinen, also die Indienstnahme der Natur durch den Menschen. Das bedeutete Ende der körperlichen Arbeit und Beginn der Berechenbarkeit der verlangten Leistungen; dieser Vorgang war von höchster gesellschaftlicher Relevanz. Die Möglichkeit dafür, nämlich alle Bereiche erfassen zu können, wurde in der Polyvalenz von Mathematik und Naturwissenschaften gesehen. Diese Polyvalenz der Mathematik für Ingenieurwissenschaften drückte sich aus im Namen der Schule: Sie wurde als eine polytechnische bezeichnet, um anzuzeigen, daß sie für viele Techniken grundlegend war, eben weil sie die rationale Durchdringung der Praxis erlaubte. Die Wissenschaft sollte eine Technologie bereitstellen, die zur Perfektion jeglicher Praxis taugte. So war die Ecole Polytechnique die erste Einrichtung des europäischen Unterrichtswesens, in der die Konzeption selbst ausdrückte, daß die Möglichkeiten der technischen Weltbeherrschung nicht durch nachträgliches Hinzufügen mathematischer und naturwissenschaftlicher Erkenntnisse zu den traditionsgeleiteten Erfahrungsregeln der einzelnen Gewerbe eröffnet werden konnte, sondern nur durch den Rückbezug auf das leitende Prinzip. Technologie wurde von nun an die zur Verfügung gestellte Potenz, die ihrerseits die Frage herausforderte, was mit dieser Möglichkeit geschehen sollte, eine Frage, die nach der Erfindung der Dampfmaschine (1796) unausweichlich wurde. Daher mußte das Polyvalenz-Prinzip das Theorie-Praxis-Verhältnis verändern. Theorie war nicht mehr die helfende Antwort auf Probleme, die die Praxis diktierte, sondern die Instanz, die den Begriff des wissenschaftlichen Gegenstandes entwickelte: Der Gegenstand der Wissenschaft war von nun an die quantifizierte Natur; „Natur" aber war definiert als das „Dasein der Dinge, sofern es nach allgemeinen Gesetzen bestimmt ist" (Kant). Wissenschaftlich interessierte nur noch das, was als mathematisierbar galt. Alles Geplante, Organisierte, Konstruierte wurde dem bloß Gewachsenen vorgezogen. Im Extrem galt nicht nur alles als machbar, sondern auch, daß das Machbare, das Künstliche besser sei als das Natürliche. So wurde Theorie der Vorentwurf der Praxis.

Die sich aufdrängende Frage, wo die Grenzen einer Quantifizierung des wissenschaftlichen Gegenstandes liegen, beantworteten die Polytechniker noch vor der Wende zum 19. Jahrhundert völlig eindeutig: Es gibt keine Grenzen! Oberstes Ziel der neuen Wissenschaften wurde die totale Quantifizierung der Welt. Dieser Wille manifestierte sich in den Versuchen, eine sogenannte Weltformel zu finden, alle Gesetzmäßigkeiten der Welt aus einem einzigen universellen und quantifizierbaren Gesetz abzuleiten. Gleich mehrere Professoren der Ecole Polytechnique waren auf der Suche nach einer Weltformel. Der berühmteste Versuch dieser Art stammt von dem Mathematiker und Astronom Laplace. Solche Versuche, eine Weltformel zu finden, hatten am Ende des 18. Jahrhunderts eine große Bedeutung. Diese lag aber nicht darin, daß durch sie etwa die mathematische Wissenschaft weitergeführt worden wäre, sondern in ihrer Wirkung auf das methodologische Bewußtsein der Wissenschaftler. Denn wenn eine Weltformel möglich war, dann auch die Einheit aller Wissenschaften. Damit war zugleich die Einheit ihrer Methoden nahegelegt. So hatten schon wenige Jahre nach der Gründung der Ecole Polytechnique der Sozialphilosoph und Frühsozialist Saint-Simon und etwas später der Absolvent der Ecole Polytechnique Auguste Comte, der Begründer der Soziologie im modernen Sinne, den Versuch unternommen, die naturwissenschaftliche Methodologie für eine Gesellschaftslehre einzusetzen. Hier lag genau der Drehpunkt, an dem die von den Gründern der Ecole Polytechnique zunächst nur auf die Ingenieurwissenschaften bezogene Polyvalenz der Mathematik sich ausweitete zu einer Pan-Valenz: Noch bevor der Maschinenbau überhaupt eingesetzt hatte, noch bevor die von und auf dem Lande lebenden europäischen Bauernvölker innerhalb weniger Jahrzehnte in verstädterte Industriegesellschaften verwandelt wurden, war der steuernde Zugriff der technischen Wissenschaften auf das psychische und soziale Leben der Menschen didaktisch bereits konzipiert. Daraus ergab sich eine der erregendsten und zugleich beklemmendsten Konsequenzen der Aufklärungspädagogik: Technokratische Extrapolation – positivistische Gesellschaftswissenschaften – Sozialtechnologie – Wissenschaft als Ideologie – Herrschaft der Sozialingenieure.

Pädagogische Theorie der Aufklärung

Das Paradigma moderner europäischer Pädagogik: Jean-Jacques Rousseau

Jean-Jacques Rousseau, Citoyen de Genève, aber in der Sache, d.h. durch Leben und Werk eher als französischer Philosoph zu bezeichnen, lebte von 1712-1778. Er war einer der ganz großen Repräsentanten der Aufklärung, Mitarbeiter der Enzyklopädie von Diderot und d'Alembert, intellektueller Wegbereiter der Französischen Revolution, zugleich auch – wie in Deutschland Kant – philosophischer

Überwinder der Aufklärung. Überwinder war er jedoch nicht in einem reaktionären, sondern in einem produktiven, weiterführenden Sinne; er war ein Erwecker des Gefühls der Naturnähe und der Naturfrömmigkeit, Inspirator für die Romantik. Rousseau schrieb philosophische Abhandlungen, Romane, Sing- und Theaterspiele. Sein Werk ist in vielfältiger Hinsicht von pädagogischem Interesse, ganz besonders aber ein Buch über Erziehung, eine Art Erziehungsroman oder besser gesagt, eine Erziehungsutopie: „Emile", 1762 publiziert, ein Buch, dessen Wirkung auf die europäische Pädagogik kaum überschätzt werden kann. Es ist eines der wichtigsten Werke über Erziehung. Man kann gute Gründe für die gelegentlich vertretene These aufbringen, mit Rousseau beginne überhaupt erst die moderne Pädagogik, die Wissenschaft von der Erziehung. Die Gründe für eine solche These sind allerdings immer auch umstritten gewesen. Der Widerspruch richtete sich teils gegen das Werk, teils gegen den Autor. Das Werk Rousseaus erschien trotz aller Brillanz, Genialität und Repräsentativität für das aufklärerische Denken einem Teil der Leser nicht dazu geeignet, an den Anfang einer Wissenschaft von der Erziehung gesetzt zu werden, weil es durch zahlreiche innere, nicht aufgelöste Spannungen gekennzeichnet ist. So hat Rousseau zwei ganz verschiedene Konzeptionen von Erziehung skizziert, die öffentliche Erziehung zum Citoyen (Bürger im emphatisch-republikanischen Sinne), der sich nur als Teil des Gemeinwesens verwirklicht und mit diesem zusammen eine Einheit bildet, dann aber auch die häuslich-private Erziehung zum homme naturel, der seine Mitte in sich selbst hat und, bei allem Respekt vor mitmenschlichen Verpflichtungen, ein distanziertes Verhältnis zum Staat bewahrt, ihn jedenfalls zur eigenen Identitätsbestimmung überhaupt nicht benötigt. Ob es sich hier wirklich um zwei entgegengesetzte Ideale handelt, zwischen denen Rousseau sich nicht entscheiden konnte, oder um zwei ebenbürtige Möglichkeiten, die sich auf unterschiedliche geschichtsphilosophische Zeitpunkte in der Entwicklung einer Nation beziehen oder ob eine gegenseitige Bezugnahme, eine Hinführung der einen Möglichkeit zur anderen angenommen werden darf, ist eine Frage, die einen Teil des Interesses ausmacht, welches dem Werke Rousseaus nach mehr als 200 Jahren entgegengebracht wird.

Der Widerspruch richtete sich aber nie nur gegen innere Spannungen des Werkes oder gegen dessen weltanschauliche Voraussetzungen, sondern stets auch gegen die Person des Autors. Rousseau kultivierte in seiner Lebensführung einen unverbindlichen Subjektivismus und eine extrem selbstgefällige Sentimentalität, die bei zunehmendem Alter in Verfolgungswahn überging. Vor allem aber sind die Versuche Rousseaus, sich als praktischer Erzieher zu bewähren, unrühmlich verlaufen; und, was als das Schlimmste gilt, seinen Erzieher- und Vaterpflichten fünf leiblichen Kindern gegenüber entzog er sich schimpflich, indem er sie dem Findelhaus übergab. Die moralische Verurteilung Rousseaus ist heute weitgehend zu den Akten gelegt. Sehr viel häufiger wird dagegen von Glück gesprochen, daß einem Menschen, nicht zuletzt als Folge des eigenen Scheiterns, der Sinn der Erziehung von Kindern fragwürdig genug wurde, um seine Denk- und Urteilskraft, seine Phantasie und seine Leidenschaft für eine Antwort einzubringen.

In den Schulbüchern der Geschichte ist Rousseau zumeist nur mit einem Satz erwähnt, der sich an keiner Stelle seiner Schriften findet: „retournons à la nature.“ Mit dieser Unterstellung hat man Rousseau schon zu seinen Lebzeiten verhöhnt: Palissot, ein mittelmäßiger französischer Komödienschreiber, brachte ein Stück auf die Pariser Bühnen mit dem Titel „Die Philosophen“, in welchem Rousseau auf allen Vieren über die Bühne kroch und ihm ein Kohlkopf aus der Tasche hing.

JEAN-JACQUES ROUSSEAU

Von der Natur, nämlich von der Natur des Menschen, handelte Rousseau; aber nicht aus einer Reformhaus-Ideologie heraus, wie Palissot und viele spätere Schmähungen und Mißverständnisse nahelegten. Rousseau fragte zum ersten Mal ausdrücklich nach einem eigenen Ziel der Erziehung und brachte sich damit in Gegensatz zu dem üblichen Verständnis von Erziehung als eines Mittels, mit dem die Jugend dem jeweils für gut erachteten Verhalten angepaßt werden könne. Gibt es so etwas wie einen eigenen Auftrag der Erziehung, der unabhängig ist von allen vor- und außerpädagogischen Zwecken, und der als Beurteilungsmaßstab genommen werden kann? Was ist das eigentlich, so könnte man Rousseaus Hauptfrage umschreiben, wenn der Mensch handelnd und reglementierend in das Aufwachsen seiner Kinder eingreift? Ist es die mehr oder weniger gut funktionierende Beeinflussung und Lenkung, mit der die Erwachsenengeneration der Jugend ihren Willen aufzwingt, die Heranwachsenden nach dem Bilde der Älteren formt? Oder ist Erziehung etwas, was das Eigene im Kind und Jugendlichen respektiert und von daher Auftrag und Legitimation erhält?

Von Rousseaus Frage her betrachtet, veränderte sich die unreflektierte, naive Einstellung zur Erziehung. Es war immer ungewiß, ob die Jugend das verwirklichte, was die ältere Generation sich vorgestellt hatte, oder ob sie anders wurde als die Erzieher gehofft haben. Für eine normative Pädagogik, die die Erziehung als Instrument zur Durchsetzung des Erwachsenenwillens betrachtete, war das betrüblich. Den Grund konnte eine solche Pädagogik nur in der relativen Wirkungslosigkeit pädagogischer Bemühungen sehen bzw. in den vielen unerwünschten und nicht vorhergesehenen Nebenwirkungen, die bestimmte Maßnahmen mit sich bringen, weil das Wissen über die Bedingungen des erzieherischen Handlungserfolges lückenhaft ist und weil der erzieherische Zugriff so viele Lücken hat. Die Rousseausche Frage nach dem eigenen Ziel der Erziehung aber änderte das Urteil. Denn danach mußte die Erziehung den Menschen zur Mündigkeit, zur Selbständigkeit, zu eigenem Urteil, zur Vertretung dessen, was er selber war, wollte und nach Maßen des in ihm selbst liegenden Gesetzes sein mußte, führen. Würden die Erzogenen als Erwachsene genauso denken und handeln, wie es die Erzieher vorausgedacht und gewünscht hatten, so würde die Erziehung dieses ihr eigenes Ziel gerade nicht erreicht haben. Insofern war das, was Rousseau mit dem eigenen Ziel der Erziehung herausarbeitete, nicht oder jedenfalls nicht in erster Linie die Proklamation eines neuen Erziehungszieles wie ungezählte Male vor ihm und nach ihm, sondern die Eigenstruktur des Sachverhaltes Erziehung selber. Darin liegt die Bedeutung Rousseaus für das pädagogische Denken.

Freilich darf man diesen Beitrag Rousseaus nicht so mißverstehen, als ob eine eigene Zielsetzung der Erziehung unterstelle, die Erziehung erfolge in einer pädagogischen Provinz und könne sich von allen anderen Weltbezügen lossprechen. Diese Auslegung liegt oberflächlich betrachtet bei Rousseau nahe, weil die Erziehung des Emile zwar nicht in einem völlig gesellschaftsfreien, aber doch in einem sozial sehr verdünnten Raum erfolgte. Alle Menschen, mit denen Emile zusammentraf, waren pädagogische Strohmänner, die von dem allmächtigen Erzieher Jean-Jacques dirigiert wurden. Oder sinnnäher gesagt: Die gesamte Umwelt Emiles war *der* Erzieher – ein Bild umfassender, übermächtiger Sozialisation, bzw. das *Gegen*bild dazu. Denn unter der utopischen Annahme, alle Umwelteinflüsse als koordinierte und auf das individuelle Interesse des Kindes verpflichtete Erziehungsmaßnahmen organisieren zu können, hielt Rousseau der gesellschaftlichen Wirklichkeit, in der die Sozialisation von entarteten, erziehungs- und menschenfeindlichen Lebensbedingungen bestimmt wird, den Spiegel entgegen.

Tatsächlich hatte Rousseau schon vor der Niederschrift des „Emile" die revolutionäre These gefaßt, daß das vergesellschaftete Leben des Menschen immer schon eine eingeschränkte Form menschlicher Möglichkeiten sei. Aber erst die Erziehungsutopie erlaubte ihm das radikale Urteil, daß der Mensch durch die Erziehung entarte. „Alles ist gut, wie es aus den Händen des Schöpfers kommt", so beginnt der „Emile", „alles entartet unter der Hand des Menschen", d.h. der gut geborene Mensch verdirbt unter dem Zugriff des Menschen und damit speziell auch unter dem Zugriff der Erziehung. Es ist klar, daß hier der aufklärerische Duktus die Stufe des naiven Fortschrittsglaubens bereits überschritten hatte. Aufklärerisch im humanen Sinne aber blieb Rousseaus These, weil, wenn alles unter der Hand des Menschen entartete, der Mensch auch die Möglichkeit zur Wiederherstellung seiner selbst, zur Aufhebung seiner Selbstentfremdung in sich trug: Es gab nach Rousseau die Möglichkeit der Rettung, wenn er auch zugleich die überindividuelle Mächtigkeit des Bösen mit aller Konsequenz zu Bewußtsein brachte.

Rousseaus Erziehungskonzeption setzte an beim neugeborenen Kind, welches zwar durch natürliche Güte gekennzeichnet und frei von böser, erbsündenbedingter Anlage ist, zugleich aber schwach. Schwäche und Stärke benutzte Rousseau als Relationsbegriffe: Ein im Verhältnis zu anderen schwaches Wesen kann für sich stark sein, wenn es sich selbst genügt und umgekehrt. Nach der Geburt indessen ist der Mensch in absolutem Sinne schwach, weil er weniger Kraft hat als zur physischen Existenzerhaltung erforderlich ist. Ohne Hilfe anderer würde der Säugling sterben. Insofern beginnt Erziehung mit Hilfeleistungen. Aber die Hilfe muß strikt begrenzt sein auf die Befriedigung der natürlichen Bedürfnisse. Denn wenn die Hilfe nicht begrenzt wird, vergrößert sich die Schwäche des Kindes. Statt die Kräfte des Kindes an die Möglichkeit der Bedürfnisbefriedigung heranzuführen, werden die Bedürfnisse gesteigert und der Abstand zu den eigenen Möglichkeiten vergrößert; das Kind wird noch abhängiger als es schon ohnehin war. Das aber wirkt dem Ziel der Erziehung, das Kind stark und selbständig zu machen, entgegen, ja mehr noch, es legt den Samen für die Entartung des Menschen: Der Säugling schreit, wenn ihm unwohl zumute ist; hat er aber „gelernt", daß dieses Signal die Mutter herbeieilen läßt, wird der Schrei zum Befehl – nach Rousseau der erste, noch winzige Schritt zu Verstellung, Täuschung, Lüge und Korruption. Eben deshalb muß der Erzieher zwischen „natürlichen" und „künstlichen" Bedürfnissen zu unterscheiden wissen. Als „künstlich" definierte Rousseau alle vom Kind nicht aus eigener Kraft erfüllbaren Bedürfnisse, die über die Existenzsicherung hinausgehen und die nur durch Außenwirkung, nämlich durch „falsche" Erziehung erzeugt werden.

Eine harte, eine asketische Erziehung, so könnte man meinen. Gewiß, Emile sollte sich ebensogut in den Eisfeldern Grönlands wie auf den glühenden Felsen Maltas behaupten können. Aber dieser Aspekt ist in der Wirkungsgeschichte der Rousseauschen Pädagogik überdeckt durch den Zweck der ganzen Veranstaltung. Härte, Abhärtung, Stärke, dies alles stand im Dienste des Glücks. Und glücklich vermag nur derjenige zu sein, dessen Wünsche nicht größer sind als sein Können, der stark ist, weil er sich nicht die Hilfe anderer erschmeicheln muß. Das Kind sollte glücklich sein, nicht nur später einmal in seinem Erwachsenenleben, sondern hier und heute: jetzt, so wie es die Maxime der Mutterliebe gebietet. Rousseau gab der Mutter Recht. Zwar neigen Mütter zur Verweichlichung der Kinder, und unter diesem Aspekt tadelte Rousseau sie als „barbarisch", aber die Intention der mütterlichen Liebe, das Glück des Kindes in jedem Augenblick zu sichern, erklärte er zum Prinzip von Erziehung überhaupt.

Von dieser Voraussetzung aus begründete er das Eigenrecht des Kindes, die These also, das Kind sei kein kleiner, unvollkommener Erwachsener, sondern ein Wesen, welches seine Erfüllung und Reife in sich selber trägt. Ob das wirklich die wichtigste Einsicht Rousseaus war, kann man dahingestellt sein lassen; jedenfalls ist es die These, mit der er vor allem anderen in die Geschichte der Pädagogik eingegangen ist. Natürlich mußte auch Rousseaus Erziehung auf ein künftiges Ziel gerichtet sein. Aber auch die Zukunft wird einmal Gegenwart sein. Wer nicht gelernt hat, den gegenwärtigen Augenblick zu erfüllen, wer immer nur darauf gerichtet wurde, für später vorzusorgen, der kann die Zukunft nicht gewinnen. Die Vorsorge hat dann gerade nicht vorgesorgt.

Auf die in dieser These enthaltene Herausforderung, die Zukunft ohne Opferung des Glücks der Gegenwart zu gewinnen, gab Rousseau eine Antwort, in der sich die Pädagogik selbst darstellen sollte. Als Modellfall brachte er dafür das Spiel zur Geltung. Was vordem von der Erziehung nur als Erholung von dem anstrengenden Geschäft des Lernens allenfalls empfohlen, häufiger nur hingenommen, in manchen Fällen – so im Pietismus – sogar als erziehungsfeindlich unterdrückt worden war, wurde von Rousseau pädagogisch qualifiziert. Im Spielen bewährt das Kind genau das pädagogisch gesuchte Verhalten, nämlich inmitten einer erfüllten Gegenwart, doch zugleich (unbewußt) für die Zukunft zu arbeiten, weil die dem Spieler abverlangten körperlichen und geistigen Leistungen die Kräfte üben und entwickeln. Hinter diese Einsicht konnte nach Rousseau keine Pädagogik mehr zurück.

Da aber, für wie wichtig das Spiel auch immer gehalten werden mochte, die Erziehung eines Menschen nicht auf spielerisches Verhalten reduzierbar ist, mußte der Aspekt, der Spiel pädagogisch so wertvoll erscheinen ließ, verallgemeinert und auf nichtspielerische Verhaltensweisen übertragen werden können. Im Interesse für die Sache, welches zum Spiel motiviert, erkannte Rousseau auch unabhängig vom Spiel die einzige Kraft, die wirkliches Lernen ermöglicht. Demzufolge mußte er alle außersachlichen Lerngründe verwerfen, mit denen die Pädagogik bis dahin freigiebig und wie selbstverständlich gearbeitet hatte, vorab Ermahnungen, Drohungen, Versprechungen, Strafen, Belohnungen. So verzichtete er in der sich selbst zugeteilten Romanrolle des Jean-Jacques auf jegliche Autorität während der Kindheit Emiles, erteilte keine Befehle, verlangte keinen Gehorsam, sondern besorgte die pädagogische Lenkung allein durch den Zwang der Umstände, also indirekt. Ebenso mußte er auch die außersachlichen Beweggründe aus der sozialen Interaktion als pädagogisch schädlich verwerfen: Eitelkeit, Ehrgeiz, Ruhmsucht, ja auch den Wetteifer, mit Ausnahme desjenigen, den der Handelnde mit sich selbst austrägt. Er sah die Erziehung allein verwiesen auf die im lernenden Subjekt angelegten Triebkräfte wie Neugier, Wissensdrang, Selbsterhaltung, Abenteuerlust, Gestaltungswille und – jedenfalls wenn die übergreifende Interessenverknüpfung der arbeitsteiligen Gesellschaft eingesehen ist – die Arbeitspflicht.

Unter diesem Gesichtspunkt ordnete Rousseau auch die Erlernung des Handwerks in den Bildungsgang seines Emiles ein. Aber es handelte sich nicht, wie man aufgrund der aufklärungspädagogischen Tendenz zur Berufs- und Standeserziehung zunächst vermuten müßte, um Berufsausbildung in dem Sinne, als ob Emile zum Tischler bestimmt werde. Emile widmete sich der Tischlerei ernsthaft und konsequent; wobei Rousseau bei dieser Gelegenheit die in der ganzen Kindheitsphase verfolgte Erziehung zur Sachlichkeit auf die Spitze treibt:

> „Seine Arbeit soll durch das Resultat selbst gewürdigt werden und nicht, weil er sie geleistet hat. Sagt von dem, was gut gelungen ist: Das ist eine gute Arbeit; aber fügt nicht hinzu: Wer hat sie denn gemacht? Sagt er aber von sich aus stolz und selbstzufrieden: Das habe ich gemacht, dann fügt kühl hinzu: Du oder ein anderer, das ist gleichgültig; es ist jedenfalls eine gute Arbeit."[19]

Der pädagogische Sinn der Handwerkslehre wurde von Rousseau nebst der Möglichkeit, die Erziehung zur Sachlichkeit abschließen zu können, primär darin bestimmt, Mißachtung und Vorurteil der gesellschaftlich privilegierten Schichten gegenüber der handarbeitenden Bevölkerung im Bewußtsein seines Zöglings zu widerlegen. Insofern hat das Tischlerhandwerk im Bildungsgang des Emile seine Legitimation aus dem Aspekt einer allgemeinen menschlichen Bildung, nicht einer speziellen Berufsausbildung, wenn freilich zugleich auch ein Hinweis darauf ableitbar ist, unter welchen Bedingungen Berufsausbildung als Menschenbildung möglich wäre. Davon aber handelte Rousseau nicht ausdrücklich, im Gegenteil, programmatisch schloß er die Berufsausbildung aus:

„In der natürlichen Ordnung sind alle Menschen gleich; ihre gemeinsame Berufung ist, Mensch zu sein. Wer dafür gut erzogen ist, kann alle Aufgaben, die das Menschsein verlangt, gut erfüllen. Ob mein Schüler Soldat, Priester oder Jurist wird, ist mir einerlei. Vor der Berufswahl der Eltern bestimmt ihn die Natur zum Menschen. Leben ist der Beruf, den ich ihn lehren will. Aus meinen Händen entlassen, wird er, und ich bin damit einverstanden, weder Beamter noch Soldat noch Priester sein, sondern in erster Linie Mensch. Notfalls wird er, was ein Mensch sein muß, genauso gut können wie jeder andere, und wenn das Schicksal ihn zwingt, seinen Platz zu wechseln, so wird er doch immer an seinem Platz sein."[20]

Vordergründig betrachtet scheint es so, als ob Rousseau eine Gegenposition zur Aufklärungspädagogik bezogen hätte. Denn diese Pädagogik war als Ausdruck der ökonomisch in die gesellschaftliche Führungsrolle hineinwachsenden bürgerlichen Lebensform eine Berufs- und Standeserziehung. Sie war ihrer Struktur nach bürgerlich, doch ließ sich die adlige Standeserziehung dem Konzept einfügen, bzw. hatte die adlige Standeserziehung sogar das Vorbild abgegeben. Und jedenfalls wurde die politische Herrschaftsfunktion des Adels auch durch die breit entfaltete bürgerliche Aufklärungspädagogik kaum problematisiert. Rousseau aber brachte den Sachverhalt erst auf seinen Begriff und zog die Konsequenzen. Denn er formulierte die Prinzipien der bürgerlichen Erziehung nun nicht mehr nur als die eines zudem noch untergeordneten Standes, sondern als diejenigen einer allgemeinen menschlichen Bildung. Mochte er auch noch so pathetisch die spezielle bürgerliche Berufsausbildung im Interesse der Menschlichkeit des Menschen zurückstellen, so waren es doch die zentralen Charakteristika des bürgerlichen Zeitalters und seiner beruflichen Anforderungen, die er als die rein menschlichen ausgab, nämlich vor allem anderen die individuelle Leistung und die gesellschaftliche Arbeitspflicht:

„...da jeder mit seinem ganzen Wesen verpflichtet ist, kann er auch nur für sich selbst bezahlen, und kein Vater kann seinem Sohn das Recht übertragen, für die anderen unnütz zu sein. Aber das ist genau das, was er Eurer Auffassung nach tut, indem er seine Reichtümer, die Beweis und Preis seiner Arbeit sind, auf ihn übergehen läßt. Derjenige, der in Müßigkeit verzehrt, was er nicht selbst verdient hat, stiehlt es, und in meinen Augen gibt es kaum einen Unterschied zwischen einem Rentier, den der Staat für sein Nichtstun bezahlt und einem Straßenräuber, der auf Kosten der Vorüberreisenden lebt. Lebt der Mensch isoliert außerhalb der Gesellschaft, so ist er niemandem verpflichtet und hat das Recht zu leben, wie es ihm gefällt; innerhalb der Gesellschaft aber, wo er notwendigerweise auf Kosten der anderen lebt, schuldet er ihnen durch seine Arbeit den Preis für seinen Unterhalt – da gibt es keine Ausnahme. Die Arbeit ist also eine unerläßliche Verpflichtung für den Menschen, der innerhalb der Gesellschaft lebt. Ob reich oder arm, ob mächtig oder schwach, jeder Müßiggänger ist ein Betrüger."[21]

Dieses Urteil war revolutionär gerichtet gegen die auf Ungleichheit der Geburt und der Erziehung beruhende Adelsherrschaft. So bietet sich dann auch ein Vergleich an zu den politischen Ereignissen, die Rousseau in seinen Schriften immer wieder vorausgesagt hat. Im Paris von 1789 bestand die erste revolutionäre Tat darin, daß sich die Versammlung des dritten Standes, des Bürgertums, zur Nationalversammlung, d.h. ein Teil zum Ganzen erklärte. Genau dieses aber nahm Rousseau 1762 für die Pädagogik vorweg, indem er die bürgerliche Erziehung zur allgemeinen

Menschenbildung erhob. Indessen wäre es verfehlt, Rousseaus Pädagogik auf ihre Funktion im gesellschaftlichen Interessenkampf zu reduzieren. Sie enthält vielmehr einen so hohen utopischen Überschuß, daß durch ihre sozialschichtspezifisch-historische Gestalt hindurch der übergreifende Menschheitsanspruch gerechtfertigt bleibt. Rousseau vermochte es, in der Einheit seines Werkes und seines Lebens, in sich selbst als einzelnem Menschen das Beispiel des Menschen darzustellen. Sensibilität für das Humane und pädagogischer Erfindungsreichtum ermöglichten es ihm, die Grundstruktur dessen, was sich in der europäischen Geschichte als Erziehung herausgebildet hat, offenzulegen. Dieser Zusammenhang aber endet nicht am Ausgang der Kindheit, sondern bezieht die Jugendzeit mit ein, bzw. bringt „Jugend" als abgrenzbare Entwicklungsstufe und als pädagogische Kategorie überhaupt erst hervor.

Rousseau, der Entdecker des Eigenrechts des Kindes, hat im zweiten Teil des „Emile" eine mindestens ebenso bedeutende Leistung für die Möglichkeit von Jugenderziehung erbracht. Hatte er die Kindheitserziehung mit der Geburt beginnen lassen, so leitete er die Jugenderziehung ein mit der Metapher von der „zweiten Geburt", mit dem in der Pubertät erwachenden Gefühlsleben. Die Grundstruktur für das im Entwicklungsprozeß des Heranwachsenden selbst ausgemachten Zieles erzieherischer Bemühungen blieb auch im Jugendalter erhalten: es geht um das Gleichgewicht von Wollen und Können, von Anforderung und Kraft. Das schwach geborene Kind kann stark werden unter der Bedingung, daß Kräfte geübt und entwickelt, Bedürfnisse aber zurückgehalten werden durch Isolierung von schädlichen Außeneinwirkungen. Von einer so orientierten Erziehung erwartete Rousseau sogar Kraftüberschuß, dann nämlich, wenn nach dem Erreichen der „Reife der Kindheit" (im Alter von 10-12 Jahren) das Gleichgewicht hergestellt ist, die Kräfte aber weiter wachsen, ohne daß neue Bedürfnisse hinzukommen. Nach Rousseau ist die „kostbarste Zeit" im menschlichen Leben die Vorpubertät als Zeit der Studien und der Arbeit, in der konsequenterweise auch die Tischlerlehre Emiles untergebracht wurde.

Im Jugendalter aber hat die Isolierung von der entfremdeten Welt keinen Sinn mehr, weil die Gefährdung des Gleichgewichts nicht mehr von außen, sondern nun von innen kommt. Die pädagogische Genialität Rousseaus liegt darin, daß er kühn genug war, die Gefahr selbst zum Instrument der erzieherischen Lenkung zu machen. Als Konsequenz seines durchgehenden Prinzips – Herstellung und Sicherung des Gleichgewichts – sah er einen fast vollständigen Wechsel des pädagogischen Szenariums für den Jugendlichen vor. Dabei wird deutlich, was bei Skizzierung der Kindheitserziehung noch umstritten sein mochte, daß nämlich Rousseau keinesfalls von einer Rückkehr zum vorzivilisatorischen Naturzustand träumte, von einer Erziehung zum Naturmenschen im Sinne des Wilden. Denn nur deshalb, weil höhere menschliche Erfahrungen, wie sie die Kulturleistungen voraussetzen, an die Verschärfung der inneren Konflikte gebunden sind, entfesselte Rousseau den Antagonismus von Neigungen und Gegenkräften, Förderungen und Hemmungen, machte er die jugendliche Liebe zum Zentrum der Erziehung.

Scharfsinniger als irgendein anderer Pädagoge erkannte er, daß das Gleichgewicht von Bedürfnis und Kraft auf der Stufe von Gefühl und Leidenschaft nur durch Interessen eben dieser Qualität erreichbar ist. Geschlechtsreife und Sexualität erschienen hier zum ersten Mal in der pädagogischen Literatur nicht nur als Gefährdung, sondern als Würde, nicht nur als etwas Zurückzudrängendes, sondern als etwas zu Entwickelndes. So konnte Rousseau denn auch inmitten einer Zeit, in der Ehe und Liebe zwei völlig getrennten Sphären zugehörten – zumindest in der Gesellschaftsschicht, in der Rousseau lebte und für die er schrieb – sein Programm der Jugenderziehung ausziehen bis zur Liebesheirat. Perspektivisch war sie angelegt auf Dauer durch Erotisierung der Ehe, durch Gemeinsamkeit der Bildung und der sozialen Verpflichtung der Ehepartner. Diesem Zentrum ordnete Rousseau alle anderen Bildungserlebnisse seines Zöglings zu: Mitgefühl für die Leidenden, Anwaltschaft für die Armen, Geschichte, Sprachen, Literatur, Ästhetik, Religion, Philosophie, politische Theorien und eine große europäische Bildungsreise, dies alles war verknüpft mit der Erziehung zur Liebe.

Im 4. Buch des „Emile" findet sich eine relativ geschlossene Abhandlung mit dem Titel: „Das Glaubensbekenntnis des Savoyschen Vikars". Sie hat die Funktion, Inhalt und Ziel der religiösen Erziehung zu skizzieren. Rousseau fiel in der Darstellung aus der romanhaften Fiktion heraus und schlug einen autobiographischen Ton an. Dieses Glaubensbekenntnis ist historisch bedeutsam geworden, weil der Revolutionär Maximilien de Robespierre, der Rousseau glühend verehrte, auf dem Höhepunkt seiner Macht versuchte, die Religion des Savoyschen Vikars zur Nationalreligion des französischen Volkes zu erheben. Das Glaubensbekenntnis ist aber für die pädagogische Theorie unter einem anderen Aspekt von hohem Interesse, denn es zeigt exemplarisch, wie Rousseau die aufklärerische Begrenzung auf die rein rationale Konstruktion durchbrach, ohne dabei in antiaufklärerische Irrationalität zu verfallen.

Der Inhalt des Glaubensbekenntnisses ist zunächst einmal weder aufregend noch besonders originell: Es ist der traditionelle Bestand der sogenannten natürlichen Theologie, d.h. einer philosophischen Gotteslehre, die sich nur auf die natürlichen Kräfte der Vernunft stützt und in der Beweisführung den Rückgriff auf übernatürliche Offenbarungen unterläßt. Die mittelalterliche Philosophie löste sich auf diese Weise Schritt für Schritt von der Theologie. Über die Existenz Gottes, die Unsterblichkeit der Seele, die Freiheit des Willens und die Theodizee konnte man philsophische Aussagen machen, über „Sachverhalte" wie etwa die Dreieinigkeit Gottes hingegen nicht. War die natürliche Theologie lange Zeit ein Anhängsel der Offenbarungsreligion gewesen, so änderte sich das Verhältnis in der Neuzeit: die Philosophie war zum Antipoden der auf Offenbarung beruhenden Theologie geworden. Als Rousseau den „Emile" schrieb, war die französische Aufklärung über dieses Stadium bereits hinaus; atheistische, sensualistische und mechanistische Vorstellungen stellten jede Metaphysik und damit auch die philosophische Gotteslehre einer natürlichen Theologie in Frage. Deshalb legte Rousseau das Glaubensbekenntnis gleichsam als Zweifrontenkrieg an: Als Aufklärer wandte er sich mit der natürlichen Theologie kritisch gegen Kirche und Offenbarung, als Christ verteidigte er die natürliche Theologie als letztes Bollwerk der Religion gegen den Atheismus. Diese Konstellation deutete sich schon im Titel an, daß nämlich die Aussage rationaler Gewißheit, die als solche der Irrationalität eines Bekenntnisses gegenübergestellt ist, nun selber als ein Bekenntnis auftrat.

Natürliche Theologie beansprucht ein hohes Maß rationaler Gewißheit. Davon ging auch Rousseau aus; aber er zog eben diese letzte Gewißheit in Zweifel, weil man sich auch bei vernünftigem Überlegen irren kann. Darum verband er die rationale Argumentation mit dem „inneren Gefühl" und dem „Gewissen". Dem religiösen Bedürfnis des Menschen sind aber die abstrakten Gewißheiten der natürlichen Theologie zu mager, auch dann, wenn sie zusätzlich durch das Gefühl abgesichert sind. Die Offenbarungsreligionen entsprechen mehr den religiösen Bedürfnissen der Menschen, aber sie erheben einen überzogenen Gewißheitsanspruch, der rational nicht bestätigt werden kann. So ist z.B. die Frage, welcher Konfession ein Mensch angehört, eine Frage der Geographie seines Geburtsortes. Aus dieser Differenz zwischen Gewißheitsanspruch und rationaler Problematisierung folgt eine Intoleranz, dergegenüber ein Rückgriff auf die natürliche Theologie entkrampfend wirkt. Rousseau zog aus dieser Überlegung die Folgerung, daß der rationale Kern des Glaubens, so wie er in der natürlichen Theologie festgehalten ist, aufgehoben sein müßte im Mantel einer das Gefühl befriedigenden auf Toleranz ausgelegten Offenbarungsreligion.

Welche Offenbarungsreligion aber sollte dafür in Frage kommen? Nach der aufklärungsphilosophischen Relativierung aller Konfessionen gab es für Rousseau keinen rationalen Rechtsgrund mehr für eine Wahl; im Prinzip mußten alle Offenbarungsreligionen gleich gut geeignet sein. Die Gleich-Gültigkeit der Wahl ist durch das Votum des Savoyschen Vikars belegt: Selber Katholik, empfahl er dem jungen, in religiöse Zweifel und Reue über den „Verkauf" seiner calvinistischen Religion an die katholische Mission verstrickten Jean-Jacques die Rückkehr zum „Glauben der Väter".[22] Das Votum für die Religion der Väter bezog sich daher eigentlich darauf, daß trotz philosophischer Relativierung der Offenbarungsreligion dennoch in einer Konfession verblieben werden sollte. Die Legitimation des Verbleibens aber war die Tradition. Damit wies Rousseau über die Aufklärung hinaus. Modern gesprochen: Tradition ist das Arsenal der Werte, die wir uns nicht deshalb aneignen, weil Vernunft uns dazu nötigt, sondern weil wir kraft der Überlieferung vorausgegangener Generationen daran glauben.

Dieser Auslegung des Glaubensbekenntnisses entsprach sehr genau eine Empfehlung, die Emile für seine politische Orientierung erhielt. Die Situation war ganz parallel: So wie die Offenbarungsreligionen durch die natürliche Theologie relativiert waren, so die realen Gesellschaftsordnungen durch die Prinzipien des „Contrat social", ein Werk der politischen Theorie, welches Rousseau ebenfalls 1762 publizierte. Und so wie der Mensch in eine Glaubensgemeinschaft gehörte, so mußte er auch Mitglied eines politischen Verbandes als Lebensgemeinschaft sein. Indessen stellte sich auch hier das Kriterium für die Wahl zwischen den rational unzulänglichen Angeboten. Die politische Bildungsreise Emiles durch Europa – mit dem Contrat social in der Hand – endete ohne Ergebnis: Nirgendwo in Europa fanden sich die guten gesellschaftlichen Institutionen, die den hohen Maßstäben entsprochen und eine rationale Wahl begründet hätten. Dieses Ergebnis drängte den Jüngling Emile zu anarchistischen Konsequenzen. Der Erzieher Jean-Jacques aber rückte den politischen Zusammenhang so zurecht, wie der Savoysche Vikar den religiösen:

> „Ach, Emile, wo ist der rechtschaffene Mensch, der seiner Heimat nichts schuldet? Wer er auch sei, er schuldet ihr das dem Menschen Kostbarste, die Sittlichkeit seiner Handlungen und die Liebe zur Tugend... Sage aber nicht, was liegt daran, wo ich bin. Es ist wichtig für Dich, da zu sein, wo Du alle Pflichten erfüllen kannst; und eine dieser Pflichten ist die Anhänglichkeit an Deinen Geburtsort. Deine Landsleute schützten Dich als Kind, Du mußt sie als Erwachsener lieben. Du mußt mit ihnen leben oder zumindest irgendwo, von wo aus Du ihnen, so viel Du nur eben kannst, von Nutzen bist, und wo sie Dich erreichen können, sollten sie jemals Deiner bedürfen."[23]

Es gibt Verbindlichkeiten, die der Mensch anerkennt, obwohl die rationale Reflexion keine eindeutige Antwort freigibt, sondern einen Handlungsspielraum offenläßt. Rousseaus Pädagogik verzichtete auf eine Überanstrengung der Vernunft, fügte vielmehr dem rationalen System seiner natürlichen Erziehung als letzte Auskunft für die Legitimation menschlicher Normorientierung die Kraft der Tradition hinzu: Glaube der Väter – Heimat – Geburtsort.

PHILANTHROPISMUS

Die verschiedenen erzieherischen Tendenzen der Aufklärung liefen in der zweiten Hälfte des 18. Jahrhunderts auf einen Schnittpunkt zu, der eine selbständige pädagogische Bewegung, den Philanthropinismus hervorbrachte. Diese Bewegung repräsentierte die deutsche Aufklärungspädagogik im engeren Sinne. Der Begriff war abgeleitet von dem griechischen Wort Philanthropie. Ein führender Vertreter des Philanthropinismus, Johann Bernhard Basedow, gründete 1774 in Dessau eine Musterschulanstalt mit dem Titel „Philanthropin". Darauf bezugnehmend führte später (1808) ein Gegner der Philanthropen, Friedrich Immanuel Niethammer, in einer Kampfschrift die Bezeichnung „Philanthropinismus" ein, eine unglücklich-umständliche Begriffsbildung, die in der Geschichtsschreibung der Pädagogik zeitweilig verbreitet war. Heute wird zunehmend von „philanthropischer Pädagogik" gesprochen; gemeint ist mit den verschiedenen Formulierungen stets das gleiche. Basedow überschrieb die Werbe- und Programmschrift für seine Musterschule mit „Vorstellungen an Menschenfreunde". Er wußte seine Anstalt auf Anhieb in das Rampenlicht der Öffentlichkeit zu rücken. Kant, der das Institut allerdings nur aus der Ferne beobachten konnte, schrieb in der Königsberger Zeitung, von Dessau werde eine wahre Revolution des Erziehungswesens ausgehen, während sein nicht minder berühmter Schüler Johann Gottfried Herder nur verdrossen anmerkte, er werde Basedow keine Kälber, geschweige denn Kinder anvertrauen.

Die Musterhaftigkeit des aus privater Initiative gegründeten Philanthropins war an die Adresse des Staates gerichtet. Die Philanthropen machten die Tendenz des merkantilistischen Staates, sich als Sachwalter der Volkswohlfahrt aufzuwerfen, zur

Grundlage ihrer Theorie und definierten den gegebenen Sozialverband als Bewährungsebene der Menschenfreundlichkeit. War der Staat aber nicht nur Sachwalter des Wirtschaftswachstums, sondern Hüter der säkularisierten Moral, mußte die Berufs- und Standeserziehung durch die pädagogische Theorie problematisiert werden. Denn das Recht des Einzelnen auf Menschlichkeit, das Recht auf Entfaltung und Ausbildung aller Kräfte, gerät in Spannung mit der Erziehung zur Gemeinnützigkeit, wenn diese auf die Wohlfahrt des Sozialverbandes als letzter Instanz verpflichtet wird. Diesen inneren Konflikt des aufklärungspädagogischen Ansatzes haben nur wenige Philanthropen in voller Schärfe erfaßt. Die meisten waren durch ihren Enthusiasmus, durch ihren zuversichtlichen Glauben an den sich mit der Aufklärung unaufhaltsam entfaltenden Fortschritt geblendet und – wie man gerechterweise hinzufügen muß – durch die Fülle konkreter pädagogischer Aufgaben beansprucht.

Dies alles ist ablesbar an dem großen Sammelwerk, welches die Philanthropen mit 16 Bänden von 1785 bis 1792 erscheinen ließen: „Allgemeine Revision des gesamten Schul- und Erziehungswesens von einer Gesellschaft praktischer Erzieher", herausgegeben von Campe. Die Philanthropen ließen die Manuskripte zum Revisionswerk unter sich kursieren und druckten Einreden, Ergänzungen usw. als Anmerkungen mit ab. Drei Bände reservierten sie für eine deutsche Fassung des „Emile". Sie feierten Rousseau als ihren großen Wegweiser und behandelten ihn, der bereits 1778 gestorben war, wie ein Mitglied ihrer Gesellschaft. Die Anmerkungen zum „Emile" gerieten so zahlreich, daß auf manchen Seiten der Ausgabe nur eine Zeile von Rousseau stammte und der gesamte übrige Platz von den Kommentatoren beansprucht wurde: Die erste große Rousseau–Rezeption in Deutschland. Aber die Philanthropen kamen nur zu einem oberflächlichen, naturalistischen Rousseau-Verständnis. Sie eliminierten das utopische Element, verstanden es als persönliche Skurrilität des Autors, konnten der Gesellschaftskritik keinen produktiven Sinn abgewinnen und begnügten sich mit der Übernahme einiger partieller Einsichten. Aber diese nur oberflächliche Rezeption war in ihren praktischen Folgerungen schon bemerkenswert genug: In den Philanthropinen – es blieb nicht bei der einen Anstalt in Dessau, vielmehr gab es bis zum Jahrhundertende über 60 solcher Schulen der Menschenliebe in Deutschland – fiel für die vornehmen Kinder die übliche Perücke, statt dessen wurden die Haare kurz geschnitten, es fiel die Kavalierstracht, dafür gab es leichte Matrosenanzüge, es wurde die Stubenhockerei beendet, dafür gab es Abhärtung und Stählung des Körpers durch Leibeserziehung, Wanderungen und handwerkliche Arbeit (hier wie auch noch lange danach bis in die Landerziehungsheime des 20. Jahrhunderts mit Bevorzugung des von Rousseau eher zufällig gewählten Tischlerhandwerks).

Die Philanthropine waren gedacht als Alternative zu der im Schematismus erstarrten lateinischen Schulgelehrsamkeit. Hatte die Aufklärungspädagogik bis zu diesem Zeitpunkt Industrie- und Bauernschulen für das einfache Volk, Real- und Fachschulen für eine mittlere bürgerliche Schicht projektiert und Ritterakademien als Berufsschulen des Adels bewundert, so sollte nun auch die Vorbereitung auf Universitätsstudien aufklärerisch umgestaltet werden. Natürlich mußte bei dieser Zielsetzung im

Philanthropin Latein gelernt werden, wenn auch in einer dem Geist der Anstalt angemessenen neuen Unterrichtsweise. (Übrigens sah auch Rousseau Lateinunterricht für „Emile“ vor mit dem Argument, man müsse Latein gelernt haben, um gut französisch sprechen zu können.) In einem schon bald nach der Gründung des Dessauer Philanthropins veranstalteten öffentlichen Examen wurden gerade die im Lateinunterricht erzielten Leistungen besonders hervorgehoben.

Den didaktischen Kern aber machte die der lateinischen Gelehrsamkeit entgegengestellte weltoffene Bildung aus, die an Gehalten der modernen Sprachen, der Mathematik, der Naturwissenschaften und an denen der politisch-gesellschaftlichen Aufgaben an der Schwelle zum Zeitalter der bürgerlichen Revolution und der Industrialisierung orientiert waren. Friedrich Paulsen, ein bedeutender Historiker des deutschen Bildungswesens, hat das Philanthropin darum eine „ins Bürgerliche übersetzte Ritterakademie“[24] genannt. Charakteristisch aber waren nicht nur die Veränderung der Lehrinhalte, sondern mehr noch eine andere Auffassung von Sinn und Formen des Lernens: Daß Schule *auch* Stätte der Freude, des Frohsinns und Spiels sein könne, daß Schule nicht gekennzeichnet sein müsse durch Schreie gezüchtigter Kinder und vom Zorn berauschter Lehrer. „Manum ferulae subducere“ (die Hand für die Peitsche hinhalten), das hatte, seit antiken Zeiten auf gut lateinisch geheißen: „Ich gehe zur Schule!“

Auf diesem Hintergrund darf den Philanthropen der von ihnen beanspruchte Titel der Menschenfreunde bestätigt werden. Die befreiende Wirkung der Rousseauschen Pädagogik mit ihrer Anerkennung des Eigenrechtes des Kindes wurde hier aufgenommen und schulpädagogisch konkretisiert. Aber in bezug auf den inneren Konflikt der Aufklärungspädagogik, wie er durch den Widerstreit zwischen dem Recht des Einzelnen auf sich selbst und dem in der Idee der Gemeinnützigkeit geltend gemachten Anspruch der Gesellschaft thematisch wurde, begriffen sie die Radikalität der Rousseauschen Rückfrage an die Erziehung nicht. Nur einer der ihren, Peter Villaume, stellte sich ausdrücklich und ohne beschwichtigende Ausflüchte die Frage, „ob und inwieweit bei der Erziehung die Vollkommenheit des einzelnen Menschen seiner Brauchbarkeit aufzuopfern sei“ (im Revisionswerk abgedruckt). Villaume packte die Frage nicht rousseauistisch an, sondern schrieb dem für die gesamte Aufklärungspädagogik vorauszusetzenden Utilitarismus die Rechtfertigung. Nun war freilich auch bei Rousseau vom „Nutzen“ die Rede gewesen. „A quoi est-il bon?“[25] ist ein ganz wichtiges Wort im „Emile“. Aber es ist überhaupt nicht ökonomisch gemeint, wie es für die Philanthropen selbstverständlich war, sondern rein pädagogisch. Rousseau verstand die Frage nach dem Nutzen als Instrument, mit dem der Lernende sich prüft, ob er dasjenige, von dem er handelt, auch wirklich begreift, und zugleich auch als Instrument, mit dem der Lehrer geprüft wird, ob er sich mit dem, was er vom Zögling verlangt, verständlich machen kann: Kann er dem Kind plausibel machen, wozu die Aufgabe taugt? Insofern hat die Frage nach dem Nutzen eine zentrale Funktion bei Rousseau für die Interessenbindung, für die Motivationssicherung beim Lernenden, nicht aber rückt sie die Erziehung in einen utilitären Begründungszusammenhang. Im Gegenteil, im Programm der allgemeinen Menschenbildung drückte Rousseau den revolutionären Anspruch der Aufklärung pädagogisch aus. Die deutschen Philanthropen faßten das Problem sehr viel enger. In ihrer Theorie der utilitären Erziehung rechtfertigten sie das, was die Praxis des merkantilistischen Staates war, nämlich den einzelnen Menschen dem gesellschaftlichen Anspruch preiszugeben, durch die Aufgabe, an dem ihm angewiesenen Ort zu funktionieren. Im Interesse der Gesellschaft – so formulierte es der Aufklärer Villaume – kann Gehorsam statt Vernunft, kann mechanische Fertigkeit statt Einsicht, kann Alltagszufriedenheit statt verunsicherndem Wissen gefordert sein. Selbst auf das größte Opfer des Menschen, auf das Opfer eines Teils seiner Veredelung und seiner Vollkommenheit, habe die Gesellschaft ein heiliges Recht. Ja, Villaume hielt es sogar für die Pflicht der Obrigkeit, den Lehrern vorzuschreiben, welche Kenntnis und in welcher Form diese Kenntnis der Jugend der verschiedenen Gesellschaftsklassen mitzuteilen seien und welche Gesinnung und Triebe geweckt werden sollten. Freilich sah Villaume auch die Gefahr, die in solcher Staatsomnipotenz steckt: „Ein großes gefährliches Recht", rief er emphatisch aus, „Heil dem Staat, der solches Recht nicht mißbraucht!" Aber dieses Recht erschien dem Aufklärer jedenfalls auch pädagogisch begründet. Die dafür erforderliche Theorie, die die Aufklärung als Befreiung im pädagogischen Gedanken ausdrücken wollte, war es schließlich selbst, die zugleich die Unterwerfung der befreienden Pädagogik unter den Staat dekretierte.

Theoretische Rechtfertigung der Berufs- und Standeserziehung

Die durch Publikationen hervorgetretenen Philanthropen waren eine Gruppe von etwa einem Dutzend Personen. Sie sind alle zwischen 1720 und 1750 geboren, zwischen 1780 und 1825 gestorben, d.h. sie lebten und schrieben in der zweiten Hälfte des 18. Jahrhunderts. Sie hatten alle als Theologen begonnen und sich dann über ein spezifisch pädagogisches Interesse der Aufklärung verschrieben; alle gerieten in Distanz zu Kirche und Offenbarungsreligion. Am weitesten ging die Distanz beim Gründer des Dessauer Philanthropins, Basedow. Am engsten mit der Kirche verbunden blieb Friedrich Gabriel Resewitz, Generalsuperintendent in Magdeburg. Als Theoretiker ragten hervor der Herausgeber des Revisionswerkes Campe, der als Erzieher im Hause Humboldt den Mann mit herangebildet hat, der als Bildungspolitiker die Einrichtungen der Aufklärungspädagogik auszulöschen trachtete, dann Villaume, der nach einem Konflikt mit der preußischen Regierung über Religionsfragen seine Stellung als Lehrer des Joachimsthaler Gymnasiums in Berlin verließ und nach Dänemark emigrierte und Trapp, der der erste Professor für Pädagogik an einer deutschen Universität war (in Halle). Als Autor viel gelesener volkspädagogischer Romane trat Salzmann hervor, der in Schnepfenthal ein eigenes Philanthropin gründete, nachdem er zuvor am Dessauer Philanthropin als Lehrer tätig gewesen war, ebenso wie Campe und Christian Heinrich Wolke, der sich durch Zielstrebigkeit und praktisches Lehrgeschick als Stabilisator in Dessau auszeichnete. Das „enfant terrible" unter den Philanthropen war Karl Friedrich Bahrdt, Theologie-

Professor an mehreren Universitäten, Direktor eines Philanthropins in Marschlins, Generalsuperintendent in Dürkheim, der schließlich als Gastwirt in Halle höchst unrühmlich endete. In der Schweiz war der Philanthropismus durch Isaak Iselin repräsentiert, der als Freund und Gönner Pestalozzis in die Geschichte eingegangen ist.

Die Schriften der Philanthropen weisen vielfältige Unterschiede auf hinsichtlich der Position, des Niveaus, des Stils und des Engagements; es gab auch offen ausgetragene Kontroversen zwischen ihnen. Indessen: überraschender war für die Zeitgenossen und erst recht für den heutigen Leser das ungemein hohe Maß an Übereinstimmung. Diese Übereinstimmung ist besonders eindrucksvoll in der Abhandlung Campes „Von der nötigen Sorge für die Erhaltung des Gleichgewichts unter den menschlichen Kräften" enthalten, fast so, als ob er den gemeinsamen Kernbestand aufklärungspädagogischer Theorie habe festhalten wollen.

Campe machte einige für ihn selbstverständliche Voraussetzungen, nämlich daß der Maßstab menschlicher Bestimmung in der Gemeinnützigkeit liege und daß die menschlichen Möglichkeiten in der Summe einer Vielzahl von geistigen und körperlichen Kräften bestimmbar seien. Letzteres war in jedem zeitgenössischen popularphilosophischen Lehrbuch zu den Weltweisheitslehren des Christian Wolff zu lesen und brauchte nur kurz referiert zu werden. Zu einer pädagogischen Theorie tendierten diese Erwägungen deshalb, weil Mißbildungen und Selbstentfremdung des Menschen als ungleiche Entwicklung einzelner Kräfte interpretiert wurden. Die Störung des Gleichgewichts aber erschien nicht als Fehler der Natur, sondern als der der Erziehung. Das Überwiegen der Körperkräfte über die Geisteskräfte war das Schicksal der bäuerlichen Bevölkerung, die im Namen ihrer ständischen Funktion zum bloßen Zugvieh herabgewürdigt wurde; die bloße Ausbildung der Geisteskräfte brachte Greise in Kinderschuhen hervor; der weltfremde Gelehrte opferte seine Empfindungskräfte den Erkenntniskräften auf, während die Dominanz der Verstandeskräfte über die wohltätigen Empfindungen den „arglistigen Bösewicht" zur Folge hatte. Im Mittelpunkt der Analyse solcher Fehlformen menschlicher Entwicklung stand bei Campe der Fall, daß Empfindungskräfte die Erkenntniskräfte überwogen. Dieser Fall war den Philanthropen so interessant, weil sie mit ihm die anthropologisch-pädagogische Erklärung gaben für den „Sturm und Drang", jener zum Entsetzen der älteren Aufklärer in Deutschland um sich greifenden literarischen Strömung, die von ihnen als „Modekrankheit" und „Seelenpest" empfunden wurde. Goethes „Leiden des jungen Werther" (1774 erschienen) war der Hauptangriffspunkt.

Als Nicolai seine gegen Goethe gerichteten „Freuden des jungen Werthers" (1775) herausgab, hat Campe ihm zugestimmt: Er veranlaßte junge Leute, Goethes Text aus dem Einband zu reißen und den Nicolaischen einbinden zu lassen – kein sehr rationales Verfahren im Umgang mit Büchern, aber von eindeutiger Symbolkraft. Campe lehnte Goethes Werke ab – und er war selbstbewußt genug, um das dem Dichter auch im persönlichen Umgang ungeschminkt ins Gesicht zu sagen –, weil diese ihm der Gemeinnützigkeit zu ermangeln schienen. In philanthropischer Sicht waren der „Empfindsame" und „Schwärmer" eine Fehlform menschlichen Verhaltens, weil die Forderungen des bürgerlichen Lebens zurücktraten. Das galt ebenso für den „weltfremden Gelehrten", weil er ein unbrauchbarer Geschäftsmann war, wie für den „gesitteten Menschen“, weil er versagte, wenn der Mitbürger seiner Hilfe bedurfte. Dem „arglistigen Bösewicht“ wurde als schwerster Vorwurf angelastet, daß sich sein Gemüt „sogar“ der Gemeinnützigkeit eines Unternehmens verschließe.

Der volle Bogen der aufklärungspädagogischen Argumentation aber ist erst erfaßt, wenn man hinzunimmt, daß Campe das gleiche Kriterium auch gegenüber dem in seinen geistigen Möglichkeiten verkümmerten Landmann anwandte. Zwar war es hier die gesellschaftliche Funktion, im Grunde also die zum Maßstab erhobene „Gemeinnützigkeit“, die die geistig-seelische Entwicklung verhinderte, doch wurde dem die aufklärerische Überzeugung von einer möglichen Harmonie der Rechte des Menschen mit dem gesellschaftlichen Nutzen entgegengestellt. Denn die Deformation der ländlichen Bevölkerung erschien als ein Mißverständnis der wahren Interessen der Gesellschaft, insofern nämlich auch die Ärmsten umso gemeinnütziger würden, je mehr man ihre geistigen Kräfte in einem angemessenen Verhältnis zu denen der körperlichen entwickele. Genau diesen Standpunkt hatte ja auch Rochow bei der Begründung seines Modellschulkonzeptes eingenommen.

Der gemeine Nutzen wurde also nicht nur als objektiver Zweck der durch die gesellschaftlichen Interessenverknüpfung verbundenen Individuen verstanden, sondern als subjektive Befähigung (vgl. den Begriff „Industriösität“). Die Aufgabe der pädagogischen Theorie mußte es demzufolge sein, nachzuweisen, daß und unter welchen Bedingungen die Erziehung zur Gemeinnützigkeit möglich und vertretbar war. Das aber konnte nur gelingen, wenn die gleichmäßige Ausbildung aller natürlichen Kräfte nicht nur der menschlichen Bestimmung entsprach, sondern zugleich auch die Möglichkeitsbedingung optimaler Gemeinnützigkeit war. Um diesen Nachweis führen zu können, brachte Campe im ersten Anlauf eine formale Theorie zur Geltung.

Zwischenbemerkung: Erziehungs- und Bildungstheorien müssen immer eine Beziehung zwischen den heranwachsenden Individuen und den als objektive Anforderungen an den Menschen auftretenden Weltinhalten bestimmen. Auf dieser Grundlage können dann aus dem unendlich großen Umkreis der Inhalte diejenigen ausgewählt werden, die stellvertretend für das Ganze, der Jugend als Aufgaben angeboten werden sollen. Diese pädagogische Qualifizierung der Aufgabe kann durch ein objektives Wertsystem erfolgen, also dadurch, daß ganz bestimmte Inhalte als besonders wertvoll angesehen und deswegen von der Jugend aufgenommen werden sollen. In diesem Fall spricht man von inhaltlichen oder materialen Theorien. Die Auswahl kann aber auch durch ein subjektives Bedürfnissystem angeleitet sein; Überlegungen dieser Art nennt man in der Erziehungswissenschaft formale Theorien.

Campes Voraussetzung, die menschlichen Möglichkeiten als Summe von Kräften anzunehmen, legte eine solche Folgerung nahe. Nannte Campe beispielsweise als erste der seelisch-geistigen Kräfte den Verstand im Sinne von logischem Schluß- und Urteilsvermögen, so mußte von da aus gefragt werden, welche Anforderungen am ehesten geeignet waren, dieses Vermögen zu entfalten – etwa aristotelische Logik oder Mathematik oder lateinische Grammatik oder Schachspiel oder welche weiteren Möglichkeiten auch immer in Erwägung gezogen werden mochten. Das

Entscheidende für die formale Theorie lag darin, daß die Wahl getroffen wurde unabhängig von der Frage, welche objektive Bedeutung der jeweilige Weltinhalt außerhalb seiner pädagogischen Qualifizierung hatte; ausschlaggebend sollte nur sein, was der optimalen Kraftentfaltung diente.

JOACHIM HEINRICH CAMPE

Nun operierte Campe nicht streng formal von der von ihm zugrunde gelegten Bedürfnistheorie aus, vielmehr war er von Anfang an daran interessiert, die Nützlichkeit der Entfaltung jeder einzelnen Kraft und ihrer Gesamtheit für die verschiedenen bürgerlichen Geschäfte nachzuweisen. Aber auch dabei konnte er nicht verbleiben. Denn dann wäre eine Erziehung denkbar, die nur auf Kraftgewinnung abzielt, die jeweils berufsbedeutsamen Inhalte aber ignorien würde. Das war das Konzept Rousseaus: Emile war am Ende seines Bildungsweges weder Jurist noch Soldat noch Priester und auch nicht Schreiner, obschon sein Erzieher gerade deshalb zuversichtlich war, sein Zögling werde jeden beliebigen Beruf gut ausfüllen können. Campe setzte nun gegen die Rousseausche These ganz pointiert die Überzeugung von einer formal-kraftbildenden Funktion gerade auch der spezifisch-beruflichen Anforderung:

> „Ein Mensch von geübten und ausgebildeten Körper- und Geisteskräften, der daneben gewöhnt ist, alles, was er treibt, mit ganzer Seele und mit gänzlicher Zusammenziehung seiner Aufmerksamkeit auf sein jedesmaliges Geschäft zu treiben, paßt in 100 Fächer, oder kann sich wenigstens leicht und in kurzer Zeit in dieselben hineinarbeiten, auch wenn sie noch so verschieden sind." [26]

Rousseau hätte gegen diese Anmerkung einwenden können, gerade das sei ja seine eigene Meinung, nur ließen sich eben die natürlichen Körper- und Geisteskräfte nicht üben und ausbilden, und schon gar nicht gleichmäßig, wenn von vornherein in den engen Grenzen einer künftigen gesellschaftlichen Funktion erzogen werde. Campe suchte aber zu zeigen, daß und inwiefern die ebenmäßige Entfaltung aller ursprünglichen Kräfte gerade auch von einer recht verstandenen Berufserziehung zu leisten sei. In demselben Atemzug aber mußte er diesen Gesichtspunkt einer formalen Theorie absichern vor der Vergleichgültigung der Bildungsinhalte. Denn wenn eine Berufs- und Standeserziehung von früher Jugend an notwendig sein sollte – und dieses nachzuweisen, war ja die erklärte Absicht der theoretischen Anstrengungen –, dann mußten die spezifischen Inhalte über ihre formalbildende Kraft hinaus auch noch eine unerläßliche, jeweils typenbildende Funktion haben, d.h. Campe mußte auch noch eine materiale Theorie aufbieten. Was an Campes Schriften trotz ihrer nüchtern-biederen Rechtschaffenheit auch den heutigen Leser noch faszinieren kann, ist, daß ihm in einem kühnen Griff die Ineinssetzung von formaler und materialer Bildung, wenigstens als Gedankenblitz, gelang. Und damit entkräftete er den Haupteinwand gegen das Verständnis der Berufs- und Standeserziehung als einer die Rechte des Menschen nicht respektierenden Erziehung, indem er den Zusammenhang von gleichmäßiger Entfaltung aller Kräfte und dem Grundprinzip der beruflichen Spezialleistungen hervorhob: Alle gemeinnützigen Inhalte haben den gleichen pädagogischen Wert (formale Theorie), aber alle gemeinnützigen Inhalte haben einen jeweils unvertauschbaren Ausbildungswert (materiale Theorie). Von da aus konnte er die Gleichheitsforderungen auf die intensive Stärkung der im Menschen angelegten Kräfte beziehen, die Differenzierung der verschiedenen Bildungswege aber auf die extensive Bestimmung des bürgerlich-beruflichen Wirkungskreises. Damit waren drei, für die pädagogische Theorie des Philanthropinismus unverrückbare didaktische Konsequenzen festgelegt:

▷ Die Bildung des Menschen muß an die Inhalte des Lebenskreises gebunden werden (Berufs- und Standeserziehung),
▷ die von daher angewiesenen Inhalte sind um der Gemeinnützigkeit des Menschen willen unvertauschbar,
▷ aber alle gemeinnützigen Inhalte müssen so gelehrt werden, daß sie zur gleichmäßigen Entfaltung aller Kräfte beitragen (Recht des Menschen).

Kürzer und zugleich auch besser als durch irgendwelche biographischen Hinweise ist der Autor dieser pädagogischen Theorie charakterisiert durch die von ihm selbst entworfene Grabinschrift, die den emphatischen Anspruch des Volkserziehers festgehalten hat:

Hier ruhet
nach einem Leben voller Arbeit und Mühe
zum erstenmale
der Pflanzer
JOACHIM HEINRICH CAMPE.
Er pflanzte
wenngleich nicht immer
mit gleichem Eifer und gleicher Treue
Bäume in Gärten und Felder,
Wörter in die Sprache
und
Tugenden in die Herzen der Jugend.
Wanderer!
Hast du ausgeruht unter seinen Bäumen
so gehe hin
und thue desgleichen![27]

Die Aufklärungspädagogik hatte die Einheit von drei Momenten hervorgebracht:

▷ Der Staat, der als Sachwalter des sozialen Nutzens aller angesehen wurde, war aufgerufen, die Erziehung als Instrument politisch-ökonomischer Wohlfahrt zu nutzen.
▷ Da die Glückseligkeit aller als Legitimation herangezogen war, mußte ein öffentliches Schulwesen gefördert werden, welches die allgemeine Unterrichtspflicht lückenlos realisieren würde.

▷ Mit der allgemeinen Unterrichtspflicht sollte zugleich das Problem einer neuen, schulisch-theoretischen Berufsausbildung gelöst werden.

Die pädagogische Theorie, die im Zeitalter der Auflärung erstmalig als eine selbständige, auch empirisch orientierte Wissenschaft auftrat, fand in der Einheit dieser drei Momente ihr zentrales Interesse. Der ihr vorgegebenen Konzeption der Berufs- und Standeserziehung schrieb sie die Legitimation und setzte damit Erziehung mit Berufsausbildung in eins. Die von ihr beförderten Institutionen der Nachwuchsbildung waren als ein eigener, beispielgebender Komplex identifizierbar, den man als die „neue" Schule wahrnahm. Zwei in der Beharrung der traditionellen Bildungswege verbliebene Komplexe, nämlich die „alte" Schule (Lateinschule, religiöse Elementarschule) und die „alte", nicht-schulische Berufsausbildung (Lehre in Handwerk und Handel) standen der „neuen" Schule (Ritterakademien, Philanthropine, Realschulen, Fachschulen, Industrie- und Bauernschulen) gegenüber.

DER WANDERSCHULMEISTER
(Gemälde von Quirin Brekelenkam, Bonn, Rhein. Landesmuseum)

Kapitel II:

Deutsche Klassik

Der deutsche Bildungsbegriff

Neuhumanismus: Voraussetzungen seines Entstehens

Das 18. Jahrhundert hat weitgehend die aufklärungspädagogischen Anregungen für eine Neugestaltung des Schul- und Erziehungswesens aufgenommen. Es hat die mathematisch-ökonomischen Realschulen und Fachschulen für Handel, Bauwesen, Land- und Forstwirtschaft einer ersten Bewährungsprobe ausgesetzt; es hat die geforderte industriöse Gesinnung des Bürgertums als wirkliche Lebensmacht hervorgebracht, die unermüdliche Betriebsamkeit, neue Arbeits- und Produktionsmethoden zu erklügeln und den Sinn der Kinder auf eben dieses zu richten. Es hat den Erziehungswillen des merkantilistischen Staates durch Akademien, Moralische Wochenschriften, Patriotische Gesellschaften unterstützt und den Kampf gegen Verwahrlosung, Armut, Faulheit und Bettelei aufgenommen. Es hat unter christlich-ethischen, unter ökonomischen, sozialfürsorgerischen und philanthropischen Gesichtspunkten die Waisen- und Armenhäuser, die Armen-, die Bauern- und Industrieschulen geschaffen und es machte schließlich die allgemeine, vom Staat erzwungene und wie unzulänglich auch immer garantierte Schulpflicht zu einer öffentlichen Forderung. Die Motive waren unterschiedlich, wie auch die Wirklichkeit so mancher der Neuschöpfungen von dem Geplanten und Propagierten erschreckend weit abwich. Gleichwohl gab es einen eindeutigen, die gleichgerichtete Aktion ermöglichenden Konsensus, der darin bestand, daß der Mensch seine Bestimmung in der ihm zugewiesenen gesellschaftlichen Aufgabe, in Stand und Beruf erfüllte.

Aber in der Mitte dieses Jahrhunderts, auf dem Höhepunkt der Aufklärung, lagen auch die Anfänge eines neuen Humanismus, der das meiste dessen, was die Aufklärungspädagogik für richtig befand, in Frage stellte. Diese Anfänge begannen nicht an den Schulen und Universitäten, sondern gegen sie; sie wirkten auf eine Reform der Bildung hin, ja sie trugen mit dazu bei, daß ein spezifisch deutscher Bildungsbegriff entstehen konnte.

Wenn man vom *Neu*-Humanismus spricht, wird die Existenz eines älteren Humanismus vorausgesetzt. Das, was man mit dem Begriff Humanismus bezeichnet, hat seinen Ursprung in der Antike, wie das Wort selbst vom lateinischen Humanitas abgeleitet ist. Aber erst die Rückbesinnung der nachantiken Welt auf die als beispielhaft empfundene Norm vollendeten Menschentums macht „Humanismus" als Lehrmeinung aus. Angelegt war dieser Vorgang der Übertragung schon im griechischen Denken. Denn die Paideia, die griechische Erziehung des Menschen zu seiner wahrhaften Bestimmung, war vom dritten vorchristlichen Jahrhundert an auf die in der Sprache aufgehobene vernünftige Gesinnung des Menschen bezogen. Sprache erschien als das Kriterium, durch welches der Mensch vom Tier, der Grieche vom Barbaren, der Gebildete vom Ungebildeten unterscheidbar wurde. Das aber hieß zugleich, daß die menschliche Gesittung prinzipiell lernbar sei über Sprache und Literatur. Aus dieser Überzeugung heraus war eine Aristokratie des Geistes begründet, die die Herrschaftsstrukturen des Blutes und der politischen Macht vom Prinzip her relativierte: das Griechentum konnte zur Weltkultur werden.

Der Römer Cicero erbrachte die dafür erforderliche Leistung. Seine Orientierung am griechischen Vorbild gab der lateinischen Sprache die klassische Form; und zu einer pädagogischen Qualität wurde die römische Aneignung der hellenistischen, literarisch-ästhetischen Bildung (vgl. septem artes liberales) in doppelter Hinsicht: der Vorstellungskreis des jungen Römers war zur Zeit Ciceros in der Normorientierung stark verunsichert. Denn beim Übergang von der Republik zum Kaisertum war der Bezug auf das Erbe der Väter fraglich geworden. Die griechische Orientierung führte von der erschütterten Tradition zu einer unangefochtenen Sphäre von Ahnen des Geistes. Darüber hinaus waren diese (griechischen) Lehrmeister die (politisch-militärisch) Schwächeren. Die im Prozeß der lernenden Aneignung aktualisierte Humanität war also immer zugleich zu bewähren im Respekt vor den Unterworfenen. Während es einem Griechen nicht in den Sinn kommen konnte, um der Paideia willen eine fremde Sprache, – und das konnte für ihn ja nur eine „barbarische" sein –, lernen zu müssen, verläuft der Königsweg der Geistesbildung seit der römischen Rezeption des Griechischen über Mehrsprachigkeit, gehören Fremdsprachen in jedes intellektuell anspruchsvolle Curriculum.

Vom Humanismus in einem historisch datierten, systematisch genauer abgegrenzten Sinne zu sprechen, ist in bezug auf eine in Italien entstandene Gelehrtenbewegung während der Renaissance üblich. Seit dem 15. Jahrhundert ist die Bezeichnung „humanista" geläufig für einen Gelehrten, der die „studia humaniora" trieb. Humaniora ist, grammatisch gesehen, ein Komparativ; exakt übersetzt müßte man also sagen: die menschlich*eren* Dinge. Dieser Komparativ war Ausdruck dafür, daß die lateinische Sprache, die Literatur, das Recht und die Ethik der Römer den Menschen erst zu dem machten, was er sein sollte. Die humaniora erschienen menschlicher als der Mensch sich naturhaft vorfand. Der Humanismus unterstellte ein ganz bestimmtes Verhältnis zwischen vollendetem Menschentum und der Vergegenwärtigung dieses Menschentums durch eine in bezug auf diesen Maßstab als klassisch definierte Literatur. Tatsächlich wiederholten sich während der Renaissance die Wirkungen, die die Orientierung der Römer an den Griechen gebracht hatte. Wie der Römer Cicero, dank seines Studiums der Griechen, der lateinischen Sprache die Form hatte geben können, die den Humanisten dann als klassisch galt, so führte das Studium des ciceronianischen Lateins zu einer Blüte der neuzeitlichen romanischen Sprachen und ihrer Literatur.

Der Begriff „Humanismus" ist aber nicht nur auf diese mit der Renaissance aufgekommene Gelehrtenbewegung zu beziehen, sondern muß auch auf das Lateinschulwesen angewandt werden, wo das Kirchenlatein durch das ciceronianische Latein ersetzt wurde. Von diesem gemeinsamen Bezug auf das klassische Latein abgesehen, unterschied sich der Schulhumanismus von dem Humanismus der Gelehrtenbewegung vor allem dadurch, daß in den Schulen die humanistische Komponente nur als vorbereitende Maßnahme zu gelten hatte, um den Zugang zu den Quellen des Glaubens zu gewinnen. Die Lateinschulen waren christliche Schulen und streng konfessionell organisiert. Dementsprechend machte die Frömmigkeit den Gehalt der Lehre aus, während humanistische Weisheit und Beredsamkeit auf die sprachlichen Formen reduziert waren.

Dieser Schulhumanismus hat seine Funktion, Mittel zur Erschließung des Bibelwortes zu sein, bereits im 17. Jahrhundert weitgehend, vollends aber im 18. Jahrhundert eingebüßt. Dieser Funktionsverlust war in dem Maße fortgeschritten, in dem der Humanismus in den Schulen formalistisch erstarrte und sich das Lateinschulwesen durch die Aufklärungspädagogik immer mehr in die Defensive gedrängt sah. Der Philanthropismus bezog sich in seiner Programmatik mit seiner Erziehung zur Menschenliebe auf den gleichen antiken Ursprung wie der Humanismus, doch war er als Realismus dem humanistischen Verbalismus entgegengesetzt.

Der Neu-*Humanismus* stand ebenfalls in der angezeigten Traditionslinie. Als neuer Humanismus entfaltete er sich aber in Opposition zum Schulhumanismus des Lateinschulwesens und auch zu einigen Grundannahmen des Humanismus als Gelehrtenbewegung. Er war authentisches Stück der deutschen Geistesgechichte, denn es gelang ihm, was die romanischen Völker schon als Ertrag des älteren Humanismus für die Formfindung ihrer eigenen Sprachen und Literaturen hatten gewinnen können: eine Verfeinerung der deutschen Sprache, die diese zu einer Sprache der Bildung und der Kultur befähigte.

Die Phasenverschiebung in den Auswirkungen der Altertumsstudien bei den europäischen Völkern ist zum Verständnis der geschichtlichen Bedeutung des Neuhumanismus für die Deutschen sehr wichtig. Der ältere, aus der Renaissance stammende Humanismus hatte das Altertum zunächst italienisch, dann immer stärker französisch gesehen. Die Deutschen wurden durch die Religionskriege, insbesondere durch den Dreißigjährigen Krieg (1618-1648) so geschwächt, daß sie dem romanischen Einfluß keine eigene nationale Kultur entgegensetzen konnten, vielmehr hatte sich, besonders durch das Verhalten der adligen Führungsschicht bedingt, die Normgröße „Antike“ zum Maßstab „Frankreich“ verschoben. Die französische Klassik, die schon im 17. Jahrhundert lag, war in ihrem Rückbezug auf die Antike lateinisch orientiert. Der neue, deutsche Humanismus begann mit einer Bevorzugung der Griechen vor den Römern.

Der Neuhumanismus war freilich auch Teil einer übernationalen Strömung, die ganz Europa erfaßte. Vom Beginn des 18. Jahrhunderts an erwachte in Europa ein neues Interesse an den Griechen. Es waren zunächst überall nur kleine Zirkel von gelehrten Spezialisten, die diesem Interesse nachgingen. In Deutschland aber brachte Johann Joachim Winckelmann den neuen Humanismus mit einem Schlage in das Bewußtsein aller Gebildeten. Seine Erstlingsschrift von 1755: „Gedanken über die Nachahmung der griechischen Werke in der Malerei und Bildhauerkunst“ war in einem faszinierenden, apodiktischen Stil abgefaßt, der keinerlei Platz ließ für einen Vorbehalt gegenüber der Idealität der griechischen Antike: das Glaubensbekenntnis der deutschen Griechenverehrung!

In diesem geistigen Klima entwickelte sich die neue Altertumswissenschaft. Ihre ersten großen Vertreter waren Johann Mathias Gesner, Christian Gottlob Heyne und Friedrich August Wolf. Die Bevorzugung der Griechen vor den Römern und der Dichtung vor der Rhetorik führte zu einer spezifisch philologischen Einstellung, die der ältere Humanismus nicht kannte. Sprache und Literatur wurden jetzt nicht mehr als Regelsysteme gesehen, sondern als historische Phänomene, deren einzelne Werke es in ihrer Eigenart zu verstehen galt. Der instrumentelle Gebrauch der Sprache, der Versuch einer Nachahmung der klassischen antiken Autoren trat immer mehr zurück zugunsten einer reflektierenden Einstellung. Hinter der alten Sprache interessierte der Mensch und die eigentümliche Sicht der Welt, die sich in einer Sprache ausdrückte.

Beides zusammen genommen, die ästhetische Richtung von Winckelmann und die philologische der Altertumswissenschaft wurden in Deutschland vom gebildeten Bürgertum aufgegriffen. Dieser Gesellschaftsschicht war eine vordem unbekannte Empfindsamkeit und Sentimentalität eigen, nicht zuletzt geweckt durch den Pietismus. Aber von ihm unbefriedigt geblieben, suchten die Menschen ein neues Identifikationsobjekt außerhalb der Enge kirchlicher und ständischer Bindungen. Rousseau gab das gesuchte Stichwort mit dem Begriff der „Natur", und der Neuhumanismus mit den Griechen, einem Volk, welches der Natur noch ganz nahe gestanden habe, und dessen geniale Künstler ihre Inspiration unmittelbar von der Natur empfangen hätten. Die These, nicht die Römer, sondern die Griechen hätten am Ursprung der europäischen Kultur gestanden, beflügelte das erwachende nationale Bewußtsein der Deutschen so sehr, daß die gelehrte Korrektur am romanischen Humanismus schließlich als politische Kampfansage an Paris verstanden werden konnte. Jedenfalls ist dieser Aspekt mitzubedenken, wenn man nach den Gründen für die gewaltige Breitenwirkung des Neuhumanismus fragt, insbesondere auch danach, wie es erklärlich ist, daß zu Beginn des 19. Jahrhunderts, also an der Schwelle zum industriellen Zeitalter, die Reform des Bildungswesens nicht philanthropisch, sondern humanistisch erfolgte, nicht an den aufklärungspädagogisch zubereiteten modernen Disziplinen orientiert war, sondern an einer erneuten Rückwendung zur Antike.

Die Hinwendung der Deutschen zu den Griechen (und auch zu den als geistesverwandt empfundenen Engländern) ist nicht verständlich ohne die vorausgegangene Dominanz der französischen Literatur mit ihrer strengen Regelhaftigkeit und des französischen höfischen Bildungsideals. Die Abwendung von dem französischen Vorbild hatte sich schon lange vorher angebahnt. Lessing, der noch ganz fest dem aufklärerischen Denken verbunden war, schrieb schon 1759 in den Literaturbriefen:

> „Auch nach den Mustern der Alten die Sache zu unterscheiden, ist Shakespeare ein weit größerer tragischer Dichter als Corneille, obgleich dieser die Alten sehr wohl, und jener fast gar nicht gekannt hat. Corneille kömmt ihnen in der mechanischen Einrichtung, Shakespeare im Wesentlichen näher. Der Engländer erreicht den Zweck der Tragödie fast immer, so sonderbare und ihm eigene Wege er auch wählt; und der Franzose erreicht ihn fast niemals, ob er gleich die gebahnten Wege der Alten vertritt."[28]

In schroffer Übersteigerung hieß es dann entsprechend bei Winckelmann: „Ein

Franzose ist unverbesserlich; das Altertum und er widersprechen sich." So traten für die Deutschen an die Stelle der bis dahin maßgeblichen römischen Autoren Cicero und Quintilian sowie der französischen Klassiker Corneille und Racine als neue Leitbilder die griechischen Dichter Homer und Pindar, aber auch der Engländer Shakespeare. Die antirömische und antifranzösische Tendenz des Neuhumanismus darf aber nicht überbewertet, gar für die Sache selbst gehalten werden. Es gab hervorragende Vertreter des Neuhumanismus, so etwa Wilhelm von Humboldt, deren Denken überhaupt kein antifranzösisches Ressentiment enthielt.

Wichtiger ist, daß der Neuhumanismus durch seine Orientierung an den Griechen einen Beitrag zur Entwicklung der deutschen Kultur leistete. Damit nahm er einen Platz ein im Zusammenhang der „Deutschen Bewegung". Dieser Begriff ist von dem Philosophen Wilhelm Dilthey geprägt und von seinen Nachfolgern in allen Geisteswissenschaften benutzt worden. Er bezeichnete zunächst die Einheit aller geistigen Leistungen von Deutschlands kultureller Entfaltung mit Ende des siebenjährigen Krieges bis zum Vormärz, also der Zeit vor der bürgerlichen Revolution von 1848. Diese Zeitspanne von einem guten halben Jahrhundert wird mitunter auch datiert zwischen 1781, dem Erscheinungsjahr von Kants „Kritik der reinen Vernunft", Schillers „Räuber" und Pestalozzis „Lienhard und Gertrud" und 1831, dem Todesjahr Hegels. Dilthey meinte, daß das nationale Selbstbewußtsein aller großen europäischen Völker durch eine Dichtung, die wie eine philosophische Weltdeutung wirke, hervorgebracht und durch eine eben diese Dichtung metaphysisch sichernde Philosophie begründet sei. Das Spezifische der Deutschen Bewegung aber sei ihr bürgerlicher, der Aufklärung entwachsener Charakter. Das Bürgertum, welches ohnehin schon Träger der ökonomischen Entwicklung war, habe so auch noch einen starken geistigen Vorrang in einer Zeit erhalten, da es sich von der Staatsleitung ausgeschlossen sah. Aufgrund dieser Voraussetzung lockerte sich die von Absolutismus und Merkantilismus her geforderte und weithin durchgesetzte gesellschaftlich-kollektive Zucht; die freie Bildung von sich selbst genügenden Individualitäten wurde möglich. Nicht nur bei einzelnen bedeutenden Menschen, sondern unter den Gebildeten der deutschen Nation insgesamt verdichtete sich das Interesse, die von der Aufklärung vorgegebene Frage nach der Bestimmung des Menschen im Ideal der Bildung zu beantworten.

Der Neuhumanismus entwickelte systematisch eine dieses Interesse befriedigende Lehre von der Bildung des Menschen. Die Neuhumanisten unternahmen das in einer im einzelnen nicht auflösbaren sachlichen und personellen Verbindung mit der Literatur der Deutschen Bewegung, die vom „Sturm und Drang" über die Klassik im engeren Sinne bis zur Romantik reichte, und der Philosophie, die von Kant ausgehend auf den Höhepunkt des Deutschen Idealismus führte. Dadurch, daß einer der bedeutendsten Neuhumanisten, Humboldt, mit der Reform des preußischen Unterrichtswesens, und ein anderer Neuhumanist, Friedrich Immanuel Niethammer, mit der des bayrischen Unterrichtswesens betraut wurde, erhielt der Neuhumanismus eine bildungspolitische Bedeutung, wie überhaupt die preußischen Reformen nach dem gegen Napoleon verlorenen Krieg 1806/07 als der politische Zweig der Deutschen Bewegung anzusehen sind.

Der Neuhumanismus stellte sich dar als die Pädagogik der Deutschen Klassik. Ein solches Urteil muß allerdings bewußt halten, daß der Neuhumanismus keine ausdrückliche Pädagogik war. Im Gegenteil, die in der Aufklärung eingeleiteten ersten Schritte zu einer selbständigen, theoretisch und empirisch orientierten Wissenschaft von Erziehung wurden nicht weiter verfolgt, eher bekämpft, lächerlich gemacht oder einfach ignoriert. Deshalb ist die Bewertung des Neuhumanismus in der Geschichte der Pädagogik durchaus umstritten. Die abwertenden Einschätzungen kritisieren, der Neuhumanismus habe die Erziehungswissenschaft in ihrer Entwicklung entscheidend gehemmt und für fast ein ganzes Jahrhundert in die Rolle eines Statussymbols für Volksschullehrer abgedrängt. Daran ist gewiß etwas Wahres. Aber auf diese Wirkung reduziert, wird die Möglichkeit unterschlagen, den Neuhumanismus selbst als eine Theorie der Bildung des Menschen zu verstehen. Humboldt begriff die Pädagogik als in den klassischen Studien enthalten. Um dieser impliziten Pädagogie willen sollte der von der neuhumanistischen Reform erst geschaffene Berufsstand der Gymnasiallehrer die Altertumswissenschaften studieren, nicht etwa im Sinne einer Fachlehrerausbildung. Als umfassende Bildungswissenschaft konnte die Altertumswissenschaft erscheinen, weil der Neuhumanismus sie mit der philologischen Wendung zugleich zu einer Speerspitze der Wissenschaftsentwicklung gemacht hatte: Alle modernen philologisch-historischen Disziplinen haben sich erst im Laufe des 19. Jahrhunderts im Gefolge dieses Ansatzes entwickelt. Aber auch dann, dies alles zugestanden, bleibt das Urteil bis heute zwiespältig.

Die vom Neuhumanisten auf den Begriff gebrachte und eben dadurch theoretisch legitimierte Trennung der Bildung von der gesellschaftlichen Wirklichkeit hat zur unpolitischen, privaten, auf die Innerlichkeit des Menschen zurückbezogenen Bewußtseinsposition beigetragen. Unter der Voraussetzung einer bestimmten Deutung der deutschen Geschichte ist diese privatistische Orientierung des deutschen Bildungsbürgertums mit haftbar dafür, daß der Weg der deutschen Politik über „Blut und Eisen" in den Nationalismus, Imperialismus und schließlich in den Faschismus führte, ohne daß das Volk der „Dichter und Denker" einen nennenswerten Widerstand leistete. Mit gleichem Recht aber kann die Trennung der Bildung von der gesellschaftlichen Wirklichkeit auch als der politisch gemeinte Versuch interpretiert werden, der Humanität eine wenn auch bedrohte Nische zu retten. Denn die von der Aufklärung verfolgte Ineinssetzung der Erziehung mit produktionsorientierter Berufs- und Standeserziehung hat offensichtlich nicht nur zur Realisierung der Rechte der Menschheit geführt. Das aufklärerische Bewußtsein hat sich aufgelöst in eine deformierte, dem Menschen entfremdete Wirklichkeit. Insofern war es nahegelegt, eine neue Selbstverständigung zu suchen außerhalb der politisch-sozial vorformulierten Bedingungen. „Im ungewählten Exil fand sich das Bewußtsein wieder, wurde der Mensch wieder aufgedeckt"[29] – dies zu rekonstruieren heißt selber daran zu arbeiten, ihn, den Menschen, freizugeben für kommende Möglichkeiten.

Zusammenfassung: Varianten im Begriffsverständnis „Humanismus"

Humanismus als Lehrmeinung – Rückwendung der nachantiken Welt auf die als beispielhaft empfundene Norm vollendeten Menschentums in der Antike.

Humanismus: Gelehrtenbewegung, die mit der Renaissance beginnt und das

Latein des Cicero als klassisch definiert. Die romanischen Völker erneuern ihre Sprache und Literatur aus der Konfrontation mit der römischen Tradition.

(Der Begriff „Humanismus" als Epochenbezeichnung ist erst seit Mitte des 19. Jahrhunderts üblich; repräsentativ dafür ist ein Buch von G. Voigt: Die Wiederbelebung des klassischen Altertums oder das erste Jahrhundert des Humanismus. Berlin 1859)

(Schul-) Humanismus: Schulpädagogischer Begriff für die Theorie der Gelehrtenschulen (Lateinschulen) vom 16. bis 18. Jahrhundert: humanistische Weisheit und Beredsamkeit im Dienste konfessionell gebundener Frömmigkeit. In der 2. Hälfte des 18. Jahrhunderts bestand der Anspruch nur noch formalistisch. Der Lateinunterricht wurde primär als nützliche Voraussetzung für gelehrte Berufe verteidigt.

(Der auf das Schulwesen bezogene Begriff „Humanismus" wurde eingeführt durch ein Buch von F. J. Niethammer: Der Streit des Philanthropinismus und Humanismus in der Theorie des Erziehungsunterrichts unserer Zeit. Jena 1808)

(Neu-) Humanismus: Erneuerung des Humanismus von der Mitte des 18. Jahrhunderts an mit einer Verlagerung des Interesses von den Römern zu den Griechen, in Deutschland mit zwei Auswirkungen:

a) Altertumswissenschaften mit der Wendung zur Philologie

b) Pädagogik der Deutschen Klassik als Theorie der Bildung des Menschen

(Der Begriff „Neuhumanismus" ist eingeführt worden durch ein Buch von F. Paulsen: Geschichte des gelehrten Unterrichts, Band 2: Der gelehrte Unterricht im Zeichen des Neuhumanismus. Leipzig 1885)

Polemik: Bildung gegen Ausbildung

Den umfassendsten neuhumanistischen Angriff gegen die Aufklärungspädagogik führte Niethammer. Niethammer entstammte einer württembergischen Gelehrtenfamilie, war Theologe, hatte sich aber mit den philosophischen und literarischen Strömungen der Deutschen Bewegung voll vertraut gemacht. Er stand mit Goethe und Schiller, mit den Philosophen Fichte, Schelling und Hegel in Briefwechsel; mit Hegel war er sogar eng befreundet. Seit 1804 arbeitete er in bayerischen Staatsdiensten und spielte bei den kirchen- und schulpolitischen Modernisierungskämpfen eine wichtige Rolle. Vor der Formulierung eines sogenannten „Normativs", mit dem das Schulwesen des Königreichs Bayern im neuhumanistischen Sinne reformiert werden sollte, hat er sich mit der Schrift „Der Streit des Philanthropinismus und Humanismus in der Theorie des Erziehungsunterrichts unserer Zeit" (1808) Rechenschaft über die schulpädagogischen Voraussetzung seines Unterfangens gegeben.

Literarisch mit dieser Streitschrift eng verknüpft, wenn auch im Niveau ungleich schwächer, war ein beleidigender Angriff auf die Aufklärungspädagogik von Ernst August Evers. Der Autor gehörte der ersten Generation des neuen Philologenstandes an; er kam aus dem Seminar des Altertumswissenschaftlers F. A. Wolf an der Universität Halle. Evers hatte schon ein Jahr vor Niethammer zur Feder gegriffen und den Titel „Über die Schulbildung zur Bestialität" gewählt, ein Pamphlet, das auch den nur leisesten Versuch einer gerechten Würdigung des Gegners verschmähte. Die wissenschaftlichen und literarischen Fehden der Zeit wurden freilich allgemein sehr heftig geführt. Fichte, aber auch Schiller und Goethe konnten einen ungemein scharfen, den Gegner in seiner persönlichen Ehre tief kränkenden Ton anschlagen. Evers allerdings vergröberte das, was er bei Wolf gelernt hatte, so stark, daß es falsch wurde, und zwar durch Absolutsetzung. Denn die Begründer der klassischen Altertumswissenschaft im neuhmanistischen Sinne banden die Menschenbildung nie mit Ausschließlichkeitsanspruch an die alten Sprachen. In der Verteidigung des Lateinunterrichts als zentralem Unterrichtsfach der Gelehrtenschulen knüpften sie im ersten Schritt durchaus an die einschlägigen Überlegungen der Philanthropen an. Der Philanthrop Trapp hat im Campeschen Revisionswerk über das Studium der alten Sprachen geschrieben und dabei alle aufklärungspädagogischen Argumente gegen den Schulhumanismus zusammengetragen. Das Ergebnis lautete: Das Studium alter Sprachen ist eine nur für wenige nützliche Spezialleistung; einen darüber hinausweisenden pädagogischen Wert gibt es nicht. Dabei ging Trapp von der Auffassung aus, die der von der Aufklärungspädagogik in die Defensive gedrängte Schulhumanismus eingenommen hatte, nämlich die „Nützlichkeit" dieser Studien für Sitten und Gelehrsamkeit, ja überhaupt für alle Geschäfte, die Anstrengung und Nachdenken erfordern, zu behaupten. Die Angleichung der Argumentation des älteren Schulhumanismus an die Aufklärungspädagogik war soweit gegangen, daß er für den Fall einer Einschränkung des altsprachlichen Unterrichts prognostizierte, man werde bald in den Händen der Jugend „statt der Homer und Vergile nichts als Musenalmanache und Leiden Werthers", also ausgesprochene Schreckgespenster für Aufklärungspädagogen, finden. Trapp referierte zunächst diese opportunistische Verteidigungsstellung, dann fegte er sie mit zwei schlagenden Argumenten hinweg: einerseits mit dem Hinweis, daß die Lateinschulen ihre eigenen Ziele fast nie erreichten, andererseits mit der Beweisführung, daß die modernen aufklärerischen Wissenschaften in ihrer Handlungsrelevanz allem überlegen seien, was man bei noch so erfolgreichem Studium aus den antiken Schriften lernen könne.

Schulhumanismus und Aufklärungspädagogik waren sich also ungeachtet ihrer Frontstellung einig in dem pädagogischen Kriterium, daß die Schulbildung „nützlich" sein sollte für die Bewährung im gesellschaftlichen Leben. Die Differenz der Kontrahenten bezog sich auf die Folgerungen. Der Schulhumanismus befand die alten Sprachen, vor allem das Lateinische als das Nützlichste, was eine Pädagogik überhaupt ausfindig machen könne, die Philanthropen hingegen bestritten das und setzten dem die Nützlichkeit der modernen Wissenschaften entgegen. Die neuen Humanisten gaben den Aufklärern zunächst einmal Recht. Sie bestritten gar nicht, daß sich die Wissenschaften seit den Tagen der Griechen und Römer entscheidend fortentwickelt hätten. Sie hatten das Bewußtsein der historischen Distanz. Sie stimmten Trapp darin zu, daß in kleineren Lehrbüchern neuer Autoren mehr lebenspraktische Wahrheiten zu finden seien als in den bedeutendsten Werken der Klassiker. Wolf räumte sogar ausdrücklich ein, den materiellen Nutzen der klassischen Literatur auch durch Übersetzungen gewinnen zu können.

Die aufklärungspädagogischen Argumente gegen den schulhumanistisch verteidigten Sinn einer lateinisch orientierten Bildung wurden also zunächst von den Neuhumanisten bestätigt, dann aber zu einer völligen Umdrehung des Gesichtspunktes verwandt: statt an der bezweifelten Nützlichkeit humanistischer Studien festzuhalten, wurde ein jenseits aller Nützlichkeit liegender Bildungssinn behauptet.

Mit dieser Position glaubte Evers sich zu einer moralischen Diffamierung schon allein des Begriffs der Nützlichkeit berechtigt. Bei ihm erschien jede an den Erwerbswillen anknüpfende, ein Interesse für Gemeinnützigkeit weckende Erziehung als Herabwürdigung des Menschen zur Bestie. Das der Aufklärungspädagogik vorschwebende Ideal des industriösen Bürgers wurde „Tiermensch" genannt, seine Wesenszüge in „moralischer Nullität" vorgestellt. Unter systematischen Gesichtspunkten betrachtet, ist die gehässige Schrift von Evers unergiebig. Sie wäre der Nachwelt kaum in Erinnerung geblieben, wenn nicht Niethammer sie in seiner Streitschrift lobend erwähnt hätte. Niethammer ist dafür oft getadelt worden, dies umso mehr, weil Evers nicht nur die Philanthropen schmähte, sondern auch Pestalozzi. Werden Evers' Auslassungen hingegen leidenschaftslos geprüft, so wird deutlich, daß in ihnen ungeachtet ihres niedrigen Niveaus und ihrer plumpen Böswilligkeit etwas enthalten war, was Niethammer entgegenkam. Denn Evers war im Besitz der Terminologie des Deutschen Idealismus und deutete eine Kritik der Aufklärung an, die den Kern der neuen Gesinnung ausmachte. Er begriff die Möglichkeiten des Menschen in den durch die drei Vernunftkritiken Kants vorgezeichneten Klassifikationen, nämlich in theoretischen, praktischen und ästhetischen Leistungen der Vernunft. Indem er der Aufklärung vorhielt, an die Stelle der Wahrheit die Meinung, an die Stelle des Guten die Übereinkunft und an die Stelle des Schönen den Nutzen gesetzt zu haben, kritisierte er im Sinne des Deutschen Idealismus die Reduzierung der ratio als Vernunft zur ratio als Verstand, dem „Rechnungsführer der Sinnlichkeit".

Das aber war nun gerade der Punkt, von dem aus Niethammer die Auseinandersetzung zwischen „Philanthropinismus" und „Humanismus" aufzurollen gedachte. Vernunft war ihm nicht mehr einerlei mit den „vernünftigen Gedanken" des Christian Wolff und der aufklärerischen Popularphilosophie. Niethammer hatte Kant gelesen und unterschied dementsprechend zwischen Vernunft (als dem Vermögen der Ideen, der Hypothesenbildung, der Fragestellung) und Verstand (als dem Vermögen der Begriffe). Diese erkenntnistheoretische Festlegung Kants erweiterte er zu einer anthropologischen Aussage, in der die Unterscheidung von Vernunft und Verstand zusammenfiel mit der von Geistigkeit und Animalität.

Mit dieser begrifflichen Unterscheidung hatte sich Niethammer die Basis geschaffen für eine kritische Beurteilung der beiden zu prüfenden pädagogischen Positionen. „Philanthropinismus" war für ihn die gesamte Aufklärungspädagogik; mit „Humanismus" bezeichnete er nicht etwa die von ihm selbst eingenommene neuhumanistische Position, sondern den von der Aufklärung in Bedrängnis gebrachten Schulhumanismus. Oberflächliche Interpreten haben Niethammers Schrift so gelesen, als ob hier einfach dem Humanismus recht gegeben werde gegen die Aufklärungspädagogik. Diese Fehldeutung war nahegelegt, weil Niethammer in den einleitenden Partien seiner Schrift die Aufklärungspädagogik mit nicht weniger pointierter Parteilichkeit angriff als es auch Evers für angemessen gehalten hatte. Dazu kam noch, daß er mit einem erstaunlichen historischen Mißgriff Friedrich den Großen den Inaugurator der Aufklärungspädagogik nannte. Das wurde – in Verbindung mit der Widmung der Schrift an die Königin von Bayern – als ein antipreußischer Ausfall gedeutet, mit dem sich Niethammer in Bayern empfehlen wollte. Die Deutung ist aber falsch. Denn Niethammer suchte das historische Recht der Aufklärungspädagogik verstehend zu rekonstruieren und räumte ihr sogar eine bleibende, wenn auch nur relative Bedeutung ein. Insofern war die Bemerkung über Friedrich den Großen nicht negativ gemeint. Zwar machte Niethammer den Preußenkönig für die bekämpfte Pädagogik haftbar; aber hinter aller tagespolitisch bedingten Polemik sah Niethammer die Notwendigkeit der Negation in einem philosophischen Sinne. Er war ein Freund Hegels, des Philosophen der dialektischen Methode, d.h. des Fortschreitens von einer These über deren Antithese zur Synthese. In diesem Sinne war der ältere Schulhumanismus für Niethammer eine überholte These; dem Philanthropinismus, und mit ihm Friedrich dem Großen, wies er die für einen dialektisch verstandenen Geschichtsprozeß notwendige Position der Verneinung an – ohne diese Negation wäre die von Niethammer selbst beanspruchte neuhumanistische Position der Synthese für ihn gar nicht denkmöglich gewesen.

Die anthropologische Bestimmung des Menschen als eines Wesens, welches durch „Geistigkeit“ und „Animalität“ charakterisiert sei, war bei Niethammer nicht als Schichtentheorie verstanden, so als ob die Animalität an einer bestimmten Stelle aufhöre und der Vernunft Platz mache. Niethammer sah das Kennzeichen des Menschen vielmehr darin, daß er sich seiner Tierheit – heute würde man sagen: Naturhaftigkeit – denkend bewußt wird und eben dadurch zu einem moralischen Verhalten fähig ist. Hierin liegt aber auch der Grund für zwei Fehlformen: einmal die Selbsterniedrigung des Menschen zum Tier durch Preisgabe der Moralität, zum anderen der Verzicht einer Anwendung der Vernunft auf die Sinnlichkeit, denn was wäre „Schönheit“ ohne sinnliche Konkretisierung im Kunstwerk. Diese beiden Fehlformen menschlichen Verhaltens identifizierte Niethammer in beiden von ihm zu prüfenden pädagogischen Standpunkten: bei dem einen sah er den Zweck zum bloßen Mittel degradiert (Philanthropinismus), bei dem anderen den Zweck ohne Realisierung verblieben (Humanismus).

Der Fehler der Aufklärungspädagogik ergab sich nach Niethammer daraus, daß die Gemeinnützigkeit zum obersten Maßstab der Erziehung erhoben war. Zwar verkannte Niethammer nicht, daß die Verpflichtung des einzelnen Menschen auf den gemeinen Nutzen um des absoluten Zweckes des Kulturfortschrittes willen erfolgt war; aber der unbedingte Zweck „Menschheit“ konnte nicht länger den Menschen als bloßes Mittel heiligen. Die Geschichtsphilosophie der Aufklärung war verworfen, seit Kant dem kategorischen Imperativ, dem unbedingt geltenden Gesetz der Sittlichkeit, auch die Fassung gegeben hatte:

> „Handle so, daß du die Menschheit sowohl in deiner Person als in der Person eines jeden anderen jederzeit zugleich als Zweck, niemals bloß als Mittel gebrauchst.“[30]

Daß der Mensch als Adressat des Sittengesetzes ein Zweck ist und eben deshalb

„heilig“ gehalten werden muß, so unheilig er sich empirisch auch immer verhalten mag, war der Kern humaner Intentionen der Aufklärung selbst gewesen. Indem Niethammer diesen Anspruch nun gegen die Konsequenz der Aufklärungspädagogik wandte, bezeugte er über alle Feindseligkeit hinweg den aufklärerischen Ursprung seines eigenen Denkens.

In Übereinstimmung mit den Auffassungen der neuen Altertumswissenschaften verwarf Niethammer eine Verteidigung des Schulhumanismus, die mit dem Hinweis auf die der Antike zu entreißenden nützlichen Erkenntnisse argumentierte. Niethammer stellte fest, daß die Bedeutung des Sprachstudiums vielmehr in sich selber liege, in den Möglichkeiten der Bildung der Vernunft. Diese Behauptung rechtfertigte aber nur die Stellung der Sprache in jedem Bildungsgang, nicht das Erlernen der alten Sprachen. Für die bevorzugte Stellung der alten Sprachen bot Niethammer mehrere Gründe auf; der wichtigste war der, daß die Kultur der europäischen Völker den Griechen und Römern verpflichtet sei. Insofern gehe es weder um irgendeinen praktischen Nutzen der in der antiken Literatur enthaltenen Erkenntnisse, noch um eine bloß formale Schulung des Geistes, etwa des „logischen Denkens“, sondern um die Aneignung einer hochbedeutsamen Überlieferung. Indessen: So wichtig Niethammer diese Argumente waren, er setzte sie nicht absolut. Sie erschienen ihm nur so lange als pädagogische Maximen gerechtfertigt, „bis der Tag unserer Ästhetik anbreche und der Morgenstern aufgehe in unseren Herzen“.[31] Niethammer prognostizierte als Folge der Rückwendung auf die Klassizität des Altertums das Heraufziehen einer „Deutschen Klassik“; und wenn er sich auch nicht ganz sicher war, ob schon für seine eigene Gegenwart ein solcher Anspruch erhoben werden könne, so korrespondierte er schon mit Goethe über eine Sammlung deutscher Klassiker in einem Nationalbuch, welches für die Deutschen das werden könne, was Homer für die Griechen war.

Der von den Philanthropen im Namen der beruflich-gesellschaftlichen Brauchbarkeit der Schüler geführte Angriff auf die Lateinschulen wurde von Niethammer aufgenommen, in der Intention aber umgekehrt und so zu einem Argument gegen den Schulhumanismus verwandt. Denn nachdem der aufklärungspädagogische Vorwurf des „Verbalismus“ als zu Unrecht erhoben zurückgewiesen war, konnte Niethammer nun umso schärfer den Schulhumanismus verurteilen: er habe eine an den alten Sprachen orientierte Berufsbildung mit Menschenbildung verwechselt, habe die Zöglinge nicht zu Menschen, sondern zu Gelehrten gebildet. Der Gelehrtenberuf aber hat nach Niethammer als Beruf in humaner Hinsicht überhaupt nichts vor irgendeinem anderen Beruf voraus, auch er ist geteilte und beschränkte Tätigkeit des Menschen, ja, er ist sogar in höherem Maße als andere der Gefährdung durch Kleinlichkeit, Pedanterie und Einseitigkeit ausgesetzt. Damit hatte die Kritik ihren Höhepunkt erreicht, war die äußerste Möglichkeit der Negation eingenommen.

Der Maßstab der Kritik aber wurde von Niethammer zugleich auch als positive, die Synthese aus „Philanthropismus“ und „Humanismus“ ziehende Antwort genutzt. Verallgemeinert lautete die Antwort: Der Anspruch der Vernunft ist unterschiedslos an alle gerichtet, die Menschenantlitz tragen. Das ist der egalitäre Zug der Bildungstheorie! Indem die damit gegebene Forderung den Menschen freisetzt zu eigener Verantwortlichkeit, eröffnet sie die Mannigfaltigkeit der Bewährung. In der Vielfalt der Konkretisierung der Vernunft begründen sich die individuellen Eigentümlichkeiten des Menschen. Die pädagogischen Forderungen nach einer harmonischen Ausbildung der Kräfte darf darum nur auf die individuellen Möglichkeiten bezogen werden. Denn das Ideal der Bildung verlangt vom Individuum, etwas in *seiner Art* Vollendetes zu leisten. Hier, auf dem Höhepunkt der Niethammerschen Argumentation, kann abgelesen werden, mit welch anderen als philanthropischen Kriterien Rousseau von der Bildungstheorie der Deutschen Klassik verstanden wurde, wie das Individualitätsprinzip in seiner Bedeutung für die Erziehung erkannt und von daher der Naturbegriff gedeutet wurde. Denn gerade die Erziehung zur Einförmigkeit aller Individuen erschien Niethammer „widernatürlich", um dann ganz rousseauistisch gegen den philanthropischen Grundsatz des um den Preis der Mittelmäßigkeit erkauften Gleichgewichts der Kräfte Anklage zu erheben:

> „Da soll kein Lehrling der natürlichen Bestimmung seiner Anlagen folgen, da soll keine ausgezeichnete Kraft sich ihrer Natur gemäß ungehindert entwickeln, da sollen Alle sich in gleicher Linie bewegen, Alle dasselbe haben, Alle in Allem etwas leisten, Alle derselben Censur unterliegen."[32]

Das war die Stunde der Individualität in der Pädagogik. Als Konsequenz folgerte Niethammer etwas Überraschendes, nämlich den Nachweis des Bildungswertes der Realien. Ein Unterricht über die Gesetzmäßigkeiten der Natur und die vom Menschen gestaltete soziale Welt kann nach Niethammer den Geist ebenso anregen und entfalten wie ein Unterricht in alten Sprachen. Schulhumanismus und Philanthropinismus haben nach seinem Urteil beide den gleichen Fehler gemacht, indem sie die Bildung von den objektiven Anforderungen und Inhalten her definierten und in dieser Einseitigkeit absolut setzten. Der aufklärungspädagogische Versuch, die Aspekte materialer und formaler Theorie zu verbinden, wurde von Niethammer nicht zur Kenntnis genommen; Niethammer sah die Aufklärungspädagogik allein in der geschichtswirksam gewordenen Gestalt als eine materiale Theorie der Berufs- und Standeserziehung.

Bildung bestimmte er nun vom Subjekt her, von dessen individuellen Möglichkeiten. Verallgemeinert konnte er deshalb eine pädagogische Qualität auch nur formal benennen, nämlich daß die dem Zögling gestellten inhaltlichen Aufgaben von ihren Bedingungen her erfaßt, erklärt und denkend durchdrungen werden müßten. Von daher war klar, daß der Einspruch gegen die aufklärungspädagogische Gleichsetzung von Erziehung und Berufserziehung weder die gesellschafliche Verpflichtung des Menschen noch eine mögliche Bildungskraft der beruflichen Arbeit leugnen wollte. Nicht die Unterrichtsinhalte, sondern die Intentionalität der pädagogischen Vermittlung erschien ihm als das Entscheidende. Von daher verbot es sich, die grundlegende Vernunft- und Humanitätsbildung, auf die jeder Mensch einen Anspruch sollte erheben dürfen, an die materialen Bedingungen der arbeitsteiligen Gesellschaft zu ketten. Dem aufklärungspädagogischen Argument, für den größeren Teil des Volkes sei die Elementarschule die einzige Möglichkeit einer theorie-orientierten Einführung in die Arbeitswelt, setzte Niethammer pointiert das Konzept für ein stufenmäßig gegliedertes Bildungswesen entgegen. Dieser Entwurf soll hier nicht im einzelnen erläutert werden, weil das preußische Reformkonzept interessanter und in seinen Wirkungen weitreichender war. Verbunden aber waren beide neuhumanistischen Ansätze der Bildungsreform – der bayerische wie der preußische – durch den Glauben an eine selbständige Macht des Geistes, die die Übereinstimmung der Würde der Person mit deren Beitrag zur Kultur garantiert, und die den Herrschaftsanspruch des Geburtsadels aufhebt durch einen auf individueller Leistung beruhenden Adel der Bildung.

Die Theorie der Bildung des Menschen: Wilhelm von Humboldt

Der eindrucksvollste Repräsentant des neuen griechisch-deutschen Humanismus war Humboldt. Er trug zu den wissenschaftstheoretischen, bildungstheoretischen und bildungspolitischen Leistungen des Neuhumanismus gleichermaßen bei. Direkte Auseinandersetzungen mit der Aufklärungspädagogik, geschweige denn Polemik, sucht man bei ihm vergebens. Obwohl er für kurze Zeit eine Funktion innehatte, die man der Sache (nicht dem Titel) nach als ersten Kultusminister Preußens bezeichnen darf, so war seine Bildungstheorie doch keineswegs auf Schulen bezogen. Ja mehr noch, man kann bei Humboldt überhaupt kaum von einer Pädagogik im Sinne einer Handlungs- oder Kunstlehre für den Gebrauch durch professionelle Erzieher sprechen, eher von einer Anleitung zur Selbstreflexion: Lehre und Bild vom Menschen. Damit aber hat Humboldt der Pädagogik Maßstäbe gesetzt, die ihn zu einem Klassiker dieser Disziplin haben werden lassen, demgegenüber Niethammer, würde man nur die Theorieentwicklung bedenken, allenfalls eine Fußnote erhalten könnte.

Die sofort auffallende Übereinstimmung mit Niethammers schulpädagogischen Überlegungen war bei Humboldt die Parteinahme für das Individuum gegen dessen gesellschaftliche Vereinnahmung. Bildung wurde definiert als der Weg der Individualität zu sich selber, dieser Weg aufgefaßt als unendliche Aufgabe, so daß Bildung nicht abschließbar sei, vielmehr das ganze Leben über währe. Die unendliche Aufgabe, die die Aufklärungsphilosophie der Menschheit als Ganzer zur Realisierung des Kulturideals angewiesen und wodurch sie den Fortschrittsglauben in die Geschichtsdeutung gelegt hatte, wurde vom Neuhumanismus in Übereinstimmung mit der idealistischen Philosophie und der Literatur der Deutschen Klassik im Namen des Individuums an den einzelnen Menschen delegiert. Keine Generation, kein Zeitalter, kein einzelnes Individuum sollte für die Zukunft als bloße Durchgangsstufe angesehen werden, kein Mensch sollte bloßer Kulturdünger sein, jeder sollte als gleich weit oder nah zu seinem Auftrag gesehen werden: Die unendliche Aufgabe, das war die Individualität selbst.

Humboldt verstand Individualität als die innere Formkraft, mit der der Mensch das Aufgefaßte in das eigene Wesen verwandelt. Dabei dachte er stets an einen Doppelgesichtspunkt, nämlich daß einerseits der Mensch diese Form dem Inhalt (Welt)

WILHELM VON HUMBOLDT

aufprägt, daß die Individualität eine jeweils spezifische Sicht der Welt bedingt, daß aber andererseits die Welt als Bewußtseinsinhalt die individuelle Form erst zu sinnlicher Erscheinung bringt. Damit waren dann gleich zwei weitere Bestimmungen von Individualität eng verknüpft: Individualität mußte unaustauschbare Einmaligkeit sein, mußte im Streben nach Einzigartigkeit das Ganze sein und war zugleich doch auch die Schranke in bezug auf die Idee des Menschen. Als Folgerung dieser Theorie der Individualität war also das Problem gestellt, wie die Konzentration der Kräfte durch Begrenzung (Energie, Standpunkt, Eigentümlichkeit) mit der Repräsentation des Ganzen in solcher Einseitigkeit zu verbinden sei.

Humboldts Antwort auf das Problem war die Verknüpfung des Ichs mit der Welt, die Vorwegnahme der Menschheitsidee in dem Ideal der Individualität. So mußte er Individualität am Anfang wie am Ziel des Bildungsprozesses annehmen, den Prozeß als die Konfrontation von Ich und Nicht-Ich (Welt) begreifen. Ein entschieden pädagogisches Interesse daran konnte sich indessen nur einstellen, wenn innerhalb der universalen Vielfalt der Welt ein Aufgabengefüge identifizierbar war, welches der Bedürfnisstruktur der auf dem Wege zu sich selbst befindlichen Individualität entgegenkam.

Humboldt hat von seinen ersten, im Status von Fragmenten gebliebenen literarischen Versuchen bis in die Philosophie seines Spätwerkes hinein daran gearbeitet, der Sprache diese Aufgabe zuzuweisen. Denn Sprache schien ihm sehr genau die gesuchte Doppelfunktion zu leisten: Sie ist das Medium des Allgemeinen, ist Instrument des Logos (Vernunft), kraft dessen die Individuen miteinander verbunden sind. Sie ist aber zugleich auch Schöpfung des individuellen Geistes. Sprache verbürgt das Menschsein des Menschen, weil sie die vernünftige Bewältigung der Welt ermöglicht. Die sprachlichen Grundformen, wie sie im Laufe des geschichtlichen Lebens durch die individuellen geistigen Energien erzeugt sind, bedeuten freilich zunächst einmal für die Subjektivität des einzelnen lernenden Individuums eine Schranke. Insofern unterscheidet sich Sprache nicht von irgendwelchen anderen Weltinhalten, auch sie ist für den Menschen Fremdheit, ist ein objektiver Anspruch, an dem das Subjekt sich bewähren muß. Daß diese Anstrengung den Menschen nicht seiner selbst entfremdet, sondern gerade umgekehrt auf den Weg zu seinen eigenen Möglichkeiten führt, ist der anderen Seite der Sprache zu verdanken. Was in der Sprachform den Menschen beschränkt, ist aus menschlicher Natur in sie hineingekommen. Deshalb ist Sprache Fremdheit nur für eine augenblickliche, individuelle Befindlichkeit, nicht für die „ursprünglich wahre Natur“ des Menschen. Das macht die bildungstheoretische Sonderstellung der Sprache vor allen anderen Weltinhalten aus.

Die sprachphilosophische Beweisführung war für Humboldt mehr als nur eine pädagogische Qualifizierung der Sprache. Sie belegte, was zunächst nur als These behauptet werden konnte, nämlich daß Individualität keine der bloßen Entfaltung harrende Gegebenheit ist, sondern ein Auftrag, der nur in der Auseinandersetzung des Menschen mit der Universalität der Welt einlösbar ist. Das Exempel der Doppelfunktion der Sprache führte ihn darauf, daß die Rückbindung der Bildung an die innere Formkraft des Menschen kein Argument sein könne für die „feige Schwäche“ des Individuums, „zufälligen Schwierigkeiten der Umstände und der physischen Natur nachzugeben“,[33] sondern daß Bildung auch gegen Stimmungen und Launen, gegen Trägheit und Faulheit durchgestanden werden müsse.

Der Individualitätstheoretiker Humboldt verwahrte sich zwar gegen das aufklärungspädagogische Verlangen, in der Erziehung alle Individuen einer gesellschaftlich definierten Richtschnur zu beugen; aber daraus folgte nicht – wenn auch häufig in der Humboldt- und Neuhumanismus-Interpretation unterstellt – dem Individuum die normative Richtschnur überhaupt zu erlassen. Im Gegenteil: Wenn in einer so radikalen Weise die Selbstbefreiung vom äußeren Schicksal in der Innerlichkeit der eigenen Subjektivität gesucht wurde, trat die objektive Bedeutung der Aufgaben, die dem Menschen im Interesse seiner Bildung gestellt werden, zurück hinter die Art ihrer Bewältigung. „Jede Beschäftigung“, so folgerte Humboldt, „vermag den Menschen zu adeln, ihm eine bestimmte, seiner würdige Gestalt zu geben... Nur auf die Art, wie sie betrieben wird, kommt es an“,[34] nämlich „durch vollständige Einsicht der streng aufgesuchten Gründe oder durch Erhebung zu einer allgemein gültigen Anschauung“[35] die Denk- und Einbildungskraft zu äußerster Anspannung zu bringen. Die Norm für das Wechselverhältnis von Individualität und Universum sah Humboldt also im Menschen selber angelegt, keinesfalls sollte der Mensch damit auf seine wechselnden Neigungen und das Urteil seiner Willkür verwiesen sein, sondern auf die „höchste und proportionierlichste Bildung seiner Kräfte zu einem Ganzen“. Das „Ganze“ mußte in individueller Besonderung repräsentiert sein – das meinte Humboldt mit Totalität: Die Schranke, die das Individuelle gegenüber der allgemeinen Idee des Menschen ausmacht, war damit als die wahre Möglichkeit der Selbstverwirklichung bestimmt.

Humboldts Bildungstheorie eröffnete eine unendliche Fülle gleichwertiger Möglichkeiten. Keiner Individualität sollte eine andere Form aufgezwungen werden als gerade ihr angemessen war. Wo aber war das Element festgemacht, das den Neuhumanismus auf den ersten Blick doch so deutlich kennzeichnete, wo waren die Griechen? Um diese Frage beantworten zu können, muß man das bis jetzt skizzierte Konzept einer streng formalen Bildungstheorie in Beziehung setzen zu den inhaltlichen Optionen Humboldts: die Theorie des Klassischen. Die Verbindung zwischen beiden war die Humanität. Für die formale Bildungstheorie war die Antizipation dieses Ideals die Möglichkeit, dem empirischen Menschen eine über ihn hinausweisende und doch ihm innerlich verbundene Norm zu setzen. „Humanität“ nahm damit die Position ein, die Rousseau der „Natur" angewiesen hatte. Der Wille, den Menschen zu sich selbst finden zu lassen, forderte den Rückgriff auf den Ursprung. Rousseau fand ihn in dem zwar nicht historisch, wohl aber als Idee gemeinten Naturzustand des Menschen. Humboldt und der Neuhumanismus fanden ihn bei den Griechen, insofern diese als „eine anfangende Nation" Humanität in reiner Form verwirklichen konnten.

Die Griechen, die im Gefolge Winckelmanns als mit Schönheit der Formen genährt und enthusiastisch für Schönheit gestimmt gesehen wurden, verliehen der neuhumanistischen Bildung einen stark ästhetischen Charakter. Das war auch bei Humboldt so, wenngleich er sehr viel stärker als Winckelmann den Gewinn an historischer Erkenntnis betonte. Der moderne Mensch konnte nach Humboldt durch das Studium der Griechen erfahren, was Menschsein eigentlich bedeutete, „eigentlich", das hieß: jenseits der nationalen, konfessionellen und ständisch-beruflichen Begrenzungen. Das Studium der Griechen sollte ein Studium des Menschen überhaupt sein. An dieser Festlegung ist erkennbar, daß Humboldt trotz aller Hochschätzung im Rückbezug auf die Griechen kein Dogma sah, sondern eine Methode. Diese Methode konnte zu Resultaten führen, die die Griechen als exemplarische Nation für die Bildung entbehrlich machte. Als Schiller in einer berühmt gewordenen Randbemerkung zu Humboldts Abhandlung über das „Studium des Altertums und des Griechischen insbesondere" schrieb, die Zeit werde kommen, da man die Griechen nicht mehr nötig habe, dann nämlich, wenn der Rückgriff auf die Antike den Ansatz für eine neue Totalität des Menschlichen ermöglicht habe, nannte Humboldt das eine „genievolle Idee".[36] Goethe galt für Humboldt bereits als Beispiel eines Menschen, dem unter den Bedingungen der Gegenwart die Realisierung der Humanitätsidee gelungen war. Wer Goethe – oder weiter gefaßt: wer die Literatur der Deutschen Klassik – studierte, bedurfte im Grunde schon nicht mehr des Studiums der Griechen.

Indessen: Die Relativierung der pädagogischen Qualität humanistischer Studien war zwar theoretisch erfaßt, aber doch mehr als Vorgriff auf eine kommende Zeit gedacht, die durch die Rückwendung erst hervorgebracht werden sollte. Da Sprache eine bildungstheoretische Sonderstellung unter allen Weltinhalten zugewiesen bekam und Humboldt unter anderen Aspekten die Sprache als sinnfälligsten Ausdruck einer Nation verstand, mußte in der Sprache eines so zur Norm erhobenen Volkes wie des griechischen das inhaltliche Zentrum aller Bildungsmöglichkeiten vermutet werden: Die griechische Sprache, das war die gesuchte Sache selber, und insofern war es dann pädagogisch gesehen keineswegs gleichgültig, welche fremde Sprache angeeignet und in ihrer Struktur begriffen wurde.

Pädagogisches Gewissen und Methode: Johann Heinrich Pestalozzi

Zur Pädagogik der Deutschen Klassik gehört auch das Werk des Schweizers Johann Heinrich Pestalozzi. Pestalozzis Pädagogik ist mit dieser Kennzeichnung nicht annähernd bestimmt. Ihr Einfluß umgreift einen sehr viel weiteren Kreis. Sie hatte einen festen Ausgangspunkt im sozialen Engagement der Aufklärungspädagogik und verstand sich selbst als Beitrag zu einer Erziehung zur Industrie. Sie bestimmte im 19. Jahrhundert weitgehend die deutsche Volksschule und im Anfang des 20. Jahrhunderts die Sozialpädagogik; sie war desinteressiert an allen geistesaristokratisch-elitären Komponenten und stand insofern in einer gewissen Spannung zum neuen Humanismus der Deutschen Klassik. Zählt Pestalozzi gleichwohl zur Pädagogik der Deutschen Klassik, so nur mit einem bestimmten Aspekt, mit dem der „Methode". Sie wurde im Zusammenhang der preußischen Schulreform 1809-1819 als Instrument für die pädagogische Strukturierung der Elementarschule und ihrer Lehrerbildung herangezogen, gleichsam als das ebenbürtige Gegenstück zum Neuhumanismus als Orientierung für die Gelehrtenschule.

JOHANN HEINRICH PESTALOZZI

Auch unter diesem eingeschränkten Gesichtspunkt fällt es schwer, Pestalozzi als Pädagogen der Deutschen Klassik zu bezeichnen. Eher scheint er als *der* Klassiker der deutschen Pädagogik angemessen eingeordnet. In der von ihm vertretenen Position hat die pädagogische Fragestellung gleichsam sich selber erreicht, dann jedenfalls, wenn die mütterliche Erziehung als das Herzstück aller Pädagogik unterstellt wird, nicht nur als Prinzip, wie schon von Rousseau formuliert, sondern als soziale Realität im Familienleben des ökonomisch bedrängten, sich indessen moralisch behauptenden Menschen. Nimmt man die Familie als Zentrum der Erziehung, so ist eine auf Pestalozzi zulaufende Linie in der Herausbildung der pädagogischen Fragestellung nahegelegt: Sie begann bei der Ausgliederung besonderer Erziehungswege für hervorgehobene gesellschaftliche Funktionen aus den natürlichen Lebensbezügen – in denen Erziehung unbefragt ihren Ort gehabt hatte: im Verhalten und in den Überzeugungen, im Glauben und in der Sitte der älteren Generation – und lief Schritt für Schritt auf das Ganze der Erziehung zu. Dieser Weg bedingte, daß problematisierende Fragen zur Schule eher da waren als zur nichtschulischen Erziehung, daß die Theorie des fremdsprachlichen Unterrichts der des muttersprachlichen weit vorauslief, daß Überlegungen zur Berufsausbildung älter sind als die zur allgemeinen Menschenbildung, daß Jugenderziehung eher thematisiert wurde als Kleinkinderziehung, daß öffentliche Erziehung der Pädagogik früher interessant wurde als Familienerziehung, obschon die Entwicklung der erzieherischen Praxis in umgekehrter Reihenfolge verlaufen ist. Nachdem Pestalozzi aber in der Familie den Ursprungsort des Erzieherischen gesehen hatte, war dieser Prozeß abgeschlossen, konnten mit einer von da aus aufgebauten Pädagogik alle Ungereimtheiten beurteilt und korrigiert werden.

Urteil und Korrektur der Pädagogik waren mit Pestalozzis Rückführung auf den Ursprung der Erziehung freilich gebunden an Emotionalität, Irrationalität und Suggestivkraft geschlossener sozialer Systeme nach dem Vorbild der Familie. Aber die damit verbundene Einbuße an Rationalität war doch zunächst sehr viel geringer als der Gewinn an pädagogischer Gewißheit. Und da Pestalozzi – im Gegensatz zu Rousseau – seine gesamte personale Existenz in das Wagnis erzieherischen Einsatzes auch praktisch einbrachte, seine Theorie als Ausdruck von Erfahrung und Deutung eines Lebens und Leidens mit und für Kinder erschien, war ihm die Anerkennung als Klassiker schon früh gewiß. Daß er als *deutscher* Pädagoge gilt, ist begründet in der Sprache seiner Schriften und vor allem in deren Wirkung auf die deutsche Pädagogik, die deutsche Lehrerschaft und das deutsche Verständnis von Volkserziehung und pädagogischer Verantwortung. Da Pestalozzi Zeit seines Lebens in der Schweiz wirkte und sich dort heimisch fühlte – ein nur kurzer Besuch in Deutschland ließ ihm sein eidgenössisches Selbstverständnis umso deutlicher werden – war in der deutschen Rezeption eine Abtrennung von dem sozialgeschichtlich-politischen Ort seines Wirkens fast unvermeidlich. Die Folgen dieser gespaltenen Wahrnehmungen haben die in der idealistischen Tradition der deutschen Pädagogik ohnehin angelegten Gefahren verstärkt: die Herausbildung eines der historischen Vergegenwärtigung abträglichen Personen- und Geniekultes, sowie eine ungeschichtliche Stilisierung der Pestalozzischen Pädagogik zu einer überzeitlichen Menschheitslehre. Erst seit Mitte der 60er Jahre des 20. Jahrhunderts begann die Pestalozziforschung in Deutschland mit einer Entmythologisierung ihres Helden.

Den äußeren Anlaß zu Pestalozzis pädagogischer Tätigkeit gab ein ökonomischer Bankrott. Er hatte als junger Mann Ländereien bei Birr erworben, – den „Neuhof" –, um sie mit seiner Frau zu bewirtschaften. Als die Landwirtschaft mißlang, richtete er im Neuhof eine Erziehungsanstalt für verwahrloste Kinder ein und lehrte das, was alle Aufklärungspädagogen für einen solchen Fall empfohlen hatten : Spinnen, Weben, Stricken, Feld-, Garten- und Hausarbeit, Sparsamkeit, Fleiß, Selbstbeschränkung und Mitmenschlichkeit. Dieses Unterfangen hätte, wäre es ökonomisch haltbarer gewesen, Respekt gefunden, aber keine übermäßige Aufmerksamkeit. Der Mißerfolg drängte Pestalozzi in die Rolle des Autors, der wenigstens anderen mitteilte, was selber zu tun ihm verwehrt war. Unter der Protektion des Basler Philanthropen Isaak Iselin erschienen 1781 „Die Abendstunde eines Einsiedlers" und – ebenfalls in gut aufklärungspädagogischer Manier – ein erzieherisch angelegter Volksroman „Lienhard und Gertrud". Der Roman war ein großer publizistischer Erfolg. Er wurde allerdings kaum von den Adressaten, den armen Landleuten, gelesen, sondern mehr vom gebildeten Bürgertum, welches sich in der Lektüre mit dem Autor, und das hieß mit der Rolle des Volkserziehers identifizierte und so die angenehme Unterhaltung mit dem Gefühl verbinden konnte, daß doch offensichtlich etwas zur Besserung der Misere geschehe. Zugleich waren diese Leser das Publikum, das Pestalozzi bekannt, ja berühmt machte. Pestalozzi lag an diesem literarischen Erfolg wenig, aber er war die Voraussetzung dafür, daß seine praktischpädagogische Arbeit in das Rampenlicht des öffentlichen Interesses rücken konnte.

In „Lienhard und Gertrud" thematisierte Pestalozzi die Bedingungen, unter denen die ausgebeuteten, mißhandelten, in ihrer Menschlichkeit deformierten, sich selbst entfremdeten armen Bauern und Landleute so waren, wie sie sich allenthalben vorfanden: die politische Rechts- und Herrschaftsordnung produzierte den Menschen. Zugleich aber legte Pestalozzi die Gegenthese inmitten der sozialökonomischen und psychischen Misere an. Zur Rettung des Menschen bedurfte es der Erziehung; die Erziehung aber war nicht als Geschenk von außen zu erhoffen, sondern nur durch die eigene Kraft der Erniedrigten: Der Mensch ist der Herr der politischen Strukturen, die seine Lebensform bestimmen. Einer armen, tapferen und lieben Maurersfrau, der Gertrud, ließ er diese Wende gelingen: von der Wiederherstellung des intimen Glücks in der Familie über die Erneuerung der dörflichen Gemeinschaft bis zur Befestigung einer menschlichen Ordnung in Staat und Gesellschaft. In den Mittelpunkt dieses Prozesses stellte Pestalozzi den Schulunterricht, angelegt nach dem Wohnstubenunterricht der Gertrud und perspektivisch aus der erzieherischen Kraft der Familie entfaltet. Die rationalistische, planwirtschaftlich-abstrakte Schulkonstruktion des Merkantilismus wurde von Pestalozzi verworfen. Er vertraute als Fundament für eine wirkliche Schule des Volkes weder der didaktischen Kunst noch dem aufklärerischen Lehrbuch, sondern dem gemeinschaftlichen, mit sich selbst in Übereinstimmung gebrachten Leben. Insofern suchte er nach einer Möglichkeit, emotionale Beziehung, Sprache und Tun der durch Liebe und Vertrauen im Familienverband gehaltenen Menschen, auf die Schule zu übertragen. Indessen war ihm die spezifische Differenz zwischen Wohnstube und Schulstube bewußt.

Die Rückbindung des Schulgedankens an die mütterliche Erziehung bedeutete für ihn keine Ineinssetzung, sondern die Vergewisserung, dem „Gang der Natur in der Entwicklung des Menschengeschlechts" (1797), sofern sie Gottes Werk ist, zu folgen. Soweit sie aber das Werk des Menschen ist, sah er das pädagogische Interesse darin, Kräfte zu entwickeln und zu beleben, das Kind fähig zu machen, sich Religion und Glauben anzuvertrauen, um christlich handeln zu können. Keinem Kinde, so setzte Pestalozzi voraus, bleibt es erspart, die Ungerechtigkeit in der Welt zu erfahren, einsehen zu müssen, daß gequält, gefoltert, ausgebeutet und unterdrückt wird. Die Aufgabe der Erziehung bestimmte er darin, dem Kind diese Erfahrung ertragbar zu machen, ohne sich mit ihr abfinden zu müssen, und das Bewußtsein zu schärfen für das, was gegenüber dem schändlichen Zustand sein sollte. Aber dieses Sollen war nicht gedacht als die angemaßte Normentscheidung des Erziehers, sondern – wie schon Rousseau zuvor in der Eigenstruktur der Erziehung herausgearbeitet hatte – als das im Kind selbst angelegte Gesetz der sittlichen Ordnung. So umschrieb Pestalozzi die Aufgabe des Schulmeisters – und das hieß zunächst die Aufgabe, die er seiner eigenen Verantwortlichkeit stellte – als eine Höherbildung des Menschen aus den Kräften der eigenen Subjektivität und wies damit qualitativ über den stationären Ausgangspunkt der Wohnstube hinaus. Die Überlegung, wie von diesem Ausgangspunkt aus eine Pädagogik der Entwicklung aller menschlichen Kräfte zu schaffen sei, brachte Pestalozzi zur Theorie der formalen Bildung, zur „Methode". Die Konsequenzen der Methode führten weitab von Wohnstube und Familienidylle, von

Industrieschulkonzept und Waisenhausengagement: Sie waren der Weg auf dem Pestalozzis Pädagogik die Bildungstheorie der Deutschen Klassik kreuzte und zum Instrument der preußischen Schulreform werden konnte.

Diese Wirksamkeit hätte sich nicht allein literarisch vermittelt. Dafür war vielmehr die Rolle mitentscheidend, in der Pestalozzi Praxis und Theorie einer „Pädagogik vom Ursprung" her zu verkörpern schien. Als politischer Mensch trat Pestalozzi auf die Seite der Revolution, nahm die Ehrenbürgerschaft der französischen Republik an und stellte sich in den Dienst der revolutionären helvetischen Regierung. Nachdem ein konterrevolutionärer Aufstand in Unterwalden niedergeschlagen war, übernahm Pestalozzi, nun schon über 50jährig, die Aufgabe, den infolge von Kriegswirren und Kriegsgreueln umherirrenden Waisen- und Halbwaisenkindern in Stans eine neue Heimat zu schaffen, ihnen Vater zu sein. Sein Rechenschaftsbericht über dieses Unternehmen, der „Stanser Brief" (1799), gilt als das Dokument für realisiertes erzieherisches Ethos schlechthin. Aber der Stanser Brief war nicht nur Zeugnis der bedingungslosen Parteinahme Pestalozzis für das hilflose und verlassene Kind, sondern ebenso für die geschichtliche Bedeutung einer Pädagogik, die als Praxis die Wirklichkeit mit einer Perspektive verändert, die erst durch das erzieherische Handeln selber hervorgebracht wird:

> „Gebildete Schulleute konnten mir nicht helfen. Mit Rohen und Ungebildeten war natürlich noch weniger auszurichten. Ich hatte keinen bestimmten und sicheren Faden, den ich einem Gehilfen hätte an die Hand geben, und ebensowenig eine Tatsache, einen Gegenstand der Anschauung, an dem ich meine Idee und meinen Gang hätte versinnlichen können. Ob ich also wollte oder nicht, ich mußte erst eine Tatsache durch mich aufstellen und durch das, was ich tat und vornahm, das Wesen meiner Ansichten klarzumachen, ehe ich auf fremde Unterstützung in dieser Hinsicht rechnen durfte. Es konnte mir in dieser Stellung im wesentlichen kein Mensch helfen. Ich mußte mir selber helfen. Meine Überzeugung war mit meinem Zweck eins."[37]

Das Stanser Projekt ließ sich nicht halten; Pestalozzi konnte es unter ruhigeren Bedingungen in Burgdorf fortsetzen. Danach errichtete er eine große Anstalt in Ifferten, dem heutigen Yverdon: Schule, Pensionat, Lehrerseminar, Armen- und Waisenhaus, ein Ort, mit dem Pestalozzi schon zu Lebzeiten legendären Ruhm in ganz Europa errang. Hierher kamen auch jene zwölf jungen preußischen Lehrer, die Humboldt zum Studium der „Methode" zu Pestalozzi entsandte.

Pestalozzi kam zur „Methode" als er in der Arbeit mit den Bauern- und Waisenkindern von der Mannigfaltigkeit der im Industrieschulprogramm eröffneten inhaltlichen Möglichkeiten die Rückfrage nach den elementaren Anfangsgründen der menschlichen Entwicklung stellte. Eine solche Frage mußte in eine Theorie formaler Bildung einmünden, weil sich nur so das Interesse von objektiven Erwartungen zu dem Anspruch des Subjekts auf sich selber verlagerte. Insofern stehen formale Theorien vom Prinzip her der pädagogischen Absicht näher als alle materialen Theorien; und daher kann es auch nicht verwundern, in der Geschichte der Pädagogik gerade bei den großen Klassikern immer wieder auf deren Strukturen zu stoßen. Die spezielle Faszination der „Methode" Pestalozzis bestand darin, daß in ihr zwei ganz unterschiedliche Auslegungsmöglichkeiten formaler Theorie miteinander verknüpft waren. Konzepte formaler Bildung können nämlich einerseits verstanden werden als didaktische Auslegung einer Theorie der subjektiven menschlichen Möglichkeiten; sie lassen sich aber andererseits auch darstellen als eine Theorie von Grundfähigkeiten, die die Mannigfaltigkeit der gegenständlichen Welt auf ihre objektiven Grundstrukturen zurückführen. Pestalozzi fand für den Bereich der Erkenntniskräfte („Kopf") – im Unterschied zu den emotionalen („Herz") und körperlichen („Hand") Kräften – Form, Zahl und Wort als die Elementarpunkte. In ihnen aber waren die Alternativkonzepte formaler Bildung vereint: Von den menschlichen Möglichkeiten her entsprachen Form und Zahl den reinen Formen der Anschauung „Raum" und „Zeit", während das Wort als auf die Kategorien, (d.h. auf die Grundbegriffe, die menschliche Erfahrung möglich machen und für diese vorausgesetzt werden müssen) beziehbar gedacht werden konnte. Die Mannigfaltigkeit der Welt schien ebenso schlüssig aufgehoben zu sein in der den Elementarpunkten korrespondierenden Unterweisung. Mit der „Methode" entdeckte die Pädagogik die Entwicklung derjenigen subjektiven Kräfte, denen zugleich objektive Bedeutung als Schlüssel des Weltverständnisses zukommt.

Die erste zusammenfassende Darstellung der „Methode" gab Pestalozzi in „Wie Gertrud ihre Kinder lehrt" (1801). Das Buch in Briefform (der irreführende Titel stammt vom Verleger) ist nichts weniger als eine Anleitung für Mütter.

Der theoretische Hintergrund der Pestalozzischen „Methode" zeigt eine gewisse Parallele zur Erkenntnistheorie Kants. In einem strengeren Sinne traf sie nur zu auf Form und Zahl, die den von Kant definierten reinen Formen der Anschauung (Raum und Zeit) „zugeordnet" werden konnten, während dem Pestalozzischen „Wort" nicht die gleiche kategoriale Bedeutung zukommen konnte. Pestalozzi versuchte für diesen dritten Elementarpunkt auf letzte Urbestandteile zurückzugehen, auf die Laute und ihre Zusammensetzung. Damit kam er aber zu keinem sinnvollen Ergebnis, weil die für die Möglichkeit menschlicher Erfahrung vorauszusetzenden Kategorien nicht aus Lauten, sondern, wie Kant in der „Kritik der reinen Vernunft" gezeigt hatte, aus der Logik abgeleitet werden müssen. Aber Pestalozzi war nicht Erkenntnistheoretiker, sondern Pädagoge: „Ich will die Anstalt und nicht die Methode", konnte er ausrufen, wenn Abstraktheit und Formalität der Methode ihn bedrückten.

So ist durchaus offen, ob der Kantianer Johann Gottlieb Fichte, der in Pestalozzis Pädagogik das „wahre Heilmittel für die kranke Menschheit" sah und seine berühmt gewordenen „Reden an die deutsche Nation" (1807) als die modifizierte Bildungslehre Pestalozzis ausgab, die wirkliche Substanz des Pestalozzischen Denkens erkannt hatte. Sicher ist, daß die strenge Formalität der Methode, die Pestalozzi selbst immer problematischer wurde, ihn für die preußische Schulreform hoffähig machte. Von Johannes Ramsauer, einem Schüler und Mitarbeiter Pestalozzis, stammt ein authentischer Bericht über die von Pestalozzi praktizierte Anwendung der „Methode" auf den Sprachunterricht:

> „Das beste, was wir bei ihm hatten, waren die Sprachübungen, wenigstens diejenigen, die er an den Tapeten des Schulzimmers mit uns vornahm, und die wahre Anschauungsübungen waren. Diese Tapeten waren sehr oft alt und zerissen und vor

diese mußten wir uns auf zwei bis drei Stunden nacheinander hinstellen und von darauf gemalten Figuren und eingerissenen Löchern sagen, was wir hinsichtlich ihrer Form, Zahl, Lage und Farbe sahen und das Gesehene und Bemerkte in immer größere Sätze zusammenfassen. Dann sagte er: Buben, was seht Ihr? (Die Mädchen nannte er nie).
Antwort: Ein Loch in der Wand.
Ein Schrantz (Riß) in der Wand.
Pestalozzi: Gut! Sprecht mir nach:
Ich sehe eine Loch in der Tapete.
Ich sehe ein langes Loch in der Tapete.
Hinter dem Loch sehe ich die Mauer.
Hinter dem langen schmalen Loch sehe ich die Mauer.
Pestalozzi: Sprecht mir nach:
Ich sehe Figuren an der Tapete.
Ich sehe schwarze Figuren an der Tapete.
Ich sehe schwarze runde Figuren an der Tapete.
Ich sehe eine viereckige gelbe Figur an der Tapete.
Neben der viereckigen gelben Figur sehe ich eine schwarze runde.
Die viereckige Figur ist durch einen dicken schwarzen Strich mit der runden verbunden." [38]

Humboldt hatte die Bedeutung Pestalozzis nicht erfaßt, als er die „Methode" für die Elemtarschulreform als gut befand. Aber der von ihm als Chef der Sektion des Kultus und Unterrichts verfolgte Reformgrundsatz einer Einheitlichkeit und Gleichheit des Elementarschulunterrichtes für alle Kinder, unabhängig von ihrer weiteren Lebens- und Berufsperspektive, schien durch die Formalität der „Methode" nicht nur bestätigt, sondern vor allem auch unterrichtspraktisch realisierbar zu sein. Pestalozzis Industrieschulprogramm hingegen, das den Armen zur Bewahrung seiner Menschenwürde im Status der Armut erziehen wollte, war Humboldt unannehmbar. Für Pestalozzi jedoch gehörte beides zusammen. Die Schul- und Unterrichtsgeschichte hat Pestalozzi mit seinem Unbehagen an einer rein formalistischen Unterrichtskonzeption Recht gegeben: Jeder auch noch so konsequent auf Formalstrukturen verpflichtete Unterricht vollzieht sich im Medium von Inhalten, die ihrerseits Wirkungen zeigen, die über ihre formal bildende Kraft hinausweisen und deshalb einer selbständigen inhaltlichen Reflexion bedürfen.

Auf Pestalozzis Grab in Birr und auf einem Denkmal in Yverdon (dort in französischer Sprache) sind die Stationen seiner Biographie als Pädagoge festgehalten:

„Retter der Armen auf Neuhof.
Prediger des Volkes in ‚Lienhard und Gertrud'.
Vater der Waisen in Stans.
Gründer der Volksschule in Burgdorf.
Erzieher der Menschheit in Ifferten.
Mensch, Christ, Bürger.
Alles für andere, für sich nichts."

Dignität der Praxis: Schleiermacher

Friedrich Daniel Ernst Schleiermacher ist ebenso bedeutend als Theologe wie als

Platoübersetzer, als Ethiker und Pädagoge. Der protestantische Theologe Karl Barth schrieb über ihn:

> „Nicht eine Schule stiftete er, sondern ein Zeitalter... An die Spitze der Theologie der neuesten Zeit gehört und wird für alle Zeiten gehören der Name Schleiermacher und keiner neben ihm... Der Mann, der Schleiermacher nicht nur kritisieren, sondern sich mit ihm messen könnte, ist noch nicht auf dem Plan." [39]

Dieses Urteil zielt auf Schleiermachers Stellung als Theologe; es kann aber auch auf andere Bereiche der Schleiermacherschen Tätigkeit bezogen werden. Er war in vollem Sinne des Wortes Repräsentant der „Deutschen Bewegung" und als Direktor der Wissenschaftlichen Deputation der Sektion des Kultus und Unterrichts einer der wichtigsten Berater Humboldts bei der preußischen Schulreform. Da Schleiermacher ein Klassiker der Pädagogik ist, dessen denkerische Leistung gewiß nicht hinter der Humboldts zurücksteht, gebührt ihm auch innerhalb einer Geschichte der Pädagogik ein selbständiger Platz. Die Tatsache, daß Schleiermacher der „Deutschen Bewegung" zuzurechnen ist, und mit Humboldt an der Reform des Bildungswesens zusammenarbeitete, bedeutet nicht, daß er Neuhumanist im engeren Sinne des Wortes gewesen wäre.

Schleiermacher trug entscheidend bei zum Übergang der „Deutschen Bewegung" von ihrer klassisch-dichterischen und humanistischen in eine religiöse und romantische Phase. Er war von Kind an religiös geprägt durch den Pietismus, hatte in Halle Theologie, Philosophie und alte Sprachen studiert, war dann an verschiedenen Orten Hauslehrer, Prediger und Seminarleiter, Theologieprofessor in Halle, Pfarrer in Berlin und schließlich Professor an der neu gegründeten Berliner Universität und hier der erste Dekan der Theologischen Fakultät. Er teilte die schroffe Ablehnung der Aufklärungspädagogik durch die Deutsche Klassik, er verachtete die von der Aufklärung zum Ideal erhobene Reduktion des Menschen auf den Ökonomen. In einer kritischen Rezension zur Schrift des Aufklärungspädagogen Johann Friedrich Zöllner hatte er das öffentlich angezeigt. Aber die dem industriösen „Nützlichkeitsmenschen" entgegengesetzte Lebensform des in-sich-ruhenden, der Entfaltung der eigenen Individualität hingegebenen Gebildeten, wie sie der Humboldtschen Bildungsphilosophie zugrunde lag, erschien ihm ebenfalls als eine höchst einseitige Position. Die von ihm schon vor der Jahrhundertwende konzipierten „Reden über die Religion an die Gebildeten unter ihren Verächtern", waren an die Neuhumanisten gerichtet. Ein gegenüber der Aufklärung fortgeschrittener Standpunkt wurde ihnen von Schleiermacher zuerkannt, zugleich aber der darin enthaltene Hochmut mißbilligt.

> „Es ist Euch gelungen, das irdische Leben so reich und vielseitig zu machen, daß Ihr der Ewigkeit nicht mehr bedürft. Und nachdem Ihr Euch selbst ein Universum geschaffen habt, seid Ihr überhoben, an dasjenige zu denken, was Euch schuf." [40]

Schleiermacher sagte die Wiederentdeckung der Religion durch die Gebildeten voraus. Er meinte mit „Religion" das individuelle Verhältnis des Menschen zu Gott – sein pietistisches Erbe – und einen zugleich positiven, auf Offenbarungswahrheit

FRIEDRICH SCHLEIERMACHER

begründeten Aussagezusammenhang. Die „natürliche Religion", also eine philosophische Gotteslehre, die sich nur auf Vernunft gründete, erklärte er für einen Widersinn. Der philosophisch geschulte Aufklärer hatte – sofern er noch nicht zum Atheismus fortgeschritten war – diese natürliche Theologie vor allen von den Kirchen repräsentierten, konfessionell gebundenen Offenbarungsreligionen bevorzugt. Rousseau hatte die natürliche Theologie geradezu als letzte Verteidigungsstellung des Christentums angesehen und leidenschaftlich vertreten. Schleiermacher folgte hier Kant, der in der „Kritik der reinen Vernunft" die Metaphysik, die den Nerv einer jeden „natürlichen Theologie" ausmacht, als einen „Skandal der Vernunft" erwiesen hatte. Schleiermacher fügte hinzu, daß und warum eine allgemeine Religion eine ebensolche Schimäre sei wie eine von aller Nationalität entblößte Sitte, eine von der Kommunikation lebendiger Menschen abgezogene allgemeine Sprache, ein von der Solidarität einer Lebens- und Schicksalsgemeinschaft abstrahierter allgemeiner Staat. Er beharrte darauf, daß es nur historisch-positive Religionen gebe und geben könne, weil Religion allein aus Praxis und Erfahrung handelnder Menschen entstehe. Schleiermacher begnügte sich keineswegs damit, wissenschaftlich-analytisch feststellen zu wollen, was Religion sei, sondern er wollte Religion verkünden. Aufgrund seiner Überzeugung, daß alle Religion eine individuelle Basis habe, mußte er hier den Ausgangspunkt für Verständnis und Geltung suchen; und eine Ableitung theologischer Normsätze auf die Lebensbereiche der Menschen kam für ihn nicht in Betracht. Der christliche Glaube war für Schleiermacher keine Handlungsanweisung, sondern die Motivation des christlichen Handelns selber. Die von ihm immer wieder eingeschärfte Maxime lautete, der Mensch solle alles *mit* Religion tun, nichts *aus* Religion.

Die methodologischen Annahmen, die Schleiermacher zunächst auf die Theologie anwandte, erwiesen sich dann als ebenso bedeutsam für Pädagogik und Ethik. Die Grundregeln der Hermeneutik und die Zirkelhaftigkeit eines hermeneutischen Denkens wurden von Schleiermacher mit großer Klarheit gesehen: Um irgendeine Erscheinung der Wirklichkeit zu verstehen – einen Text (zunächst den der Hl. Schrift, dann aber jede schriftliche Überlieferung), ein Kunstwerk, soziale Ordnungsstrukturen, menschliche Handlungszusammenhänge –, muß eine wenigstens schematische Vorstellung vom Gesamtsinn der Erscheinung vorausgesetzt werden. Ohne Hypothese über das Ganze vermag der Mensch auch nichts Einzelnes zu erfassen. Das Einzelne aber ist selber wieder der Bestimmungsgrund für Fragestellung und Hypothesenbildung:

„...ihr könnt es euch nicht fest genug einprägen, daß alles nur darauf ankommt, ihre Grundanschauung zu finden, daß euch alle Kenntnis vom Einzelnen nichts hilft, solange ihr diese nicht habt, und daß ihr sie nicht eher habt, bis ihr alles Einzelne aus Einem erklären könnt."[41]

Innerhalb der Theologie folgte hieraus für Schleiermacher, daß das Gegenstück zum individuellen Charakter der Religion die Einsicht sei, nur in allen Individuen zusammen könne das Ganze der Religion sein. Darum interpretierte er den religiösen Menschen als den geselligen Menschen; und von daher ist sein Engagement für pädagogische Fragen begründet. Das ungemein Interessante, ja Aufregende an Schleiermachers Pädagogik ist, von dieser Herleitung betrachtet, daß die für die Theologie eingehaltenen methodologischen Grundannahmen in der Pädagogik noch einmal ganz eigenständig zur Geltung gebracht wurden und nicht etwa eine Ableitung von seinem System der Theologie oder der Ethik auf Erziehungsfragen vorgenommen wurde. Schleiermacher suchte den Ausgangspunkt für eine Wissenschaft von der Erziehung nicht in normativ der Pädagogik vorgeordneten Theoremen, auch nicht in einer vorpädagogischen Ethik, nicht einmal in der von ihm selber entwickelten, sondern in der Wirklichkeit der historisch gewordenen Erziehungsstrukturen. Das aber war eine Absage an jeden vorgängigen theoretischen Anspruch, der unterstellt, daß Erziehungstheorie der (gute) Entwurf und die Praxis die (zumeist schlechte) Ausführung sei. Die Anmaßung des doktrinären und notwendig technologisch gedachten Erziehungsverständnisses war damit als in sich unstimmig und unvollziehbar zurückgewiesen. Stattdessen hieß es nun bei Schleiermacher:

„Großes Gewicht wurde... auf die äußeren Einwirkungen gelegt, und wenn die Theorie auch erst später entstand, so fehlte der erziehenden Tätigkeit doch nicht der Charakter der Kunst. Ist doch überhaupt auf jedem Gebiet, das Kunst heißt in engerem Sinne, die Praxis viel älter als die Theorie, so daß man nicht einmal sagen kann, die Praxis bekomme ihren bestimmten Charakter erst mit der Theorie. Die Dignität der Praxis ist unabhängig von der Theorie, die Praxis wird nur mit der Theorie eine bewußtere."[42]

Schon lange vor den ersten Theoriebildungen ist erzogen worden und immer hat es vor der pädagogischen Theorie ein differenziertes System erzieherischer Institutionen und praktischer Regeln gegeben. In ihnen, den konkreten Verfahrensweisen der Praxis, so meinte Schleiermacher, sei die Zielsetzung der Erziehung als historischer Wirklichkeit schon gegeben, und eben hier müsse pädagogische Theorie ansetzen. Insofern kam Schleiermacher von seiner hermeneutisch angelegten Theologie zu einem hermeneutischen Konzept der Pädagogik, ohne auch nur einen einzigen theologischen Satz der Pädagogik normativ zuzuordnen. Die Erziehungswirklichkeit wurde von ihm, metaphorisch gesprochen, als der „Text" betrachtet, den es zu dechiffrieren, auszulegen und aufzuklären galt. Dies freilich geschah um des Handelns willen, das über sich aufgeklärt, eine höhere Entwicklungsstufe erreicht. Ein solches Wechselverhältnis von vorgängiger Praxis und aufklärender, die Praxis weitertreibender Theorie enthält natürlich auch eine ethische Dimension. Insofern bedeutet es keinen Widerspruch zum hermeneutischen Ansatz, wenn Schleiermacher unter anderem Aspekt sagte:

„Die Pädagogik ist eine rein mit der Ethik zusammenhängende, aus ihr abgeleitete, angewandte Wissenschaft, der Politik koordiniert."[43]

Dieser Satz war kein Widerspruch zu einer hermeneutisch aus der Praxis entwickelten Pädagogik, weil erzieherische Praxis menschliches Handeln ist, und das hieß eben auch: Material und Problemstellung für eine Sittenlehre. Die Sittenlehre als ethische Theorie muß sich zum Handeln ebenso hermeneutisch verhalten wie die pädagogische Theorie zur Erziehung. Vorstellbar ist demnach eine Ethik, die den Gesamtkontext der Erziehung bereits in sich aufgenommen und verarbeitet hat. Ihr gegenüber konnte die Pädagogik als eine angewandte Wissenschaft definiert werden; daraus folgt aber nicht, daß ihr vorpädagogische Erziehungsziele angewiesen werden. Die Erziehung hat, darin stimmte Schleiermacher mit Rousseau überein, eine Eigenstruktur, die es wissenschaftlich zu entfalten und als ethisches Verhältnis zu begreifen gilt.

Die theoretischen Annahmen, die Schleiermacher mit der Deutschen Bewegung verbanden, ließen Umrisse eines für wünschbar gehaltenen Systems der Erziehung und der Schulorganisation erkennen, die tendenziell mit denen Humboldts und anderer preußischer Reformer übereinstimmten. Das war die Voraussetzung für gemeinsame politische Arbeit. Aber die Übereinstimmungen hatten sehr spezifische Grenzen. Sie ergaben sich dadurch, daß Schleiermacher mit seiner hermeneutischen Konzeption von Pädagogik ein anderes Verhältnis zu den vorgefundenen und wie auch immer bekämpften erzieherischen Praktiken und pädagogischen Institutionen hatte. Schleiermachers Urteil über die Leistungen und Fehler der Aufklärungspädagogik war abgewogener als das von Humboldt oder Niethammer, von Evers ganz zu schweigen. So konnte sein Bild von der Schule sehr viel realistischer als dasjenige Humboldts sein. Obwohl Schleiermacher den großen Sinn der Bildungsreform und ihrer Grundsätze mittrug, blieb er reserviert der doktrinären Radikalität gegenüber, mit der Humboldt das Einheitsschulsystem durchsetzen und die differenzierten Bildungseinrichtungen der bürgerlichen Schicht beseitigen wollte. Schleiermacher wußte, daß eine nicht aus den historischen Entwicklungsbewegungen herausgearbeitete Theorie keine Chance hatte, die Veränderungen im intendierten Sinne sicherzustellen. Die Rückbindung seiner Pädagogik an den sozialen Kontext der erzieherischen Tradition ermöglichte es ihm, die Mannigfaltigkeit der vorgefundenen Erziehungsformen und pädagogischen Verhaltensweisen in einer hermeneutisch fortschreitenden Differenzierung zu Gegensatzpaaren zu ordnen und miteinander zu verschränken. Die bekanntesten der von Schleiermacher herausgearbeiteten Gegensatzpaare sind die von

- direkter (positiver) Erziehung und indirekter (negativer) Erziehung,
- Rezeptivität und Spontaneität,
- Unterstützung und Gegenwirkung,
- Bildung des Gewissens und Entfaltung der Fertigkeiten,
- formaler und materialer Bildung.

Im einzelnen waren Bearbeitung und Lösung dieser, das pädagogische Denken und Handeln in Spannung haltender Gegensätze nicht neu. Humboldt etwa hatte die

Dialektik von formaler und materialer Bildung in seiner Bildungstheorie uneingeschränkt ausgetragen: Er hatte als Individualitätstheoretiker das formale Prinzip mit den Kategorien der Individualität, Universalität und Totalität als die eigentlich pädagogische Struktur der Bildung erwiesen; zugleich hatte er über die ideale Norm der Humanität das materiale Moment durch die geschichtlich höchste Realisierung im Griechentum eingeholt. Diese inhaltliche Realisierung hatte er dann, wenn auch nur mit relativer Verbindlichkeit, in die Bildungstheorie eingefügt.

Ungeachtet der Frage, ob und inwieweit Schleiermacher der bildungstheoretischen Lösung Humboldts zustimmen konnte, ist hier ein anderer Gesichtspunkt zu betonen. Schleiermacher behandelte nicht nur einzelne Gegensatzpaare, sondern er entwickelte erstmalig einen Gesamtzusammenhang der Erziehung als ein Gefüge aus Gegensatzpaaren, als eine dialektische Struktur. So erschien ihm dann die Erziehung insgesamt als die Einwirkung der älteren Generation auf die jüngere; dadurch aber war Erziehung als Teil der allgemeinen Sittlichkeit definiert, so daß sie nicht von einer normativen Ethik deduziert sein konnte, sondern von der Ethik mit aufzuklären war, sich also hier noch einmal eine Wechselwirkung auch auf der Ebene der Theorien (zwischen Ethik und Pädagogik) ergab.

Schleiermacher hielt als Professor der Universität Berlin zwischen 1813 und 1826 mehrfach Vorlesungen über Pädagogik. Manuskripte sind nicht erhalten. Es ist nicht bekannt, ob solche überhaupt existiert haben; möglicherweise hat Schleiermacher nach den Stichworten, die sich in seinen handschriftlichen Aufzeichnungen fanden, die Vorlesungen frei gehalten. Es gibt aber vorzügliche Nachschriften, die erstmalig 1849 publiziert wurden. Über die unmittelbare Wirkung der Vorlesungen wissen wir wenig. Es ist anzunehmen, daß nur ein sehr kleiner Kreis von Studenten diese Vorlesungen hörte, daß einige Hörer mit außerordentlich großem Verständnis folgten und mitschrieben. Als die Vorlesungen Schleiermachers dann 30 Jahre später publiziert wurden, hatte sich die Zeitstimmung von den Denkweisen der Deutschen Klassik abgewandt: Nach dem Scheitern der bürgerlichen Revolution von 1848 gab es für die Pädagogik der Klassik und für expansive Bildungspolitik aus dem Geist der preußischen Reform kein Publikum mehr. Wäre die Pädagogik Schleiermachers, die nicht nur wie bei den Neuhumanisten eine Bildungslehre enthielt, sondern auch Grundzüge einer hermeneutisch konzipierten Erziehungswissenschaft, zu der Zeit ihres Entstehens öffentlich diskutiert worden, so wäre die Pädagogik im 19. Jahrhundert nicht jahrzehntelang dem Herbartianismus allein überlassen geblieben.

Johann Friedrich Herbart publizierte seine pädagogischen Schriften, die in knapper, präziser Form abgefaßt und insofern gut rezipierbar waren, unmittelbar nach dem Entstehen. Noch wichtiger aber war, daß Herbarts Pädagogik eng mit einer sich als Wissenschaft entwickelnden empirischen Psychologie verknüpft war, so daß sie ihren Wissenschaftsanspruch auch von den Fortschritten der Psychologie her begründen konnte, ein Umstand, der ihrer Verbreitung in der 2. Hälfte des 19. Jahrhunderts außerordentlich entgegenkam. Die Rezeption der Pädagogik Schleiermachers setzte demgegenüber das Interesse an einer historisch-hermeneutisch verfahrenden Geisteswissenschaft voraus. Ein solches Interesse aber war nach Schleiermacher erst wieder am Ende des 19. Jahrhunderts wirksam. Dilthey brachte dieses

Interesse in ein weithin wirkendes wissenschaftstheoretisches Konzept, in die Theorie der Geisteswissenschaften ein. Zu diesem Zweck griff Dilthey auch auf Schleiermacher zurück; und für die an Dilthey anschließende geisteswissenschaftliche Pädagogik in der ersten Hälfte des 20. Jahrhunderts gehörte dann folgerichtig auch Schleiermacher zu den „Klassikern“.

Die Schulreform in Preussen 1808-1819

Das Bildungswesen in der Stein-Hardenbergischen Reform: Sektionschef Wilhelm von Humboldt

Humboldts Bildungstheorie war eine Lebenslehre, die keine schulpädagogischen Absichten enthielt. Humboldt hatte auch bis zu dem Tage, an dem er in das höchste bildungspolitische Amt Preußens berufen wurde, weder eine staatliche Spitzenposition erstrebt noch ein spezielles pädagogisches Fachwissen erworben. Seine Lebenszeit von 1767-1835 deckte sich ziemlich genau mit der als „Deutsche Bewegung“ bezeichneten Zeitspanne, zu deren wichtigsten Repräsentanten Humboldt gehörte. Er wuchs unter der Obhut von Privatlehrern auf – Campe gehörte dazu –, die ihn im Sinne der aufklärerischen Adelserziehung umfassend, wenn auch wohl etwas trocken instruierten. Eine Schule hat er niemals besucht. Er studierte, um Jurist zu werden, interessierte sich aber mehr für Kunst und Altertumswissenschaften. In Göttingen begegnete er dem Neuhumanisten Heyne, durch dessen Einfluß sich ihm ganz neue Perspektiven eröffneten. Humboldt war kurze Zeit im Justizdienst tätig, schied nach seiner Heirat aus dem Amt aus, um sich seinen Studien zu widmen, lebte in Paris, in Spanien – dort studierte er die Sprache der Basken, die einzige nicht-indogermanische Sprache Westeuropas –, im Berlin der beginnenden Romantik und seit 1802 in Rom, wo er preußischer Gesandter beim Vatikan war, ein reines Briefkastenamt ohne besondere Arbeitsbelastung.

Seine erste, nur auszugsweise publizierte Schrift hieß „Ideen zu einem Versuch, die Grenzen der Wirksamkeit des Staates zu bestimmen“ (1791). Es war eine Schrift, die mit dem sich als Zuchtmeister der Gesellschaft aufwerfenden merkantilistischen Verwaltungsstaat abrechnete, ihn in die Schranken bloßer Nachtwächterfunktionen zurückverwies und ihm vor allem jegliches Erziehungsrecht bestritt: Der Staat opferte den Menschen dem Untertanen – die Aufklärungspädagogik rechtfertigte das innerhalb der Grenzen der Grundrechte des Menschen. Humboldt verwarf den Erziehungsanspruch des Staates und setzte ihm die Bindung der Erziehung ausschließlich an die individuelle Selbstentfaltung entgegen.

Nachdem er sieben Jahre in Rom gelebt hatte, wurde er 1809 zum Geheimen Staatsrat und Direktor der Sektion des Kultus und Unterrichts im Preußischen Innenministerium berufen. Mit dieser Stelle war erstmalig im preußischen Staat ein zentrales Amt für alle Schulfragen geschaffen worden – vordem endeten die Zuständigkeiten bei den Oberpräsidenten der Provinzen. Deshalb kann man sagen, daß Humboldt der erste preußische Kultusminister war, wenn ihm auch der Ministerrang nicht zukam, er vielmehr nur einer Abteilung im Innenministerium vorstand. (Einen Kultusminister gab es in Preußen erst ab 1817.) Für dieses Amt schien Humboldt wenig geeignet, wenn man seine Biographie mit formalen Kriterien erworbener Qualifikationen und einschlägiger Erfahrungen mißt. Er selbst widerstrebte diesem Amt und depeschierte in das ferne und kalte Königsberg, in dem die preußische Regierung nach der Niederlage gegen Napoleon 1806/07 residierte: „...ich wünsche in Rom zu bleiben und bitte darum, allein ich unterwerfe mich dem Willen des Königs, wenn er etwas anderes verfügt". Der König verfügte anders, Humboldt gehorchte. Entgegen seiner Selbsteinschätzung hätte 1809 schwerlich jemand gefunden werden können, der für das Ressort des Kultus und Unterrichts qualifizierter war als er. Denn die Reform des preußischen Unterrichtswesens hatte 1809 nur dann eine produktive Perspektive, wenn sie in das Gesamtkonzept der Stein-Hardenbergischen Reformen eingeordnet wurde. Genau diese Aufgabe erfaßte Humboldt vollständig und wußte sie, abgestimmt mit den Maximen der eigenen Bildungsphilosophie ebenbürtig auszugestalten.

Der Staatsminister, der die preußischen Reformen insgesamt konzipiert und eingeleitet hatte, war der Freiherr vom und zum Stein. Als Humboldt sein Amt antrat, war Stein bereits entlassen, hatte jedoch Humboldt für die Sektion des Kultus und Unterrichts vorgeschlagen. Nach dem napoleonischen Sieg 1806/07 hatte Preußen nur noch eine Überlebenschance bei schonungsloser Überprüfung aller staatlichen und kommunalen Institutionen. Die Kräfte in der preußischen Gesellschaft, die die mißliche Situation ihres Landes weniger in der Stärke Frankreichs als in den verkrusteten und überlebten Strukturen des Staates Friedrichs des Großen sahen, konzentrierten sich auf die Agrar-, Städte-, Verwaltungs- und Heeresreform. Alle diese Reformen zielten darauf, den schöpferischen Kräften des Volkes Raum zu geben und für den einzelnen Menschen Bedingungen seiner sozialen Existenz zu schaffen, die ihn vom Untertanen zum selbstbewußten Subjekt staatsbürgerlicher Identität werden lassen konnten. Das galt auch für die Armee, wo unter dem Schlagwort von der „Freiheit des Rückens" die Prügelstrafe abgeschafft wurde und als Kriterien der Offiziersauswahl geistige Bildung und Führungsqualitäten an die Stelle von vornehmer Herkunft traten. Von den 143 Generälen, die 1806 kommandiert hatten, waren 1813 nur noch zwei im Dienst (Blücher, Tauentzien), alle anderen waren wegen Feigheit oder Unfähigkeit entlassen worden. Dies war die unerläßliche Voraussetzung dafür, daß bei Ausbruch der Befreiungskriege (1813) Preußen ein Volksheer mobilisieren konnte.

Die Maximen der Reform waren in allen Bereichen bei den handelnden Akteuren anerkannt; Meinungsverschiedenheiten bestanden nur in Fragen der Konkretisierung. Außerhalb des Kreises der Reformer gab es natürlich auch Kritik an den Grundlagen. Denn das Reformwerk insgesamt zielte auf einen so weitgehenden Abbau der traditionellen hierarchischen Gesellschaftsstrukturen, daß es vielen Angehörigen der feudalen Herrschaftsschicht als Anarchie, Revolution und Untergang aller Werte erschien. Von diesen Reformgegnern wurde der Freiherr vom Stein mit einem abgefangenen Brief, in dem eine antifranzösische Bemerkung enthalten war, bei den Franzosen denunziert und so seine Entlassung erzwungen. Mit der Entlassung Steins (1808), formierte sich der reaktionäre Widerstand, zunächst vor allem der Großgrundbesitzer gegen die Agrarreform, später auch gegen die Reform auf anderen Gebieten. Während die durch die Verhältnisse Privilegierten die Reform zu verhindern trachteten, offiziell aber die Reformpolitik fortgesetzt wurde, wuchs die Bedeutung des Bildungswesens.

Stein waren Schulen nur von untergeordneter Wichtigkeit, weil er einen gegenüber den Langzeitwirkungen des Bildungswesens sehr viel schnelleren Fortgang der gesellschaftlichen Erneuerung im Sinn hatte. Nachdem aber deutlich geworden war, daß der Reformprozeß ohne Stein langwieriger wurde und gegen mancherlei Widerstände durchgehalten werden mußte, fiel der Bildungsreform eine sehr viel wichtigere Aufgabe zu als ursprünglich gedacht. Die politische Bedeutung Humboldts ist als erstes darin zu sehen, daß er diesen Zusammenhang sofort und in vollem Umfang erfaßte. Die in die Geschichtsbücher eingegangene berühmte Wendung des Königs Friedrich Wilhelm III., derzufolge Preußen seine physischen Verluste durch geistige Leistungen ausgleichen müsse, war wohl von Humboldt formuliert und drückte sehr genau sein Verhältnis zur Reformprogrammatik aus. Ebenso wie Humboldt den Gesamtsinn der Reform verstand, so konnte er auch die konkreten Prinzipien der Steinschen Verwaltungsreform ohne Schwierigkeit auf sein Ressort anwenden: *Zentralisierung* der Verwaltung zu obersten Leitungs-, Beratungs- und Exekutivorganen: Deshalb war erstmalig eine Sektion des Unterrichts und Kultus gebildet worden; *Spezialisierung* der Verwaltung nach Fachbereichen: Deshalb mußte die Sektion eine hohe und spezifische Qualifikation für Bildungsfragen repräsentieren; *Verwissenschaftlichung* der Verwaltung: Deshalb richtete Humboldt Wissenschaftliche Deputationen (in Berlin, Königsberg und Breslau) ein, die die Sektion bei der Erstellung eines Gesamtkonzeptes für die Bildungsreform zu beraten hatten; und *Partizipation* der Nation an der Staatsverwaltung: Deshalb sollte das neue Bildungswesen in die Hand der freigesetzten Bürger gelegt und der Staat darauf beschränkt werden, das äußere Funktionieren der Institutionen zu sichern.

Humboldt ist nur sechzehn Monate lang Sektionschef gewesen. In dieser kurzen Zeit hat er das Reformwerk in den Hauptzügen eingeleitet und Perspektiven gesetzt, die dem preußischen Unterrichtswesen der meisten deutschen Staaten über ein Jahrhundert ein Maßstab waren, vor dem sich abweichende Entwicklungsstränge zu rechtfertigen hatten. Humboldt schied als Sektionschef aus, weil ihm der bei seiner Berufung zugesagte Kabinettsrang – direktes Vortragsrecht beim König, nicht nur mittelbar über den Innenminister – dann doch nicht eingeräumt wurde. Aber er schied damit nicht aus dem aktiven höheren Staatsdienst aus. In den folgenden Jahren war er preußischer Gesandter in Wien, beim Wiener und beim Pariser Kongreß, beim Frankfurter Bundestag, in London, schließlich Ständeminister. 1819 wandte er sich gegen die Karlsbader Beschlüsse, mit denen die Reformpolitik endgültig beendet war. Danach hat Humboldt sechzehn Jahre fern von den „Geschäften", auf dem väterlichen Schloß in Tegel gelebt, vertieft in seine Sprachphilosophie. In der Sektion des Kultus und Unterrichts hatte Humboldt zwei wichtige Mitarbeiter im Range von Staatsräten, Johann Wilhelm Süvern und Georg Heinrich Nicolovius. Süvern war Rektor einer Lateinschule und danach Professor für Altertumswissenschaften in Königsberg, von 1809-1818 war er Mitglied der Sektion. Er hat mit Humboldt gemeinsam die ersten Skizzen des neuen Bildungswesens entworfen, hat die Texte überarbeitet und administrativ ausgeführt. Nach Humboldts Ausscheiden hat er im gleichen Sinne bis zur Fertigstellung eines Schulgesetzes weitergearbeitet. Dieses Gesetz ist zwar nicht in Kraft gesetzt worden, aber selbstverständlich hat die Sektion von 1809-1818 in seinem Sinn administrativ gehandelt. Süvern schied aus dem Amt aus, als die Reformphase in Preußen zu Ende war. Da Humboldt nur sechzehn Monate, Süvern aber ein Jahrzehnt lang in der Sektion tätig war, spricht man von der Humboldt-Süvernschen Reform. Nicolovius war Theologe, trat schon 1807, also vor Humboldt in die gerade gegründete Sektion ein. Er verkörperte das religiöse Element und blieb auch nach Ende der Reformpolitik Mitarbeiter der Sektion.

Die wichtigste der drei wissenschaftlichen Deputationen wurde die Berliner, nachdem die preußische Regierung ihren Sitz von Königsberg wieder nach Berlin hatte legen können. Zum Direktor der Berliner Deputation wollte Humboldt den Altertumswissenschaftler Wolf bestellen, den er für den bedeutendsten aller Philologen seiner Zeit hielt und dem er freundschaftlich verbunden war. Aber Wolf war schwierig zu behandeln, nahm die Berufung zunächst an, trat dann gleich wieder zurück und beteiligte sich schließlich als außerordentliches Mitglied an den Beratungen der Deputation. Anstelle von Wolf gewann Humboldt Schleiermacher, der zu seinem kongenialen Berater, ja Mitarbeiter wurde, und der insbesondere für die von Humboldt gegründete Berliner Universität eine maßgebende Rolle spielte.

Für die Neuordnung des Unterrichtswesens hatte Humboldt einige Grundsätze, die locker mit seiner Bildungslehre und mit der allgemeinen Tendenz des Steinschen Reformwerkes verknüpft waren. Nicht so locker dachte er sich die Anwendung dieser Grundsätze. Er wollte das Neue nicht eigentlich aus dem Alten entwickeln und behutsam fördern, wie es etwa der Denkweise Schleiermachers entsprochen hätte, sondern als konstruktiven Entwurf gestalten.

Ein *erster Grundsatz* bestimmte den Vorrang der allgemeinen Menschenbildung vor aller speziellen Berufsbildung. Nach Humboldts Theorie der Bildung war dies eine begriffliche Unterscheidung zwischen Bildung und Ausbildung. Als solche bezog sie sich nicht unmittelbar auf Unterrichtsinhalte, sondern zunächst nur auf die Art der Vermittlung. Da Humboldt allerdings den Argwohn hegte, daß die Berufsausbildung „oft auf in ihren Gründen unverstandene Resultate" zielte, und überdies die für die menschliche Entwicklung unverzichtbare Sprachbildung in der Berufsausbildung nicht generell gesichert war, spitzte er den ersten Grundsatz zu einer schulorganisatorischen Maxime zu:

> „Alle Schulen aber, deren sich nicht ein einzelner Stand, sondern die ganze Nation oder der Staat für diese annimmt, müssen nur allgemeine Menschenbildung bezwecken. Was das Bedürfnis des Lebens oder eines einzelnen seiner Gewerbe erheischt, muß abgesondert und nach vollendetem allgemeinen Unterricht erworben werden. Wird beides vermischt, so wird die Bildung unrein, und man erhält weder vollständige Menschen noch vollständige Bürger einzelner Klassen."[44]

Aus dieser Trennung ist gefolgert worden, daß Berufs- und Fachschulen ebenso wie die praktische Berufsausbildung nur Kunstgriffe und Fertigkeiten vermittelten, daß sie sich in Training und Abrichtung erschöpften und nichts zur Personenbildung des Menschen beitrügen. Die pädagogische Disqualifizierung der Berufsausbildung erhielt von daher ihre Rechtfertigung. Tatsächlich vollzog sich während des ganzen 19. Jahrhunderts die Entwicklung des mit der Industrialisierung notwendig werdenden Systems der schulischen und betrieblichen Berufsausbildung unter völligem Desinteresse der Pädagogik und der Bildungspolitik. Am Maßstab der neuhumanistischen Bildungstheorie gemessen, war diese Folgerung aber ein Mißverständnis. Denn Humboldt ging es in erster Linie auch nur darum, den zu frühen Einsatz der Berufsausbildung zurückzuweisen, der durch die aufklärungspädagogische Ineinssetzung von Erziehung und Berufserziehung ausdrücklich gefordert worden war. Humboldt sah durchaus die personenbildende und zur Entfaltung der individuellen Möglichkeiten notwendige Kraft der beruflichen Bewährung, aber sie sollte erst auf der Grundlage einer allgemeinen Bildung einsetzen. Für die systematische Vorbereitung auf diese Bewährung forderte Humboldt ausdrücklich, daß es „viele Spezialschulen gebe und kein bedeutendes Gewerbe des bürgerlichen Lebens eine entbehre“.

Einen *zweiten*, ebenso wichtigen *Grundsatz*, leitete Humboldt aus dem Vorausgegangenen zwingend ab, nämlich daß es nur *einen* allgemeinbildenden Unterricht geben könne, das Schulwesen also ein horizontal nach Altersstufen gegliedertes Einheitsschulsystem sein müsse. Auf die Frage, ob es zwischen den Elementarschulen und den Gelehrtenschulen noch die von der Aufklärungspädagogik so leidenschaftlich geforderten und geförderten Mittel- und Realschulen geben solle, antwortete Humboldt lakonisch: „Ich bin dagegen“. Eine wie auch immer beruflich-ständische oder sozialschichtspezifische Differenzierung des Programms allgemeiner Menschenbildung hat er strikt verworfen:

> „Denn der gemeinste Tagelöhner und der am feinsten Ausgebildete muß in seinem Gemüt ursprünglich gleichgestimmt werden, wenn jener nicht unter der Menschenwürde roh und dieser nicht unter der Menschenkraft sentimental, schimärisch und verschroben werden soll.“[45]

Unter diesem Gesichtspunkt verlangte Humboldt von der Schulorganisation, „nirgend einzelne Teile der Nation, sondern ihre ganze ungetrennte Masse vor Augen“ zu haben. Der Begriff der „Elementarschule“ mußte daher im Reformwerk einen völlig neuen Sinn bekommen: Sie sollte nicht länger die Schule des armen Volkes sein, das nur mit einigem elementaren Wissen von der Religion und allenfalls einigen Kenntnissen des bürgerlichen Lebens auszustatten war, sondern die Schule, in der die Grundlagen der menschlichen Bildung für alle Kinder im gleichen Sinne zu legen waren. Aber so strikt Humboldt sich selbst und die Sektion auch auf diesen Grundsatz einschwor, so anachronistisch wäre es, daraus schon auf demokratische Vorstellungen zu schließen, oder gar an ein Gesamtschulkonzept zu denken. Die Einheit und Unteilbarkeit des allgemeinbildenden Unterrichtes war für Humboldt ein curriculares Prinzip, also die Einheit der Unterrichtsfächer, Unterrichtsinhalte und vor allem der Methode in der „vollständigen Einsicht der streng aufgezählten

Gründe", damit „jeder, auch der ärmste, eine vollständige Menschenbildung" erhielte. Insofern sollte es nach Humboldts Vorstellungen didaktisch gesehen nur eine Elementarschule und eine daran anschließende Schule (Gymnasium) geben, nicht aber dachte er, daß die Kinder aller Sozialschichten gemeinsam eine Schule besuchen würden. Die Abhängigkeit des Schulbesuchs vom Vermögensstand der Eltern hielt er für selbstverständlich, wenn auch mit dem Hochmut des Geistesaristokraten gegenüber den sozio-ökonomischen Realitäten etwas ironisch distanziert:

> „Auf diese Weise sehe ich keinen Mangel, dem durch eine Mittelschule abgeholfen werden müßte. Der ganz Arme schulte seine Kinder in die wohlfeilsten oder unentgeltlichen Elementarschulen, der weniger Arme in die besseren oder wenigstens teureren. Wer noch mehr anwenden könnte, besuchte die Gelehrten Schulen, bliebe bis zu höheren Klassen oder schiede vorher aus..."[46]

Die reformerische Radikalität des zweiten Grundsatzes war also von der Theorie der Bildung her bestimmt, ohne durch die politisch-ökonomischen Bedingungen ihrer Realisierung vermittelt zu sein. Der Vorstellung, das gesamte vorgegebene Bildungswesen aufgrund einer denkerisch-verbalen Setzung aufzulösen und etwas völlig Neues schaffen zu können, haftete von Anfang an eine gewisse Irrationalität an. Schleiermacher hatte aufgrund seines hermeneutischen Ansatzes ein realitätsnäheres Verhältnis zum Bildungswesen.

Der *dritte Grundsatz* war Humboldt durch Überlegungen aus seiner liberalistischen Jugendschrift nahegelegt, nämlich die Forderung, den Staat aus der Zuständigkeit für Erziehung und Bildung zu verdrängen. Diese Absicht als „Reform von oben" in Gang zu setzen, war natürlich etwas paradox. Da die staatliche Reglementierung der Schule im vollen Umfang überhaupt erst im Laufe des 19. Jahrhunderts erfolgte, haben Humboldts Kritiker die Bürokratisierung und Zentralisierung mit auf dessen Reformwerk zurückgeführt. In Ansehung der Humboldtschen Intentionen ist das gewiß eine Fehldeutung. Humboldt setzte vielmehr voraus, daß der preußische Staat den erforderlichen Akt der eigenen Selbstbegrenzung vollziehen werde. Das war die Voraussetzung dafür, daß er diesem Staate diente.

Ein *vierter* und letzter *Grundsatz* hing mit dem dritten auf das engste zusammen. Allen Bildungseinrichtungen war der Kampf gegen die Untertanenmentalität aufgetragen. Dieses spezifisch politische Moment von Bürgerfreiheit gehörte zum Kontext des Steinschen Reformwerkes. Humboldts Ebenbürtigkeit zeigte sich darin, daß ihm die Anwendung dieses Prinzips auf Schulen und Universitäten nicht zu einem politisch-ideologischen Indoktrinationsprogramm geriet, nicht einmal zu einem Konzept ausdrücklicher Belehrungen. Er vertraute allein auf die Kraft der Bildung, die den Menschen zur Selbstbestimmung, auch zur politischen, ermächtigen werde.

Das neue Gymnasium und der Philologenstand

Der Neuhumanismus nahm seinen Anfang nicht in Schulen und Universitäten, sondern außerhalb dieser und gegen sie. So zeigte die Erneuerung der Altertumswissenschaft mit ihrer Wendung zur Philologie in der zweiten Hälfte des 18. Jahrhunderts noch keine Wirkungen auf die Lateinschulen. Wohl aber hatte, als Humboldt sein Amt als Sektionschef antrat, der Neuhumanismus bereits an einigen Universitäten Fuß gefaßt. Der Boden für eine Reform des von der Aufklärungspädagogik in äußerste Bedrängnis versetzten Lateinschulwesens war gut vorbereitet; ihr galt Humboldts Hauptinteresse.

Nach den allgemeinen Reformgrundsätzen war klar, daß das neue Gymnasium keine Standesschule mehr sein durfte, wie es die Lateinschule für die Gelehrten gewesen war, sondern die zweite Stufe der allgemeinen Menschenbildung – heute würde man sagen: die Sekundarstufe – nach der Elementarschule, der ersten Stufe. Um diesen Charakter sicherzustellen, mußte das Gymnasium zunächst einmal didaktisch definiert werden als die Schule der formalen Ertüchtigung der menschlichen Kräfte. Nun hatte die philanthropische Erziehungstheorie ebenso argumentiert, aber die unabdingbar für jeden Bildungsgang notwendigen Inhalte aus dem Umkreis der gesellschaftlich-beruflichen Aufgaben entnommen und von daher einen Differenzierungsgesichtspunkt für unterschiedliche Schullaufbahnen gewonnen.

Humboldt ging in der inhaltlichen Ausfüllung des Rahmens, den die formale Bildungstheorie bereitstellte, den entgegengesetzten Weg. Zwar setzte auch er eine Fülle prinzipiell gleichwertiger inhaltlicher Bildungsmöglichkeiten voraus. Da ihm aber nicht – wie seinem Lehrer Campe – die Rechtfertigung der Berufs- und Standeserziehung notwendig erschien, er vielmehr gerade dieser Konzeption vorwarf, die „Menschen um der Sachen, die Kräfte um der Resultate willen vernachlässigt" zu haben, brachte er in Übereinstimmung mit seiner Bildungslehre die Theorie des Klassischen als materialen Bestimmungsgrund ein. Damit konnte er dann, didaktisch gesehen, die gymnasialen Unterrichtsfächer auch in einen inhaltlichen Zusammenhang mit den Schulzielen einstellen. Das Gymnasium sollte seine Didaktik vor keiner anderen Instanz – auch nicht zusätzlich oder als Nebenaspekt – legitimieren als der der Menschenbildung, und das hieß, daß auch die Ansprüche universitärer Studien irrelevant waren.

Für den Lehrplan des neuhumanistischen Gymnasiums sah Humboldt drei Arten von Unterrichtsfächern vor, den gymnastischen Unterricht, den es bis dahin als Leibeserziehung nur in Ritterakademien, Kadettenanstalten und Philanthropinen gegeben hatte, der aber durch den Rückgriff der Altertumswissenschaften auf die Griechen als Teil der harmonisch-proportionalen Ausbildung aller Kräfte anerkannt wurde, den ästhetischen Unterricht, dem unter den gleichen Gesichtspunkten eine bildende Wirkung zuerkannt wurde, und schließlich den didaktischen Unterricht. Der von Humboldt „didaktisch" genannte Unterricht war das Kernstück des neuhumanistischen Lehrplans. Er prägte das Bild dessen, was dann ein Jahrhundert lang in Deutschland unter „Gymnasium" verstanden wurde.

Der Begriff des „Didaktischen" in der Humboldtschen Verwendung ist heute nicht mehr üblich. In die gegenwärtige erziehungswissenschaftliche Terminologie übersetzt, würde am ehesten die Bezeichnung „wissenschaftspropädeutischer Unterricht" das treffen, was Humboldt mit „didaktischem Unterricht" meinte. Denn dieser Unterricht sollte im Dienste der menschlichen Bildung auf die Wissenschaften vorbereiten. Diese bildende Funktion wurde der Wissenschaft zugetraut, weil sie die Geltung ihrer Aussagen durch den Appell an die Vernunft geltend macht und damit demjenigen, der sich in unmündiger Abhängigkeit von einem Lehrer befindet, den Weg ebnet zu eigenem Urteil und begründeter Kritik. Das aber ist für den Zögling die Voraussetzung, unter der ihm der Widerspruch gegenüber den Verbindlichkeiten möglich wird, den die Erziehung ihm auferlegt und unnachläßlich auferlegen muß. Der Widerspruch kann hier freilich nicht gedacht sein als Berufung auf beliebige Subjektivismen – Humboldt nannte das die „feige Schwäche, zufälligen Schwierigkeiten der Umstände und der physischen Natur nachzugeben" –, sondern ist nur zugestanden bei der Berufung auf Wahrheit und objektiven Wert. Im Konflikt mußte und sollte ein solcher Widerspruch auch gegen die Autorität und gegen das Wort des Lehrers durchgestanden werden: „Amicus Plato, magis amica veritas!" (lieb ist mir Plato, lieber aber ist mir die Wahrheit). Der Scientismus hatte in der Gymnasialpädagogik eine zentrale Berechtigung, so unzulänglich er als didaktisches Gesamtkonzept auch immer sein mochte. Humboldt konzentrierte daher den Unterricht auf Philosophie und Mathematik. Die Philosophie stellte sich ihm in zwei Formen dar, entweder rein, das hieß für ihn in der Form der Sprache, oder historisch-philosophisch. Mit dem „historisch-philosophischen Unterricht" war auch der naturwissenschaftliche Unterricht gemeint, weil das Wort „historisch" im 18. Jahrhundert nicht nur „geschichtlich" bedeutete, sondern „empirisch" schlechthin. Auch die Aufklärungspädagogen sprachen, wenn sie vom naturwissenschaftlichen Unterricht handelten, vorzugsweise vom „naturhistorischen Unterricht". Tatsächlich traute Humboldt den Naturwissenschaften nicht recht über den Weg. So wie Kant in der „Kritik der reinen Vernunft" die Allgemeingültigkeit der Galileischen und Newtonschen Physik philosophisch auf den Begriff gebracht hatte, indem und insoweit sie auf Mathematik rückführbar war, so sah Humboldt die bildenden Möglichkeiten der Naturwissenschaften im wesentlichen durch die Mathematik repräsentiert. Dies lag ihm umso näher, als er in der Mathematik nicht nur die Evidenz der reinen Vernunfterkenntnis idealtypisch ausgedrückt fand, sondern über Symmetrie und Ebenmaß auch einen Zusammenhang mit dem ästhetischen Unterricht herstellen konnte. Den historischen und den im engsten Sinn philosophischen Unterricht hielt er am besten aufgehoben in einem durch die Altertumskunde angeleiteten Sprachunterricht. Damit reduzierte sich der didaktische Ansatz des Gymnasiums auf Sprach- und Mathematikunterricht; alle anderen Disziplinen waren Beiwerk, oder, schulpädagogisch gesprochen: Nebenfächer.

Der Sprachunterricht, didaktisch reorganisiert mit dem Stichwort der Interpretation anstelle der Imitation, sollte auf Griechisch und Latein, aber auch – und damit zog Humboldt bereits die Konsequenz aus der erhofften Wirkung der griechisch-philologischen Orientierung des Humanismus auf Sprache und Literatur der eigenen Muttersprache – auf Deutsch ausgelegt werden. Mit der Mathematik war das Gymnasium also auf vier Hauptfächer verwiesen mit der Möglichkeit individueller Schwerpunktverlagerung für den Schüler entweder in Richtung auf den sprachlichen oder auf den mathematischen Bereich: eine unerhörte Konzentration der Inhalte.

Jede Auslegung des Humboldtschen Begriffs Allgemeinbildung in dem Sinne, es müßte „alles" oder wenigstens doch sehr viel Verschiedenes gelernt werden, um „Einseitigkeiten" zu vermeiden, wird damit der Unkenntnis des Sachverhaltes überführt.

Um die Lateinschulen in das neue Gymnasium zu verwandeln, bedurfte es einer entsprechenden Lehrerbildung. Bis zur Humboldtschen Reform hatte es eigentliche Lehramtsstudien noch nicht gegeben. Der Theologe schien für das Lehramt an Lateinschulen sachlich und pädagogisch qualifiziert, sachlich, weil er das Lateinische beherrschte, pädagogisch, weil die Theologie ein Welt- und Lebensverständnis in sittlicher Haltung begründet und weil das Schulwesen überhaupt mehr oder weniger stark der kirchlichen Aufsicht unterlag. Für viele an den Lateinschulen tätige Theologen war das Lehramt ebenso wie eine Hauslehrerfunktion eine Durchgangsposition: Man war nur solange im pädagogischen Amt, bis man eine einträglichere Pfarrstelle bekam. Das schloß natürlich nicht aus, daß in den Philosophischen Fakultäten, die ja Durchgangsfakultäten waren, angehende Theologen auch unter dem Aspekt ihrer voraussichtlichen Tätigkeit als Lateinschullehrer instruiert wurden. Entscheidend ist in diesem Zusammenhang nur, daß der eigentlich berufsqualifizierende Teil des Studiums durch die Theologie bestimmt war. Das war so selbstverständlich, daß, als Wolf sich 1777 in der Universität Göttingen als erster Student in Deutschland bei der Immatrikulation für Philologie eintrug, der amtierende Prorektor protestierte, weil derjenige, der sich auf solche Disziplinen festlegen wollte, doch als Theologe einzuschreiben sei.

Die Aufklärungspädagogen hatten schon seit der Mitte des 18. Jahrhunderts versucht, ein von Kirche und Theologie unabhängiges pädagogisches Denken durchzusetzen, eine Wissenschaft von Erziehung zu entwickeln. Die Verselbständigung und Professionalisierung des Gymnasiallehrerstandes hätte von hier ausgehen können. Die Neuhumanisten aber realisierten, wovon die Philanthropen nur geredet hatten, freilich auf ganz andere Weise, nämlich vermittelt über ihre wissenschaftstheoretische Position. Indem sie die Altertumswissenschaften aus der dienenden Rolle gegenüber Theologie und Jurisprudenz herausnahmen und auf einen eigenen Rechtsgrund setzten, schufen sie die Voraussetzung dafür, daß sich ein von der Theologie unabhängiger Berufsstand von Gymnasiallehrern als Stand der „Philologen" bilden konnte. Dieser pädagogische Berufsstand schien ebensowenig wie vordem der Stand der als Lehrer tätigen Theologen, selbständige Pädagogikstudien zu benötigen, weil der Altertumswissenschaft eine implizite Pädagogie unterstellt wurde, so wie vorher der Theologie.

Das von F.A. Wolf 1787 in Halle eröffnete philologische Seminar war das erste Universitätsinstitut überhaupt, welches ausschließlich Lehrer für gelehrte Schulen ausbildete, keine Zubringerfunktion über andere berufsqualifizierende Studien beabsichtigte, aber dieses Ziel eben nicht – wie Wolfs Vorgänger Trapp vorgesehen hatte – über das Studium der (Aufklärungs-) Pädagogik, sondern über das der (neuhumanistisch orientierten) Philologie verfolgte. An dieses Modell knüpfte Humboldt an und sicherte es rechtlich 1810 durch die Einführung des Examens pro facultate docendi. Seitdem mußte jeder, der am Gymnasium unterrichten wollte, diese dann später „Staatsexamen" genannte Prüfung ablegen, und das war nur möglich, wenn er die Altertumswissenschaften studiert hatte. Freilich, der neue Philologenstand konnte die Pädagogik als in der Philologie enthalten nur darum verstehen, weil er sein Lehramt als Klassenlehrer wahrnahm und weil die Altertumswissenschaft im neuhumanistischen Konzept eine Bildungswissenschaft war, die mit dem didaktischen Konzept des reformierten Gymnasiums völlig übereinstimmte. Aber schon bald nach diesem Anfang entfernte sich die klassische Philologie als forschende Einzelwissenschaft vom Bildungssinn der Schule. Der Klassenlehrer wurde durch den einzelwissenschaftlich geschulten Fachlehrer ersetzt, die Philologen studierten nur noch zu einem immer kleiner werdenden Teil die Altertumswissenschaft, zum Teil waren sie schließlich überhaupt keine Philologen mehr. Sechs Jahrzehnte nach Einführung des Examens pro facultate docendi schrieb der Altphilologe und Philosoph Friedrich Nietzsche,

> „daß es Gelehrte gibt, welche sich ausschließlich mit der Erforschung des griechischen und römischen Altertums beschäftigen, wird jeder billig, ja lobenswert und vor allem begreiflich finden, falls er überhaupt die Erforschung der Vergangenheit billigt. Daß dieselben Gelehrten aber zugleich Erzieher der edlern Jugend der reichen Stände sind, ist nicht ebenso leicht verständlich: Hier liegt ein Problem. Warum *sie* gerade? Das versteht sich doch nicht so von selbst, wie das, wenn der Gelehrte der Heilkunst auch heilt und Arzt ist. Denn stünde es gleich, so müßte die Beschäftigung mit dem griechischen und römischen Altertum gleich sein mit einer Wissenschaft von Erziehung."[47]

1870 war nicht mehr einzusehen, was 1810 als eine ebenso glückliche wie sachlich überzeugende Lösung erschien.

Die Humboldtsche Gymnasialreform bezog sich aber nicht nur auf Lehrplan und Lehrerbildung, sondern auch auf eine „Berechtigung", die solche Schulen, die den Reformkriterien genügten, an ihre Schüler vergeben konnten: das Abiturexamen als Zulassungbedingung zu allen universitären Studien. Dieser erste Schritt zur Verrechtlichung des Schulwesen hatte weitreichende Folgen. Man kann die gesamte Entwicklung der höheren Schulen in Deutschland während des 19. Jahrhunderts vom Kampf um dieses Gymnasialmonopol her aufschlüsseln. Humboldt hat diese Wirkung weder beabsichtigt noch vorhergesehen.

Das ganze 18. Jahrhundert über stand die Frage von Zulassungskriterien für akademische Studien bereits in der bildungspolitischen Diskussion. Dabei ging es in erster Linie um die Sicherung der Selektionsmechanismen der Berufs- und Standeserziehung, speziell der Sicherung des Studiums als Standesprivileg für Angehörige der sozialen Ober- und Mittelschicht. Schon das erste preußische Dokument staatlicher Immatrikulationspolitik von 1708 beklagte, daß Handwerker und Bauern ihre Söhne auf die Universitäten schickten; und 1765 verordnete ein Erlaß an die schlesischen Landräte ohne jede Ausnahme,

> „daß forthin kein Bauer, Kretschmer, Gärtner oder geringe Leute Kinder weiter zum Studium admittieret werden sollen",[48]

während ein Göttinger Gelehrter (J.D. Michaelis) es einige Jahre später als wünschenswert bezeichnete, daß mehr

> „Reiche oder Mittelmäßige als ganz Arme studieren: jene bringen nicht allein mehr äußere Kultur mit, sondern können sich auch die nötigen Hilfsmittel, etwas Rechts zu lernen, verschaffen, in deren Ermangelung der bei weitem größte Teil der Armen, der nicht außerordentlichen Eifer und Genie hat, alle Schwierigkeiten zu überwinden, eine bloße Last der studierten Welt wird."[49]

Diese außerordentlich lange geführte Diskussion konzentrierte sich nur auf die soziale Auslese. Zwar wurde auch immer wieder ein Katalog der Kenntnisse und Fähigkeiten, die die Studienreife definieren könnten, gefordert, aber zu keinem Zeitpunkt verbindlich durchgesetzt. Das hatte zwei Gründe: Einerseits hätte eine am Ideal der Berufs- und Standeserziehung orientierte Didaktik zu keinen inhaltlichen Aussagen über die Studierfähigkeit generell, sondern nur fakultäts- und fachspezifisch kommen können (was mit der anti-universitären Tendenz der Aufklärung und ihrer Bevorzugung von Fachhochschulen und Akademien zusammenstimmte); andererseits hätte eine genau definierte Zulassungsprüfung eine Leistungsselektion bedeutet, die nicht mit dem Standesprinzip zu vereinbaren gewesen wäre.

Humboldts Reformkonzept kannte beide Schwierigkeiten nicht. Da Lehrplan und Didaktik des Gymnasiums ausschließlich auf das Prinzip der allgemeinen Menschenbildung verpflichtet waren, kümmerte die Zuordnung zu Fakultäten und Studiengängen nicht mehr. In bezug auf die Universitäten kam es Humboldt nicht auf eine fachspezifische Vorbereitung an, sondern darauf, daß der Student ein (durch Wissenschaftspropädeutik) gebildeter Mensch war, jünger und weniger informiert als der Professor, aber kraft einer vollständigen Bildung gleichberechtigt, zwar noch „Schüler", aber nicht mehr „Zögling". Das war der Sinn des jetzt zur Geltung gebrachten „Reife"-Begriffs. Was aber die soziale Selektion betraf, um derentwillen die Diskussion um die Reifeprüfung ein Jahrhundert lang geführt worden war, so erklärte sie Humboldt für gegenstandslos. Die politische Funktion des Berechtigungswesens betrachtete er unter dem Gesichtspunkt des bürgerlichen Leistungsprinzips. Zwar behielt der Adel in Deutschland noch bis 1918 weitgehende Privilegien, aber seit der Humboldtschen Bildungsreform 1810 führte der Weg zu den leitenden Ämtern für jedermann über Reifeprüfung und Staatsexamen: Der Geburtsschein war durch den Befähigungsnachweis ersetzt.

Freilich, indem Humboldt Bildung und Leistung dem freien Spiel der gesellschaftlichen Kräfte überantwortete, nahm er in Kauf, daß ein großer Teil der Gesellschaft in ökonomischen Verhältnissen lebte, die eine Teilnahme an diesem Spiel von vorneherein ausschloß. Daß Humboldt dies übersah, mochte wohl auf die vorausgegangene Diskussion zurückgehen, in der so viel von Kindern armer Leute, die angeblich die Universitäten überfüllten, gesprochen worden war, daß es auch Humboldt für bare Münze hielt. Die Folgen des Berechtigungswesens im 19. Jahrhundert hingegen, insbesondere nachdem die Industrialisierung das Proletariat hervorgebracht hatte, können nicht Humboldts Reformen zugerechnet werden. Gleichwohl: Die große, dem Gesamtwerk würdige Perspektive und die die Sinnverkehrung schon einschließende sozialpolitische Naivität lagen hier besonders dicht beieinander.

Die neue Elementarschule und ihre Lehrerbildung

Nach Humboldts Reformgrundsätzen hätte die Neuordnung des Elementarschulwesens die wichtigste und schwierigste Aufgabe der Sektion sein müssen. Denn die deprimierende Situation der Elementarschule, vor allem auf dem Lande, die von den Aufklärungspädagogen immer wieder gegeißelt worden war, wurde von den Reformern nicht weniger kritisch eingeschätzt. „Das Papageientum in den Schulen“, darin war man sich einig, mußte aufhören. Aber da nach Humboldts Einheitsschulgedanken die Elementarschule „Menschheitsschule“ werden sollte und zwar mit dem gleichen didaktischen Programm für die Kinder der gesamten Nation, waren auch alle aufklärungspädagogischen Alternativmodelle, die bis zu diesem Zeitpunkt als die Speerspitze jeder Verbesserungsmöglichkeit gegolten hatten, verworfen. Die Reform hatte nicht nur die rein religiöse Orientierung der Regelschule aufzuheben, sondern zugleich auch die industrieschulpädagogischen Ansätze, die, wenigstens als Versuchsschulen, eben diesen Schritt bereits vollzogen hatten. Der von Humboldt als pädagogisch angemessen erachtete Elementarunterricht sollte die Grundbildung für alle leisten. Dafür war es notwendig, eine entschiedene Wendung von den objektiven gesellschaftlichen Anforderungen in Kirche, Stand und Beruf zum Subjekt zu vollziehen, d.h. eine Wendung von der Kenntnishäufung zur Kräftebildung.

Im Grunde war das das gleiche Konzept einer strikt durchgehaltenen Theorie der formalen Bildung, wie sie Humboldt für die Gymnasialreform zugrundegelegt hatte. Aber beim Gymnasium stand ihm für die inhaltliche Konkretisierung das Programm der Theorie des Klassischen zur Verfügung, der pädagogische Aspekt des neuen Humanismus, den er selbst als einer seiner bedeutendsten Repräsentanten vertrat. Für die Elementarschule hatte Humboldt nichts auch nur annähernd Vergleichbares in der Hand. Insofern war sein Engagement hier entschieden geringer, der gelehrte Aufwand vergleichsweise bescheiden. Gleichwohl gelang auch hier eine Lösung, die ebenso weitreichende Wirkungen zeigte, wie die neuhumanistische Strukturierung des Gymnasiums. Diese Lösung war nicht die originäre Leistung Humboldts, wohl aber seine Entscheidung als Sektionschef, mit der er einmal mehr den überlegenen Blick dessen bewies, der den Zusammenhang begriff und in der Vielfalt der Erscheinungen den zentralen Punkt zu packen wußte. Denn Humboldt verknüpfte die Elementarschulreform über den dafür unabdingbar notwendigen Aufbau einer planmäßigen Lehrerbildung mit der Pädagogik Pestalozzis.

Pestalozzi, 21 Jahre älter als Humboldt, war in Preußen schon lange vor dem Reformbeginn gut bekannt. Seit Mitte der 80er Jahre hatte sich sein Ruhm bei Lehrern, Pfarrern, bei den meisten Theoretikern der Aufklärungspädagogik, den Philanthropen zumal, verbreitet; und seit Beginn des 19. Jahrhunderts wurde die „Methode“ diskutiert, nicht nur zustimmend, aber jedenfalls doch als ein Brennpunkt elementarschulpädagogischer Auseinandersetzungen. Die preußischen Schulbehörden teilten nicht das bei Reformbeginn an der Basis vorherrschende Interesse an Pestalozzis Pädagogik, verhielten sich ihr gegenüber eher ablehnend, wie sie auch durchweg einer durchgreifenden Verbesserung der Landschulen mißtrauten. Entscheidend für die politische Wirksamkeit der Pestalozzischen Pädagogik auf die Elementarschulreform, und auf die aus der Reform hervorgegangene preußische Volksschule, war, daß Pestalozzi nicht unter das Verdikt der neuhumanistischen Kritik am Philanthropismus fiel. Obschon Aufklärungspädagogen aller Schattierungen Pestalozzi geschätzt und gelobt hatten und obschon Pestalozzi selbst das Industrieschulprogramm vertrat, blieb er von der „Tendenzwende" verschont. Im übrigen erkannten die Reformer die Bedeutung Pestalozzis; der Philosoph Fichte hatte sich über ihn enthusiastisch geäußert, aber auch viele andere Repräsentanten der „Deutschen Bewegung" stellten einen unmittelbaren Zusammenhang zwischen ihrem eigenen Wirken und der Pädagogik Pestalozzis her. Alle vordem erhobenen Bedenken der Revolutionsfurcht und der „Überbildung" des niederen Volkes waren hinweggefegt, der Pestalozzianismus vielmehr in das Reformwerk selbst integriert.

Humboldt erkannte die volle Bedeutung Pestalozzis nicht; vor seiner Berufung zum Sektionschef hatte er sich sehr zurückhaltend, wenn nicht gar ablehnend über Pestalozzi geäußert, allerdings ohne genaue Kenntnis der Werke Pestalozzis. Die anthropologische und soziale Dimension dieser Pädagogik ist ihm auch später verschlossen geblieben. Aber in der Atmosphäre allgemeiner Pestalozzi-Begeisterung, von der seine Mitarbeiter ergriffen waren und für die in der preußischen Elementarschule eine lange vorbereitete Aufnahmefähigkeit bestand, erfaßte er treffsicher, daß die „Methode" für die Elementarschule genau das seine konnte, was der Neuhumanismus für das Gymnasium war: Instrument der allgemeinen Menschenbildung. Die Aneignung ging so schnell, daß Humboldt schon in einem Sektionsbericht vom Dezember 1809 an den König den inhaltlichen Auftrag der Elementarschule nach Maßen der „Methode" bestimmte, aber dafür Formulierungen fand, die das Gemeinte besser trafen als es Pestalozzi selbst in seinen Schriften vermocht hatte:

> „Hierdurch bestimmten sich nun auch die Gegenstände des Unterrichts: Der Schüler wird durch die Leibesübungen gestärkt und entwickelt, Auge und Ohr durch Zeichnen und Musik zur Richtigkeit und Freiheit gewöhnt, der Kopf durch die Zahlenverhältnisse, von denen das Rechnen ein Teil ist, durch die Größenverhältnisse, wobei die Elemente der Mathematik vorkommen, durch eine richtige Kenntnis der Muttersprache, die vorzüglich darauf hingeht, daß das Kind bei jedem Wort einen bestimmten klaren Begriff habe, Kopf und Herz endlich durch Religionsunterricht und die Entwicklung der natürlichen sittlichen Gefühle gebildet. Lesen und Schreiben sind dann eine natürliche Zugabe teils zum Sprach-, teils zum Zeichenunterricht..." [50]

Um die Methode Pestalozzis in Preußen einzuführen, bestätigte Humboldt drei von seinen Mitarbeitern vorbereitete Maßnahmen. Als erstes leitete er ein Langzeitprogramm ein: zwölf junge Lehrer („Eleven") wurden für einen Zeitraum von drei Jahren zu Pestalozzi nach Ifferten geschickt, um sich dort beim Meister selbst in der Methode ausbilden zu lassen. Dieser besonders qualifizierte Nachwuchs sollte dann später in der Lehrerausbildung als Multiplikator wirken. Als zweite Maßnahme wurden alle bereits in Preußen vorhandenen Pestalozzischen Ansätze gefördert, insbesondere das Institut von Johann Plamann, und zur Lehrerbildung genutzt. Drittens schließlich wurde ein schon einigermaßen bekannter Pestalozzianer, Karl August

Zeller, der aus Süddeutschland stammte und in der Schweiz tätig war, nach Preußen berufen, um in Königsberg die neue Lehrerbildung in großem Stil zu beginnen. Im Auftrage der Sektion errichtete Zeller ein sogenanntes Normalinstitut. Mit „Normalinstitut" bezeichnete man im 18. und 19. Jahrhundert nicht das Normale im Sinne des Durchschnittlichen oder Üblichen, sondern gerade umgekehrt das Normgebende. Eine Normalschule war eine Musterschule, an der man sehen konnte, wie es der Norm gemäß sein sollte; und an solchen Schulen begannen die Anfänge der systematischen Lehrerausbildung nach Art einer Meisterlehre, so daß das Wort Normalschule schließlich mit Lehrerseminar identifiziert wurde (noch heute heißen in Frankreich die Institute für Lehrerbildung „Ecole Normale").

Zellers Normalinstitut umfaßte eine Normalschule mit Waisenhaus, ein Lehrerseminar, ein Fortbildungsinstitut für bereits im Beruf stehende Lehrer, ein Diskussions- und Informationszentrum für Geistliche und Inspektoren der Schulaufsicht. Zellers Tätigkeit hatte zunächst eine große Resonanz; und Humboldt dachte in sehr kurzen Zeiträumen viele Lehrer durch ihn instruieren zu können (bis zu 1000 in einem Jahr), die

> „zwar notwendig sehr ungleich an Fähigkeiten sein werden, allein alle *eine* Methode innehaben, die, an sich gut und zweckmäßig, auch noch den Vorteil gewährt, daß selbst der Mittelmäßige weniger darin irren kann." [51]

Zeller war ein Mann mit bedeutenden Fähigkeiten, aber auch von großer Eitelkeit. Die Gunst des Königs, der Königin Luise, die „Lienhard und Gertrud" gelesen und sich für Pestalozzi begeistert hatte, der Besuch von Prinzen und Prinzessinnen, Ministern, Staatsräten und Superintendenten, vor allem auch die ständige wohlwollende Aufmerksamkeit der Sektion des Kultus und Unterrichts waren für ihn Antrieb seiner Wirksamkeit. Als der königliche Hof wieder nach Berlin übergesiedelt war und Zeller sich in den normalen Dienstweg eingestellt sah, war er überfordert. Aber das ist nur noch interessant für Zellers Biographie. Die Weichen für eine Einführung des Pestalozzianismus waren unwiderruflich gestellt.

Wenn man nach den Gründen für den zunächst einmal überwältigenden Erfolg der „Methode" fragt, dann sollte man den veränderten Kontext für die Stellung des Lehrers mit berücksichtigen. Bis zu Beginn der preußischen Reform stand der Elementarschullehrer, zumal der Landlehrer, auf der niedrigsten Stufe der sozialen Hierarchie. Er gehörte zur Schicht landwirtschaftlicher Hilfsarbeiter und Knechte, war selbst ohne geistige Bildung, hatte nicht einmal Ansätze einer pädagogischen Ausbildung erhalten und wurde von seinen Vorgesetzten entsprechend behandelt. Das änderte sich nun: Die Reform appellierte an sein Selbstbewußtsein, setzte ihm eine Perspektive im großen Rahmen der Menschheitsschule und eröffnete ihm die Chance, sich innerhalb seines Amtes als Handlungssubjekt zu verstehen. Seine ökonomische Lage war weiterhin bedrückend. Darüber machte sich selbst Humboldt keine Illusionen. Vom Zellerschen Normalinstitut schrieb er, es tendiere dahin,

> „die Kinder so zu bilden, daß sie künftig ein Lehramt auch unter ungünstigen Bedingungen annehmen, und auch in einer drückenden Lage mit Liebe darin verharren." [52]

Aber das stolze Gefühl, Lehrer des Volkes zu sein, bestimmte von da an die Selbsteinschätzung, stimulierte den Mut, einen pädagogischen Standpunkt zu beziehen und als Parteigänger der Interessen des Kindes aufzutreten. Es ist klar, daß ein gutes Stück des „Erfolges" auf diese Randbedingungen zurückzuführen ist. Die ersten, systematisch zu Lehrern herangebildeten jungen Leute hätten auch mit einer anderen als der Pestalozzischen Methode sehr viel mehr zustande gebracht als man von der Armenschule des 18. Jahrhunderts gewohnt war.

Die Gründung der Universität Berlin

Die Universitäten haben im 17. und 18. Jahrhundert den Anschluß an die dynamische Entwicklung in Wissenschaft, Gesellschaft und Erziehung weithin verloren. Sie unterlagen von der Seite der Aufklärungsphilosophie der gleichen Kritik wie die Lateinschulen. Die meisten aufklärerischen Projekte zum Aufbau eines modernen Bildungswesens, ob sie nun merkantilistisch oder philanthropisch motiviert waren, schlugen die Abschaffung der Universitäten vor. Für die Förderung der Wissenschaften schienen gelehrte Gesellschaften und Akademien, für die wissenschaftsorientierte Ausbildung eines hochqualifizierten, der Gesellschaft nützlichen Nachwuchses Fachschulen sehr viel günstiger. Ein erster Schritt gegen die antiuniversitäre Tendenz der Aufklärung war 1694 in Halle gelungen, wo eine Reformuniversität zum Zentralisationspunkt des aufgeklärten Geistes selber wurde, ein zweiter Schritt folgte 1737 mit Göttingen. War in Halle das Prinzip der Denk- und Lehrfreiheit eingeführt und durch die Aufnahme moderner Disziplinen die Philosophische Fakultät von der unteren zur führenden Fakultät gemacht worden, so stand Göttingen im Zeichen der neuen Altertumswissenschaften, als Beginn der Philologien auch der modernen Sprachen. Das bedeutete eine weitere Stärkung der Philosophisch-(Naturwissenschaftlichen) Fakultät. Aber mit diesen beiden Reformuniversitäten war der Weg, den die Hohen Schulen in Deutschland nehmen würden, noch nicht entschieden. Obwohl Halle und Göttingen in einem gewissen Sinne die Kritik an den veralteten Universitäten aufgenommen und produktiv gewendet hatten, blieb der Druck, alternative Einrichtungen für wissenschaftliche Forschung und akademische Lehre zu schaffen, doch noch bestehen. An der Wende vom 18. zum 19. Jahrhundert ließ dieser Druck allerdings etwas nach und zwar in dem Maße, in dem die aufklärungspädagogische Position selbst problematisch geworden war. Die Neuhumanisten verhielten sich gegenüber den alten Universitäten zwar ebenso kritisch wie Merkantilisten und Philanthropen, aber ihre Therapie war – ebenso wie gegenüber den Schulen – die entgegengesetzte, nämlich nicht Wendung zum unmittelbaren Verwertungsinteresse an Wissenschaft, sondern gerade umgekehrt Bindung an das Ideal reiner Erkenntnis, Bindung an Wahrheit und Wert um ihrer selbst willen. Die Philosophen Fichte, Friedrich Wilhelm Schelling und der Theologe Schleiermacher konzipierten in den ersten Jahren des 19. Jahrhunderts die philosophische Idee der neuen Universität im Geist des deutschen Idealismus. Schelling brachte das auf die knappe Formel:

„Handeln, Handeln, das ist der Ruf, der zwar von vielen Seiten ertönt, am lautesten aber von denjenigen angestimmt wird, bei denen es mit dem Wissen nicht fort will."[53]

Die philosophischen Erwägungen von Fichte, Schelling und Schleiermacher zu einer zu erneuernden Universität können aus dem zeitlichen Abstand von 170 Jahren als Einheit gesehen und bestimmt werden, für die praktische Arbeit einer Universitätsgründung waren sie hingegen kaum miteinander zu vereinbaren. Es bedurfte eines Mannes, der weder in parteiischer Weise einen der Entwürfe als den allein richtigen auszeichnete, noch eine prinzipienlose Addition vornahm, sondern das, was angelegt war, in ein zwar realisierbares, aber den großen Atem der kühnen Entwürfe nicht einbüßendes Konzept überführte. Dieser Mann war der Sektionschef Humboldt.

Preußen hatte vor dem Krieg 1806/07 vier Universitäten: Königsberg, Halle, Frankfurt a.d.O. und Breslau. Breslau entsprach auch nach den bescheidensten Ansprüchen des 18. Jahrhunderts nicht dem, was eine Universität sein sollte. Frankfurt a.d.O. war etwas besser, aber viel Ehre war auch damit nicht einzulegen. Königsberg war, gemessen am alten Ideal, beachtenswert, und seit 1781, dem Jahr, in dem Kant seine „Kritik der reinen Vernunft" veröffentlicht hatte, weltberühmt. Der Stolz Preußens aber war Halle, die erste wirklich moderne Universität auf deutschem Boden. Indessen ging gerade Halle nach 1807 Preußen verloren. Napoleon schlug es dem Königreich Westfalen zu, in dem er seinen Bruder Jerome zum König machte. Unter diesen Umständen lag der Gedanke einer neuen Universität in Preußen nahe; diese neue Universität sollte die Berliner werden. Humboldt gründete sie unter dem Namen Friedrich-Wilhelm-Universität; (heute trägt die in Ostberlin liegende Universität den Namen Humboldts). Humboldts Gründung erhob nicht nur den Anspruch, Halle zu ersetzen, sondern dem Gesamtkomplex der neu konzipierten Bildungseinrichtungen eine deren Geist verpflichtete Stufe akademischer Studien hinzuzufügen. In dieser Stufe sollte das von der Elementarschule an befolgte Bildungsprinzip nun in eine Einheit mit der Wissenschaft übergehen:

„Der Begriff der höheren wissenschaftlichen Anstalten ... beruht darauf, daß dieselben bestimmt sind, die Wissenschaften im tiefsten ... Sinne des Wortes zu bearbeiten und als einen nicht absichtlich, aber von selbst zweckmäßig vorbereiteten Stoff der geistigen und sittlichen Bildung zu seiner Benutzung hinzugeben. Ihr Wesen besteht daher darin, innerlich die objektive Wissenschaft mit der subjektiven Bildung, äußerlich den vollendeten Schulunterricht mit dem beginnenden Studium unter eigener Leitung zu verknüpfen oder vielmehr vom einen zum anderen den Übergang zu bewirken."[54]

Die Universität sollte also sowohl ein Institut der Wissenschaft als auch der Bildung sein. Das Modell dafür war für Humboldt natürlich die Altertumswissenschaft als Bildungswissenschaft, die als Propädeutik auch schon das Gymnasium zu prägen hatte. Die Tatsache, daß Humboldt seine Bildungslehre auch auf die Universität anwandte und er von daher die Möglichkeit sah, den neuen Berufsstand der Philologen durch das Studium der Altertumswissenschaften zugleich auch pädagogisch für das gymnasiale Lehramt zu qualifizieren, bedeutete keine „Verschulung" der Universität, sondern das genaue Gegenteil. Die auf die Freigabe des Menschen zur Selbstbestimmung tendierende humanistische Pädagogik sollte ihr erzieherisches Ziel mit dem Abschluß des Gymnasiums erreicht haben – in der Sphäre der Wissenschaft war für pädagogische Eingriffe kein Platz mehr. Denn Wissenschaft war von Humboldt als das System des selbstbestimmten Denkens erfaßt, in welchem keine andere Autorität als die des eigenen Denkens selbst maßgeblich zu sein hatte. Aus dieser Zielstellung ergaben sich drei konkrete Folgerungen, die das, was in Halle und Göttingen begonnen worden war, in Berlin vollendeten und das Bestehen der Universitäten für das 19. Jahrhundert endgültig sicherten:

- ▷ (relative) Unabhängigkeit vom Staat (akademische Selbstverwaltung mit dem Recht der Selbstergänzung),
- ▷ Verpflichtung der Professoren auf Entwicklung und Förderung der Wissenschaften durch Forschung,
- ▷ Definition des Studenten als eines zwar weniger informierten, im Prinzip aber gleichberechtigten Teilnehmers am wissenschaftlichen Gespräch und an der wissenschaftlichen Forschung.

Dem dritten Punkt entsprach die lückenlose Durchsetzung der Reifeprüfung als Immatrikulationsbedingung sowie Entbindung der Professoren von einer erzieherischen Aufgabe gegenüber den Studenten. Vor Einführung der Reifeprüfung bezogen die Studenten die Universitäten durchschnittlich in einem Alter von 16 oder 17 Jahren, in Einzelfällen auch schon sehr viel früher, so daß die alte Universität auch von daher gesehen einen viel stärker schulmäßigen Charakter hatte. Die Humboldtsche Universität setzte voraus, daß wissenschaftliche Arbeit bildet, aber sie verwies die Verantwortung auf den Studenten selbst als einen freien, erwachsenen Menschen.

Das alles ist natürlich sehr programmatisch gesprochen. Die Wirklichkeit wich auch damals in vielfacher Hinsicht von den überhöhten Zielsetzungen ab. Humboldt, der die Berliner Universität nicht nur in Denkschriften und philosophischen Auseinandersetzungen mit Fichte, Schelling und Schleiermacher vorbereitete, sondern durch konkretes administratives Handeln tatsächlich gründete, kannte diese Differenz sehr genau. In Briefen an seine Frau drückte er das ohne Beschönigung aus:

> „Gelehrte dirigieren ist nicht viel besser als eine Komödiantentruppe unter sich zu haben. Und dies ganze Fach ist der Beurteilung Gerechter und Ungerechter ausgesetzt... Mit wievielen Schwierigkeiten ich bei dem allen zu kämpfen habe, wie die Gelehrten – die unbändigste und am schwersten zu befriedigende Menschenklasse – mit ihren sich ewig durchkreuzenden Interessen, ihrer Eifersucht, ihrem Neid, ihrer Lust zu regieren, ihren einseitigen Ansichten, wo jeder meint, daß nur sein Fach Unterstützung und Beförderung verdiene, mich umlagern, davon hast du keinen Begriff."[55]

Erfolg oder Scheitern der Reform?

Humboldt schied nach sechzehnmonatiger Tätigkeit als Chef der Sektion des Kultus und Unterrichts 1810 aus diesem Amt aus. Süvern arbeitete noch neun Jahre weiter, bis er den „Entwurf eines allgemeinen Gesetzes über die Verfassung des Schulwesens im Preußischen Staat" vorlegte. Das Gesetz sollte die auf allen Ebenen eingeleiteten Einzelreformen zu dem von Anfang an geplanten Gesamtwerk zusammenfassen und ihm Dauer verleihen. Mißt man den Entwurf an den Humboldtschen Grundsätzen, so ist sofort deutlich, daß in dem zurückliegenden Reformjahrzehnt die Realitäten und die sie beherrschenden Machtverhältnisse sich gegen die kühnen Perspektiven Geltung verschafften. Das ist nicht nur so zu verstehen, als ob Süvern, um die Zustimmung zu dem Gesetz zu erreichen, Kompromisse mit den der Reform entgegenstehenden Kräften geschlossen hätte, sondern auch, daß er in den Auseinandersetzungen bei der Durchführung der einzelnen Reformmaßnahmen seine eigene Auffassung differenzierte, im Detail schärfer zu fassen wußte, in mancher Hinsicht von Humboldt abwich.

Die auffälligsten Veränderungen waren die stärkere Betonung des Religiösen und des Nationalen. Humboldt meinte mit dem Begriff der Nation die Gesellschaft freier Bürger im Gegensatz zu dem die Untertanenmentalität fordernden Obrigkeitsstaat, während der Unterrichtsgesetzentwurf Nation auf preußischen Patriotismus, Königstreue und Gehorsam gegenüber den staatlichen Autoritäten bezog. Ebenso auffällig war die Tendenz, sich der kirchlichen Schulaufsicht, jedenfalls außerhalb der Gymnasien, wieder stärker zu bedienen. Dazu kamen die Tolerierung von Kinderarbeit in Kombination mit dem Elementarunterricht, sowie diskriminierende Sonderreglungen für Mädchen und Juden. Schließlich war die Zweistufigkeit (Elementarschule – Gymnasium) zu einer Dreistufigkeit weiterentwickelt worden: Elementarschule, Stadtschule, Gymnasium. Als aufeinanderfolgende Schulen hätte man sie im Sinne der heutigen Terminologie als Grundschule, Sekundarstufe I und Sekundarstufe II verstehen können. Die Tatsache, daß die zweite Stufe offensichtlich nur für Städte vorgesehen wurde, deutete aber schon andere Auslegungsmöglichkeiten an; sie fanden an zahlreichen Stellen des Gesetzentwurfes Konkretisierungen. Trotz dieser Abschwächungen vertrat der Entwurf in der Substanz noch immer die entscheidenden Richtpunkte der Humboldtschen Konzeption. Einige Paragraphen enthielten geradezu klassische Formulierungen, die über eineinhalb Jahrhunderte hinweg ihre Suggestivkraft nicht eingebüßt haben:

> „Als öffentliche und allgemeine werden diejenigen Schulen und Erziehungsanstalten anerkannt, welche die allgemeine Bildung des Menschen an sich, und nicht seine unmittelbare Vorbereitung zu besonderen einzelnen Berufsarten bezwecken... (aus § 1).
>
> Dieser Aufgabe zu entsprechen, sollen sie die allgemeine Jugendbildung von Anfang des Schulunterrichts bis zu der Grenze, wo die Universität sie aufnimmt, durch drei wesentliche Stufen durchführen... (aus § 3).
>
> Alle diese Stufen müssen auf ihren Endzweck so fest gerichtet sein, daß sie zusammen wie eine einzige große Anstalt für die Nationaljugendbildung betrachtet werden können... (aus § 4)."[56]

Der Gesetzentwurf wurde einer breiten Diskussion ausgesetzt, zahlreiche Gutachten wurden eingeholt. Die Mehrzahl der Gutachten verhielt sich aus unterschiedlichen Gründen kritisch, zeigte wenig Verständnis gegenüber den leitenden Prinzipien, hätte aber bei leichten Modifikationen des Gesetzestextes doch der Verabschiedung eine Chance gelassen. Eine vernichtende Kritik aber erfuhr der Gesetzentwurf von einem vom König besonders geschätzten Ratgeber, Ludolph von Beckedorff, der sich auch als Autor unsachlicher Polemik gegen Schleiermacher hervortat, und der 1821 der Leiter des Referates für das Volksschulwesen im Preußischen Kultusministerium wurde.

Beckedorffs Kritik zielte auf die Grundlagen der Reform: Dem vom Gesetzentwurf unterstellten gleichen Recht aller Menschen auf sich selbst und der Entfaltung ihrer Möglichkeiten stellte er das Dogma von der natürlichen Ungleichheit der Menschen entgegen. Diese gleichsam anthropologische Prämisse verknüpfte er dann unmittelbar mit der politischen, derzufolge die Monarchie – anders als eine Republik – ein hierarchisch gegliedertes Schulwesen benötige. Die Berufs- und Standeserziehung, die im 17. und 18. Jahrhundert als die progressive Position der Aufklärung gegolten hatte, wurde nun für Beckedorff unter der Hand die bisherige, gute alte Weise, in der Bauern-, Bürger- und Gelehrtenschulen die Menschen der verschiedenen Stände von Kindesbeinen an zu ihrer künftigen Bestimmung vorbereiteten. Was von einem Unterrichtswesen nach Maßen des Gesetzentwurfes zu erwarten sei, glaubte Beckedorff nicht nur mit prinzipiellen Erwägungen, sondern auch im Rückblick auf die Erfahrungen des Reformjahrzehntes eindeutig sagen zu können:

> „Vor allen Dingen aber, möchte der Geist, welcher der niederen arbeitenden Klasse sich bemeistert, und die täglich wachsende Ausartung des Gesindeverhältnisses sehr wenig zur Empfehlung einer Erziehungsweise beitragen, welche von dem Grundsatz einer gleichartigen allgemeinen menschlichen Ausbildung der gesamten Nation ausgeht, und denselben sogar zwangsweise in Anwendung bringen soll, dadurch aber unfehlbar nur eine Gleichheit der Forderungen und Ansprüche hervorbringen und jene unentbehrlichen Unterordnungen in den geselligen Verhältnissen, ohne welche keine menschliche Vereinigung bestehen kann, in höchstem Grade erschweren und verwirren, ja endlich aufheben und zerstören müßte."[57]

Das Gesetz wurde nicht in Kraft gesetzt, sondern „zu den Akten geschrieben"; die Preußische Reformperiode war beendet. Betrachtet man den Süvernschen Gesetzentwurf schon als einen problematischen Kompromiß, der keinesfalls als Krönung des Humboldtschen Werkes angesehen werden darf, so könnte das, was dann tatsächlich mit dem Schulwesen in Preußen geschah, nur noch als eine vollständige Sinnverkehrung beurteilt werden. Denn das Elementarschulkonzept wurde von der „Grundbildung für alle" umgeschrieben auf die „volkstümliche Bildung" der unteren Sozialschichten; das Gymnasialkonzept brachte statt der Menschheitsschule die bürgerliche Standesschule zum Zwecke der Sicherung von Bildung und Besitz als sozialer Privilegien hervor; das Universitätskonzept führte von der philosophischen Idee einer Verbindung der Wissenschaft mit der Menschenbildung zur bloßen Addition der Einzelwissenschaften; das Prüfungskonzept wurde von einem Angebot zur Sicherung freier Mitwirkung zu einem Steuerungs- und Disziplinierungsinstrument.

Unter diesem Gesichtspunkt wäre der Reform nur das vollständige Scheitern zu attestieren. Ein solches Urteil aber setzt eine Sicht der Geschichte als Geschichte des

Verfalls voraus. Ein Höhepunkt der Vergangenheit – in diesem Fall: die Reformintentionen Humboldts – wird als unangreifbarer, idealer Maßstab gewählt, dem gegenüber die Wirklichkeit sich nur vor sich selbst schämen kann. Süverns Gesetzentwurf war so gesehen schon bedenklich, die administrativen Maßnahmen der Kulturbehörde nach 1819 waren kastastrophal; was dann noch kam, konnte immer nur noch schlechter sein.

Eine solche Sicht der Vergangenheit unterschlägt, daß wir nicht nur sentimental, sondern mit objektivem Recht den Ausgangspunkt für die Strukturen unseres Bildungswesens in der Humboldtschen Reform sehen, daß das Scheitern einer Reform als organisatorisches Gesamtkonzept nicht notwendigerweise auch die Unwirksamkeit der Intentionen bedeutet. Der Auftrag, den Humboldt für das Bildungswesen formulierte, gab den Blick frei auf die Möglichkeit, den Menschen aus seiner unmittelbaren Bedrückung herauszunehmen und seiner Zukunft zu öffnen, sich nicht nur als fremdbestimmt, sondern als Subjekt seiner Taten erfahren zu können. In Verbindung mit anderen Einflüssen, in Konfrontation mit den von Humboldt nicht bedachten Mechanismen sozialer Systeme, vor allem auch in Spannung mit der durch die Industrialisierung, durch den Fortschritt von Wissenschaft und Technik veränderten Welt zeigte die Humboldt-Süvernsche Reform eine Wirkung, ohne deren Berücksichtigung die Entwicklung des Bildungswesens in Deutschland während des gesamten 19. Jahrhunderts und partiell auch noch bis weit in das 20. Jahrhundert hinein nicht erklärt werden könnte. So gesehen, war die Reform ein großer, ja außergewöhnlicher Erfolg.

Die Wahrheit der Allgemeinbildung: Hegels Dialektik von Herrschaft und Knechtschaft

Die vom Neuhumanismus bekämpfte Praxis und Theorie der Berufs- und Standeserziehung hatte ihre moralische Rechtfertigung in der Gemeinnützigkeit als oberster Verpflichtung menschlichen Handelns. Die Opfer, die der Mensch der Interessenverknüpfung in der arbeitsteiligen Gesellschaft zu bringen habe, sollten danach konstitutive Elemente der Erziehung sein, wenn auch überlagert durch die im Vordergrund bleibende These, eben diese Erziehung sei für den Zögling selbst nützlich. Die Bildungstheorie des Neuhumanismus wandte dagegen ein, unter diesen Bedingungen opfere der Mensch gar nicht in der Einsicht seiner Verpflichtung, sondern werde von anderen dazu verurteilt: und ein besonderer Ausdruck dieses unwürdigen Zustandes sei es, daß die Erziehung ihm seine Personwerdung im Namen des gemeinen Wohls verweigere. Dieses Urteil rüttelte an den Grundfesten der ständischen Gesellschaft, weil es den Zwangscharakter einer Berufs- und Lebensperspektive zu Bewußtsein brachte und unter dem Gesichtspunkt der eigentlichen Intentionen der Aufklärung problematisierte. Beckedorff und der reaktionäre Widerstand gegen die Humboldt-Süvernsche Bildungsreform haben das auf ihre Weise erfaßt.

In der These vom Vorrang der Allgemeinbildung drückte sich das pädagogische Interesse am Menschen und seinem individuellen Anspruch auf sich selber aus.

GEORG FRIEDRICH WILHELM HEGEL

Damit war aber auch eine politische Position bezogen. Die spezifisch neuhumanistische Formulierung des Programms allgemeiner Menschenbildung und deren Anwendung auf das öffentliche Unterrichtswesen unterlag allerdings leicht einem Mißverständnis: Wirtschaftsberufliche Arbeit konnte als Banausentum abgewertet erscheinen, so daß Urteil und Kritik, zu denen Bildung ermächtigte, den politisch-ökonomischen Bereich ausklammerten und seinen eigenen Mechanismen überließ. Pestalozzi, der, anders als Humboldt, in der Spannung der sozialen Not des kleinen Mannes, der geschundenen und demoralisierten Kreatur lebte und dachte, erkannte diese Schwäche des Humanismus sehr genau. Er nannte es einen „Irrtum der Begriffe", anzunehmen

> „Der Mensch müsse Mensch sein, ehe er Kannengießer werden könne, während er in Wahrheit muß Kannengießer werden, weil eben seine Menschheit unabhängig von seiner Kannengießerarbeit ihn zum Unmenschen in der Gesellschaft machen würde."[58]

Das Verhältnis von Allgemeinbildung und Berufsbildung einfach als eine rein zeitliche Folge zu deuten, konnte demnach nicht das letzte Wort sein. Die Humboldtsche Bildungstheorie war darüber ja auch schon hinausgekommen, als sie das Bildungsprinzip zur Zielvoraussetzung für „jede Beschäftigung" bestimmt hatte. Gleichwohl bestand bei Humboldt, erst recht bei seinen Mitarbeitern und Nachfahren, die Neigung, die von der Bildungstheorie an den Menschen adressierte Verpflichtung zur Selbstbildung schulpädagogisch als inhaltlichen Aufgabenbereich zu isolieren. Die Berufsbildung war als ebenfalls inhaltlich definierte Aufgabe der Allgemeinbildung nachgeordnet. Da aber im realen Lebenszusammenhang alle Aufgabenkomplexe eine gesellschaftliche und damit auch eine potentiell berufliche Bedeutung haben – an den vier Hauptfächern, auf die Humboldt den Lehrplan des Gymnasiums konzentrierte, ist es leicht ablesbar – blieb die scharfe inhaltliche Abgrenzung labil. Stützte man sich allein auf das Kriterium einer inhaltlichen Allgemeinbildung, so war eine im Verhältnis zu den Intentionen nur als zynisch zu bewertende Auslegung nicht ausgeschlossen, nämlich die (inhaltlich kanonisierte) „Allgemeinbildung" als die Berufsvorbereitung für die leitenden Funktionen in Staat und Gesellschaft zu verstehen, „Berufsbildung" aber als das, was diese Gesellschaft den unteren Schichten an allgemeiner Bildung zugesteht. Beckedorff hatte noch geglaubt, das hierarchische Modell eines öffentlichen Bildungswesens im direkten Widerspruch gegen den Süvernschen Gesetzentwurf durchhalten zu müssen; seine

Gesinnungsgenossen in den folgenden Generationen konnten das gleiche Ziel verfolgen, indem sie die politische Funktion des Berechtigungswesens an die Kriterien einer inhaltlich festgelegten „Allgemeinbildung“ banden.

Die sozialgeschichtlichen Wirkungen des Neuhumanismus sind natürlich nicht unmittelbar der Bildungstheorie zuzuschreiben. Wohl aber fordern sie zu der Rückfrage heraus, welches systematische Recht denn dem Allgemeinbildungspostulat in pädagogischer Hinsicht zukam. Die zeitliche Nach- und logische Nebenordnung der Berufsbildung konnte offensichtlich der Aufgabe, die die Arbeit im Prozeß der Menschwerdung innehat, nicht gerecht werden. Doch wurde eine Lösung, die den berufsbildenden Aspekt berücksichtigt, noch im Umkreis des Neuhumanismus, auf dem Gipfel des Deutschen Idealismus, von Hegel im philosophischen Gedanken gefaßt.

Georg Friedrich Wilhelm Hegel vollendete die Philosophie des Deutschen Idealismus; sein Todesjahr gilt folgerichtig auch als Datum für das Ende der Deutschen Bewegung. Man kann Hegel nicht eigentlich als Pädagogen bezeichnen, obschon er einige Jahre Rektor des humanistischen Gymnasiums in Nürnberg war. Sein Freund Niethammer verschaffte ihm diese Position. In den obersten Klassen des Gymnasiums trug er seine „Philosophische Propädeutik“ vor, aus der er später wichtige Teile seines Systems entwickelte. 1816 wurde er Philosophie-Professor in Heidelberg, 1818 in Berlin, wo er Nachfolger von Fichte wurde. Hegels Ruhm stieg nur langsam. Aber schließlich kam Hegel zu einer öffentlichen Wirksamkeit, wie sie seit Christian Wolff kein Philosoph mehr erreicht hatte. Diese Wirkung war keineswegs auf professionelle Philosophen beschränkt, sie erstreckte sich vielmehr auf viele andere Disziplinen, ging von der Universität über auf die gesamte gebildete Welt in Deutschland, ja in ganz Europa, besonders stark auf die jungen russischen Intellektuellen, und berührte sogar die preußische Ministerialbürokratie und hochgestellte Repräsentanten der Regierung. Letzteres führte dazu, daß Hegel der Nachwelt eine zeitlang als der preußische Staatsphilosoph erschien, als Philosoph der Restauration (Hegels Berufung nach Berlin fiel zeitlich zusammen mit dem definitiven Ende der preußischen Reformperiode: 1819 stimmte der preußische König Friedrich Wilhelm III. dem Vorschlag des österreichischen Staatskanzlers Metternich (den sog. Karlsbader Beschlüssen) zu, durch den die studentischen Burschenschaften verboten, die polizeilich als „Demagogen“ definierten Bürger verfolgt, Presse und Universitäten überwacht werden sollten; Süverns Unterrichtsgesetzentwurf scheiterte im gleichen Jahr; der Minister Wilhelm von Humboldt wurde aus seinem Amt entlassen). Aber diese Kennzeichnung Hegels als preußischer Staatsphilosoph traf nur einen begrenzten Aspekt seiner Wirksamkeit. Die Hegelsche Philosophie als Ganzes enthielt jedenfalls die denkerische Kraft auch für ganz andere Möglichkeiten, wie die Teilung seiner Schüler in eine Hegelsche Rechte und eine Hegelsche Linke, aus der Karl Marx hervorging, auch äußerlich offenkundig machte.

Hegel fand in einer speziellen Berufstätigkeit kein der Entwicklung von Humanität hinderliches Übel. Die Wehklage über Spezialisierung und Spezialistentum verstand er als die der Schwäche angehörende Ängstlichkeit, „die nur der vielseitigen inkonsequenten Oberflächlichkeit fähig ist“, während allein das ein konsequentes

Ganzes zu werden vermag, „was sich abgesondert in seinem Prinzip vollkommen macht".[59] Demnach gab es für ihn keinen Zweifel hinsichtlich der Bildungskraft des Berufs:

> „Wenn der Mensch etwas werden soll, so muß er sich zu beschränken wissen, das heißt sich seinen Beruf ganz zu seiner Sache machen."[60]

Wenn Hegel von „Beruf" oder „Arbeit" sprach, folgte er keinen romantischen Illusionen, sondern zog die in Deutschland gerade erst beginnende Industrialisierung in seine Überlegungen ein. Er wußte, daß Fabriken und Manufakturen ihr Bestehen auf „das Elend einer Klasse" gründen, daß für den Arbeiter Entseelung und Stumpfheit die Folgen der repetitiven Arbeit in der mechanisierten Produktion sein würden. Ebenso erkannte er aber auch – nicht weniger scharfsinnig die Zukunft vorwegnehmend wie Monge bei der Gründung der Ecole Polytechnique – die politische Funktion der Maschine als Hebel zur Egalisierung der Gesellschaft. So schrieb er über die fortschreitende Arbeitsteilung im Industrialisierungsprozeß:

> „Das Arbeiten des Einzelnen wird durch die Teilung einfacher und hierdurch die Geschicklichkeit in seiner abstrakten Arbeit so wie die Menge seiner Produktion größer. Zwar vervollständigt diese Abstraktion der Geschicklichkeit und des Mittels die Abhängigkeit und die Wechselbeziehung der Menschen für die Befriedigung der Bedürfnisse zur gänzlichen Notwendigkeit. Die Abstraktion des Produzierens macht das Arbeiten ferner immer mehr mechanisch und damit am Ende fähig, daß der Mensch davon wegtreten und an seine Stelle die Maschine eintreten lassen kann."[61]

Diese Überlegungen Hegels, so interessant sie für sich genommen auch sein mögen, begründen natürlich noch keinen Beitrag zu einer Theorie der Bildung, geschweige denn, daß sie sie vollenden könnten. Sie werden hier auch nur angeführt, um die von den Neuhumanisten abweichende Einsicht Hegels in die Problemstellung des anbrechenden Zeitalters anzudeuten. Eine wirklich entscheidende Aussage zur Bildungstheorie findet sich indessen in Hegels „Phänomenologie des Geistes" von 1807. Ein berühmtes, vieldeutiges und dementsprechend unterschiedlich interpretiertes Kapitel dieses Buches ist überschrieben mit „Herrschaft und Knechtschaft". Da Hegel ein Meister der dialektischen Methode war, muß man, bevor eine bildungstheoretische Auslegung der Dialektik von Herrschaft und Knechtschaft gewagt werden kann, sich über einige Voraussetzungen Klarheit verschaffen.

Hegels Philosophie war eine Form des Rationalismus, also eine Philosophie, die den Ursprung des wirklich produktiven Erkennens im vernünftigen Denken ansetzt, die Erkenntnis als Erkenntnis durch Begriffe definiert. Der Rationalismus der frühen Neuzeit von Descartes bis Christian Wolff verstand „Denken" im Sinne einer Logik von unmittelbar einleuchtenden Sätzen. Am Anfang dieses Rationalismus stand – systematisch gesehen – ein logisches Axiom, welches sich in drei eng miteinander zusammenhängenden Sätzen darstellte: Der Satz vom Widerspruch (1) erklärt es für unzulässig, demselben Gegenstand eine bestimmte Eigenschaft zuzusprechen und zugleich abzusprechen; der Satz der Identität (2) verlangt von allen Begriffen, im Verlaufe eines zusammenhängenden Denkvorganges ihre Bedeutung unverändert beizubehalten; und der Satz vom ausgeschlossenen Dritten (3) stellt fest, daß zwischen Existenz und Nichtexistenz desselben Sachverhaltes nichts Drittes angenommen werden könne.

Das große Vorbild für die auf diesen drei Sätzen basierende rationalistische Philosophie war die Mathematik. So war es auch kein Zufall, daß Descartes die analytische Geometrie, Leibniz die Infinitesimalmathematik erfand und Spinoza eine „Ethica more geometrico demonstrata" schrieb. Nachdem aber Kant in der „Kritik der reinen Vernunft" gezeigt hatte, daß sich die Verfahrensweisen der Mathematik nicht als Folgerung jener logischen Axiome zureichend beschreiben lassen, sondern verstanden werden müssen als Konstruktionen, die die Geltung der Anschauungsformen voraussetzen – nämlich die Anschauungsform des Raumes für die Geometrie, die der Zeit für die Algebra – war diese Art von Rationalismus erschüttert.

Hegel knüpfte an Kants Erschütterung rein rationaler Gewißheit an und suchte eine neue, tragfähigere Basis für den Rationalismus. Dazu mußten die Bedingungen angegeben werden können, unter denen das Denken produktiv weiterführend ist und nicht in identischen Sätzen auf der Stelle tritt. Zugleich aber wollte er zeigen, daß das gesamte geistige Leben einschließlich der Gefühle, Anschauungen und Vorstellungen, daß alle Gegebenheiten der alltäglichen Praxis, aber auch der Religion und der Kunst durch die Philosophie als Denken zu erfassen seien. Hegels Antwort löste beide Aufgaben zugleich, indem sie die Bewegung des Denkens selber zum Instrument der Erkenntnis machte: „Dialektik", es bedeutet Fortschreiten des Denkens über den Widerspruch hinaus bis zur Vereinigung der widersprechenden Sätze zu einer höheren Einheit.

Die dialektische Methode Hegels löste sich also von der unbedingten Geltung der drei logischen Sätze, die der ältere Rationalismus als unumstößliche Axiome annahm. Das bedeutete aber nicht, daß diese Sätze für ungültig erklärt wurden, sondern vielmehr, daß Hegel sie als die vorwärtstreibenden Momente der Bewegung des Denkens begriff. Wenn z.B. über eine Linie geurteilt wird, sie sei gerade, so dürfte nach dem Satz des Widerspruchs nicht von ihr zugleich gesagt werden, daß sie krumm sei. Als Peripherie eines Kreises mit unendlich großem Radius gedacht, wäre eine solche Aussage aber als Antithese doch möglich. Die Synthese des dialektischen Urteils hebt den Widerspruch der beiden entgegengesetzten Sätze auf, indem sie „gerade" und „krumm" als Sonderfall eines identischen mathematischen Gesetzes bestimmt, d.h. in diesem Fall: die Gerade als Grenzfall der Kreisperipherie bei ins Unendliche wachsendem Radius.

In der Dialektik von Herrschaft und Knechtschaft handelte Hegel vom Selbstbewußtsein. Die zentrale Aussage war – undialektisch beurteilt – ein Verstoß gegen die logischen Grundsätze: Denn die Selbstbehauptung des Selbstbewußtseins erschien dadurch definiert, daß das Selbstbewußtsein sowohl selbständig als auch unselbständig sei: Herr und Knecht. Hegel ließ die Gedankenbewegung einsetzen mit der untersten Stufe von Selbstbewußtsein, die er im Selbsterhaltungstrieb gegeben sah, im Drang nach Befriedigung von Lebensbedürfnissen. Als Begierde ist das Selbstbewußtsein sich seiner insofern gewiß, als der Gegenstand, der zur Bedürfnisbefriedigung aufgezehrt wird, sich als das Unselbständige erweist. Das eigentlich menschliche Selbstbewußtsein tritt aber erst dann in Erscheinung, wenn ein Selbstbewußtsein nicht nur einem Gegenstand, sondern einem anderen Selbstbewußtsein gegenübersteht. Denn die Gegenseitigkeit des gleichen Anspruchs stößt auf Widerstand und es entsteht der „Streit". Im Streit drückt sich das Verhältnis aus, welches das Selbstbewußtsein zum physischen Sein realisiert. Sofern beide Kontrahenten dem physischen Sein, und d.h. hier auch: dem eigenen Leben, keine Selbständigkeit einräumen, endet der Kampf mit dem Tod des einen. Der Tod ist zwar Bewährung des Selbstbewußtseins, hebt dieses aber zugleich auf, so daß diese Bewährung eine Gewißheit des Selbstbewußtseins nur für den anderen erbringt. Das Verhältnis bleibt insofern ein einseitiges. Als gegenseitiges aber bleibt dieses Verhältnis bestehen, wenn an die Stelle des Totschlags die Unterjochung tritt. Das ist das Verhältnis von Herrschaft und Knechtschaft.

Hegel sah in diesem Verhältnis zwei entgegengesetzte Formen von Bewußtsein definiert. Denn Herr und Knecht haben nicht nur ein Verhältnis zueinander, sondern auch ein je anderes zum physisch-dinglichen Sein. Der Herr hat seine physische Existenz unselbständig gehalten, er hat sie im Kampf gewagt und ist dadurch zum Herrn geworden. Der Knecht hingegen hat gerade umgekehrt sein Selbstbewußtsein eingeschränkt, indem er sich abhängig gemacht hat vom physischen Leben, welches er höher schätzte als sein Bewußtsein (unselbständiges Bewußtsein). Die Macht des Herrn besteht darin, daß für ihn das physische Sein etwas Unselbständiges ist; die Selbständigkeit des Physischen ist für den Knecht die Kette, an die er gefesselt ist.

Der Vorteil der Herrschaft besteht darin, daß der Knecht für den Herrn arbeiten muß. Arbeit und Genuß sind auseinandergetreten. Der Knecht verzehrt sich im Frondienst, der ihn seiner Selbst entfremdet; der Herr behält sich den Genuß vor. An dieser Stelle aber, an der sich alle Vorzüge des Verhältnisses bei dem Herrn konzentriert haben, ließ Hegel den dialektischen Umschlag einsetzen. Da nämlich der Herr zwischen sich und das dingliche Sein seinen Knecht geschoben hat, hat er sich selbst zur Passivität verurteilt; er ist abhängig davon geworden, daß der Knecht für ihn tätig ist. Das ist der Nachteil der Herrschaft.

Von da aus aber ergibt sich nun eine völlige Umdrehung der Gesamtsituation. Das unselbständige, nichtige, an der Kette des physischen Seins gefesselte Selbstbewußtsein des Knechts ist außer sich. Aber indem es in der Arbeit – in harter, unwilliger, knechtischer Arbeit – das Aufgegebene leistet, erschafft es nicht nur Produkte, sondern sich selbst. In der Arbeit – und nur in ihr – findet sich das Selbstbewußtsein wieder und gewinnt gerade dort einen eigenen Sinn, wo es nur fremder Sinn zu sein schien. Der Arbeit kommt diese überraschende Wirkung zu, weil sie „gehemmte Begierde, aufgehaltenes Verschwinden" ist; sie „bildet" den Menschen. Der „Genuß" ist demgegenüber die ungehemmte Begierde und bedeutet ein Nichts.

Was der Knecht tut, ist eigentlich das Tun des Herrn – dadurch ist das Verhältnis von Herrschaft und Knechtschaft gekennzeichnet – doch wird das urspünglich selbständige Selbstbewußtsein des Herrn gerade dadurch aufgehoben. Während der Knecht im Dienste des Herrn die Sache meistert und so mit der Bildungskraft der Arbeit zum Meister wird, zeigt die Bildungsohnmacht des bloßen Genusses, daß das Wesen der Herrschaft „das verkehrte dessen ist, was sie sein will: die Wahrheit des selbständigen Bewußtseins ist das knechtische Bewußtsein“.

Das Selbstbewußtsein des Menschen kann sich also nur behaupten, indem es selbständig und unselbständig zugleich ist, d.h. daß der Mensch Herr und Knecht in einem ist.

Dieses dialektische Denken konnte in den Kontext der Bildungstheorie eingebracht werden, und zwar nicht nur deshalb, weil Hegel die Bildungskraft der Arbeit den dialektischen Umschlag bewirken ließ, sondern weil er das Verhältnis von Herrschaft und Knechtschaft selbst auch als das des Allgemeinen zum Besonderen faßte. Damit aber war dann die Unentschiedenheit, die die neuhumanistische Bildungstheorie im Augenblick ihrer Konkretisierung zurückließ, philosophisch aufgehoben: Die Allgemeinbildung will die Selbständigkeit des Menschen, aber sie macht ihn gerade dadurch unselbständig, daß sie seine Aufmerksamkeit ganz auf die eigene Person richtet. Die Spezial- oder Berufsbildung will die Funktionalität des Menschen für das gesellschaftliche Kollektiv, aber indem die Arbeit an sachlichen Aufgaben die Selbstentfremdung zurücknimmt, eröffnet sie die Möglichkeit der Selbstverwirklichung. Die Wahrheit der Allgemeinbildung ist somit die spezielle oder berufliche Bildung; oder anders gesagt: Allgemeinbildung als pädagogische Qualität muß verstanden werden als Anspruch und Regulativ, aber nicht als Inhalt.

Zu diesem Resultat war auch Humboldt gekommen, doch erst von Hegels Einsichten her war die Begründung dafür auch theoretisch gesichert: Die Festschreibung einiger, (notwendigerweise spezieller) Inhalte als „allgemeinbildend“ verkehrt den Sinn von Allgemeinbildung. Denn eine inhaltlich kanonisierte „allgemeine Bildung“, die erstrebt wird, um gebildet zu sein und um vor anderen gebildet zu erscheinen, deformiert die Bildung zum Statusymbol, ist ungehemmte Begierde, ist mithin ein Nichts. Die unerläßliche Bedingung der Bildung, die beides in sich aufzuheben vermag, nämlich das Allgemeine im Besonderen, war damit erwiesen im Prinzip der Sachlichkeit. Das hatte vor Hegel schon Kant ohne Dialektik ausgedrückt mit einem Wort des englischen Philosophen Francis Bacon, welches er als Motto dem Werk voranstellte, mit dem der Beginn der Deutschen Bewegung datiert wird, der Kritik der reinen Vernunft von 1781:

> „De nobis ipsis silemus, de re autem…agitur“ („von uns selbst schweigen wir, von der Sache aber wird gehandelt“).

DIE SCHULE
(Gemälde von Adrian Brauwer, Berlin, Staatl. Museum)

Kapitel III:

Grosse Industrie

Hauslehrerpädagogik als Schulpädagogik

Johann Friedrich Herbart gilt als Begründer der Pädagogik als Wissenschaft und als Berufswissen für den Lehrer. Seiner Lebenszeit und seinem Wirkungskreis nach gehörte er noch zur Generation der preußischen Reformer. Er war keine 10 Jahre jünger als Humboldt und Schleiermacher und fast gleichaltrig mit Süvern. Im Jahre 1809, in dem Humboldt sein Amt als Chef der Sektion des Kultus und Unterrichts antrat, wurde Herbart als Nachfolger Kants auf den Lehrstuhl der Philosophie in Königsberg berufen. Diese Berufung war von den Staatsräten Süvern und Nicolovius betrieben worden, um an der Universität einen sachkundigen Bundesgenossen für die Schulreform zu haben. Humboldt berief Herbart sogleich in die Königsberger Wissenschaftliche Deputation. Die Überzeugung der Sektion, durch Schulreformen die Erziehung der Jugend entscheidend verbessern zu können, teilte Herbart nicht. Für die Reformer war es eine herbe Enttäuschung, als Herbart über die Wissenschaftliche Deputation einen Vorschlag zur Einrichtung eines Instituts zur Ausbildung von Hauslehrern einbrachte. Er wollte die Arbeit der öffentlichen Schulen möglichst beschränken; statt dessen sollten Hauslehrer, die sich wie Ärzte oder Rechtsanwälte niederlassen sollten, zur Unterstützung der Familienerziehung tätig sein. Schleiermacher notierte auf dem Rand des Herbartschen Memorandums, welches er in seiner Eigenschaft als Direktor der Berliner Wissenschaftlichen Deputation zu prüfen hatte, trocken und etwas verdrießlich, man hoffe, den Stand der Hauslehrer nach der Reform des öffentlichen Unterrichts verschwinden zu sehen.

Selbstverständlich gab es auch Übereinstimmungen zwischen Herbart und der Pädagogik der Deutschen Klassik. Die Sektion des Kultus und Unterrichts hatte gute Gründe für die Annahme, Herbart werde in der Wissenschaftlichen Deputation im Sinne der Reform tätig werden, dies umso mehr, als dieser mit einer Arbeit über „Pestalozzis Idee eines ABC der Anschauung" (1802) bekannt geworden war und man deshalb annahm, daß er die Einführung der „Methode" in die Elementarschule unterstützen würde. Da sich diese Erwartung aber nicht erfüllte und Herbart zu großer Wirksamkeit erst nach Abschluß der Reformphase kam, kann seine Pädagogik dem Kontext, in dem sie entstanden ist, nicht voll zugerechnet werden. Sie ist vielmehr repräsentativ für Mitte und zweite Hälfte des 19. Jahrhunderts.

Herbart arbeitete nach dem Studium in Jena, wo er der erste Schüler Fichtes war, einige Jahre als Hauslehrer bei einer Schweizer Patrizierfamilie. Diese Hauslehrerjahre bildeten für ihn die unverrückbare Erfahrungsbasis seiner pädagogischen Überzeugung. Bevor er nach Königsberg berufen wurde, hatte er sich in Jena für Philosophie habilitiert und hatte außer der Arbeit über Pestalozzi bereits zwei wichtige Werke zur Pädagogik („Über die ästhetische Darstellung der Welt als

JOHANN FRIEDRICH HERBART

Hauptgeschäft der Erziehung", 1804, und „Allgemeine Pädagogik", 1808) publiziert. Herbart ist 24 Jahre in Königsberg geblieben.

Er schrieb in dieser Zeit mehrere Werke zur Philosophie und zur Psychologie als Wissenschaft. 1833 nahm er die Berufung auf den Göttinger Lehrstuhl der Philosophie an. Obwohl Herbart sich stets äußerster Loyalität gegenüber der Obrigkeit befleißigte und die Begeisterung der Reformer ohnehin nicht teilte, war ihm der Umschlag zur restaurativ-reaktionären Politik in Preußen nach 1819 unangenehm. Aber in Göttingen, das zum Königreich Hannover gehörte, wurde seine Obrigkeitstreue auf eine viel härtere Probe gestellt als im preußischen Königsberg. 1837 löste der neue König von Hannover unter Bruch der Verfassung die Ständeversammlung auf und erklärte die Verfassung selbst für nichtig. Der Göttinger Historiker Friedrich Christoph Dahlmann setzte gegen den königlichen Willkürakt ein politisches Signal, wofür er sechs weitere Professoren gewinnen konnte, die berühmten „Göttinger Sieben"; außer Dahlmann selbst waren das die Gebrüder Jakob und Wilhelm Grimm, beide Germanisten und Altertumswissenschaftler, der Orientalist Heinrich Ewald, der Jurist Wilhelm Albrecht, der Historiker Georg Gervinus und der Physiker Wilhelm Weber. Herbart war zu dieser Zeit Dekan der Philosophischen Fakultät; er mißbilligte die politische Demonstration seiner Kollegen und beteiligte sich als Repräsentant seiner Fakultät an einer Ergebenheitsadresse an den König.

HERBART: ANGEWANDTE PSYCHOLOGIE ODER „EINHEIMISCHE BEGRIFFE"

Herbart hat zwei alternative Wissenschaftsmodelle für die Pädagogik entwickelt. Das erste Modell ging davon aus, daß die Ziele der Erziehung durch eine philosophische Ethik als Normwissenschaft erörtert und festgelegt werden, der richtige Weg zur Realisierung dieser Ziele durch eine andere Disziplin, durch eine erfahrungswissenschaftlich gesicherte Psychologie gewiesen werden müßte. Hinsichtlich der Ethik war sich Herbart sicher, daß sie den pädagogischen Zweck insgesamt wie auch alle Teilzwecke genau bestimmen könne. Den Gesamtzweck sah er in der Tugend, die er definierte als die im Menschen realisierte Idee der inneren Freiheit. Schwieriger hingegen schien ihm die Frage der Psychologie zu sein. Hier verlangte er eine strenge, am Ideal der Naturwissenschaften orientierte Gesetzeswissenschaft, die in der von ihm beanspruchten Exaktheit noch nicht vorlag und die er auch selbst nicht vollständig zu erstellen vermochte. Was ihm vorschwebte und wozu er Beiträge leistete – die ihm auch einen Platz in der Geschichte der Psychologie verschafft haben –, war die Assoziationspsychologie. Sie versuchte, die Gesetze zu erforschen, nach denen der Mensch Vorstellungen, Gedanken und Begriffe miteinander verbindet und welche Wirkungen das für seine Einstellungen und sein Verhalten hat.

Innerhalb dieses Pädagogikmodells hatte die Psychologie – wenn sie denn einmal funktionsfähig sein würde – die Aufgabe, die Mittel der Steuerung von Gesinnung und Urteil bereitzustellen, so daß pädagogische Handlungsanweisungen als Ergebnis streng wissenschaftlicher Vorgehensweise zu erwarten seien. Die erzieherische Praxis wurde verstanden als ausführendes Organ der Theorie: Je genauer die Weisungen befolgt würden, desto besser mußte die Praxis sein.

Bildsamkeit und Freiheit: Dieses Theorie-Praxis-Verständnis folgte aus der von Herbart herangezogenen Psychologie. Denn die Assoziationspsychologie unterstellte die Regelhaftigkeit geistiger Vorgänge in Analogie zu physikalischen Gesetzen. Daraus aber ergaben sich wichtige Rückfragen an die zunächst als pädagogische Ziellehre eingeführte Ethik. Eine zentrale, bis heute umstrittene Frage diskutierte Herbart von seinen ersten Schriften bis zu seinen Spätwerken in Auseinandersetzung mit Kant: Wie sich die Bildsamkeit des Menschen zu seiner Freiheit verhalte. Herbart vertrat den Standpunkt, daß Kants Lehre von der „transzendentalen Freiheit“ jegliche Erziehung ausschließe und daher für die Pädagogik unannehmbar sei.

Den Begriff „transzendental“ prägte Kant in seiner Erkenntnistheorie („Kritik der reinen Vernunft“) im Unterschied zu „tranzendent“. Die Transzendenz ist das Jenseitige, d.h. das, was jenseits der Erfahrung liegt. Den Teil der Philosophie, der sich mit transzendenten Fragen beschäftigt, nennt man seit Aristoteles Metaphysik. Dazu gehörten in erster Linie die Themen der natürlichen Theologie mit der Frage nach der Freiheit des menschlichen Willens. Kants Erkenntnistheorie gipfelte in dem Nachweis, daß dem Menschen gesicherte, nämlich allgemeingültige und notwendige Einsichten nur innerhalb der Grenzen möglicher Erfahrungen zugänglich seien. Transzendente, metaphysische Problemstellungen können also nicht wissenschaftlich bearbeitet werden; die Vernunft verwickelt sich vielmehr bei entsprechenden Versuchen in unauflösbare Widersprüche.

Die scharfe Eingrenzung der Erkenntnis auf mögliche Erfahrung bedeutet für Kant aber kein Votum für den Empirismus: Zwar beginnt die menschliche Erkenntnis mit der Erfahrung, aber sie entspringt ihr nicht, vielmehr müssen für die Möglichkeit von Erfahrung Voraussetzungen gedacht werden, die selber nicht aus der Erfahrung stammen können. Fragestellungen dieser Art, die also das – logisch gesehen – vor der Erfahrung Liegende behandeln, nannte Kant „transzendental“. Er bestimmte als solche transzendentalen Voraussetzungen von Erfahrungen die reinen Anschauungsformen „Raum“ und „Zeit“ sowie zwölf „Kategorien“, wie z.B. die „Kausalität“: Was der Mensch sinnlich wahrnimmt, ist immer nur die wiederkehrende Abfolge eines Vorganges B auf einen Vorgang A. Die Einsicht, daß es sich dabei nicht um ein rein zufälliges Zusammentreffen, sondern um eine Ursache-Wirkung-Verknüpfung handelt, setzt voraus, daß der Erkennende über den Grundbegriff der

Kausalität verfügt. – Pestalozzi hatte bei der erkenntnistheoretischen Instrumentierung seiner „Methode" gerade deshalb so große Schwierigkeiten, weil er diese kantische Unterscheidung zwischen Erfahrungsbegriffen (Begriffe a posteriori) und für die Erfahrung vorauszusetzende Begriffe (Begriffe a priori) nicht machte.

Kant wandte den Begriff des „Transzendentalen", den er in der Erkenntnistheorie entwickelt hatte, dann auch auf seine Ethik an („Kritik der praktischen Vernunft"). Dazu war er genötigt, weil er keine neue Morallehre aufstellen, sondern den Begriff der Sittlichkeit philosophisch bestimmen wollte. Alle vorausgegangenen Ethiken hatten sich inhaltlich an einem bestimmten Wert orientiert. Die Moralität des Handelns war dann an dem Grad abzulesen, mit dem das Handeln diesem Wert genügte. Für Aufklärungsphilosophen war dieser Wert „das größte Glück der größten Zahl" gewesen, woraus dann die Pädagogen „Gemeinnützigkeit" und „Industriösität" als Handlungsmaximen wie als Erziehungsziele abgeleitet hatten. Andere Ethiken setzten das Glück des Einzelnen, den Kulturfortschritt, die Ehre Gottes, die Ehrfurcht vor dem Leben oder sonst irgendetwas als erstrebenswert Erscheinendes als höchsten Wert an. Ungeachtet der Unterschiede zwischen diesen Festlegungen bestand (und besteht) die Übereinstimmung solcher materialer Wertethiken darin, daß die Sittlichkeit am Erfolg des Handelns gemessen wird. Bei dieser Einstellung bleiben die an den Menschen adressierten moralischen Imperative immer hypothetischer Art. Denn die Verbindlichkeit der Handlungsmaximen für den Adressaten hängt davon ab, ob er die Prämissen bejaht. Nur wenn mir an meinem „Glück" gelegen ist, erweist sich eine von daher abgeleitete Verhaltensvorschrift für mich als nötigend, andernfalls ergeht sie vergebens.

Ohne die materialen Ethiken diskreditieren zu wollen, hielt Kant den hypothetischen Charakter der moralischen Imperative dem Problem gegenüber für unangemessen. Denn die Stimme des Gewissens spricht unbedingt; Sittlichkeit muß sich in einem kategorischen Imperativ ausdrücken lassen. Um diesen Sachverhalt philosophisch schlüssig darlegen zu können, mußte Kant von allen inhaltlichen Wertorientierungen absehen, mußte er die Moralität einer Handlung von ihrem Erfolg gänzlich abtrennen und allein in die Gesinnung des Handelnden verlegen. Mit einer solchen formalen Gesinnungsethik waren zwei Schwierigkeiten, mit denen jede materiale Ethik zu kämpfen hat, behoben: Zum einen entfiel bei der Definition der Sittlichkeit der Widerspruch konkurrierender Wertsysteme. Sittlichkeit wurde jetzt nur noch gefaßt in der Übereinstimmung des Handelnden mit dem formal und unmittelbar aus der Vernunft abgeleiteten moralischen Gesetz:

> „Handle so, daß die Maxime deines Willens jederzeit zugleich als Prinzip einer allgemeinen Gesetzgebung gelten könne."[62]

Zum anderen war mit der Gesinnungsethik das Problem solcher Situationen behoben, in denen die Mängel der Ausführung einer Handlung den Zweck verfehlen, vielleicht sogar ins Gegenteil verkehren, ohne daß dem Handelnden subjektiv eine „Schuld" zugerechnet werden kann. Für die Gesinnungsethik entfiel dieses Problem, weil sie nur nach den Handlungsmotiven fragt: Es gibt innerhalb wie außerhalb dieser Welt nichts verdienstlicheres als einen guten Willen!

Die Verlegung der Moralität allein in die Innerlichkeit des Menschen – sozialgeschichtlich vorbereitet durch die pietistische Erziehung – stellte Kant vor ein Problem in der Freiheitsfrage: Wenn die Moralität nur an der Lauterkeit der Gesinnung hing, dann durfte das als sittlich zu qualifizierende Handeln nicht durch irgendwelche anderen Bestimmungsgründe motiviert sein, nicht durch Einwirkung von außen, nicht durch sinnliche Antriebe wie das Streben nach Selbsterhaltung, Glück, Liebe, Freundschaft, Ruhm, Reichtum, Vermeidung von Schmerz und Unlust, ja, Kant ging soweit, auch die Hoffnung auf Belohnung im Jenseits bzw. die Furcht vor Höllenstrafen als einen äußeren Antrieb zu verstehen, der die Sittlichkeit des Handelns aufhebt und es zu einem bloß legalen Verhalten macht. Damit war aber die Frage gestellt, ob der Mensch eigentlich über die Freiheit verfüge, unabhängig von allen sinnlich vermittelten Antrieben, rein aus Achtung vor dem Sittengesetz handeln zu können. Theoretisch war diese Frage nicht entscheidbar. Sie gehörte ja zu dem Komplex der metaphysisch-transzendenten Probleme jenseits möglicher Erfahrung. Sollte die Frage aber negativ beantwortet werden, so würde damit ein Handeln aus Sittlichkeit unmöglich. Unmögliches kann aber sinnvollerweise nicht verlangt werden. Daraus folgte für Kant der umgekehrte Schluß: Genauso, wie es für die Erfahrung Voraussetzungen gibt, die nicht aus der Erfahrung stammen, sondern sie ermöglichen, so muß auch die Ethik dasjenige als Voraussetzung postulieren, was für die Gültigkeit des Sittengesetzes unabdingbar ist: Freiheit. Da diese Freiheit theoretisch nicht beweisbar ist, sondern nur praktisch gefordert werden kann, nannte Kant sie „transzendentale Freiheit".

Herbart problematisierte die transzendentale Freiheit unter dem Gesichtspunkt der Bildsamkeit des Menschen. Ging die Pädagogik von einer inhaltlichen Ethik aus, so war Erziehung leicht vorstellbar. Ein bestimmtes, als tugendhaft definiertes Verhalten konnte als Ziel angenommen werden. Erziehung bestand darin, das Kind Schritt für Schritt diesem Verhalten anzunähern. Denn wenn die Sittlichkeit am Handlungserfolg abgelesen wird, gibt es unterschiedliche Grade der Zielerreichung. Genau diese Möglichkeit aber schien Herbart in der Gesinnungsethik Kants nicht gegeben zu sein. Die von äußeren Einwirkungen und Neigungen der Sinnlichkeit unabhängige Handlungsmotivation ist entweder gegeben oder nicht gegeben – Abstufungen sind undenkbar. Und so kann denn auch Erziehung nicht als Ursache Sittlichkeit bewirken, wenn Sittlichkeit gerade keine Wirkung, sondern selber Ursache sein soll. Kant hatte diese Frage nach dem Verhältnis von transzendentaler Freiheit und Erziehung keineswegs übersehen. In Vorlesungen über Pädagogik, die er 1776/77 und 1780 hielt, hieß es:

> „Eines der größten Probleme der Erziehung ist, wie man die Unterwerfung unter den gesetzlichen Zwang mit der Fähigkeit, sich seiner Freiheit zu bedienen, vereinigen könne. Denn Zwang ist nötig. Wie kultiviere ich die Freiheit bei dem Zwange?" [63]

Das Sittengesetz richtet seinen Anspruch an jeden, der Menschenantlitz trägt. Aber der Mensch ist nicht von vornherein geneigt, diesem Anspruch Gehör zu schenken. In Bestimmung seines Handelns läßt er sich vielmehr von dem leiten, was Kant das „radikal Böse" nannte, die angeborene „Bösartigkeit der Willkür in

Annehmung ihrer Maximen". Die sinnlichen Motive, die den Menschen ein erreichbares Glück vorgaukeln, schieben sich vor das sittlich Gebotene. Insofern mußte sich auch Kant die Frage stellen, wie die Umkehr zur sittlichen Gesinnung erfolgen, bzw. ob und inwiefern die Erziehung dazu beitragen könne.

Herbart mußte für den ethischen Überbau seiner Pädagogik die kantische Ethik als für die Erziehung untauglich ausschließen, weil er sich im psychologischen Unterbau für ein Modell entschieden hatte, wonach pädagogische Einwirkungen einzig in Analogie zu dem in der Naturwissenschaft geltenden Kausalprinzip vorstellbar waren. Unter diesem Aspekt war Herbarts Folgerung konsequent. Nicht entschieden aber war damit die Frage, ob Erziehung wirklich nur als Kausalverhältnis und wissenschaftliche Pädagogik nur als eine die Praxis reglementierende Theorie verstanden werden könne. Denn vom Standpunkt der Kantischen Ethik wurde Erziehung auch denkbar als die Struktur einer Beanspruchung, die vom lernenden Kind ein bestimmtes Tun als eigene Leistung verlangt. Wenn das Kind durch das, was der Erzieher ihm abverlangt, sich selber hervorbringt und in den Horizont des eigenen Gewissens tritt, ist kein Kausalverhältnis zu unterstellen. Kant selbst hat das allerdings nicht ausgeführt; auch die spätere neukantianische Pädagogik hat keine unumstrittenen Auskünfte geben können. Für eine normative Pädagogik müssen alle sich aus der Norm ergebenden Fragen definitiv beantwortet sein, bevor eine Ableitung von erzieherischen und didaktischen Handlungsanweisungen möglich wird. Deswegen konnte sich Herbart vor dem Hintergrund seines Verständnisses einer Pädagogik als angewandter Wissenschaft nicht auf „transzendentale Freiheit" einlassen.

Durch Schleiermacher aber war bereits eine andere Möglichkeit der pädagogischen Wissenschaft zur Diskussion gestellt: Wissenschaft konnte darauf verzichten, die erzieherische Praxis nur als Ausführungsinstrument von Theorie anzunehmen. Wurden aber vorgängige Praxis, Erfahrung und schöpferische Phantasie des Handelns als Ausgangspunkt der Theoriebildung genommen, dann brauchten nicht alle philosophischen Probleme abschließend gelöst zu sein, bevor sinnvolles und verantwortetes Handeln beginnen durfte.

Die Pädagogik der „einheimischen Begriffe": Herbart hat bei seiner Auseinandersetzung mit der „transzendentalen Freiheit" eine solche alternative Lösung nicht erwogen. Im Prinzip kam er jedoch zu genau diesen Folgerungen. Er meinte, die Erziehung habe „nicht Zeit zu feiern, bis irgendeinmal die philosophischen Untersuchungen im Reinen sein werden"; und ebenso dachte er über die noch nicht voll ausgebildete exakte Psychologie. Aber über diesen zunächst mehr pragmatisch gemeinten Vorbehalt hinaus – solange diese Wissenschaften noch nicht fertig sind, muß sich die Pädagogik mit einer Ausdeutung ihrer Umgangserfahrung helfen – war Herbart auch auf einen Punkt gestoßen, der ihm eine grundsätzlich andere Einschätzung nahelegte: das Problem der Individualität. Auch eine vollständig ausgeführte, in Analogie zu den Naturwissenschaften entwickelte Psychologie würde niemals die Beobachtung des Zöglings ersetzen können. Das Individuum kann nur in der Wirklichkeit des Lebens aufgesucht und gefunden, nicht aus der Theorie deduziert werden. So drängten sich vom Individualitätsprinzip her einige mit seinem ersten Modell kaum zu vereinbarende Einsichten auf, zunächst vom Zielaspekt der Erziehung her beurteilt:

„Der Erzieher vertritt den künftigen Mann beim Knaben. Folglich, welche Zwecke der Zögling künftig als Erwachsener sich selbst setzen wird, diese muß der Erzieher seinem Bemühen jetzt setzen; ihnen muß er die innere Leichtigkeit im voraus bereiten. Er darf die Tätigkeit des künftigen Mannes nicht verkümmern: Folglich sie nicht an einzelnen Punkten festhalten; und ebenso wenig sie durch Zerstreuung schwächen... Weil menschliches Streben vielfach ist, so müssen die Sorgen der Erziehung vielfach sein."[64]

Von da aus wurde die Problematik deutlich: das Streben nach wissenschaftlicher Einheit, die strenge, lückenlose Ableitung der Handlungsanweisungen aus einem übergeordneten Normgesichtspunkt:

„Es dürfte wohl besser sein, wenn die Pädagogik sich so genau als möglich auf ihre einheimischen Begriffe besinnen und ein selbständiges Denken mehr kultivieren möchte; wodurch sie zum Mittelpunkt eines Forschungskreises würde und nicht mehr Gefahr liefe, als entfernte, eroberte Provinz von einem Fremden aus regiert zu werden. Nur wenn sich jede Wissenschaft auf ihre Weise zu orientieren sucht und zwar mit gleicher Kraft wie ihre Nachbarinnen, kann ein wohltätiger Verkehr unter allen entstehen."[65]

Damit machte Herbart eine zweite Möglichkeit für Pädagogik als Wissenschaft sichtbar, die nicht mehr als eine angewandte Disziplin das von Ethik und Psychologie Vorgegebene umzusetzen hat, sondern mit diesen beiden Disziplinen in einem Wechselverhältnis steht, in das die pädagogische Erfahrung als konstitutives Element mit eingebracht wird.

In Herbarts pädagogischem Denken war also Individualität eine treibende Kraft. Sie führte zur Korrektur des Wissenschaftsverständnisses, machte Übereinstimmung wie Zusammenstoß mit den Preußischen Reformern aus und gab die Voraussetzung für lange und große Nachwirkungen. Herbart war wie alle Neuhumanisten erklärter Individualitätstheoretiker. Und er hat – wie Humboldt in seiner Jugendschrift zur Bestimmung der Grenzen der Wirksamkeit des Staates – den Staat als nur an der gesellschaftlichen Brauchbarkeit des Bürgers interessiert gesehen und im Gegenzug die Pädagogik zum Parteigänger der individuellen Interessen des Zöglings erklärt. Herbart teilte uneingeschränkt die neuhumanistische Begeisterung für die Griechen. Europa nannte er sein Vaterland, in dem die Griechen die Vorfahren seien.

Die Differenz zwischen Herbart und den Preußischen Reformern bestand in der Frage, ob sich der Rückgriff auf die Griechen auch auf den Staat auswirken würde. Die Reformer unterstellten das wie selbstverständlich, während Herbart dieser Gedanke fremd blieb. Von da aus ergaben sich ganz unterschiedliche Einschätzungen der Schule. Herbart urteilte noch 1832, also zwei Jahrzehnte später, als er darüber nachdachte, warum sein Hauslehrerprojekt keine Resonanz gefunden habe, die Reformer hätten den allgemeinen Aufruhr gegen Napoleon in die Familien tragen wollen, Fichtes Erziehungskonzept habe bewaffnete Banden hervorgebracht, die schließlich eine Gefahr für das eigene Land geworden wären; in Wirklichkeit habe aber die Nation ganz andere Retter benötigt und sie ja schließlich auch gefunden; geblieben sei indessen nach Ende der Reformeuphorie die Vorliebe für diejenige

Institution, in die die Reformer so große Hoffnungen gesetzt hatten, welche Herbart aber eher als pädagogisches Übel ansah, nämlich die Schule:

> „Als ob Reibung vieler Schüler aneinander keine Gefahr, ja Heil brächte, als ob die Witzigkeit, welche daraus entsteht, schon Besserung, als ob die Verbrüderung, die daraus erwächst, frei vom Parteigeist sei, als ob der Unterricht schon Erziehung, als ob die Disziplin schon Charakterbildung, als ob überhaupt die Jugendbildung ein Geschäft wäre, das im Großen wie Fabriken durch Maschinenwerk, ohne Berücksichtigung der Individuen mit Vorteil könnte betrieben werden."[66]

Dies alles hing bei Herbart zusammen mit seinem Respekt vor den individuellen Unterschieden des Menschen, denen die Erziehung entsprechen müsse, es im kollektiven Lern- und Lebenszusammenhang der Schulen aber nicht könne. Eben deshalb brachte er den im Kontext der preußischen Reformen so deplaziert wirkenden Vorschlag eines Hauslehrerinstitus ins Gespräch.

Man darf daraus aber nicht folgern, Herbart sei ein völlig unpolitischer Denker gewesen. Herbart hatte sehr präzise Vorstellungen auch von Politik und politischer Theorie. Aber er machte einen scharfen Trennungsstrich zur Pädagogik: Politisches Handeln bezog er auf die Gesellschaft, pädagogisches auf das Individuum. Die Vermischung beider Sphären schien ihm angesichts der Folgen unvertretbar zu sein. Die Schule als öffentliche Institution, eingerichtet, unterhalten und reglementiert vom Staat, der gleichzeitig alle Kinder ohne Unterschied ihrer individuellen Lage und Eigentümlichkeiten unter die allgemeine Schulpflicht zwang – (dasjenige also, was die Aufklärungspädagogik über ein Jahrhundert leidenschaftlich erstrebt, was die preußische Reform dann, wenn auch unter anderen bildungstheoretischen wie politischen Voraussetzungen, voll einzulösen versucht hatte) – beurteilte Herbart als Ausdruck einer die Pädagogik im Kern zerstörenden Normierung durch die Politik.

Von der Formalstufentheorie zum Herbartianismus

Es gibt kaum einen anderen Klassiker der Pädagogik, der sich so entschieden und eindeutig als Schulkritiker geäußert hat. Es gibt aber auch kaum einen anderen, dessen Theorie eine so große schulpädagogische Wirkung gehabt hat wie die Herbarts. Jeder Versuch, diese Merkwürdigkeit, wenn nicht Ironie der Pädagogikgeschichte zu erklären, führt auf Herbarts Lehre vom „erziehenden Unterricht". Herbart nannte einen Unterricht erziehend, wenn er den Vorstellungskreis des Lernenden so aufbaute, daß die Gedanken Wollen und Handeln zu bestimmen vermögen. Der Charakter, so meinte er, sei abhängig von denjenigen Vorstellungen, die den Menschen beherrschen. Daher führe der Gedankenkreis notwendig zur Bildung von Interessen, von den Interessen gerate der Empfindungshaushalt in Bewegung und rufe damit die Begierde hervor, das Interessante auch zu wollen. Damit stützte sich Herbart auf einen sehr intellektualistischen Lernbegriff, nämlich auf die Annahme, daß Wissen Haltung, daß kognitive Strukturen Charakterstärke bewirken würden. Das war die Voraussetzung für das Glanzstück von Herbarts Pädagogik, für die Methodenlehre, die ebenso berühmte wie berüchtigte Formalstufentheorie. Mit ihr haben Herbarts Nachfolger, die Herbartianer, die deutschen Schulen während der ganzen zweiten Hälfte des 19. Jahrhunderts bis in das 20. Jahrhundert hinein beherrscht.

Herbart selbst sah die Aneignung der für den Aufbau des Charakters so wichtig erachteten Vorstellungen unter dem Gesichtspunkt der Gesetzmäßigkeiten, die die Assoziationspsychologie herausarbeitete. Das für die unterrichtsmethodische Umsetzung Entscheidende war dabei, daß Vorstellungen – bildlich gesprochen – als mit Haken und Ösen versehen gedacht wurden, so daß sie sich aufgrund einer einfach zu durchschauenden Mechanik nach dem Grade ihrer Verwandschaft zu einer Kette zusammenschließen lassen. Unterricht sollte im Wechsel von Vertiefung und Besinnung angelegt werden: Der Schüler hat sich zunächst in neue, durch den Unterricht dargebotene Vorstellungen zu vertiefen und dabei diese Vorstellungen einzeln zu erfassen und zu verstehen: Stufe der Klarheit; der Unterricht muß dann dafür Sorge tragen, daß der Lernende die neu aufgenommenen, aber noch isolierten Vorstellungen miteinander verbindet: Stufe der Assoziation. Damit ist die „Vertiefung" abgeschlossen. Der nächste Schritt gilt der „Besinnung". Das neu Aufgenommene muß mit dem vorher bereits vorhandenen Vorstellungskreis verbunden und mit ihm zu einer Einheit verschmolzen werden: Stufe des Systems. Schließlich ist die Besinnung zur Anwendung des Lerngewinns und damit zum Ziel des Vorgangs zu führen: Stufe der Methode. Herbart wies den einzelnen Stufen jeweils eine bekannte Unterrichtsweise zu und versuchte so, den Stand der didaktischen Reflexion seiner Zeit mit der Formalstufentheorie in Einklang zu bringen. Der Stufe der Klarheit ordnete er die kurze Erläuterung zu, der der Assoziation das freie Gespräch, der des Systems den zusammenhängenden Lehrervortrag und der Methode die selbständige Schülerarbeit.

Der Hauslehrer und Schulkritiker Herbart hat die Formalstufentheorie weder auf 45-Minuten-Unterrichtseinheiten angelegt noch auf einen Unterricht, der bei 30 oder 40 Kindern den Gleichtakt der Vorstellungsverknüpfungen unterstellen muß. Die Herbartianer aber mußten das für möglich halten, als sie die Methodenlehre aus dem schulkritischen Kontext bei Herbart herauslösten und für schulische Musterlektionen zubereiteten. Wurde dann auch noch der intellektualistische Lernbegriff ermäßigt oder gar ganz aufgegeben, geriet die Formalstufentheorie zu einem Geklapper mit leeren Begriffen.

Nun hat es Herbart nicht bei Erwägungen zu Statik und Mechanik der Vorstellungsverknüpfungen bewenden lassen. Der Aufbau des Gedankenkreises durch Unterricht mußte natürlich auch inhaltlich bedacht sein. Nichts durfte dem Zufall überlassen bleiben, vielmehr sollte ein Lehr-Plan sicherstellen, daß der Unterricht tatsächlich alles Menschliche im Menschen ausbilde. Herbart nannte das den „pädagogischen" Lehrplan. Er frug nicht danach, was gesellschaftliche Mächte mit der Jugend wollten, sondern er strukturierte den Lehrplan von seiner Interessentheorie her. Um zu einem Kriterium für die Anordnung der Lerninhalte zu kommen, setzte er das Knabenalter in Entsprechung zu einem frühen Abschnitt der Menschheitsgeschichte. Im Sinne der neuhumanistischen Bewertung des Altertums sah er in den Dichtungen des Homer einen lichten Punkt für die gesamte Nachwelt, gleichsam die klassische Darstellung eines idealischen Knabenalters. Demzufolge setzte Herbart den Anfang des Griechisch-Unterrichts für das frühe Knabenalter fest, den des Latein-Unterrichts für das mittlere Knabenalter, während er die Beschäftigung mit neuen Sprachen für das Jugendalter reservierte. Mit diesem kontinuierlichen Aufeinanderabstimmen von Altersstufen der Schüler und Fortschrittsstufen der Menschheitsgeschichte begründete Herbart den Kulturstufenlehrplan. Zu seinen Lebzeiten blieb diese Anregung unbeachtet. Die Herbartianer aber machten sie zum Kernstück einer schulpädagogischen Lehrplantheorie. Das gelang ihnen dadurch, daß sie die Kulturstufentheorie mit der Formalstufentheorie kombinierten. Denn sie wandten die in der Methodenlehre unterstellte psychologische Gesetzmäßigkeit der Aufnahme und Aneignung von Bewußtseinsinhalten jetzt sowohl auf die individuelle Entwickung des Kindes als auch auf die Gattungsgeschichte an. Ein führender Herbartianer, Tuiscon Ziller, schrieb:

> „Die Auswahl und der Fortschritt der konzentrierenden Mittelpunkte ist so einzurichten, daß sie teils der Entwicklung und Fortbildung des kindlichen Geistes und namentlich der Apperzeptionsstufen, die darin nach psychologischen Gesetzen aufeinanderfolgen müssen, entsprechen, teils den der Entwicklung des einzelnen im großen korrespondierenden Fortschritt in der Entwicklung der Geschichte der Menschheit, soweit sie uns durch klassische, der Jugend zugängliche Darstellungen bekannt ist, in allen seinen für unsere gegenwärtige Kulturstufe nachweisbar bedeutsamen Hauptperioden repräsentieren." [67]

Ziller und die meisten anderen Herbartianer sahen es darum als notwendig an, einen Kulturstufenlehrplan für die Abfolge der Schuljahre zu konstruieren:

ZILLERS KULTURSTUFENLEHRPLAN: [68]

Stufen	Religionsgeschichte	Profangeschichte	Literatur
1.		12 Märchen nach Grimm	
2.		Robinson	
3.		Patriarchen, vaterländische Sagen	
4.	Jüdische Heldenzeit	Nibelungen	Odyssee
5.	Jüdische Könige	Deutsche Kaiser	Herodot
6.	Leben Jesu	Reformationsgeschichte	Livius
7.	Apostelgeschichte	Befreiungskriege	u.s.f.
8.	Luthers Katechismus	Reichsgründung	u.s.f.

Ein auch nur oberflächlicher Blick auf diesen Kulturstufenlehrplan zeigt, daß er gewiß kein „rein pädagogischer" war. Die politisch-gesellschaftlichen Interessen des zweiten Deutschen Kaiserreichs waren ungeprüft den Kulturstufen unterlegt, mit dem Religionsunterricht synchron gesetzt und dann auch in Bismarcks Kulturkampf gegen die katholische Kirche eingestellt: Der Höhepunkt der christlichen Lehre war auf Stufe 8 mit Luthers Katechismus bezeichnet, dem war die Reichsgründung von 1871 gleichgeordnet – das katholische Christentum tauchte nach der Reformation nicht mehr auf (katholische Herbartianer entwarfen entsprechend anders akzentuierte Kulturstufenpläne). Diese bewußtlose Einbringung der politischen Situation ist das Schicksal von Konzeptionen, die das Pädagogische absolut setzen und die

Vermittlung nicht selber mit in die Reflexion und in den Prozeß der Lehrplanentwicklung aufnehmen.

Davon abgesehen bestand eine sehr erhebliche Differenz zwischen diesem „pädagogischen“ Lehrplan und der schulpädagogischen Wirklichkeit. Herbart selbst hatte solche Probleme nicht gehabt, weil er unter dem Begriff eines Lehrplans den Plan eines Hauslehrers für den Bildungsgang eines einzelnen Kindes verstand – nur so war es zu verstehen, daß er die Odyssee mit einem Zehnjährigen glaubte lesen zu können. Ziller mußte als Schulpädagoge so weit zurückstecken, daß er die Odyssee in lateinischer Übersetzung als Lektüre vorsah. Vor allem aber mußte er erklären, wie er die für die Schulwirklichkeit vorgeschriebenen Unterrichtsfächer und deren Stoffpläne mit dem Konzept des „pädagogischen Lehrplans“ in Beziehung setzen wollte. Die Antwort darauf war die Konzentrationsidee. Der „pädagogische Lehrplan“ sollte als die zentrierende Substanz angesehen werden, um die sich die aus politisch-gesellschaftlichen Gründen im wirklichen Lehrplan befindlichen Fächer gruppieren sollten. Ziller wollte dadurch sicherstellen, daß trotz aller Vielfalt die verschiedenen Vorstellungskomplexe im Gedankenkreis des Schülers fortlaufend geeint und zusammengehalten würden. Dabei waren „Verrenkungen“, die bis zu kabarettreifen Konstruktionen reichten, nicht zu vermeiden. Zur Illustration: Der Herbartianer Christian Ufer erläuterte 1886, wie die „Konzentration“ auf den religiösen Gesinnungsstoff der 6. Stufe des Kulturstufenlehrplans gelingen könne: Vom Leben Jesu über den Missionsauftrag zu den Entdeckungsreisen (Geographie) und zum Kolonialismus (politische Geschichte); vom Meer, das Kolumbus befuhr, zu den Eigenschaften des Wassers (Physik und Chemie) und von da zu Schillers Gedicht „Der Taucher“ (Deutsch).[69]

Gleichwohl stand hinter den Versuchen der Herbartianer eine ernstzunehmende Frage, an der sich seitdem keine Lehrplantheorie mehr hat vorbeimogeln können. Die Frage lautete, wie Gedankenkreis und Bewußtsein der Heranwachsenden an wenigen, ausgewählten Inhalten so gebildet werden können, daß sie einerseits der fortschreitenden psychophysischen Entwicklung entsprechen, andererseits diese Inhalte selber einen substantiellen Zusammenhang ergeben. Ein substantieller Zusammenhang ist unerläßlich, um eine Begrenzung der Inhalte leisten zu können, ohne die es nur Additionen gibt und den willkürlichen Abbruch wegen „Stoffülle“ und „Überbürdung“.

Gründe für die Wirksamkeit der herbartianischen Pädagogik

Herbarts Wirkung war zu seinen Lebzeiten begrenzt. Nach seinem Tode (1841) aber galt seine Pädagogik als die einzig mögliche Form wissenschaftlicher Pädagogik, nicht nur in Deutschland, sondern weit über die Grenzen hinaus bis in die USA. Ein breiter Strom von Herbartianern lenkte und bestritt die pädagogischen Diskussionen. Diese große Wirksamkeit ist mit vier Gründen zu erklären:

(1) Von Herbarts Werken ging die Faszination eines umfassenden Systems aus.

Die Geschlossenheit und damit zugleich auch Starre ist allerdings erst von den Herbartianern herbeigeführt worden. Herbart selbst hatte Denkansätze für unterschiedliche Möglichkeiten bereitgestellt, sogar auch für „unsystematische" Deutungen; aber Herbart legte erstmalig eine systematische Pädagogik im strengeren Sinne des Wortes vor. – Die zur gleichen Zeit entstandene, von den wissenschaftstheoretischen und methodologischen Voraussetzungen her mindestens ebenbürtige Konzeption von Schleiermacher wurde im 19. Jahrhundert noch nicht wirksam.

(2) Herbarts Pädagogik enthielt wesentliche Elemente der Assoziationspsychologie. Diese Richtung der Psychologie errang in der zweiten Hälfte des 19. Jahrhunderts eine gewisse Anerkennung im System der Wissenschaften. Da Herbarts Pädagogik eng mit dieser sich als Wissenschaft entwickelnden empirischen Psychologie verknüpft war, konnte die herbartianische Pädagogik ihren Wissenschaftsanspruch auch von den Fortschritten der Psychologie her begründen.

(3) Die herbartianische Pädagogik stand in einem übergreifenden philosophischen Gedankengang, der an Kant anschloß. Diese Traditionslinie blieb erkennbar obwohl Herbart entscheidende Kernstücke der Kantischen Philosophie verwarf, psychologisch umdeutete oder als zu „dunkel" vermied. Zu Herbarts Lebzeiten, auf dem Höhepunkt des Deutschen Idealismus, war dieses Kantverständnis nicht besonders eindrucksvoll. Aber in der zweiten Hälfte des 19. Jahrhunderts, nach dem auf Hegels Tod folgenden Zusammenbruch der großen idealistischen Systeme, kam die nüchtern-realistische Denkweise Herbarts der akademischen Philosophie sehr entgegen.

(4) Herbart kam aus dem Umkreis von Neuhumanismus und preußischer Reform. Aber er vertrat ein strikt unpolitisches Verständnis von Pädagogik. Damit repräsentierte er die Linie, die nach dem Verblassen des kritischen Moments der deutschen Bildungstheorie weiterhin wirksam blieb: Vorrang der alten Sprachen in der Gymnasialbildung und pädagogische Disqualifizierung der Berufsausbildung. Herbarts Umdeutung des neuhumanistischen Reformanspruches von einer politischen in eine private Dimension wurde besonders in der Beurteilung der pädagogischen Qualität der Berufserziehung sichtbar. Im Zusammenhang mit der oben erläuterten Theorie des „erziehenden Unterrichts" schrieb Herbart:

> „Und ich gestehe gleich hier, keinen Begriff zu haben von einer Erziehung ohne Unterricht, so wie ich rückwärts ... keinen Unterricht anerkenne, der nicht erzieht."[70]

Diese Bemerkung war gegen den berufsqualifizierenden Unterricht gerichtet. Als Realität gab es diesen Unterricht selbstverständlich, aber Herbart verweigerte ihm den Titel eines erziehenden Unterrichts:

> „Was des Erwerbs und Fortkommens wegen oder aus Liebhaberei gelernt wird, dabei kümmert man sich nicht um die Frage, ob dadurch der Mensch besser oder schlechter werde."[71]

Die Kritik am Zwangscharakter des Berufes in der ständischen Gesellschaft, die für Humboldt und Niethammer dafür ausschlaggebend gewesen war, daß sie dem auf den Beruf vorbereitenden Spezialunterricht mit pädagogischer Skepsis gegenüberstanden, wurde von Herbart vollständig ignoriert. Gleichwohl stellte er sich in die von den Neuhumanisten eingeschlagene Richtung ein; aber ohne den Stachel der Kritik war sie so verharmlost, daß sie problemlos akzeptiert wurde und in ganz anderen politischen Zwecken dienstbar werden konnte.

Das Schulhaupt der Herbartianer war der bereits erwähnte Ziller, der als Professor für Philosophie und Pädagogik an der Universität Leipzig eine weitreichende Wirksamkeit entfaltete. Das Mitgliederverzeichnis seines pädagogischen Seminars nannte 367 Namen; der von ihm 1868 gegründete und bis zu seinem Tode geleitete „Verein für wissenschaftliche Pädagogik" hatte zeitweilig bis zu 800 Mitglieder, ein ungemein wirkungsvolles Instrument zur Förderung und Verbreitung des Herbartianismus. Die im gleichen Jahr als Vereinsorgan gegründete Zeitschrift existierte unter wechselnden Bezeichnungen bis 1927. In den Jahren 1894-1910 gab Wilhelm Rein, Professor der Pädagogik an der Universität in Jena, noch ein zehnbändiges enzyklopädisches Handbuch der Pädagogik heraus, das sich im wesentlichen auf die Position des Herbartianismus stützte. Die Seminare der Volksschullehrerausbildung waren im letzten Drittel des Jahrhunderts fast ausnahmslos von der Herbartianischen Formalstufenlehre beherrscht, auch im katholischen Bereich, wofür der im Verhältnis zu den Herbartianern zwar selbständige, aber doch entschieden an Herbart anschließende Otto Willmann, Professor der Philosophie und Pädagogik an der deutschen Universität in Prag, die Voraussetzungen geschaffen hatte. Der Unterricht der Volksschule und das professionelle Selbstverständnis ihrer Lehrer war also während eines halben Jahrhunderts vom Herbartianismus beeinflußt. Nicht ganz so stark war der Einfluß auf mittlere und höhere Schulen, weil hier die Lehrerschaft in hohem Maße durch die fachwissenschaftlichen Studien geprägt war, und die soziale Distanzierung vom Volksschullehrerstand immer auch zu einer Distanzierung von der Pädagogik tendierte. Gleichwohl gab es auch in diesen Schulen kaum Alternativen zur Formalstufentheorie oder zu den Prinzipien des „erziehenden Unterrichts".

Erziehender Unterricht

Schulen und bürgerliche Welt

Bis zum vollen Durchbruch der Industrialisierung bedingte die Ständeordnung die soziale Stellung des Menschen. Geburtsstand, Besitz, insbesondere Landbesitz, und – innerhalb der Gruppen des wirtschaftlich selbständigen Bürgertums – handwerklich-technische sowie kaufmännische Fähigkeiten hatten den Sozialstatus festgelegt. Lateinschulen und Universitäten waren während des Zeitalters der Aufklärung in diesen Zusammenhang eingestellt durch das Konzept der Berufs- und Standeserziehung. Dieses Konzept setzte einen Stand der Gelehrten voraus und suchte eine gleichsam zweckentfremdete Nutzung des gelehrten Schulwesens durch Gründung von Real- und Fachschulen einzuschränken. Tatsächlich aber haben die Einrichtungen der gelehrten Bildung dazu beigetragen, die Wirklichkeit der ständisch geordneten Welt aufzulösen und umzuwandeln. Denn sie rekrutierten ihre Schülerschaft nur bedingt nach den Prinzipien der Standeserziehung; sie waren auf jeden Fall schon lange auch ein Instrument des Ausbruchs aus den engen Grenzen vorgegebener sozialer Bestimmung.

Der geistige Umkreis, der die Reform des preußischen Unterrichtswesens beherrschte und besonders prägnant im neuen, Humboldtschen Gymnasium zum Ausdruck kam, verstärkte diese Tendenz entschieden. Denn der Neuhumanismus hatte das Gymnasium von allen berufsbildenden Aufgaben freigesetzt und ausschließlich auf die allgemeine Menschenbildung verpflichtet. Diese konnte noch weniger als die zuvor angestrebte Bildung des gelehrten Standes auf bestimmte Gruppen oder Schichten der Gesellschaft beschränkt sein; sie mußte, von ihrem Prinzip her, als für alle gedacht sein.

Die Absicht, allgemeine Menschenbildung als solche realisieren zu wollen und nicht nach den sozialen Nebenwirkungen zu fragen, die die für diese Absicht ausgewählten Inhalte der Bildung haben würden, kann bildungstheoretisch als Irrtum oder soziologisch als Naivität beurteilt werden; in ihr kann aber auch der Keim gegenläufiger Entwicklungmöglichkeiten ausgemacht werden. Eine solche Betrachtungsweise läuft allerdings Gefahr, die reale geschichtliche Bewegung abstrakt schulmeistern zu wollen, statt sie in ihrer Eigengesetzlichkeit zu verstehen. Nimmt man hingegen nicht die Absichten der Reformergruppe um Humboldt als Beurteilungsmaßstab, sondern das, was die geschichtlich handelnden Menschen als neue Lebenswelt tatsächlich hervorgebracht haben, ergibt sich eine andere Perspektive. Denn dann ist festzustellen, daß die progressive Kraft des Reformansatzes fortwirkte trotz des Scheiterns des Süvernschen Gesetzentwurfes, trotz des politischen Klimawechsels in die Restauration. Diese Kraft zwang den Adel in das bürgerliche Examen, ersetzte den Geburtsschein durch den Leistungsnachweis. Sie brachte Aspekte der freien, auf geistiger Gemeinsamkeit, nicht auf ständischer Gebundenheit beruhenden Bildungsgemeinschaft hervor. Die große, nationale Einheitsschule, die Humboldt und Süvern vorgeschwebt hatte, kam nicht zustande. Gleichwohl zeigte das institutionalisierte, öffentliche Unterrichtswesen nach Ende der Reformimpulse keineswegs die Strukturen der späteren „Dreigliedrigkeit" eines vertikalen Schulaufbaus – also das System von drei parallel nebeneinander stehenden, durch unterschiedliche Schuldauer, unterschiedliche Bildungsziele und Bildungsinhalte definierte Schulen, die ihren Nachwuchs schon vor Schuleintritt durch das soziale Herkommen ausgewählt bekommen.

Bis in die 30er Jahre des 19. Jahrhunderts gab es die Dreigliedrigkeit des allgemeinbildenden Schulwesens noch nicht. Der Begriff „Gymnasium" bezog sich nur auf die oberen Klassen. Die Unter- und zum Teil auch die Mittelstufe galt einfach als „Schule". In den Städten, in denen nur die Minorität der Bevölkerung lebte – noch um 1840 wohnten 67% der Menschen in den deutschen Ländern in Gemeinden mit weniger als 2000 Einwohnern, d.h. in Dörfern –, war diese „Schule" die Regelschule für Knaben. Daß ein großer Teil dieser Schüler nach der Quarta abging, einen handwerklichen oder kaufmännischen Beruf erlernte, nach der Sekunda ein weiterer Teil die Schule verließ, und nur ein ganz verschwindend kleiner Teil die Abiturprüfung ablegte, das war systemimmanent vorgesehen, wurde nicht als „Schulabbruch“ oder gar „Versagen“ gedeutet, sondern galt als sinnvolle Abschlußmöglichkeit allgemeiner Bildung. Das „grundständige“ Gymnasium, eine Schule, die man von der Sexta bis zum Abitur besucht, um zu studieren und Akademiker zu werden, setzt sich erst später durch. Daß es dazu kam, war nicht allein durch interne Probleme der Schulentwicklung bedingt, vielmehr Folge der Konstitution eines Bildungsbürgertums. Dieses Bildungsbürgertum war weder die von Humboldt antizipierte freie Bildungsgesellschaft, noch Beckedorffs reaktionäre Ständeordnung; denn aus der Spannung zwischen den gegenläufigen Interessen entstand etwas Drittes: der Beamtenstaat der Fachkompetenz.

Erst nach und nach hat sich die Beamtenschaft in die bürgerliche Schicht der ökonomisch Selbständigen einordnen können, wurde Bildung zum gesellschaftlich wirkenden Faktor. Als der Staat begann, für das Leistungswissen seiner Bediensteten feste Normen aufzustellen, für die verschiedenen Laufbahnen bestimmte Examina vorzuschreiben und für deren Durchführung in Schulen und Universitäten den Gesichtspunkt der Gleichbehandlung für Jedermann durchzusetzen, schuf er eine neue soziale Schicht mit einem spezifischen Selbstbewußtsein. Die höheren Beamten vom Range der Räte an aufwärts, ganz allgemein aber auch alle Lehrberufe, die sich ja erst durch die Reformen der Lehrerbildung im ersten Jahrzehnt des 19. Jahrhunderts als selbständige Berufsgruppen von anderen abheben konnten, zogen daraus die meiste Kraft für Selbstbewußtsein und Selbstachtung. Sie waren Träger der Intelligenz; sie fühlten sich dem Adel gegenüber ebenbürtig oder überlegen, obwohl ihnen die vornehme Geburt fehlte; sie fühlten sich den wirtschaftlich Selbständigen ebenbürtig oder überlegen, obwohl ihnen der Besitz mangelte. Ihre Fachkompetenz machte sie zum Vormund der in ihre Zuständigkeit fallenden Untertanen; aber in dieser Vormundschaft war zugleich auch ein gutes Stück Anwaltschaft für die Interessen der Untertanen gegenüber den Zentral- und Provinzialregierungen enthalten. Der neue Beamtentyp mußte eine solide Fachkenntnis im jeweiligen Ressort besitzen und – durch das neue Berechtigungswesen bedingt – einen genau bestimmten Grad von „Allgemeinbildung“. Da es in erster Linie dieser Grad an Allgemeinbildung war, der die Eintrittsmöglichkeiten in eine staatliche Laufbahn definierte, manifestierte sich das auf Bildung beruhende Überlegenheitsgefühl auch nach außen. Überlegenheitsgefühle begründeten soziale Exklusivität – und so wurde Bildung in der sozialen Realität das, was sie nach den theoretischen Prämissen Humboldts gerade nicht sein sollte, nämlich das Statussymbol, das den gesellschaftlichen Ort seines Trägers bestimmte.

Das Statussymbol „Bildung“ erwies sich bald als von hoher gruppenbildender Nötigung; dies läßt sich vor allem daran ablesen, daß nicht nur der Staat die Abgrenzungsmerkmale der verschiedenen „Wertigkeiten“ von Examina allgemeinbildender Schulen und Universitäten in penibler Weise festlegte, sondern daß diese Merkmale jenseits aller dienstlichen Funktionen der Beamten im gesellschaftlichen Leben weithin akzeptiert wurden. Aus diesem „Erfolg“ der Gymnasialbildung erwuchs dann mit gewisser Zwangsläufigkeit die Tendenz zur sozialen Abkapselung des Gymnasiums gegenüber den unteren sozialen Schichten und damit auch die

Tendenz, die Unterstufe des Gymnasiums nicht länger als allgemeine Schule für Alle zu führen.

Die Gymnasialbildung brachte den neuen, sozial privilegierten Stand der Gebildeten hervor. Aus den Privilegien entwickelten sich von da aus rückwirkend bewahrende Interessen. Diese Tendenz wurde verstärkt, weil die am Gymnasium tätigen Philologen, die „Oberlehrer", wie sie während des 19. Jahrhunderts amtlich hießen, selber in hohem Maße an dieser Privilegierung Anteil hatten. Das elitäre Selbstbewußtsein der Gebildeten wurde umso größer, je mehr sich die Welt durch die Industrialisierung in einer dem an der Antike orientierten Bildungsbewußtsein fremdartigen Weise änderte. Hatten Neuhumanismus und Deutsche Klassik die aus dem Bildungsbewußtsein motivierte Kritik der Gegenwart immer als Hoffnung auf die Zukunft verstanden, so verschob sich dieser Gesichtspunkt allmählich auf die Verteidigung der Vergangenheit gegen die als bedrohend empfundene Zukunft. Nach der französischen Julirevolution von 1830 formulierte ein Gymnasialdirektor in Koblenz diese veränderte Einstellung sehr plastisch, wenn er als Ziel seiner Anstalt ansah, „Männer aufzubauen gegen künftige Zeiten". Das Gymnasium wurde von einer reformierenden zu einer stabilisierenden Institution.

Die Ideen einer politisch-sozialen Umgestaltung aus den Kräften der klassischen Bildung verblaßten. Am Vorabend der bürgerlichen Revolution von 1848 waren die die Revolution tragenden Ideen stärker in der neuen Volksschullehrerschaft, im Handwerk, unter Kaufleuten und Industriellen als unter den Oberlehrern vertreten. Indessen darf diese Kennzeichnung nur als ein langsam fortschreitender Prozeß angesehen werden, nicht als statischer Befund. Welche progressive Kraft im Gymnasium noch bis zur 48er Revolution lebendig war, bezeugen die Sätze, mit denen Otto von Bismarck seine „Gedanken und Erinnerungen" einleitete:

> „Als normales Produkt unseres staatlichen Unterrichts verließ ich 1832 die Schule als Pantheist, und wenn nicht als Republikaner, so doch mit der Überzeugung, daß die Republik die vernünftigste Staatsform sei, und mit Nachdenken über die Ursachen, welche Millionen von Menschen bestimmen könnten, einem dauernd zu gehorchen, während ich von Erwachsenen manche bittere oder geringschätzige Kritik über die Herrscher hören konnte. Dazu hatte ich von der turnerischen Vorschule mit Jahnschen Traditionen (Plamann), in der ich vom sechsten bis zum zwölften Lebensjahr gelebt, deutschnationale Eindrücke mitgebracht. Diese blieben im Stadium theoretischer Betrachtungen und waren nicht stark genug, um angeborene preußisch-monarchische Gefühle auszutilgen. Meine geschichtlichen Sympathien blieben auf seiten der Autorität." [72]

Das Gymnasium hatte den jungen Bismarck also nicht christlich-konfessionell, sondern pantheistisch, nicht monarchistisch, sondern republikanisch, nicht preußisch, sondern deutsch erzogen. Die Sympathie für die Autorität, und das hieß für den Monarchen, den König von Preußen, hatte er sich *gegen* die Schule erkämpft und bewahrt. Diese Einschätzung seiner Gymnasialbildung muß für Bismarck ungemein stark gewesen sein, denn er schrieb die „Gedanken und Erinnerungen" erst nach 1890, d.h. 60 Jahre nach seinem Abitur nieder, und doch war ihm die Erinnerung an den von seinem Standpunkt aus fast als staatsfeindlich zu bezeichnenden

Charakter des Gymnasiums so plastisch, daß er damit seine politische Autobiographie begann.

Im Jahre 1835 legte in Trier ein anderer großer Deutscher die Abiturprüfung ab. Karl Marx, und zwar in einer Klasse mit 32 Schülern. Die Väter von elf dieser Abiturienten waren Arbeiter oder Ackerer, und nur neun Mitschüler stammten aus dem gebildeten, besitzenden Bürgertum. Auch dieser Aspekt beleuchtet, daß die soziale Abschottung des Gymnasiums nach unten ebensowenig vollzogen war wie die inhaltliche Verpflichtung auf eine monarchistische Untertanengesinnung.

Für das Gymnasium läßt sich also sagen, daß die konservativ-restaurative Bildungspolitik nach 1819 den gesellschaftlich progressiven Charakter des Gymnasiums bis 1848 nicht wirklich hat brechen können. Wohl ließ der politisch-soziale Impuls des Gymnasiums nach, weil durch seine Mitwirkung die ursprünglich als Menschheitsanspruch verstandene allgemeine Bildung zum Statussymbol verfälscht wurde.

Eine andere Entwicklung nahm die Schule, die von Humboldt und Süvern als allgemeine Elementarschule geplant gewesen war, dann aber – jedenfalls auf dem Lande – als Volksschule ihren Weg machte. Sie gehörte zu dem letzten Teil des Bildungswesens in Preußen, der wirklich vollständig ausgebaut, mit einer eindeutigen Definition des Schulpflichtalters und einer gesetzlichen Regelung der Kostenverteilung versehen wurde. Das erfolgte erst in der zweiten Hälfte des 19. Jahrhunderts, also erst nach Erreichung der Hochindustrialisierung. In der ersten Hälfte des 19. Jahrhunderts war die Schulpflicht auf etwa sieben bis acht Jahre festgelegt, für Mädchen ein bis zwei Jahre weniger; für Schulentlassene gab es überdies noch die religiöse Sonntagsschule. Die Durchsetzung der Schulpflicht schritt langsam, aber stetig voran. 1816 waren etwa 60% der schulpflichtigen Kinder von Schulen erfaßt gewesen, 1846 waren es etwa 80%; aber noch 1871 waren 9,5% der männlichen und 14,7% der weiblichen Bevölkerung in Deutschland Analphabeten; und im Jahre 1882 konnten in Preußen 5% der Eheschließenden, also Menschen, die erst nach der Jahrhundertmitte geboren waren, die Heiratsurkunde nicht unterschreiben, weil sie Analphabeten waren.

Die Beseitigung des Analphabetentums schritt regional unterschiedlich schnell voran. In den östlichen Provinzen waren die Bildungschancen der Kinder erheblich geringer als in den westlichen. Manche hemmenden Einflüsse gingen von der schulpolitischen Reaktion aus, deren Vertreter nach 1819 in das preußische Kultusministerium einzogen. Dennoch ist der Restauration bis 1848 ein nachhaltiger indoktrinierender Einfluß auf das sich entfaltende Volksschulwesen und seine Lehrerschaft nicht gelungen. Das hing im wesentlichen mit vier Gründen zusammen, nämlich damit, daß

- die maßgeblichen konservativen Schulpolitiker, allen voran Beckedorff, antizentralistisch gesonnen waren und deshalb nur sehr sparsam radikale Eingriffe von oben verfügten;
- die Bürokratie, insbesondere bei den Ober- und Regierungspräsidenten, weithin liberal blieb und durch den Neuzugang aus dem sich konstituierenden Stand der Gebildeten ein sehr viel positiveres Verhältnis zum Ausbau des Volks-

schulwesens hatte als konservative Politiker;

- ▷ die in den Seminaren begonnene Lehrerbildung unter dem Zeichen des Pestalozzianismus stand, an die „natürliche" Pädagogik von Rousseau und Pestalozzi glaubte und auch von konservativen Seminardirektoren nur kirchlich-konfessionell uminterpretiert, nicht verworfen wurde zugunsten einer Rückkehr zu den Zuständen der alten religiösen Elementarschulen;
- ▷ die Lehrerschaft selbst, die nicht nur aufgrund ihrer Seminarbildung, sondern durch den sozialen Ort ihres Amtes auf eine progressive, wenn nicht (bürgerlich-) revolutionäre Linie festgelegt wurde.

Die jungen Lehrer, die seit der Reform in Seminaren herangebildet wurden, stammten zwar überwiegend aus den unteren Sozialschichten, und ihre Einkünfte waren auch nach wie vor unzureichend, aber ihrem Bewußtsein nach verstanden sie sich nicht mehr als Bauernknechte wie ihre Vorgänger im 18. Jahrhundert. Das Seminarstudium stellte einen hohen intellektuellen Anspruch; es gab die Perspektive eines zivilisatorischen Auftrages. Der Lehrer verstand sich selbstbewußt und stolz als der Lehrer des Volkes, als Mittler der Humanität und des objektiven Geistes. Diese Ausbildung einer spezifischen Verantwortung des Lehrers konnte die restaurative Politik umso weniger rückgängig machen, weil sie sie selbst ebenso wie die liberalen Politiker betonen mußte, wenn auch mit einer anderen Zielsetzung. Der Lehrer konnte die ihm zugewiesene hohe Aufgabe nicht aus seiner sozialen Herkunft begründen, sondern nur aus seiner Bildung. Die Beherrschung der Methode Pestalozzis gab ihm in einem ähnlichen Sinne ein Kompetenzbewußtsein wie es der Oberlehrer durch die klassische Philologie besaß. Das aber bedeutete, daß der Volksschullehrer, der – anders als der Oberlehrer – weder von seiner Herkunft noch von seiner aktuellen sozialen Lage her eine Stütze in der Zugehörigkeit zum Bildungsbürgertum besaß, auf die Pädagogik als Wissenschaft reflektierte und eine veränderte Gesellschaft antizipierte. Darum mußte der Volksschullehrer, wenn er nicht eindeutig gegen seine eigenen Interessen handeln wollte, taub bleiben gegenüber Wegweisungen, Mahnungen und Warnungen von konservativen Oberen aus Staat und Kirche, vielmehr einer gewissen Politisierung geneigt sein.

Repräsentativ für den liberalen Widerstand der Volksschullehrerschaft gegen die restaurative Politik, aber auch für die nur begrenzten Durchsetzungsmöglichkeiten der konservativen Politik bis 1848, war Adolf Diesterweg. Diesterweg studierte Naturwissenschaften, Geschichte und Philosophie; nach der üblichen Hauslehrerzeit war er Gymnasiallehrer. Er vertrat kraftvoll den Pestalozzianismus und wußte diesen zu verbinden mit den Auffassungen von Friedrich Fröbel, der die Eigenwelt des Kleinkindes entdeckte und eine entsprechende frühkindliche Erziehung sowie die pädagogische Gestaltung von Kindergärten entwickelt hat. Diesterweg fühlte sich politisch wie theologisch dem Liberalismus verbunden und verheimlichte seinen Standpunkt nicht, insbesondere auch nicht, daß er eine vom Religionsunterricht getrennte philosophische Pflichtenlehre wünschte, daß er den kirchlichen Einfluß auf die Schule vollends ablehnte und den staatlichen Einfluß zugunsten von „Schulgenossenschaften" zurückgedrängt sehen wollte. Diesterweg sollte Direktor des Lehrerseminars in Moers werden. Das war schon aus formalen Gründen ungewöhnlich, weil Gymnasiallehrer für Ämter in der Volksschullehrerbildung nicht vorgesehen waren und in aller Regel Theologen die Leitung der Seminare erhielten. Gleichwohl hat es die liberale Bürokratie vermocht, die Ernennung dieses politisch dem konservativen Ministerium ausgesprochen mißliebigen Mannes zum Seminardirektor durchzusetzen und zwar genau zu dem Zeitpunkt, da offiziell der Reformpolitik und allen liberalen Bestrebungen eine Absage erteilt war (1820). Als Autor zahlreicher pädagogischer Schriften, Begründer einer Lehrerzeitschrift und Herausgeber eines Handbuches für die Lehrerbildung gewann Diesterweg großen Einfluß auf die deutsche Volksschule.

1832 wurde er auf den wichtigsten Posten berufen, den es in der preußischen Volksschullehrerausbildung überhaupt gab, nämlich auf das Direktorat eines neuen Stadtschullehrerseminars in Berlin, und dies, obwohl er in Moers offensichtlich den Instruktionen und Wünschen des Ministeriums hinsichtlich der Lehrerbildung und der Lehrerfortbildung zuwider gehandelt hatte. Die unzweifelhafte und überragende Fachkompetenz Diesterwegs stellte der restaurative preußische Staat höher als die mißliebigen politischen Meinungen. Erst 1847, nach schweren Zusammenstößen mit den Ministerien, erfolgte die Amtsenthebung Diesterwegs, nachdem dieser Mann 27 Jahre lang in wichtiger staatlicher Funktion seinen Kampf um die relative pädagogische Autonomie der Volksschule und ihrer Lehrer hatte führen können, in dem von ihm immer wieder eingeschärften und in seinem Todesjahr noch einmal gleichsam testamentarisch formulierten Sinne:

> „Befreiung des Lehrerstandes von der Unterordnung unter einen anderen Interessen und Tätigkeiten zugewandten Stand – dagegen Anerkennung der Rechte der Lehrer, als Bürger eine eigenen Meinung zu haben und dieselbe in den gesetzlichen Schranken aller zu äußern und zu betätigen – kurz: gesetzliche Regelung aller ihrer Verhältnisse – und dadurch die Schöpfung der Möglichkeit der Charakterbildung des Standes, dem die große Aufgabe der Grundlegung der Erziehung einer großen Nation anvertraut ist, und dessen Stellung der Würde dieser hohen Mission entspricht – ein Ziel, welches, solange die Welt steht, noch von keiner Nation weder erkannt, noch weniger erreicht ist."[73]

Pädagogik der Reaktion: Stiehlsche Regulative

Die bürgerliche Revolution von 1848 hatte europäische Ausmaße. Abgesehen von England und Rußland wurden alle großen Länder Europas von ihr erfaßt. Sie endete überall mit der Niederlage des liberalen und demokratischen Gedankens und kann somit als Abschluß der durch die Französische Revolution von 1789 eingeleiteten und durch die Deutsche Klassik in die Innerlichkeit des gebildeten Bürgers tief eingewurzelten politischen Vorstellungen und Hoffnungen verstanden werden. Nach 1848 traten Real- und Machtpolitik vor „Ideen".

In den deutschen Staaten war die Revolution entscheidend mitbestimmt durch den Versuch, die seit den Preußischen Reformen und seit den Befreiungskriegen gegen Napoleon 1813/15 ersehnte nationale Einigung herbeizuführen. Nationale

Einheit aber hieß zugleich „Verfassung", also Rückführung der absoluten monarchischen Gewalt in eine vom Volk bestimmte Konstitution. Beide Forderungen zusammen, der deutsche Nationalstaat – ob „Großdeutsch" unter Einschluß oder „Kleindeutsch" unter Ausschluß Österreichs war eine innerhalb des revolutionären Prozesses abzuklärende Frage – *und* die demokratisch-parlamentarische Ordnungsstruktur machten die politische Substanz des deutschen Liberalismus aus. Es war naheliegend, in diesen Zusammenhang auch das öffentliche Unterrichtswesen als die Bildungsanstalt der Nation einzustellen, frei von kirchlich-konfessionellen und partikularen Begrenzungen.

Die Lehrerschaft, insbesondere die Volksschullehrerschaft, die sich ja erst auf dem Weg zu einem den Berufsstand wirklich eindeutig definierenden Selbstbewußtsein befand, ergriff weithin diese politische Perspektive als ihre eigene Möglichkeit. Unter Führern und Sprechern nach dem Zuschnitt von Diesterweg formulierte die Lehrerschaft ihre Forderungen, in denen die nationale Aufgabe der Schule untrennbar verbunden war mit den Standesinteressen eines um gesellschaftliche Anerkennung ringenden Berufsstandes. Das unerhörte Zutrauen, welches dem noch gar nicht existierenden, aber antizipierten Nationalstaat entgegengebracht wurde, hat dann noch sehr lange und vielen entgegengesetzten Erfahrungen zum Trotze auf Lehrerschaft und Pädagogik nachgewirkt. Denn der Staat erschien ihr geradezu als Garant für die ungehinderte Auswirkung von schulfachlicher Sachkompetenz und pädagogischer Autonomie: Wenn er die Volksschule als Staatsanstalt dem kirchlichen Einfluß entziehen, für die lückenlose Durchsetzung einer ausreichend bemessenen, unentgeltlichen Schulpflicht sorgen, die Kinderarbeit unterbinden, die Lehrergehälter an der allgemeinen Beamtenbesoldung orientieren und für die Ausbildung der Lehrer ein akademisches Studium vorsehen würde, so gebe er die didaktische Freiheit an den Lehrer zurück, wie dieser dann ohne entwürdigende Reglementierung für die Nation und somit für den Staatszweck tätig wäre. Die Schulartikel, die die vom Frankfurter Paulskirchen-Parlament erarbeitete deutsche Verfassung erhielt, waren ganz von diesen Vorstellungen der Lehrerschaft her bestimmt.

So groß die intellektuelle wie emotionale Anteilnahme von Schule und Wissenschaft, Lehrern und Professoren an der Revolution gewesen war, so unnachsichtlich betrachteten die Kräfte der alten Ordnung nach Niederwerfung der Revolution Bildung und Geist als ihren Gegner. Der Hauptangriff richtete sich gegen die Volksschule und ihre Lehrerbildung. Vor den Direktoren der preußischen Lehrerseminare formulierte König Friedrich Wilhelm IV. 1849 die Anklage in einer keine Ausflucht lassenden Deutlichkeit:

> „All das Elend, das im verflossenen Jahr über Preußen hereingebrochen ist, ist ihre, einzig ihre Schuld, die Schuld der Afterbildung, der irreligiösen Massenweisheit, die Sie als echte Weisheit verbreiten, mit der Sie den Glauben und die Treue in dem Gemüt meiner Untertanen ausgerottet und deren Herzen von mir abgewandt haben. Diese pfauenhaft aufgestutzte Scheinbildung habe ich schon als Kronprinz aus innerster Seele gehaßt und als Regent alles aufgeboten, um sie zu unterdrücken. Ich werde auf dem betretenen Wege fortgehen, ohne mich irren zu lassen. Keine Macht der Erde soll mich davon abwendig machen. Zunächst müssen die Seminarien sämtlich aus den großen Städten nach kleinen Orten verlegt werden, um den

unheilvollen Einflüssen eines vergifteten Zeitgeistes entzogen zu werden. Sodann muß das ganze Treiben in diesen Anstalten unter die strengste Aufsicht kommen. Nicht den Pöbel fürchte ich, aber die unheiligen Lehren einer modernen, frivolen Weltweisheit vergiften und untergraben mir eine Bürokratie, auf die bisher ich stolz zu sein glauben konnte. Doch solange ich noch das Heft in Händen führe, werde ich solchem Unwesen zu steuern wissen."[74]

Der Mann, mit dessen Namen die Pädagogik verbunden ist, die die nach 1848 folgende reaktionäre Schulpolitik realisieren sollte, war Ferdinand Stiehl. Er studierte evangelische Theologie, war Direktor des Lehrerseminars in Neuwied am Rhein, arbeitete seit 1844 im preußischen Kultusministerium, machte sich schon vor der Revolution als Vertreter einer sehr konservativen Richtung bekannt und wurde 1850 zum Leiter der Abteilung für Volksschulen und Lehrerseminare ernannt. Er war bis 1872 im Amt, also 28 Jahre, überdauerte sieben Kultusminister und darf als einer der ersten Vertreter pädagogischen Funktionärstums der verwalteten Schule angesehen werden. Dieses Urteil ist nicht nur negativ zu verstehen. Stiehl war ein tüchtiger Verwaltungsfachmann, er hatte Augenmaß für das jeweilig Mögliche, war kenntnisreich und selbständig im Urteil. Die Regulative – heute würde man sagen: Ministerialerlasse –, mit denen die restriktive Schulpolitik nach der gescheiterten Revolution eine verbindliche Form erhielten, trugen so unverkennbar seine Handschrift, daß sie zu Recht mit seinem Namen in die Geschichte eingegangen sind.

Für die Volksschule gaben die Regulative drei Ziele als feste Norm vor, nämlich

- ▷ fraglose kirchliche Gläubigkeit,
- ▷ Liebe zum Herrscherhaus und
- ▷ einige Kenntnisse für das praktische Leben.

Den Kampf gegen die Revolution legte Stiehl auf schulpädagogischem Gebiete weit zurück bis an die Wurzeln der preußischen Reform. Alle Vorstellungen, die sich aus einer Theorie der formalen Bildung ergeben konnten, wurden strikt zurückgewiesen; als einzig diskutable Grundlage konnte nur noch eine sehr eng gefaßte materiale Theorie in Frage kommen, die an keiner Stelle Gefahr lief, die Bedürfnisse des Menschen der unteren Sozialschichten aus den engen Grenzen der vorgegebenen Lebenswelt herauszuführen in ein Reich der Freiheit oder auch nur des eigenen Urteils. Damit war selbstverständlich auch der Zielhorizont einer für alle Menschen gleichermaßen gültigen und erstrebenswerten Bildung abgetan, alle auf Entfaltung formaler Denkkräfte tendierende Didaktik verworfen:

„Der Gedanke einer allgemein-menschlichen Bildung durch formelle Entwicklung der Geistesvermögen an abstraktem Inhalt hat sich durch die Erfahrung als wirkungslos oder schädlich erwiesen. Das Leben des Volkes verlangt seine Neugestaltung auf der Grundlage und dem Ausbau seiner ursprünglich gegebenen und evidenten Realitäten und auf dem Fundament des Christentums, welches Familie, Berufskreis, Gemeinde und Staat in seiner kirchlich berechtigten Gestaltung durchdringen, ausbilden und stützen soll. Demgemäß hat die Elementarschule nicht einem abstrakten System oder einem Gedanken der Wissenschaft, sondern dem praktischen Leben in Kirche, Familie, Beruf, Gemeinde und Staat zu dienen, und für dieses Leben vorzubereiten, in dem sie sich mit ihrem Streben auf dasselbe gründet und innerhalb seiner Kreise bleibt. Das Verständnis und die Übung des dahingehörenden Inhaltes, und dadurch Erziehung ist Zweck; die Methode ist nur ein Mittel, welches keinen selbständigen Wert hat; die formelle Bildung ergibt sich durch

> Verständnis und Übung des berechtigenden Inhaltes von selbst; ohne Rücksicht auf den Inhalt, oder einem verkehrten Inhalt nachstrebend, wirkt sie schädlich und zerstörend."[75]

Entsprechend eng sah der Lehrplan aus. Er wurde bemessen nach den Möglichkeiten der einklassigen Volksschule auf dem Lande, die das Regelsystem bleiben sollte: Religionsunterricht, konzentriert auf Katechismus, biblische Geschichte und Liturgie; Deutschunterricht, reduziert auf Lesen und Schreiben mit dem ausdrücklichen Verbot, Grammatik zu behandeln; Rechenunterricht innerhalb der Grenzen der Grundrechenarten und der Bruchrechnung; Musikunterricht als Einübung von Kirchen-, Volks- und Vaterlandsliedern. Mit diesem Programm sollte der auf 26 Wochenstunden berechnete Lehrplan sein Bewenden haben; nur in Stadtschulen durften vier weitere Stunden auf Zeichnen, Naturkunde und vaterländische Geschichte verwandt werden. In der strengen Begrenzung der Inhalte lag, jenseits aller absichtsvollen Auswahl, ein sehr wirksames Prinzip: das der Konzentration – von daher war auch die entsprechende Lösung im Kulturstufenlehrplan der Herbartianer angeregt worden. Stiehl hatte die Restriktionen also eingebettet in die weittragende herbartianische Didaktik, die nicht nur auf Entwicklungsmöglichkeiten in reaktionärem Sinne festgelegt war. Um eine solche Festlegung aber unverrückbar und auf Dauer sicherzustellen, griff Stiehl ebenso energisch in die Arbeit der Lehrerseminare ein. Bis 1848 war der Lehrerbildung in den verschiedenen Landesteilen Preußens eine verhältnismäßig freie Entwicklung möglich gewesen. Es gab Seminare, die Stätten der Einübung einer hausbackenen Schulmeisterkunst waren, ebenso Einrichtungen, die sich in ihrem intellektuellen Anspruch mit mittleren oder gelegentlich auch höheren Schulen vergleichen ließen, und in den besonders fortgeschrittenen Seminaren gab es schon Anklänge an einen akademischen Charakter pädagogischer Studien. Allen Tendenzen, den Seminarunterricht wissenschaftlich zu gestalten – wie sie zwar schon seit 1820 vom Ministerium mit Argwohn betrachtet, letztlich aber nicht unterbunden worden waren – sollte nun ein Ende bereitet werden. Der Unterricht in „Pädagogik", auch in populärer Form, wurde ersatzlos gestrichen; ebenso wurde es verboten, in irgendeinem anderen Fach die Systematik einer Wissenschaft anzudeuten. Schließlich wurde sogar die Lektüre der klassischen deutschen Literatur untersagt, ein Verbot, welches nicht nur für den Seminarunterricht galt, sondern auch für die Privatlektüre der angehenden Lehrer – Schiller und Goethe waren durch die Regulative zu Staatsfeinden erklärt worden. Das Lehrerseminar sollte seinen Unterricht auf Thematik und Niveau einer einklassigen Volksschule halten. Die elementaren Wissensgehalte, die den Kindern vermittelt werden sollten, hatte der Seminarunterricht in unterrichtsmethodischer Zubereitung zu präsentieren als direkte Einübung eines mit den Inhalten verbundenen Unterrichtsstils. Das war die notwendige Folge des Verbotes jeglicher Pädagogik oder Didaktik: Als Ausbildungskonzept blieb nur die unreflektierte Übernahme. Zwei Wochenstunden „Schulkunde" auf dem Seminarplan, die eine letzte Erinnerung an pädagogische Studien waren, dienten dazu, den angehenden Lehrer darüber zu informieren, wer seine Vorgesetzten waren und was er an Gehorsamspflichten hätte.

Die Regulative blieben 18 Jahre lang in Kraft; sie waren von Anfang an scharfer

Kritik ausgesetzt, nicht nur aus den Reihen der Lehrer, sondern auch von vielen anderen, urteilsfähigen, die Rolle der Schule in einer Industriegesellschaft erkennenden Menschen. Tatsächlich sind die Regulative in den Städten nur teilweise angewandt worden. Auf dem Lande bestand nicht nur keine Möglichkeit, sondern vielfach auch kaum Veranlassung zum Widerspruch: Denn für Landschulen enthielten die Regulative Zielangaben, die oft noch gar nicht erreicht waren. Solche nicht allzu hoch gesteckten, mithin motivierenden, weil erreichbaren Ziele haben die innere Entwicklung der Schulen vielleicht sogar mehr gefördert als die Regulative auf die fortgeschrittenen Schulen hemmend und lähmend wirkten. Gleichwohl war die fast einhellige Ablehnung der Regulative durch die nach 1848 von den herrschenden konservativen Kräften geschmähten und gebeutelten Volksschullehrer primär kein nur berufsständischer oder gar verbandspolitischer Widerstand, sondern eine Haltung aus pädagogischem Ethos. Denn mit den Regulativen unternahm der Staat erstmalig den konsequent angewandten Versuch, die öffentliche Schulerziehung als Mittel der ideologischen Indoktrination und Disziplinierung zu mißbrauchen. Einmal auf diese Fährte der Gesinnungspädagogik gesetzt, fiel es dem preußischen Staat nicht schwer, 1866 nach dem militärischen Sieg über Österreich festzustellen, eben dieser preußische Volksschulmeister, dem 1849 noch alle Schuld für die Revolution zugeschrieben worden war, hätte die Schlacht von Königsgrätz gewonnen.

Galt der Hauptstoß der Regulative der Volksschule und ihrer Lehrerbildung, so blieben doch auch die anderen Schulen nicht verschont. Denn hinter den restriktiven Maßnahmen stand eine prinzipielle Feindseligkeit gegenüber der Aufklärung und ihren Folgen. Von der Mitte des 19. Jahrhunderts aus betrachtet, war der Gegensatz von Aufklärungspädagogik und Neuhumanismus für einen konservativen Blick völlig verschwunden. Der gegenaufklärerische Ideologieverdacht, den die „Regulativpädagogik" enthielt, meinte mit der von ihr als verhängnisvoll unterstellten Aufklärung gerade die kritische Dimension im Bildungsverständnis der Deutschen Klassik, der idealistischen Philosophie und des neuen Humanismus. Insofern waren die Regulative nicht nur eine Antwort auf die Revolution von 1848, sondern die um vier Jahrzehnte verspätete prinzipielle Abrechnung mit dem Geist der Humboldt-Süvernschen Schulreform. Den für einen solchen Angriff erforderlichen theoretischen Hintergrund stellte Friedrich Julius Stahl mit einer Staatslehre auf christlicher Grundlage zur Verfügung.

Stahl war evangelischer Oberkirchenrat, als Professor des Staatsrechtes hatte er an den Universitäten Erlangen, Würzburg und Berlin gelehrt; in Preußen gehörte er zu den Mitbegründern der Konservativen Partei und ihres Organs, der „Kreuz-Zeitung"; als Berater des preußischen Königs Friedrich Wilhelm IV. beeinflußte er die preußische Innenpolitik von 1848 bis 1858 unmittelbar. In einer Rede vor dem preußischen Herrenhaus im Jahre 1860 hat Stahl seine Konzeption ausdrücklich auf die Stiehlschen Regulative bezogen und sie, sechs Jahre nach ihrem Inkrafttreten, noch einmal vom Grundsatz her bekräftigt:

> „Die Regulative wollen, daß gegebene Wahrheiten, gegebene Pflichten, gegebene Zustände begriffen werden. Das entgegenstehende System – (mit dem ‚entgegenstehenden System' meinte Stahl die aus der preußischen Reform von 1810

stammende Tradition) – will dagegen, daß alle Wahrheiten, alle Pflichten, alle Zustände nicht als gegeben angesehen, sondern erst aus dem Denken der Zöglinge entwickelt werden. Die Regulative wollen den Zögling erziehen zum Glauben an gegebene Wahrheiten, zur Liebe für gegebene Zustände. Dagegen ist die Aufgabe des entgegenstehenden Systems, ihn zu erziehen zur Kritik, zum Verlangen nach Verbesserung, nach Umänderung des Bestehenden."[76]

Es leuchtet unmittelbar ein, daß ein so grundsätzlicher Angriff auf die Rationalität, die Stahl als „verneinenden Geist der Zeit" apostrophierte, und eine ebenso grundsätzliche Parteinahme für den „Gehorsam gegen die Obrigkeit von Gotteswegen" Höhepunkt und äußerste Spitze sein mußte im Kampf gegen die Nachwirkungen dessen, was Humboldt, Schleiermacher und Pestalozzi den deutschen Schulen als Auftrag und ihren Lehrern als Selbstverständnis mitgegeben hatten.

Der Kampf um das Monopol: Gymnasien und Realschulen

Das Zeitalter der großen Industrie ließ die Schulen entstehen, die das zum Aufbau und zur Reproduktion der technischen Welt erforderliche Heer der Ingenieure, Techniker und Kaufleute auszubilden hatten. Es verwickelte aber auch das vorgeblich nur der Bildung verpflichtete allgemeine Unterrichtswesen in einen dauernden Kampf mit den Ansprüchen einer neuen Wirklichkeit. Die im Zusammenhang der preußischen Reformen von 1809/19 zur Geltung gebrachten neuhumanistischen Prinzipien legten allein das Gymnasium als auf die Universität vorbereitende höhere Schule fest. Dem Gymnasium und der nach der Pestalozzischen Methode arbeitenden Elementarschule galt das Interesse der Reformer, während Realschulen und anderen „mittleren" Schulen keine Perspektive mehr gegeben wurde. Was Aufklärungspädagogik und merkantiles Staatsinteresse nicht vermocht hatten, nämlich im größeren Umfang Lateinschulen in Realschulen für eine mittlere bürgerliche Schicht umzuwandeln, vollzog sich in den ersten Jahrzehnten des 19. Jahrhunderts ohne administrative Förderung. Denn die gymnasialen Reformanordnungen leiteten einen Selektionsprozeß ein, der neben einer begrenzten Zahl von Gelehrtenschulen, die den hohen Anforderungen des neuhumanistischen Lehrplans und der geforderten Lehrerqualifikation entsprachen, eine größere Zahl der städtischen Lateinschulen zurückließ. Diese Schulen hatten keine Abiturberechtigung. Sie konnten ihren Schülern also keinen Zugang mehr zur Universität verschaffen. Das war zunächst nicht so erheblich, weil ohnehin die Mehrheit der Schüler, auch in den Gymnasien, nicht bis zum Abitur auf der Schule verblieb. Bald aber wurde es notwendig, diesen Lateinschulen eine neue Aufgabenstellung und ein neues Selbstverständnis zu geben. Denn es entwickelte sich ein großer Bedarf nach einer städtisch-bürgerlichen Bildungsanstalt, wie sie im 18. Jahrhundert von den Wortführern der Aufklärungspädagogik immer schon antizipiert und propagiert worden war. Die Emanzipation des Bürgertums seit der Französischen Revolution von 1789, die Nachwirkungen der Stein-Hardenbergischen Gesetzgebung und der wirtschaftliche Aufstieg der Städte nach dem Ende der Napoleonischen Herrschaft haben diesen Prozeß beschleunigt.

Die nicht als neuhumanistisches Gymnasium qualifizierten Lateinschulen nahmen dem Latein die dominierende Stellung oder strichen es ganz vom Lehrplan und wandten sich den modernen Sprachen und den Naturwissenschaften zu. Diese Schulen hatten so großen Zulauf, daß Neugründungen erforderlich wurden. Diese neugegründeten Schulen nannten sich – nach den als Lehrinhalte aufgenommenen Realien (Naturwissenschaften, Mathematik, moderne Sprachen) – Realschulen. Die preußische Staatsverwaltung wandte erst 1832, also 22 Jahre nach der Reform, diesen Schulen ihr Interesse zu. Was 1810 für das Gymnasium getan worden war (Bestimmung der Unterrichtsfächer, der Schuldauer und Definition der Abituranforderungen) geschah nun 1832 für die Realschule: Als Inhalte einer Abschlußprüfung, an die die Berechtigung zum einjährig-freiwilligen Militärdienst geknüpft wurde, erschienen die Fächer Deutsch, Französisch, Mathematik, Naturwissenschaften, Geschichte und Geographie; fakultativ wurden noch Englisch und Latein genannt; die Berechtigung zum Eintritt in einige mittlere Beamtenlaufbahnen wurde auch ausdrücklich an einen bestimmten Umfang von Lateinunterricht gebunden. Diese Realschulen standen während der ersten Hälfte des 19. Jahrhunderts nicht in Konkurrenz zum Gymnasium als einer auf die Universität vorbereitenden Anstalt. Sie waren weder sachlich noch begrifflich scharf abgegrenzt gegenüber Gewerbeschulen, Handelsschulen und Höheren Bürgerschulen, vielmehr gab es vielfältige Mischformen je nach den regionalen Verhältnissen. Aber der sozialstrukturelle Druck der politisch-ökonomischen Entwicklung im 19. Jahrhundert und die in wenigen Jahrzehnten vollzogene Umwandlung eines von und auf dem Lande lebenden Bauernvolkes in eine verstädterte Industriegesellschaft, trieb diese Schulen dann doch in einen Kampf mit dem Gymnasium und ließ sie zuletzt dessen Monopol brechen.

Einige der in Zahlen ausdrückbaren Veränderungen während des Industrialisierungsprozesses sind in folgender Tabelle zusammengestellt. Die Angaben sind bezogen auf das Gebiet des 1871 entstandenen Deutschen Reiches:

	1800	1840	1860	1880	1900[77]
Steinkohlenförderung in mio t		4,0	12,3	42,2	109,3
Eisenerzeugung in mio t		0,173	0,545	2,729	8,520
Eisenbahnstrecken in km	—	549	11633	33711	51730
Rohbaumwollverbrauch in 1000 t		8,9	46,5	124,5	302,3
Bevölkerung in mio	25,009	32,621	37,611	45,095	56,046
von Land- und Forstwirtschaft lebend in %	80,0		64,0	42,5	28,6
in Gemeinden bis 2000 Einw. in %		67,3	63,9	59,2	46,2
in Gemeinden von 2000–100000 Einw. in %		30,1	31,1	32	36,7
in Gemeinden über 100000 Einw. in %		2,6	4,8	8,8	17,1
öffentliche Ausgaben für Schulen und Hochschulen in mio Mark			97	281	641

Die reaktionäre Schulpolitik nach 1848 war, wie bereits erwähnt, nicht darauf beschränkt, die Volksschule in die religiöse Armenschule des 18. Jahrhunderts zurückzuverwandeln. Auch die mittleren und höheren Schulen wurden kritisch überprüft, wenn auch nicht so rigoros behandelt wie die Volksschule und das Lehrerseminar. Das Gymnasium sollte wieder den Status einer konfessionell gebundenen Lateinschule annehmen. Die von den Regulativen vorgesehenen Lehrplanänderungen rückten lateinische Poesie und Prosa sowie kirchenpolitisches Christentum in den Vordergrund, stellten Griechisch, Deutsch und Mathematik zurück, während die ohnehin nur spärlich vertretenen Naturwissenschaften gänzlich zu verschwinden hatten. Unter den Bedingungen des technisch-ökonomischen Entwicklungsstandes in der Jahrhundertmitte begünstigte aber gerade diese Maßnahme die Tendenz eines Teils der Realschulen, sich zu neunklassigen Höheren Schulen auszubauen. Ein mathematisch-naturwissenschaftlich vorgebildeter Nachwuchs war zu diesem Zeitpunkt unerläßlich; die seit 1820 entstandenen und um 1850 bereits Hochschulcharakter erstrebenden polytechnischen Lehranstalten verlangten Studenten, die mit den elementaren Grundlagen der Physik und Chemie vertraut waren. 1859 sanktionierte eine ministerielle Anordnung diese Entwicklung, zwang den zunächst Realschulen I. Ordnung, später Realgymnasien genannten Anstalten aber Latein als Pflichtfach auf.

Das Motiv für die doppelte Stoßrichtung der reaktionären Schulpolitik im Bereich der Höheren Schulen – nämlich sowohl Griechisch als auch die Naturwissenschaften zu beargwöhnen und beiden Latein als Gegenmittel entgegenzustellen – ist heute nicht mehr ohne weiteres nachvollziehbar und bedarf einer Erläuterung. Das Griechische, dessen Bildungswert der Neuhumanismus so sehr geschätzt hatte, wurde für den antimonarchistisch-republikanischen Geist des Gymnasiums (Bismarcks Äußerung über seine Gymnasialerfahrungen!), aber auch für dessen latentes Heidentum haftbar gemacht (Bismarck hatte von „Pantheismus" gesprochen). Demgegenüber schien das Lateinische über das Römische Recht und die imperiale Idee des Cäsarentums das monarchistische Prinzip zu stützen; vor allem aber war das Lateinische die Sprache der kirchlichen Überlieferung und damit des Gottesgnadentums. Daß auch der Deutschunterricht als politisch verdächtig eingeschätzt wurde, hing unmittelbar zusammen mit der Literatur der Deutschen Klassik als Ergebnis des Rückgriffes auf das Griechentum. Der mathematisch-naturwissenschaftliche Unterricht wurde in ähnlicher Weise verdächtigt, ein revolutionäres Bewußtsein zu fördern. Den Gymnasien wurde darum auferlegt, nicht nur den Unterricht in Griechisch und Mathematik zu reduzieren, sondern auch den in den Naturwissenschaften gänzlich zu streichen. Den Realschulen konnte man die Naturwissenschaften natürlich nicht streitig machen – dann hätte man diese Schule gänzlich abschaffen müssen. Gefürchtet wurde der Einfluß des naturwissenschaftlichen Denkens auf die Jugend, weil die Übertragung der rationalen Planung und Ordnung auf die Gesellschaft (wie er im Anschluß an die technokratische Extrapolation der Ecole Polytechnique in Frankreich wirksam geworden war), als eine nur schwer vermeidbare Folge galt. Ebenso unterstellte die Reaktion, daß das naturwissenschaftliche Denken die metaphysische Sicherung der Religion problematisiere und deshalb zu Materialismus und Atheismus verführe. Noch fast ein halbes Jahrhundert später, im Jahre

1900, als der Kampf zwischen Gymnasien und Realschulen beendet war, notierte der Philosoph Wilhelm Dilthey diese Gründe für eine politisch-pädagogische Zurückhaltung gegenüber den Naturwissenschaften als seine eigene Überzeugung:

> „Der naturwissenschaftliche Geist, der insbesondere in der modernen französischen Literatur seinen Ausdruck gefunden hat, hat die abstrakten Prinzipien auf das wirksamste unterstützt, welche in der Französischen Revolution so einflußreich gewesen sind. Das abstrakte mathematische Denken, angewandt auf Gebiete des gesellschaftlichen Lebens, wird stets das heranwachsende Geschlecht empfänglich machen für die leeren Ideale eines Staates, der nach den Grundsätzen der Gleichheit geregelt ist. Und die französische Literatur ... ist der Ausdruck so komplexer und vielfach zersetzter sittlicher und gesellschaftlicher Verhältnisse, daß sie solche Neigungen, vor allem die Kritik aller bestehenden Lebensinstitute, vor allem der Familie nur begünstigen kann... Frankreich hat den Sozialismus hervorgebracht. Ich frage Sie nun, was in dem Unterricht einer Oberrealschule dem Fortschreiten dieses Geistes, seinem Eindringen in unser Beamtentum, entgegenzuwirken vermag. In dem Gegensatz gegen die Propaganda der Revolution ist die historische Schule entstanden. Sie hat das Recht des geschichtlichen Bewußtseins gegenüber den abstrakten Prinzipien zur Geltung gebracht. Die Kontinuität der historischen Entwicklung, die nationale Einheit der gesellschaftlichen Einrichtungen, die Stetigkeit des öffentlichen Rechtes und damit verbunden das monarchische Prinzip. So kämpfen wir für die Monarchie, indem wir die Entwicklung des geschichtlichen Bewußtseins als die Vorschule des Juristen und des Beamten zur Geltung bringen."[78]

Die restiktiv gemeinte Maßnahme, den Realschulen I. Ordnung Latein als Pflichtfach aufzuerlegen, war im Ergebnis eine Förderung. Denn sie erleichterte es den Realschulen, ihren Absolventen einen schmalen Zugang auch zu universitären Studien zu verschaffen: Von dem Augenblick an, da sich die Realschulen so stark vermehrt hatten, daß sie an Lehrermangel litten, konnten – seit den 70er Jahren – Abiturienten der Realschulen I. Ordnung an den Philososphischen Fakultäten studieren, allerdings nur in Studiengängen, die zu einer Realschullehramtsprüfung führten. Immerhin war damit der Anfang gemacht, das Abiturmonopol zu brechen. – Einer lateinlosen Schule wäre das zu diesem Zeitpunkt keinesfalls möglich gewesen.

Es gehörte kein Scharfsinn dazu, die Zulassung von Realschulabiturienten mit Lateinkenntnissen zu weiteren Studiengängen vorauszusagen.

Eine lateinlose Schule trat als dritte Kategorie einer neunklassigen höheren Lehranstalt auf und beschleunigte den Kampf um das Gymnasialmonopol. Diese Schule erhielt den Namen „Oberrealschule", während die Realschulen I. Ordnung von nun an „Realgymnasien" hießen. Die Oberrealschulen waren teils aus jenen Realschulen entstanden, die 1859 das Latein nicht aufgenommen hatten und als Realschulen II. Ordnung ihren kürzeren Lehrgang ohne Abiturberechtigung weiterführten. Später haben sie sich unter dem Druck der Nachfrage nach Realschulabiturienten, die von den inzwischen zu Technischen Hochschulen aufgestiegenen Polytechnika ausging, zur neunklassigen Schule entwickelt. Teils entstanden sie aber auch aus Provinzialgewerbeschulen, die – ebenfalls im Zusammenhang des Aufstiegs der Polytechnika zu Wissenschaftlichen Hochschulen – ihren berufsbezogenen Charakter aufgeben mußten und zu allgemeinbildenden Schulen wurden.

Die „Gymnasialpartei" innerhalb der deutschen Schulpolitik förderte im letzten

Jahrzehnt des 19. Jahrhunderts mit allen Kräften die Oberrealschule, in der Meinung, eine lateinlose Schule könne dem Monopol niemals gefährlich werden und sei darum besonders geeignet, das unbequeme Realgymnasium zu verdrängen. Auf der Schulkonferenz von 1890 gewann man den jungen Kaiser Wilhelm II. für diese Perspektive. An sich interessierte sich der Kaiser für die schulorganisatorische Streitfrage kaum und davon abgesehen war er dem Gymnasium nicht besonders günstig gesonnen. Seine Eröffnungsrede zur Schulkonferenz thematisierte auch in erster Linie die Gymnasialkritik. Der Kaiser wollte das Gymnasium eingegliedert sehen in den Kampf gegen die Sozialdemokratie, für eine nationalistische und vormilitärische Ausbildung. Dafür aber ließ der Lehrplan keinen Platz. Deutsch- und Geschichtsunterricht schienen ihm nicht ausreichend vertreten zu sein, weil die alten Sprachen den größten Teil des Stundenvolumens beanspruchten:

> „Wenn die Schule das getan hätte, was von ihr zu verlangen ist, ... so hätte sie von vornherein von selber das Gefecht gegen die Sozialdemokratie aufnehmen müssen... Das aber ist nicht der Fall gewesen... Der Hauptgrund ist, daß seit dem Jahre 1870 die Philologen als beati possidentes im Gymnasium gesessen haben und hauptsächlich auf den Lernstoff, auf das Lernen und Wissen den Nachdruck gelegt haben, aber nicht auf die Bildung des Charakters und die Bedürfnisse des Lebens... Wer selber auf dem Gymnasium gewesen ist und hinter die Kulissen gesehen hat, der weiß, wo es da fehlt. Und da fehlt es vor allem an der nationalen Basis. Wir müssen als Grundlage für das Gymnasium das Deutsche nehmen; wir sollen nationale junge Deutsche erziehen und nicht junge Griechen und Römer. Wir müssen von der Basis abgehen, die Jahrhunderte lang bestanden hat, von der alten klösterlichen Erziehung des Mittelalters, wo das Lateinische maßgebend war und ein bißchen Griechisch dazu. Das ist nicht mehr maßgebend. Wir müssen das Deutsche zur Basis machen. Der deutsche Aufsatz muß der Mittelpunkt sein, um den sich alles dreht... Deswegen sage Ich, weg mit dem lateinischen Aufsatz, er stört uns, und wir verlieren unsere Zeit für das Deutsche darüber."[79]

Nachdem dem Kaiser in diesen Fragen sehr weitgehende Zugeständnisse gemacht worden waren, vertrat er, gleichsam als Gegenleistung, die von der Gymnasialpartei gewünschte Lösung der Organisationsfrage:

> „Ich halte dafür, daß die Sache ganz einfach dadurch zu erledigen ist, daß man mit einem radikalen Schritt die bisherigen Anschauungen zur Klärung bringt, daß man sagt: Klassische Gymnasien mit klassischer Bildung, eine zweite Gattung Schulen mit Realbildung, aber keine Realgymnasien. Die Realgymnasien sind eine Halbheit, man erreicht mit ihnen nur Halbheit der Bildung, und das Ganze gibt Halbheit für das Leben nachher."[80]

Das Empörende an diesem Vorgang war weder, daß die Befürworter des Gymnasialmonopols ihre Politik, wenn auch kurzsichtig, durchzusetzen suchten, noch daß der Kaiser Ausschau nach Bündnispartnern hielt. Das Empörende bestand vielmehr darin, daß die Anwälte des humanistischen Gymnasiums ihren pädagogischen Auftrag opferten zugunsten von Standesinteressen und daß sie dem Indoktrinationswillen des Staates nachgaben.

Die prognostische Annahme in diesem Versuch, das Gymnasialmonopol zu sichern, indem man der klassischen Bildung mit beiden alten Sprachen das Recht einer modernen, rein realistischen Bildung gegenüberstellte, das Konzept der Realgymnasien indessen als Halbheit abqualifizierte, erwies sich in doppelter Hinsicht als falsch. Die Realgymnasien waren bereits viel zu fest im Bewußtsein der Menschen verankert, als daß die Staatsverwaltung die städtischen Schulträger zu einer Beseitigung, ja auch nur zu einer Reduktion der Realgymnasien hätte bewegen können. Die lateinlose Oberrealschule aber wurde durch den Versuch so sehr gestärkt, daß sie dadurch ein Jahrzehnt später, als die Gleichwertigkeit der Abiturzeugnisse verfügt wurde, ebenfalls in den Genuß dessen kam, was vorher sogar dem Realgymnasium hatte verweigert werden sollen. Die Erwartung der Abwertung des Realgymnasiums war falsch gewesen, und ihre bildungstheoretischen Prämissen hielten einer problemgeschichtlichen Überprüfung nicht stand. Die neuhumanistische Trennung von Bildung und Ausbildung, auf die sich die Legitimation des Gymnasialmonopols stützte, war eine begriffliche gewesen: Sie bezog sich nicht auf Unterrichtsinhalte, sondern auf das vernunftgemäße Maß an Einsicht, das mit der Aneignung der Inhalte jeweils erhofft wurde. Die positive Auszeichnung der Oberrealschulen unterstellte die Bildungskraft der sogenannten Realien, der Naturwissenschaften und der modernen Sprachen. Dieses Zugeständnis, einmal in die schulpolitische Debatte eingebracht, konnte nicht mehr zurückgenommen werden; es mußte letztlich auch dem bekämpften Realgymnasium zugute kommen. Denn wenn die Ablehnung des Realgymnasiums ausschließlich auf der Behauptung basierte, die Kombination altsprachlichen und neusprachlichen Unterrichts in einem Bildungsgang sei pädagogisch unzulässig, dann mußte die Argumentationsfigur bald in sich zusammenfallen. Um sie aufrecht zu halten, hätte eine Unverträglichkeit des Lateinischen mit den modernen europäischen Sprachen behauptet werden müssen. Das aber war auch philologisch gesehen zu abwegig, als daß sich dafür jemand hätte stark machen wollen. In der Tat hatte die fragliche Argumentationsfigur gegen das Realgymnasium nach 1900 keinen weiteren Einfluß mehr auf die schulpolitische Entwicklung, auch nicht auf die bildungstheoretischen und fachdidaktischen Diskussionen. Die seit 1900 gleichberechtigten drei Formen der Höheren Schule konstituierten ein neues Verständnis des Gymnasialbegriffes: Sie nahmen im Laufe der Zeit alle den Titel „Gymnasium“ in Anspruch. Damit wurden die Bezeichnungen „Realgymnasium“ und „Oberrealschule“ überflüssig. Aber wenn auch diese Bezeichnungen verschwanden, so ist doch kein Zweifel daran, daß die seit der Mitte des 20. Jahrhunderts quantitativ dominierenden neusprachlichen und mathematisch-naturwissenschaftlichen Gymnasien didaktisch betrachtet die Nachfahren der Realschulen des 19. Jahrhunderts sind. Sie haben dem (neuhumanistischen) Gymnasium nicht nur das Monopol genommen, sondern es auf die immer seltener gewordenen Sonderform des „altsprachlichen Zweiges“ abgedrängt. Der damit eingeleitete Typisierungsprozeß wurde zum Hauptthema der Gymnasialentwicklung im 20. Jahrhundert.

Berufsausbildung in Handwerk und Industrie

Die Aufklärungspädagogik brachte die Anfänge eines realistisch und beruflich orientierten Unterrichtswesens hervor. Neuhumanismus und Preußische Reform traten dem Konzept einer Gleichsetzung von Erziehung mit Berufs- und Standeserziehung entgegen. Sie bewirkten die für das deutsche Bildungswesen im 19. Jahrhundert typische Trennung von „allgemeinbildenden" und „beruflichen" Schulen und leisteten einer pädagogischen Disqualifizierung der Berufsausbildung Vorschub, wenn auch nur indirekt und nicht bildungstheoretisch begründet. Eine Behinderung in der Entwicklung beruflicher Schulen bedeutete dies indessen nicht: In der Zeit der allgemeinen Dominanz der neuhumanistischen Pädagogik sind viele Fachschulen entstanden (Humboldt meinte, kein bedeutendes Gewerbe solle eine solche Schule entbehren; nicht anders dachte Niethammer); denn die Berufsausbildung – auch eine systematisch mit höherem Theorieanteil über Schulen vemittelte – wurde von den Neuhumanisten für durchaus notwendig erachtet.

Auf das Ganze der Berufserziehung gesehen, hatten sowohl Fachschulgründungen als auch die Trennung von Bildung und Ausbildung nur sehr begrenzte Wirkungen. Denn die berufliche Nachwuchsschulung für die gewerbliche Wirtschaft lag bis weit in das 19. Jahrhundert hinein allein beim Handwerk. Hier hatte die Berufsausbildung ihre verbindliche, im Bewußtsein der Menschen fest verankerte Norm. Die Wirtschaftspolitik des Merkantilismus hat das Handwerk zwar im Hinblick auf die erstrebte Steigerung der Produktivität als hemmend angesehen und deshalb in der Ausbildungsfrage bekämpft, zugleich aber sozialpolitisch als nützlich eingeschätzt. Daher war das Engagement des absolutistisch-merkantilistisch orientierten Staates auf Strukturänderung, nicht auf Zerstörung des Handwerks gerichtet. Die Situation änderte sich grundlegend durch die Stein-Hardenbergischen Reformen in Preußen. Denn neben Agrar- und Verwaltungsreform, einschließlich der Reform des Bildungswesens, war die Städtereform ein wichtiges Stück zur Überwindung der bürokratischen Erstarrung des Landes. Zu den Veränderungen der städtischen Lebensbedingungen zählten auch die Aufhebung von staatlichen und privaten Privilegien im ökonomischen Handeln, die Aufhebung von Zunftzwang und Gewerbereglementierung. Der Durchbruch der liberalistischen Wirtschaftsauffassung gegenüber der merkantilistischen fand seinen zugespitzten Ausdruck in der Verkündung der Gewerbefreiheit (1810). Damit entfiel das noch verbliebene Motiv des Staates, das Handwerk als Korporation zu stützen. Wenn auch die Gewerbefreiheit bald wieder eingeschränkt und Schutzmaßnahmen für das Handwerk ergriffen wurden, so wies die Tendenz doch darauf, auch das Handwerk dem freien Spiel der Kräfte zu überlassen.

Auf diesem Hintergrund ist der Strukturwechsel der handwerklichen Ordnungen und die Auflösung ihrer Berufserziehung in der ersten Hälfte des 19. Jahrhunderts zu sehen. Der Vorgang ist statistisch ablesbar an einer auf den ersten Blick paradox anmutenden Erscheinung, nämlich an der gestiegenen Zahl der im Handwerk Beschäftigten. Die Vermehrung entsprach nicht nur der allgemeinen Bevölkerungszunahme, sondern ging darüber hinaus. Außerdem hat sich das Verhältnis zwischen Meistern auf der einen Seite und Gesellen und Lehrlingen auf der anderen verschoben zuungunsten der letzteren. Während die alten Ordnungen des Handwerks davon ausgegangen waren, daß jeder Lehrling die Chance haben sollte, Meister zu werden, und also zwischen den im Handwerksbetrieb Tätigen kein sozialer Unterschied bestand, sondern nur der des Alters, der Erfahrung und des beruflichen Könnens, entstand nun die Schicht der lebenslang unselbständigen Handwerksgesellen. Dadurch aber zerfiel die traditionelle Lebensgemeinschaft, die die Hauptkraft der handwerklichen Berufserziehung gewesen war: Die Betriebe wurden größer, die Gesellen gerieten in ein reines Lohnverhältnis, die Lehrlinge sahen sich bald nur noch als billige Arbeitskräfte betrachtet, die Meisterin verlor ihren früheren Einfluß auf Gesellen und Lehrlinge in dem Maße, in dem sie sich auf den mehr und mehr von der Werkstatt abgelösten Haushalt zu beschränken hatte. Der Vorgang beschleunigte sich durch das im Zeichen der Gewerbefreiheit ermöglichte Eindringen zahlreicher standesfremder Kräfte in die handwerklichen Berufe. So war der quantitative Anstieg der im Handwerk Tätigen während der ersten Hälfte des 19. Jahrhunderts zugleich ein Element seiner inneren Zerstörung.

Eine industrietypische Lehrlingsausbildung entstand vorerst nicht, und das Modell für Berufausbildung überhaupt blieb das Handwerk. Da im Handwerk die Aufmerksamkeit bei der ursprünglich von jedem Korporationsmitglied erreichten Meisterschaft und das heißt zugleich beim Betriebsinhaber lag, konzentrierten sich die auf die neuen Gegebenheiten zu übertragenden Überlegungen bei der Ausbildung von Fabrikanten, Ingenieuren und höher qualifiziertem Personal. Obwohl die Zahl der unselbständigen Lohnarbeiter im Handwerk und in der Fabrik ständig wuchs, gab es kaum Versuche, eine planmäßige Facharbeiterausbildung zu beginnen. Das hing zusammen einmal mit der Schlüsselstellung der Textilfabrikation in den ersten Jahrzehnten der Industrialisierung, weil hier überwiegend Frauen und Kinder aus Bevölkerungskreisen arbeiteten, für die die Fähigkeit des Spinnens und Webens und überhaupt der Umgang mit textilem Material selbstverständlich waren. Bei fortschreitender Entwicklung verschob sich das Gewicht auf Bergbau, eisenschaffende und baustofferzeugende Betriebe, in denen hauptsächlich Männer arbeiteten. Für ihre Tätigkeit wurden vor allem Muskelkraft und Ausdauer verlangt, aber keine spezifischen Berufsbefähigungen. In der metallverarbeitenden Industrie schließlich schien es so, als ob hier die teure männliche Facharbeit (wofür der Nachwuchs teils aus dem Handwerk, teils aus den neuen beruflichen Schulen, teils aber auch aus dem Ausland gewonnen wurde) bei der im ständigen Fortschritt befindlichen rationellen Arbeitszerlegung mehr und mehr durch Kinder- und Frauenarbeit zu ersetzen sei. Adam Smith, der Begründer der klassisch-liberalistischen Wirtschaftstheorie, hatte an dem Beispiel der Nadelfabrikation gezeigt, wie die Mechanisierung der Produktion den Ausstoß steigert und gleichzeitig die qualitative Beanspruchung der Arbeiter senkt. Dieses Beispiel wurde häufig für die generelle Folgerung beansprucht, eine planmäßige Ausbildung von Industriearbeitern sei unnötig, weil in absehbarer Zeit keine Nachfrage mehr nach qualifizierter Handarbeit bestehe.

Die Auflösung einer geregelten Lehrlingsausbildung fand ihren juristischen Ausdruck in der Gewerbeordnung des Norddeutschen Bundes von 1869, die 1871 vom Deutschen Reich übernommen wurde. Sie erneuerte und vergrößerte die Gewerbefreiheit. Der stark liberalistische Charakter dieser Gewerbeordnung war eine Folge des politischen Zweckbündnisses zwischen Bismarck und den deutschen Liberalen.

Bismarck hatte als preußischer Ministerpräsident von 1862-1866 gegen die liberale Mehrheit im preußischen Parlament mit den Mitteln des Verfassungsbruches regiert. Als er dann, nach der Ausschaltung Österreichs aus den deutschen Angelegenheiten durch den militärischen Sieg von 1866, daran ging, die Einigung Deutschlands unter preußischer Führung vorzubereiten, versetzte er seine liberalen Gegner in eine Zwangslage: Denn der deutsche Liberalismus hatte in seinem politischen Programm das Streben nach nationaler Einigung und demokratisch-parlamentarischer Staatsform. Den einen Teil dieses Programms, die nationale Einheit, wollte und konnte offensichtlich Bismarck realisieren, aber nur unter obrigkeitsstaatlichen Prämissen. Die Liberalen mußten also wählen, ob sie der nationalstaatlichen Einigung die politisch-demokratischen Freiheiten opfern sollten. Die Mehrheit tendierte zu einer Auffassung, die sich „Realpolitik" nannte und das Bündnis mit Bismarck einging. Diese Mehrheit trug fortan die Bezeichnung „Nationalliberale". Bismarck seinerseits benötigte die Unterstützung der Liberalen, weil ihm seine ursprüngliche politische Basis, die preußischen Konservativen, auf dem Weg zur Reichsgründung nicht folgte, sondern die preußische Eigenstaatlichkeit festhalten wollte.

Als Gegenleistung dafür, daß die Liberalen von 1866-1871 ein Kernstück ihres politischen Programms, das parlamentarische System, aufgaben und sogar die Parteispaltung hinnahmen, überließ Bismarck ihnen einen gewissen Einfluß auf die Wirtschafts- und Kulturpolitik. In diesem Zusammenhang stand die Berufung des liberalen Politikers Adalbert Falk zum preußischen Kultusminister (1872). Er hob sofort die „Stiehlschen Regulative" auf. Ebenso stark wie die Kulturpolitik konnten die Liberalen einige Jahre lang auch die Wirtschaftspolitik beeinflussen. Für die Auswirkungen auf die Berufsausbildung war besonders wichtig der § 115 der Gewerbeordnung, in dem jeder als „Lehrling" bezeichnet wurde, der zur Erlernung eines Gewerbes eine Arbeit aufnahm, ohne Unterschied, ob die Erlernung unentgeltlich, für ein Lehrgeld oder bei voller Arbeitsentlohnung erfolgte. Damit war die überlieferte Vorstellung eines Lehrlings im Sinne der handwerklichen und kaufmännischen Berufsausbildung endgültig verabschiedet: Nun konnte jedermann ohne irgendeine qualitative Bedingung Lehrherr sein. Die Folge davon waren unerfreuliche, zum Teil skandalöse Zustände, die einen besonders unmenschlichen Ausdruck in der industriellen Kinderarbeit zeigten. Preußen hatte zwar 1839 die gewerbsmäßige Beschäftigung von Kindern unter neun Jahren verboten und die Arbeitszeit für neun bis sechzehnjährige Kinder auf zehn Stunden täglich beschränkt, doch konnte erst 1852 die Einhaltung des Verbotes durch die Einführung der staatlichen Gewerbeaufsicht erzwungen werden. Gleichzeitig dehnte Preußen das Verbot der Kinderarbeit bis zum zwölften Lebensjahr aus, ließ dafür aber den zwölfstündigen Arbeitstag für alle Beschäftigten zu, also auch für Kinder und Jugendliche über zwölf Jahre. Erst die zweite Jahrhunderthälfte beseitigte mit der schließlich lückenlos durchgesetzten Schulpflicht die Kinderarbeit.

Die Minorität der handwerklich Ausgebildeten unter der Industriearbeiterschaft empfand zunächst keinen gravierenden Gegensatz zwischen Handwerk und Industrie. Für den qualifizierten Arbeiter, der oft noch als Geselle auf Wanderschaft gewesen war, andere Länder kannte, die zünftlerische Befangenheit abgestreift hatte und an den technischen Fortschritt glaubte, war der Betrieb nicht primär die Hölle der Ausbeutung, sondern die Stätte beruflicher Bewährung. Von hier aus gewann er seinen politischen Standort, sorgte sich um greifbare Verbesserungen und erstrebte eine seinen Vorstellungen entsprechende gesellschaftliche Ordnung. Dieses Bild spiegelten die frühen Arbeiterorganisationen aus der Revolutionszeit von 1848, in denen sich überwiegend Handwerksmeister und Gesellen gesammelt hatten. Aber auch in den Arbeiterbildungsvereinen der sechziger Jahre, in den ersten Gewerkschaften und in den Vorläufern der Sozialdemokratischen Partei führten die Handwerker das Wort, wenn sie hier auch nicht mehr zahlenmäßig dominierten. Die Führung des 1863 gegründeten Allgemeinen Deutschen Arbeitervereins ging von dem Privatgelehrten Ferdinand Lassalle über den Rechtsanwalt von Schweitzer zum Lohgerber Wilhelm Hasenclever; der 1869 auftretenden Sozialdemokratischen Partei Eisenacher Richtung stand der Drechselmeister August Bebel vor. Diese Parteien suchten und fanden langsam zwar, aber unaufhaltsam das Vertrauen der Arbeitermassen in der großen Industrie, überall befördert und ermöglicht durch die Verbindungstätigkeit der aus den Kleinbetrieben hervorgegangenen Handwerker. Ihre Führungsfunktion resultierte aus einem fortgeschrittenen politischen Bewußtsein gegenüber den gerade erst proletarisierten, aus ländlichen Verhältnissen in die städtischen Großbetriebe gekommenen Massen von ungelernten Arbeitern, denen die kapitalistische Fabrik ebenso Lebensrettung wie äußerste Entfremdung und Hoffnungslosigkeit bedeutete. Ihnen war die moderne Technik das undurchschaubare Fatum, nicht das Instrument ihrer möglichen Befreiung. Nicht ohne Grund folgerten die Sozialisten die geschichtliche Stellung des Proletariats aus seiner objektiven ökonomischen Stellung, kaum aus seiner politischen Reife. Noch bevor sozialistische Theorie das Proletariat in größerem Umfang zum Bewußtsein seiner selbst zu wecken vermochte, zerbrach die Interessenidentität zwischen Handwerkern und Industriearbeitern.

Nachdem das Kleinbürgertum durch die Spaltung der liberalen Partei als Folge der Reichsgründung und den Übertritt ihres Mehrheitsflügels zur Politik Bismarcks als eine eindeutig demokratische Potenz ausgefallen war, verstärkte sich mit der weiteren ökonomischen Entwicklung die Kampfstellung des Handwerks gegen die Industriearbeiterschaft. Das selbständige Handwerk und das Kleinunternehmertum sahen sich durch den industriellen Konzentrationsprozeß, vor allem nach einer Wirtschaftskrise der frühen siebziger Jahre, bedroht und setzten alle Hoffnung auf staatliche Hilfe. Nationalistische, imperialistische, schließlich auch antisemitische Strömungen gewannen die Oberhand und machten das Handwerk zum Gegner der Arbeiterschaft. Die konservative Staatsführung aber sah in dem ihr nun als Bundesgenossen zufallenden Mittelstand, insbesondere im Handwerk, eine wichtige Kraft für die Erhaltung von „Thron und Altar", d.h. in ihrem Kampf gegen die Sozialdemokratie. Das hatte entscheidende Auswirkung auf die Neuordnung der Lehrlingsausbildung gegen Ende des 19. Jahrhunderts und für das sich daraus entwickelnde „duale" oder „deutsche" System der Berufsausbildung.

Nachwuchsbildung als Berufsqualifikation: Das System beruflicher Schulen

Der Druck der Industrialisierung zu einer planmäßigen, systematisch vorgehenden und den Charakter der beginnenden technisch-wissenschaftlichen Zivilisation einholenden Berufsausbildung war also auf der Ebene der Facharbeiterausbildung im 19. Jahrhundert noch lange sehr gering. Eine größere Nachfrage bestand nach Qualifikation für mittlere und höhere Positionen des technischen und kaufmännischen Managements. Für die Ausbildung von Technikern war während der ersten Jahrzehnte des 19. Jahrhunderts die Pariser Ecole Polytechnique das große Vorbild, nicht nur in Deutschland, sondern in ganz Europa. Unmittelbar nach Gründung des Deutschen Bundes 1815 gab es Bestrebungen, ein repräsentives deutsches Polytechnikum, einen „Tempel der positiven Wissenschaften" zu gründen. In der Schweiz wurde eine helvetische Einheitsuniversität geplant, die die Vorzüge der deutschen Reformuniversitäten Halle, Göttingen und Berlin mit denjenigen des französischen Polytechnikums vereinigen sollte. Auch im unmittelbaren Umkreis der Reformer des preußischen Unterrichtswesens erwog man Pläne für technische Lehranstalten. Wilhelm von Humboldts Bruder Alexander, der einer der bedeutendsten Naturforscher seiner Zeit war und in Paris mit Chemikern der Ecole Polytechnique gemeinsam wissenschaftliche Untersuchungen durchgeführt hatte, verfolgte mit dem Staatsrat Süvern, dem Finanz- und späteren Kultusminister Altenstein sowie dem Generalstabschef Müffling das Projekt einer polytechnischen Hochschule in Berlin.

Diese und zahlreiche weitere, ebenso ambitiöse Initiativen scheiterten, doch blieben sie im Gespräch bis zu dem Zeitpunkt, da die aus bescheideneren Anfängen entwickelten Technischen Institute wissenschaftlichen Charakter annahmen und ihr Weg zur Hochschule erkennbar wurde. Das war nicht vor der Jahrhundertmitte. Die ab 1820, also ein viertel Jahrhundert nach der Ecole Polytechnique in Deutschland unter verschiedenen Bezeichnungen gegründeten polytechnischen Lehranstalten stellten sich zunächst eher als Handwerkerschulen vor. Diese nahmen junge Leute im Alter von zwölf bis sechzehn Jahren auf. Die Schülerzahl blieb lange unter Hundert. Ihre Gründer waren Ingenieure und Beamte der Gewerbebehörden, die einen strikt bedarfsorientierten Ansatz verfolgten. Johann Gottlieb Tulla, ein Bauingenieur, dem die Kanalisierung des Oberrheins gelungen war, gehörte zu den Gründern der polytechnischen Schule in Karlsruhe (1825); der Badische Staatsrat Karl Friedrich Nebenius, der als der Vater des Badischen Gewerbeschulwesens gilt, schloß „Forschung" jeder Art vom Karlsruher Polytechnikum ausdrücklich aus und verpflichtete die Anstalt, sich auf die Ausbildung von „Gewerbetreibenden" zu konzentrieren; Peter Chr. W. Beuth, Leiter der Abteilung Handel und Gewerbe im preußischen Finanzministerium, richtete 1821 ein Technisches Institut in Berlin ein; der Mechaniker Karl Karmarsch erfüllte den entsprechenden Auftrag 1830 in Hannover.

Allerdings gelang diesen Gründern der deutschen polytechnischen Lehranstalten kein Äquivalent zu dem Pariser Vorbild, selbst dann nicht, wenn sie die Géometrie

Descriptive von Monge, das konstitutive Element der Ecole Polytechnique, kannten und schätzten. Perspektiven für eine dem aktuellen technisch-industriellen Entwicklungsstand vorausgreifende hohe Schule lagen nicht in ihrem Horizont, ganz zu schweigen davon, daß nach 1820 in Deutschland eine Berufung auf die Ecole Polytechnique politisch verdächtig gewesen wäre. Die Bedenken, die in der Ecole Polytechnique den Geist der Revolution vermuteten, wirkten sich nicht nur auf den naturwissenschaftlichen Unterricht in allgemeinbildenden Schulen und auf die Entwicklung der Realschulen aus, sondern auch in restriktiven Maßnahmen gegenüber expansiven Tendenzen in der Berufsbildung. So lehnte eine Hannoveraner Behörde 1830 die Einrichtung einer Gewerbeschule mit der Begründung ab, eine theoretische Qualifizierung des Nachwuchses würde dazu führen,

> „...den Druck der Not mehr fühlen zu lassen, die Kluft zwischen Würdigkeit und Dürftigkeit mehr zu zeigen, den Gewerbsmann mit seinem Berufe zu zeigen, in welchem er sich durch Beschränktheit glücklich fühle, und ihn mit näherer Aufklärung zu einer unheilvollen Wirklichkeit aus der Bewußtlosigkeit eines glücklichen Traumes erwachen zu lassen.“[81]

Die Bedarfsorientierung der deutschen Polytechnika bedingte aber nun zugleich, daß die ideologischen Bedenken gegen eine wissenschaftsorientierte Technikerausbildung sofort gegenstandslos wurden, als die industrielle Entwicklung den höherqualifizierten Nachwuchs benötigte. So gab es einen an fast allen Stellen in ähnlichen Phasen ablaufenden Aufstieg dieser Schulen zu Lehr– und Forschungsinstituten der Ingenieurwissenschaften:

ORT	GRÜNDUNGS-JAHR	ERHEBUNG ZUR TECHNISCHEN HOCHSCHULE	ZAHL DER STUDIERENDEN 1846	[82] 1900
Berlin	1821	1879	110	3800
Karlsruhe	1825	1885	391	1360
München	1827	1868	174	2300
Dresden	1828	1877	138	1100
Kassel	1830	—	107	—
Hannover	1831	1879	294	1300
Stuttgart	1832	1890	100	990
Augsburg	1833	—		
Nürnberg	1833	—		
Braunschweig	1835	1877	120	485
Darmstadt	1836	1877	?	1638
Aachen	—	1870	—	542
Danzig	—	1904	—	—
Breslau	—	1910	—	—

In der Tabelle sind die Polytechnika aus dem Gebiet des späteren deutschen Reiches mit ihrem Gründungsjahr, dem Jahr ihrer Erhebung zur Hochschule und der Entwicklung ihrer Studentenzahlen von der Jahrhundertmitte bis zum Jahrhundertende zusammengestellt.

Das erste Polytechnikum in Deutschland war das Berliner, 1821 unter der

Bezeichnung „Technisches Institut" gegründet, 1826 für höhere Qualifikation erweitert und in „Gewerbeinstitut" umbenannt, 1866 zur „Gewerbeakademie" erhoben, 1879 mit der schon 1776 gegründeten Bauakademie zur Technischen Hochschule Charlottenburg, der heutigen Technischen Universität Berlin, vereinigt. Den Anfang mit einer universitätsähnlichen Satzung hatte 1865 Karlsruhe gemacht. Hier gab es seit 1865 die Möglichkeit von Diplomprüfungen, seit 1868 die Habilitation für einige Disziplinen, seit 1885 den Namen „Technische Hochschule" (den das Münchner Polytechnikum schon 1868 erhalten hatte) und – für alle Technischen Hochschulen Deutschlands – seit 1899 das Promotionsrecht zum Doktor-Ingenieur.

Die Polytechnika übernahmen neue, anspruchsvollere Aufgaben. Damit verschwanden die zunächst von ihnen erfüllten natürlich nicht. Im Gegenteil, der Bedarf an qualifizierten Fachkräften unterhalb des akademisch gebildeten Ingenieurs stieg in dem gleichem Maße, in dem technische Probleme wissenschaftlich gelöst werden mußten. So wurde die „Lücke", die der Aufstieg der Polytechnika zu Hochschulen hinterließ, sofort von neugegründeten Fachschulen gefüllt.

Die meisten höheren Fachschulen, die 1914 in Deutschland bestanden, sind nach 1878 gegründet worden. Ein Teil der Fachschulen machte in dem gleichen Zeitraum, in dem eine immer größer werdende Zahl solcher Einrichtungen für eine systematisch vermittelte, theorieorientierte Berufsausbildung entstanden, eine paradox erscheinende Entwicklung durch: sie wurden allgemeinbildende Schulen. Im Kontext des Entstehens von Technischen Hochschulen ist dieser Vorgang aber leicht aufklärbar. Als Beispiel sei Preußen angeführt: Hier entstanden auf mittlerer Qualifikationsebene die Provinzialgewerbeschulen, die eine schulgeschichtlich besonders interessante Doppelaufgabe wahrnahmen. Sie bildeten einerseits Mechaniker und Techniker aus, andererseits waren sie Vorbereitungs- und Zubringeranstalt für das Berliner Technische Institut (bzw. die daraus hervorgehenden ingenieurwissenschaftlichen Nachfolgeeinrichtungen), und zwar so, daß die erfolgreich absolvierte Fachausbildung an der Schule in der Provinz zum Eintritt in eine höhere Klasse des Instituts in der Metropole berechtigte. Da die Provinzialgewerbeschulen ihrerseits mit Handwerkerfortbildungsschulen kombiniert waren, gab dieser Schulverbund die Möglichkeit des Qualifikationsaufstieges innerhalb der beruflichen Bildung vom Handwerker bzw. Facharbeiter zum Ingenieur. In dem Maße, in dem das Berliner Institut den Charakter einer wissenschaftlichen Anstalt annahm und überdies immer mehr Realschulabsolventen am Ingenieurstudium interessiert waren, erhöhte sich die formale Eintrittsvoraussetzung: Zunächst wurde das Einjährige gefordert, dann die Obersekundareife, Primareife und schließlich das (Real-)Abitur. Ab 1870 wollte die Berliner Gewerbeakademie keine Absolventen der Provinzialgewerbeschulen mehr zum Studium zulassen. Die Leistungen dieser Absolventen lagen, wie ausdrücklich bestätigt wurde, in Mathematik und in den Naturwissenschaften über dem Abiturniveau, doch wurde die mangelnde „Allgemeinbildung" beklagt.

Jetzt wirkte sich das bildungstheoretische Vakuum aus, in dem die Berufsausbildung stand: Sie war von der offiziellen Pädagogik allein gelassen, deren Blick durch die neuhumanistische Trennung von Bildung und Ausbildung und durch Herbarts Theorie vom „erziehenden Unterricht" ausschließlich auf die allgemeinbildenden

Schulen gerichtet war. Das rein gewerbepolitisch begründete System beruflicher Schulen hatte aber, da der wissenschafts- und gesellschaftstheoretische Zusammenhang mit der Didaktik der Ecole Polytechnique ebenfalls ungenutzt geblieben war, auch kein alternatives pädagogisches Konzept hervorgebracht. Die Bedarfsorientierung reichte nur aus, um die ideologisch begründeten Restriktionen zu überwinden. – Die industrielle Entwicklung war um 1850 in vollem Gange und die deutsche Industrie auf dem Wege, Anschluß an den englischen Vorsprung zu gewinnen.

Als Franz Reuleaux, Direktor der Berliner Gewerbeakademie und Reichskommissar für die Weltaustellung, 1876 von der Weltaustellung in Philadelphia berichtete, die deutschen Erzeugnisse seien im internationalen Vergleich als „billig und schlecht" klassifiziert worden, wurde der wirkliche oder nur vermeintliche industrielle Rückstand sofort auf die Situation des Bildungswesens und speziell der Berufsausbildung zurückgeführt. Das löste einen erneuten Qualifikationsschub aus: 1879 wurde die Gewerbeakademie, die Reuleaux leitete, Technische Hochschule; gleichzeitig setzte die bereits erwähnte Gründungswelle von Maschinenbauschulen ein. Aber über die ökonomische Bedeutung hinaus gab es keine pädagogischen Folgerungen; es fehlte eine Theorie der Bildung durch den Beruf. Stattdessen konnte man sich einen selbständig denkenden und gebildeten Techniker nur vorstellen, insofern er über eine nicht-technische Bildung verfügte. Max Maria von Weber, ein Eisenbahningenieur und Experte für Polytechnika, gab dieser Überzeugung eine exakte Formulierung:

> „Nur ein Stand, der aus ganzen Technikern besteht, ist der freien Entwicklung, der selbständigen eigenen Vertretung seiner Interessen würdig. Es kann aber niemand ein ganzer Techniker werden, der nicht vorher schon ein ganzer Mensch war. Erzieht ganze Menschen, die an allgemeiner Bildung und Lebensform auf der Höhe des Völkerlebens... stehen, und macht aus ihnen dann Techniker – das ist das ganze Geheimnis und die alleinige Lösung des Problems."[83]

Dies motivierte die Polytechnika mit ihrem eigenen Aufstieg zu wissenschaftlichen Hochschulen zugleich als Eintrittsbedingung immer höhere Abschlüsse des allgemeinbildenden Schulwesens zu verlangen. Dadurch gerieten die Provinzialgewerbeschulen in eine Zwangslage! Wollten sie ihren Schülern weiterhin den Übertritt in höhere Maschinenbauanstalten, die das Einjährige, und in Technische Hochschulen, die das (Real-)Abitur verlangten, offenhalten, so mußten sie selbst die entsprechenden Berechtigungen verleihen. Das aber setzte voraus, daß sie ihren berufsqualifizierenden Charakter aufgaben und allgemeinbildende Schulen wurden. Der Teil der Provinzialgewerbeschulen, der diesen Weg wählte, mündete in die Oberrealschule, der andere Teil wurde Maschinenbauschule einer mittleren Qualifikationsebene ohne Anschlußmöglichkeiten für weiterführende Studien. Die mit den zu Oberrealschulen gewordenen Provinzialgewerbeschulen verbundenen Handwerkerfortbildungsschulen waren nun funktionslos und lösten sich auf. Die Zerschlagung der Provinzialgewerbeschulen mit ihrer Doppelfunktion verstärkte dadurch indirekt die Tendenz zu einer allgemeinen (nicht berufsqualifizierenden) Fortbildungsschule.

Auf der Ebene der Lehrlingsausbildung gab es zu Anfang des 19. Jahrhunderts nur zaghafte Ansätze für einen Beitrag des Schulwesens; es wurden gewerbliche Sonntagsschulen eingerichtet. Sie traten neben die alten, bis zum Gothaischen Schulmethodus zurückreichenden religiösen Sonntagsschulen. Das erfolgte vielfach aus privater Initiative, in Süddeutschland auch durch den Staat. Nebenius setzte sich mit den in Frankreich schon üblich gewordenen Staatsgewerbeschulen zur Ausbildung von Facharbeitern auseinander. Er kam, in Entsprechung seiner restriktiven Lösungen für das Karlsruher Polytechnikum, zu dem Ergebnis, die Franzosen trieben zuviel Theorie; Praxis könne nur durch Praxis erlernt werden, und die große Zahl der Schulen, die notwendig sei, um alle Lehrlinge zu erfassen, sei viel zu teuer. So entschied man sich für die sogenannte Teilzeitschule, d.h. eine Schule, die die in der praktischen Berufsausbildung stehenden Jugendlichen außerhalb der Arbeitszeit zu besuchen hatten. In Baden erhielten diese Schulen den Namen „Gewerbeschulen", während der gleiche Begriff in Nord- und Westdeutschland teils für (berufliche) Fachschulen, teils für (allgemeinbildende) Real- und Bürgerschulen verwandt wurde. Preußen hielt sich, abgesehen von den mit den Provinzialgewerbeschulen verbundenen Handwerker-Fortbildungsschulen, zurück. Es entschied sich dann für die der Volksschule angegliederte allgemeine Fortbildungsschule, die erst am Ende des Jahrhunderts zur Berufsschule wurde.

In ähnlicher Weise entstanden die schulischen Einrichtungen zur kaufmännischen Berufsausbildung. Die industrielle Entwicklung stellte ja nicht allein technische, sondern auch ökonomische Aufgaben ganz neuer Art. (Die Ökonomie hatte schon im 18. Jahrhundert den Rang einer Wissenschaft erreicht.) Die frühen Ansätze der Aufklärungspädagogik für realistisch-berufliche Schulen bezogen immer auch den ökonomischen Bereich als Lehrgebiet ein; die ersten Realschulen führten das Wort „ökonomisch" zumeist in ihrem Titel. Einige Handelschulen erreichten gegen Ende des 18. Jahrhunderts den Rang einer Akademie, so insbesondere die von Johann Georg Büsch in Hamburg (1768) und von Johann Michael Leuchs in Nürnberg (1795) eingericheten Institute.

Universitäten hatten bereits früher die Ökonomie in ihren Lehrplan (Kanon) aufgenommen: Halle richtete 1727 den ersten Lehrstuhl der Ökonomie an einer deutschen Universität ein. Bis zum Ende des 18. Jahrhunderts gab es an zahlreichen deutschen Universitäten Lehrstühle für verschiedene ökonomische Disziplinen. Aber alle diese Lehrstühle waren mit Theoretikern des Merkantilismus besetzt. Sie sahen eine Unterteilung ihres Lehr- und Forschungsgebietes in Staatswirtschaft vor – unter diesem Titel handelten sie Finanzwesen und Wirtschaftspolitik ab – und eine Privatökonomie, unter die die Landwirtschaftskunde und der städtische Handel fielen. Aber das ganze wurde vom privaten Standpunkt des Fürsten gesehen, der sein Territorium als Handelsfirma verstand. Das hatte zur Folge, daß nachdem sich die klassisch-liberalistische Nationalökonomie im Anschluß an Smith und David Ricardo an die Stelle der Merkantil- und Kameralwissenschaft setzen konnte, die Privatwirtschaftslehre an den Universitäten nicht mehr vertreten war.

Der kaufmännisch-kommerzielle Unterricht fand seine Stätte in Handelsschulen verschiedenen Ranges. Sie entwickelten sich schneller als technisch-gewerbliche Schulen, weil die kaufmännische Berufsausbildung zentrale Bestandteile enthielt, die sich leicht in schulmäßig zu vermittelnde Formen bringen ließen. Aber während die kaufmännische Berufsausbildung auf der mittleren Ebene bald allgemein anerkannte schulische Formen hervorbrachte, blieb die akademische Ausbildung in der Betriebswirtschaftslehre hinter der in den Ingenieurwissenschaften zurück. Das hing auch damit zusammen, daß die ersten Studien dieser Art von den Polytechnika übernommen worden waren. Die kaufmännischen Lehrgänge waren kürzer und weniger angesehen als die für Techniker, vor allem aber beschränkten sie sich auf die Vermittlung von Fertigkeiten und additivem Informationswissen. Das polytechnische Prinzip selbst wurde nicht auf die Ökonomie, auf den Betrieb und seine Organisation angewandt. Es war ein Professor für Wirtschaftslehre im Karlsruher Polytechnikum, Arwed Emminghaus, der 1868 die Industriebetriebslehre als rationale Handlungshilfe aufzufassen suchte. Aber gerade ein Vergleich seines umfangreichen, langatmig aufzählenden Werkes mit den Arbeiten des Franzosen Antoine Auguste Cournot, der mit einer algebraischen Transformation der Ricardoschen Preistheorie die mathematische Schule für Wirtschaftswissenschaften einleitete, zeigt, wie wenig die Privatwirtschaftslehre von dem mathematisch-technologischen Ansatz der Polytechnika beeinflußt war. So ist zu erklären, daß die Technische Hochschule ihre kaufmännischen Lehrgänge nicht parallel mit den ingenieurwissenschaftlichen zu akademischen Studien mit abschließender Diplomprüfung ausbauten, vielmehr nach und nach auf sie verzichteten. Da andererseits die universitäre Nationalökonomie die Betriebswirtschaftslehre als nichtwissenschaftsfähige Handlungs- und Profitlehre geringschätzte, entstanden schließlich unter dem Nachfragedruck der Wirtschaft nach qualifizierten Führungskräften für das kaufmännische Management, verbunden mit dem Wunsch der Lehrer an kaufmännischen Fortbildungsschulen, sowie an mittleren und höheren Handelschulen nach einer diesem Lehramt angemessenen akademischen Ausbildung, die Handelshochschulen. Die erste wurde 1898 in Leipzig gegründet, wo es schon seit 1831 eine Handelslehranstalt mit wissenschaftlicher Sektion gab, weitere entstanden nach der Jahrhundertwende. Sie wurden dann aber, nachdem sie 1920 Promotionsrecht erhalten hatten, in die Universitäten einbezogen.

Bildung als gesellschaftliche Macht

Das Berechtigungswesen

Die Entwicklung des Unterrichtswesens sowohl im Bereich der allgemeinbildenden höheren Schulen als auch in dem der gehobenen wirtschaftsberuflichen Lehranstalten stand während des 19. Jahrhunderts unter dem regulierenden Druck eines Systems von „Berechtigungen". Ausgangspunkt war die Reifeprüfung des Gymnasiums, die die Universitätsstudien und damit den Zugang zu den Staatsprüfungen als Voraussetzung für alle höheren Beamtenlaufbahnen eröffnete. Im letzten Drittel des Jahrhunderts kam die bis zu ihrer Gleichstellung im Jahre 1900 auf bestimmte Studien eingeschränkte Reifeprüfung der Realgymnasien und Oberrealschulen hinzu. Von der Universitätsreife abgeleitet waren eine ganze Reihe weiterer Berechtigungen, deren wichtigste zweifellos das Rechtsinstitut des einjährig-freiwilligen Militärdienstes darstellte. Gesellschaftlich gesehen spielte das sogenannte „Einjährige" sogar eine noch wichtigere Rolle als das Abitur. Der einjährig-freiwillige Militärdienst gehörte von Anfang an zu der seit 1808 in Preußen vorbereiteten und 1840 endgültig durchgesetzten allgemeinen Wehrpflicht. Er sah vor, daß „junge Leute aus den gebildeten Ständen" statt der obligatorischen dreijährigen Dienstzeit nur ein Jahr dienten, wenn sie sich aus eigenen Mitteln bewaffnen, bekleiden und verpflegen wollten, also einen erheblichen Teil der Kosten selber aufbrachten. Diese Freiwilligen wurden in der Regel am Ende des Dienstjahres als Unteroffiziere entlassen und konnten dann in den folgenden Jahren durch Beteiligung an militärischen Übungen Reserveoffiziere werden. (Die aktive Offizierslaufbahn setzte die Reifeprüfung voraus; der Nachwuchs rekrutierte sich vorwiegend aus den Kadettenanstalten, die ihren schulischen Teil nach den Lehrplänen eines Realgymnasiums gestalteten.)

Die Definition des Bildungsstandes, der für den Eintritt in den einjährig-freiwilligen Dienst ausreichte, änderte sich mehrfach, verlangte anfangs den Besuch einiger Gymnasialklassen, erweiterte sich nach und nach auf andere Schulen und endete schließlich beim Versetzungszeugnis in die Obersekunda. Eine seit 1870 jährlich vom Reichskanzleramt veröffentlichte Liste verzeichnete die Schulen, die berechtigt waren, das „Einjährige" zu verleihen. 1873 waren 646 Anstalten aufgeführt, davon 622 Gymnasien, Progymnasien, Realschulen I. und II. Ordnung sowie höhere Bürgerschulen; die restlichen 24 Schulen führten berufsbezogene Bezeichnungen; aber sie waren nur Schulen, die dem Allgemeinbildungskanon der höheren Schulen folgten, in Wirklichkeit also keine berufsbildenden Schulen waren (vgl. Umwandlung der Provinzialgewerbeschulen in Oberrealschulen). Das Einjährige berechtigte außer zum verkürzten Militärdienst auch zum Eintritt in die mittlere Beamtenlaufbahn der Verwaltung, zum Besuch höherer Maschinenbau-und Hüttenschulen, Kunsthochschulen, landwirtschaftlicher Hochschulen, Handelshochschulen sowie zur Ausbildung zum Turn- und Zeichenlehrer an höheren Schulen.

Für einen jungen Mann der Mittelschicht war es eine hohe Prestigefrage, als Einjährig-Freiwilliger dienen zu können. Als Einjähriger gehörte er zu den „Gebildeten"; er unterschied sich während der Militärzeit, für alle Augen sichtbar, von der „Masse" durch die eigene maßgeschneiderte Uniform, durch bevorzugte Behandlung und Unterbringung. Aber auch im späteren Zivilleben war die Tatsache, ein Einjähriger, oder, wie sich zumeist daraus ergab, Reserveoffizier zu sein, von großer Bedeutung für alle Berufs- und Sozialchancen. Daß nicht primär die verkürzte Dienstzeit ausschlaggebend war – der Zeitgewinn glich sich durch die spätere Teilnahme an Übungen in etwa wieder aus –, sondern das Sozialprestige, läßt sich vorzüglich an der Haltung der Volksschullehrer illustrieren.

Nachdem die Lehrerseminare 1872 von den Beschränkungen der Stiehlschen Regulative befreit waren, erreichten sie bald den Leistungsstand von lateinlosen höheren Schulen und erhielten, gemessen an ihrem tatsächlichen Niveau verspätet, im Jahre 1900 auch die begehrte Berechtigung. Da die Volksschullehrer durchweg aus den unteren Sozialschichten kamen, war die Ausnutzung der Berechtigung aus finanziellen Gründen außerordentlich schwierig. Für mittellose, überdurchschnittlich begabte junge Männer übernahm der König von Preußen die Kosten des einjährig-freiwilligen Militärdienstes; diese Soldaten wurden „Königsfreiwillige" oder „Königseinjährige" genannnt. Den Volksschullehrern wurde es untersagt, sich um diese Vergünstigung zu bewerben, weil voraussehbar war, daß die Kanzlei des Königs andernfalls mit Anträgen überschwemmt worden wäre. Deshalb stellte man es den Volksschullehrern frei, entweder mit den Rechten und Pflichten des Einjährig-Freiwilligen zu dienen oder den normalen Dienst zu leisten, der dann aber auch auf nur ein Jahr begrenzt wurde. Dieser „einjährig-aktive Dienst" war eine Einrichtung, die ausschließlich für Volksschullehrer geschaffen wurde. Die Lehrer, die diesen Dienst absolvierten, wurden in der Regel Unteroffiziere der Reserve, konnten aber nicht Offiziere werden. Die Lehrervereine setzten im Interesse der gesellschaftlichen Stellung ihres Berufsstandes alles daran, mit massiver Beeinflussung und mit der materiellen Hilfe durch Darlehns- und Unterstützungskassen möglichst viele junge Kollegen dazu zu bewegen, den einjährig-freiwilligen Dienst zu wählen und dann über Jahre hinaus die vorgeschossenen Kosten zurückzuzahlen. Selbst ein katholisches Lexikon der Pädagogik schärfte ein:

> „Der einjährig-aktiv dienende Lehrer hat kaum etwas vor den übrigen Mannschaften voraus. Er kann mit diesen auf derselben Stube untergebracht werden, untersteht der Kasernenordnung und muß sich ... auch den unbequemen Arbeiten des inneren Dienstes unterziehen... So ist es durchaus rätlich, wenn irgend möglich, einjährig-freiwillig zu dienen."[84]

1910 folgten bereits 43% der militärpflichtigen Lehrer dieser Empfehlung.

Das Berechtigungswesen hatte eine eminent politische Funktion für die bürgerliche Gesellschaft. Zunächst einmal war das Berechtigungswesen die Waffe des Bürgertums gegen die Adelsherrschaft. Da in Deutschland der Adel nicht durch einen revolutionären Bruch abgeschafft, vielmehr als Stand der regierenden Fürsten – wenn auch konstitutionell eingeschränkt – bis 1918 im Geburtsprivileg bestätigt wurde, blieb dem Bürgertum als wirksamer Hebel nur das Berechtigungswesen. Denn indem alle Beamten- und Militärlaufbahnen als Eintrittsbedingung ein Prüfungszeugnis verlangten, trat der Leistungsnachweis an die Stelle des Geburtsscheines. Das kann so allgemein gesagt werden, auch wenn die adelige Geburt für manche Berufe, insbesondere für den des aktiven Offiziers, bedeutsam blieb: Der Adelige, der die Staats- oder Miltärlaufbahn erstrebte, mußte sich jedenfalls dem bürgerlichen Prinzip des Berechtigungswesens beugen, weil rechtlich gesehen die im Prüfungszeugnis bestätigte Leistung als die einzig relevante Bedingung galt. Diese politische Funktion des Berechtigungswesens stimmte mit einem wichtigen Zug des Bildungsbegriffes der Deutschen Klassik überein, nämlich Bildung zu verstehen als Adel des Geistes im Gegensatz zum Adel des Blutes. Solche Übereinstimmung in der politischen Funktion des Rechtsinstitutes und in den Voraussetzungen der beanspruchten Bildungslehre war die Bedingung für Wirksamkeit und Durchschlagskraft des Berechtigungswesens.

Das Berechtigungswesen veränderte indessen seine politische Richtung schon sehr früh. Es blieb nicht nur die Waffe des Bürgertums gegen das Adelsprivileg, sondern zeigte sich härter noch als Instrument gegen die mit der Industrialisierung aufgetretene Arbeiterschaft. Denn in der Gesellschaft der formal Gleichberechtigten behielten die Besitzenden die politische Macht in der Hand, weil der Zugang zu den Staatsämtern und den gesellschaftlich relevanten Funktionen allein über Berechtigungen ging, die einen Schul- und Ausbildungsgang voraussetzten, den die besitzenden Schichten ihren Kindern sehr viel leichter ermöglichen konnten als die Arbeiterschaft. Dieser Zugang konnte außerdem in dem Augenblick, da die Leistungsselektion den Besitzenden unbequem zu werden drohte, manipuliert werden.

Das Berechtigungswesen hing an den Abschlüssen der höheren Allgemeinbildung, während berufliche Leistungsnachweise keine oder nur geringe Bedeutung hatten. Das behinderte den Bildungsaufstieg der Arbeiterschaft umso mehr, weil auch der Zugang zu den höherqualifizierenden Formen der neuen industriellen Berufsausbildung von den allgemeinen Berechtigungen abhängig gemacht und so der ursprünglich mögliche Aufstieg innerhalb der Berufsausbildung zurückgedrängt, schließlich gänzlich versperrt wurde.

Nun gab es freilich seit alters auch ein internes berufliches Berechtigungswesen. Vor allem vom Handwerk der städtischen Gesellschaft war es in den Stufen Lehrling – Geselle – Meister geprägt, in den käufmännischen Berufen ähnlich als Lehrling – Handlungsgehilfe – Prinzipal bekannt. Durch Analogieschlüsse ergaben sich vergleichbare Qualifikations- und Funktionshierarchien in der Industrie: Facharbeiter – Vorarbeiter – Werkmeister – Techniker – Ingenieur. Doch dieses System beruflicher Qualifikationen erhielt keinen Anschluß an das allgemeine Berechtigungswesen und errang auch keine eigentlich politische Funktion. Die öffentlich diskutierte Rechtfertigung dieses Zustandes thematisierte nur selten ihren politischen Gehalt, wies vielmehr auf die wie ein unerschütterlicher Glaubenssatz vorgebrachte Behauptung, die wirtschaftsberufliche Ausbildung trage nicht zur Personenbildung bei. Ein aufschlußreiches Beispiel gab der „Verein für Sozialpolitik", der 1877 Probleme einer Neuordnung der Berufsausbildung diskutierte. In diesem Zusammenhang dachten einige Mitglieder des Vereins daran, an die Stelle der in Auflösung begriffenen Handwerkslehre und einer als problematisch beurteilten industriellen Lehrlingsausbildung, Fachschulen mit Lehrwerkstätten vorzuschlagen. Um den Besuch solcher Ausbildungsstätten attraktiver zu machen, waren verschiedene Vergünstigungen erwogen worden, unter anderem auch die Verkürzung der militärischen Dienstpflicht. Zu der Frage, ob und unter welchen Bedingungen dahingehende Berechtigungen möglich seien, wurde ein Spezialgutachten bei General Friedrich August von Etzel, Direktor der preußischen Kriegsakademie und von 1873-1877 national-liberales Reichstagsmitglied, eingeholt. Etzel ging in seiner Antwort vom Prinzip der allgemeinen, gleichen Wehrpflicht für alle aus, bestritt entschieden, daß die Einrichtung des einjährig-freiwilligen Dienstes davon abwiche, dem Vorteil einzelner Klassen diene oder aus wirtschaftlichen Gründen eingeführt sei, interpretierte sie vielmehr als eine notwendige Ergänzung, ohne die nicht die erforderliche Zahl von Offizieren und Unteroffizieren beschafft werden könnte.

Möglich aber sei diese Rekrutierung von Unteroffizieren, weil junge Männer von „besserer Erziehung geistig und körperlich gewandter und also befähigter sind, die militärische Ausbildung schneller zu erlangen und auch im Befehlen geschickter sind als die ungebildete Masse.“ Nun kann man davon ausgehen, daß die Auftraggeber des Gutachtens ähnlich denken mochten, doch unterstellten, die von ihnen erwogene planmäßig-systematische Berufsausbildung mit einem stärkeren Wissensbezug setze den jungen Mann in den von Etzel bezeichneten Bildungsstand. Etzel wies eine solche Möglichkeit scharf zurück:

> „Die jungen Männer, für welche die Fachschulen und Lehrwerkstätten bestimmt sind, bringen in dieselben nur die Kenntnisse einer Elementarschule mit... Es dürfte ihnen... während der Zeit ihrer besseren technischen Ausbildung wenig Muße bleiben zur Auffrischung ihrer Elementarausbildung oder gar zur Erwerbung weitergehender Kenntnisse. Selbst die besten Schüler von dergleichen Anstalten können daher keine Garantie dafür geben, daß sie in kürzerer Zeit zu brauchbaren Soldaten auszubilden sind als die Masse.“[85]

Es sollte also unvorstellbar sein, die Absolventen solcher Einrichtungen systematischer Berufsausbildung könnten geistig und körperlich gewandter für die militärische Ausbildung sein. Diesem Votum fügte der General von Etzel noch ein sozial psychologisches Argument hinzu, welches gewiß nicht allein nur für preußische Militärs in dieser Zeit typisch gewesen sein mag:

> „Eine Berechtigung zur kürzeren ersten aktiven Dienstzeit für die jungen Männer, aus denen erfahrungsgemäß die tüchtigen Reserve- und Landwehroffiziere hervorgehen, begreift der Soldat und mit ihm das Volk leicht, aber nicht so eine Bevorzugung von gar nicht oder wenig über der Masse stehenden Leuten, wie es die Fachschüler sein werden.“[86]

Der ideologische Charakter solcher Argumentationen ergibt sich auch durch einen Blick auf das allgemeine Unterrichtswesen. Denn die Volksschule, die von der neuhumanistischen Reform zu Beginn des 19. Jahrhunderts weniger allgemeinbildend konzipiert war als das Gymnasium, erhielt ebenso wenig Anschluß an das Berechtigungswesen wie die berufsbildenden Institutionen. General von Etzel charakterisierte die Leistungen der Volksschule ausdrücklicklich als die Elementarausbildung der „ungebildeten Masse“. Aber die preußische Volksschule hatte sich für ihre befähigteren Schüler die Mittelschule geschaffen, die niemals in der Liste der zum „Einjährigen“ führenden Schulen erschien, obschon sie im Lehrplan und Leistungsniveau an Realschulen II. Ordnung heranreichte. Ein Ministerialerlaß von 1911 konzedierte lediglich, daß die erforderliche Absolvierung einer voll ausgestalteten Mittelschule dazu berechtigte, die Prüfung für Einjährig-Freiwillige bei der Militärkommission vor Vollendung des 17. Lebensjahres abzulegen, sofern eine zweite Fremdsprache erlernt war. Der Mittelschulabschluß galt als Nachweis soviel wie eine externe Vorbereitung, nicht konnte das Abschlußzeugnis der Mittelschule selbst die „Bildung“ bestätigen. Eher noch ließ sich für diesen Fall das Allgemeinbildungsprinzip beugen, indem die Richtlinien den Mittelschulen aufgaben, auf die „feineren Handwerke“ vorzubereiten und zwischen den höheren Schulen, die allein die

Berechtigungen zu vergeben hatten, und der berechtigungslosen Volksschule zu stehen, als daß jene Koppelung hätte gelockert werden dürfen, die es der Ideologie zufolge als Rechtsnorm gar nicht gab: Bildung und Besitz.

Herausforderung: Karl Marx

Karl Marx war weder ein Theoretiker der Pädagogik noch ein praktischer Erzieher. Trotzdem gehört er zweifellos in eine Geschichte der Pädagogik, der Bildung und des Unterrichtswesens. Das hat seinen Grund nicht einmal in erster Linie in der Tatsache, daß unter Berufung auf seinen Namen und seine Überlegungen die folgenreichsten weltpolitischen Veränderungen des 20. Jahrhunderts erkämpft und erlitten wurden, die natürlich auch Auswirkungen auf die Erziehung hatten. Der Grund muß vielmehr in der Herausforderung gesucht werden, die die pädagogischen Sinndeutungen erfuhren. Diese Herausforderung war gesellschaftstheoretisch vermittelt und enthielt daher die analytischen Mittel, um bestimmte Widersprüche in der Entwicklung des Bildungswesens jenseits pädagogischer Theoreme mit ihren sozialen Ursachen konfrontieren zu können.

Das konstituierende Element der Menschwerdung des Menschen sah Marx in der Arbeit: Der Mensch ist das Wesen, das sich durch seine Arbeit schafft. Aber das Verhältnis des Menschen zur Arbeit erschien ihm als ein gestörtes. Für diese Störung benutzte er den Begriff Selbstentfremdung des Menschen. Im Industrieproletariat stand den Zeitgenossen von Marx nur zu deutlich vor Augen, was damit gemeint war. Marx diagnostizierte diese Entfremdung als Folge privater Aneignung der durch gemeinsame Arbeit hervorgebrachten Produkte. Prognosen über die Befreiung aus dem entfremdeten Leben waren darum an die Aufhebung des Privateigentums geknüpft. Das machte den politisch-ökonomischen Aspekt der Marxschen Theorie aus. Theorie wurde indessen von Marx nicht als ein Heilmittel gegen die im Zeitalter der Großen Industrie zu beklagenden gesellschaftlichen Übel, sondern als das eherne Gesetz der geschichtlichen Praxis verstanden. Nicht nur die speziellen Probleme seiner Zeit, sondern den Gang der Weltgeschichte insgesamt sah er vor sich liegen als ein aufgeschlagenes und von ihm selbst entschlüsseltes Buch. Mit der gewaltigen Anstrengung seiner materialistischen Dialektik hat er der menschlichen Selbstentfremdung einen geschichtsphilosophischen Sinn entnommen. Dieser Sinn mußte notwendigerweise auch eine Theorie der Bildung enthalten.

Marx' Eltern stammten aus Rabbinerfamilien, hatten sich jedoch von jüdischer Religiösität gelöst. Der Vater war von Beruf Justizrat, geistig war er auf die Aufklärung verpflichtet, auf Rousseau und Voltaire, auf Newton und Locke, ebenso wie auf Lessing und Kant. Karl Marx wuchs in diese Gedankenwelt hinein, verstärkt durch das von ihm besuchte, ähnlich orientierte Gymnasium. Er studierte in Bonn und Berlin Rechtswissenschaft, Philosophie und Geschichte, hörte Vorlesungen bei Professoren mit starker Bindung an die Romantik, so in Berlin bei dem berühmtesten Vertreter der romantisch-historischen Rechtsauffassung, Karl-Friedrich Savigny, der gegen aufklärerische wie idealistische Naturrechtstheorien – die die

„Natur“ als die Vernunft, aus der eindeutig abzuleiten sei, was Recht und was Unrecht ist, verstanden – die organische Entwicklung des Rechts aus der Überlieferung verteidigte. Marx hörte aber auch Savignys scharfen Gegner Eduard Ganz, der Hegels Rechtsphilosophie liberalistisch interpretierte und weiterführte. Als Ganz starb und der konservative Staats- und Rechtshistoriker Stahl sein Nachfolger wurde, war die Universität Berlin für Marx uninteressant geworden. Seine wirkliche „Universität“ wurde der Kreis der Junghegelianer um den Privatdozenten der Theologie Bruno Bauer. Die Teilung der Schülerschaft Hegels in eine „alte“ und in eine „junge“ bzw. eine „rechte“ und eine „linke“ Linie hatte sich an der Auslegung eines oft zitierten Satzes aus der Vorrede zu Hegels Rechtsphilosophie entzündet:

KARL MARX

„Was vernünftig ist, das ist wirklich; und was wirklich ist, das ist vernünftig.“[87]

Hegel hatte den Begriff als begriffene Wirklichkeit definiert; das sollte heißen, daß die Vernunft die Wirklichkeit im Begriff auffaßt und verarbeitet. Ein Gedankengebilde, welches keine begriffene Wirklichkeit einschließt, mochte dann dieses oder jenes sein, aber kein Begriff. Von „bloßen Begriffen“ zu reden, mit denen in Wahrheit nichts begriffen ist, war demzufolge unsinnig.

Die Folgerungen, die Hegels Schüler daraus zogen, blieben indessen nicht eindeutig. Die Hegelsche Rechte betonte, daß nur das Wirkliche – also die im geschichtlichen Prozeß entstandene politisch-gesellschaftliche Ordnung – vernünftig sei, während demgegenüber abstrakte Konstruktionen von angeblich besseren oder gerechteren Zuständen unwirklich und damit auch unvernünftig seien. Die Hegelsche Linke aber zog den umgekehrten Schuß. Sie erkannte nur den vernünftigen, d.h. den vor dem Richterstuhl der Vernunft gerechtfertigten Ordnungsstrukturen einen Realitätscharakter zu, während die als unvernünftig erwiesene gesellschaftliche Wirklichkeit eigentlich unwirklich sei und das heißt zum Absterben bestimmt war. Religion und Staat, speziell die preußische Monarchie, wurden unter diesem Gesichtspunkt bevorzugt als der Vernichtung anheim gegeben interpretiert.

Marx teilte die Kritik der Linkshegelianer an den Zuständen ohne Einschränkung, aber er sah von Anfang an die philosophische Schwäche solcher Versuche, Hegel fortzusetzen und an einigen Stellen zu verbessern. Welche Erwartungen die geistige Selbständigkeit des jungen Marx bei den Junghegelianern auslöste, ist exemplarisch festgehalten in einem Brief von Moses Heß, in dem Marx einem Dritten angekündigt wurde:

„Du wirst Dich freuen, hier einen Mann kennenzulernen, der jetzt auch zu unseren Freunden gehört, obgleich er in Bonn lebt, wo er bald dozieren wird. Es ist dies eine Erscheinung, die auf mich, obgleich ich gerade in demselben Felde mich bewege, einen imposanten Eindruck machte. Kurz, Du kannst Dich darauf gefaßt machen, den größten, vielleicht den einzigen jetzt lebenden eigentlichen Philosophen kennenzulernen, der nächstens, wo er öffentlich auftreten wird, in Schriften sowohl als auf dem Katheder die Augen Deutschlands auf sich ziehen wird... Dr. Marx, so heißt mein Abgott, ist noch ein ganz junger Mann, der der mittelalterlichen Religion und Politik den letzten Stoß versetzen wird. Er verbindet mit dem tiefsten philosophischen Ernst den schneidensten Witz. Denke Dir Rousseau, Voltaire, Holbach, Lessing, Heine und Hegel in eine Person vereinigt. Ich sage vereinigt, nicht zusammengeschmissen – so hast Du Dr. Marx."[88]

Marx promovierte 1841 an der Universität Jena. Seine Doktorarbeit trug den Titel „Die Differenz der demokritischen und epikureischen Naturphilosophie". Diese Dissertation behandelte also ein Thema aus der griechischen Philosophie. Das Thema war aber so gewählt, daß Marx in ihm eine Analogie zu seiner eigenen Situation sehen konnte: Was war die philosophische Aufgabe, wenn sich das Philosophieren in der bis dahin möglichen Weise vollendet hatte? – Diese Frage stellte sich nach dem Tode des Aristoteles für Demokrit und Epikur; und genau die gleiche Frage stellte Marx sich in entsprechender Weise nach Hegels Tod. Das war vom Ansatz her ganz in der Logik der Hegelschen Philosophie gedacht. Denn Hegel hatte, auch seiner Selbsteinschätzung zufolge, die Philosophie zum Abschluß gebracht. Der nächste Schritt mußte, im Sinne der Dialektik, die Verneinung der Philosophie sein. Die Genialität Marxens bestand darin, daß er die Aufhebung der Philosophie zugleich als deren Verwirklichung dachte. Das sollte heißen, daß die Vernunft, mit der die Philosophie bisher in Gedankensystemen gearbeitet und durch Hegel einen Punkt erreicht hatte, über den hinaus es keine Möglichkeit mehr für Theorie gab, nun Praxis werden sollte. Philosophische Erkenntnis war seit Kant zur „Kritik" geworden, aber als Kritik der Vernunft gewissermaßen Selbstkritik; Marx wandte die Kritik nun gegen die Wirklichkeit: Würde solche Kritik die Wirklichkeit verändern, so wäre die Philosophie aufgehoben und verwirklicht in einem.

In dem oben zitierten Brief von Heß war die Rede davon, daß Marx in Bonn dozieren werde. Marx wollte sich bei Bruno Bauer, der inzwischen in Bonn Professor war, habilitieren. Aber daraus wurde nichts. Bauer wurde seines Amtes enthoben, da seine Religionskritik vom preußischen Staat nicht toleriert wurde. Eine Universitätslaufbahn war für Marx unmöglich geworden. Er wurde Redakteur der oppositionellen „Rheinischen Zeitung", gab nach deren Verbot gemeinsam mit Arnold Ruge in Paris die „Deutsch-französischen Jahrbücher" heraus und setzte sich mit französischen und englischen Sozialisten auseinander. Er fand in der Ökonomie das Instrument, um den großen Bogen von der durch Selbstaufhebung zu verwirklichenden Philosophie über die durch das Auseinanderfallen von Arbeit und Eigentum bedingte Selbstentfremdung des Menschen bis zur Selbstverwirklichung des Menschen in der klassenlosen Gesellschaft als theoretischen Zusammenhang zu begreifen und darstellen zu können.

Unmittelbar vor dem Ausbruch der Revolutionen von 1848 schrieb er gemeinsam mit Friedrich Engels das „Kommunistische Manifest", seine berühmteste, in alle

Weltsprachen übersetzte Schrift, die deutlich machen sollte, daß es sich beim Kommunismus nicht um eine utopische Heilslehre handelte, sondern um die wissenschaftliche Einsicht in den mit Notwendigkeit ablaufenden Prozeß der Geschichte. Damit hatte Marx einen Bruch mit seinen linkshegelianischen Freunden abgeschlossen. Denn er hatte nun erkannt, warum die Entfremdung des Menschen von sich selbst ihren Grund gar nicht in religiösen Illusionen hatte, wie die linkshegelianischen Religionskritiker, Bruno Bauer und Ludwig Feuerbach meinten: Selbstentfremdung war für Marx nicht länger ein ideelles, sondern erschloß sich ihm als materielles Verhältnis. Dann aber konnte sie auch nicht durch Zerstörung von Ideen aufgehoben werden. Für die materiellen, gesellschaftlich-ökonomischen Bedingungen der Selbstentfremdung gab es nach Marx freilich Illusionen, die das Bewußtsein der Menschen vernebelten; und dazu zählte er auch die Religion. Aber als solche Illusionierung war die Religion, wie alle Ideologien, nur ein Epiphänomen. Daher konnte er dann sagen, daß die Feuerbachsche Religionskritik, die eine Illusion als Illusion enthüllte, ohne ihre Voraussetzungen richtig zu bezeichnen, selbst eine Ideologie sei. Denn an die Stelle der demaskierten Illusion sei nur eine neue Illusion gesetzt worden, nämlich die Vorstellung, rein theoretische Kritik könne Versöhnung bringen. Damit aber diene die Kritik in Wahrheit nur der Rechtfertigung der Bedingungen dessen, was doch kritisiert sein sollte.

Diese Argumentationsfigur wandte Marx auf alle Ideologie an und bestimmte damit einen wissenschaftlichen Sinn des Ideologiebegriffs: Das falsche Bewußtsein, welches sich aus der Differenz zwischen dem Anspruch der bürgerlichen Gesellschaft und ihrer Wirklichkeit ergibt, und zwar mit Notwendigkeit. Das falsche ideologische Bewußtsein konnte nach dieser Folgerung nicht mehr auf Denkfaulheit, Betrugsabsicht, Weltfremdheit oder anthropologische Merkmale zurückgeführt werden, sondern nur noch auf ökonomische Gesetzmäßigkeiten. Dadurch wurde der Ideologiebegriff eine geschichtsphilosophische Kategorie, verlor den vorwurfsvollen Unterton, den der Begriff vorher hatte und den er im populären Sprachgebrauch bis heute behalten hat, so daß er dann auch im ausdrücklich positiven Sinne verwendbar wurde als die Theorie des dialektischen und historischen Materialismus. Dieser Gebrauch des marxistischen Ideologiebegriffs rechtfertigte sich daraus, daß die Versöhnung des Menschen mit sich selbst hier im Einklang mit dem Bewegungsgesetz der Geschichte herbeigeführt werden soll und die Bewußtseinsdifferenz entfällt.

Nachdem die Ereignisse des Jahres 1848, an denen Marx mit der von ihm gegründeten „Neuen Rheinischen Zeitung" aktiv Anteil genommen hatte, die unmittelbare Rechtfertigung der Prognosen nicht erbracht hatten, lebte Marx bis zu seinem Tode im Exil in London. Hier schrieb er sein Hauptwerk, das „Kapital", von dem aber nur der erste Band zu seinen Lebzeiten erschienen ist (1867); den zweiten und dritten Band gab Friedrich Engels erst nach Marx' Tod heraus (1885 und 1894).

Die materialistische Geschichtsauffassung: Marx brachte für seine Geschichtsauffassung drei Voraussetzungen zur Geltung, nämlich daß die Erzeugung der Mittel zur Bedürfnisbefriedigung die Produktion des materiellen Lebens selbst sei (1), daß die befriedigten Bedürfnisse und die dafür hervorgebrachten Instrumente stets neue

Bedürfnisse erzeugen (2), und daß schließlich, indem die Menschen durch ihre Arbeit ihr eigenes Leben erhalten und erneuern, sie sich zugleich fortpflanzen, neue Menschen machen (3). Diese drei Momente sah Marx als grundlegend an sowohl für das natürliche als auch für das gesellschaftliche Verhältnis zwischen den Menschen. Das gesellschaftliche Verhältnis erfaßte er als die Verknüpfung der Produktionsweise mit einer jeweils ganz bestimmten Weise des Zusammenwirkens der Menschen innerhalb der Arbeitsteilung, so daß das Zusammenwirken auch als Produktivkraft verstanden werden konnte. Daher erschloß sich ihm die Geschichte der Menschheit als eine Geschichte der Produktivkräfte, mithin auch als Geschichte der Auseinandersetzungen und Spannungen zwischen den Menschen um ihre jeweilige Stellung im Produktionsprozeß. Im Kommunistischen Manifest hieß das kurz und bündig:

> „Die Geschichte aller bisherigen Gesellschaft ist die Geschichte von Klassenkämpfen."[89]

Aber die Geschichte der Klassengesellschaft kennzeichnete Marx als das Resultat eines unbewußten, individuellen Handelns der Menschen. Die Menschen waren subjektiv stets überzeugt, als geschichtlich handelnde Subjekte bestimmten, von ihnen jeweils erstrebten Zwecken und Zielen zu folgen, dem Wohl des Vaterlandes, dem Vorteil der nationalen, völkischen oder familiären Gruppierung, dem persönlichen Ruhm, der Ehre oder dem Reichtum, der Verbreitung oder Sicherung eines religiösen Glaubens oder einer Idee: Was auch immer die Menschen als Motive ihres Handelns angenommen haben, es war aus falschem Bewußtsein getan. Denn das objektive Bewegungsgesetz war der Klassenkampf, von dem sie nichts wußten, und das objektive Ergebnis war die Selbstentfremdung, die sie nicht wollten und nicht wollen konnten.

Daß Marx nun im Unterschied zu den Vorausgegangenen das geschichtliche Bewegungsgesetz erkennen konnte, hing mit einem Charakteristikum dieser Bewegung selber zusammen. Denn die ursprünglich vielfältigen und daher unübersichtlichen Klassenkämpfe haben es an sich, in der Ausführung an Zahl ab- und an Intensität zuzunehmen. Das Zeitalter der Großen Industrie, die Epoche des Kapitalismus gab diese Einsicht dem analysierenden Blick des Geschichtsphilosophen frei, weil die Zuspitzung der Gegensätze eine klare Zweiteilung hervorgebracht hatte: den Gegensatz von Kapital und Arbeit. Das Subjekt der Bewegung war klar auszumachen: Es war kein Mensch und kein Kollektiv von Menschen, sondern die anonyme Macht des Kapitals. Diese Macht aber erschien Marx gerade deshalb, weil sie als von allen individuellen menschlichen Zügen frei gedacht werden mußte, exakt berechenbar nach den Gesetzen der Ökonomie, die als ebenso unverbrüchlich zu denken waren wie die der Natur. Darum konnte der Prozeß weitergedacht werden bis zu dem Punkt, da alles Kapital der Welt sich zusammengeballt hatte gegen die entwürdigte Menschheit insgesamt: die Stunde der proletarischen Revolution.

Die Revolution würde eine ganz neue Seite der Geschichte aufschlagen, vom Prinzip her dem Vergangenen gegenüber so verschieden, daß es Marx gerechtfertigt erschien, die bisherige Geschichte „Vorgeschichte" zu nennen und dem Kommenden erst den Titel „Geschichte" zuzugestehen. Denn während die Geschichte der

Klassengesellschaft die Geschichte unbewußten individuellen Handelns gewesen war, würde die Geschichte der klassenlosen Gesellschaft die Geschichte des bewußten kollektiven Handelns der Menschen sein, weil von da an Handlungsmotive und objektives Bewegungsgesetz übereinstimmen würden. Das Bewegungsgesetz wäre dann nicht mehr der Klassenkampf, sondern die Entfaltung des freien Menschen, und das Ergebnis müßte die Aufhebung der Selbstentfremdung sein: der Mensch als Herr der Geschichte!

Aus dieser materialistischen Geschichtsauffassung hat Marx die Folgerung gezogen, daß, sofern und insoweit der Mensch mit der Wirklichkeit Schritt zu halten vermöge, diese seine Wirklichkeit menschlich werde. Diese Aussicht sah Marx fest eingebunden in den Siegeszug der industriellen Technik, deren Wunderwerke er nicht weniger rühmte als die kühnsten Wortführer der Technokratie:

> „Was die Teilung der Arbeit in der mechanischen Fabrik kennzeichnet, ist, daß sie jeden Spezialcharakter verloren hat. Aber von dem Augenblick an, wo jede besondere Entwicklung aufhört, macht sich das Bedürfnis nach Universalität, das Bestreben nach einer allseitigen Entwicklung des Individuums fühlbar. Die automatische Fabrik beseitigt die Spezialisten und den Fachidiotismus."[90]

Das aber hieß, daß der Gegensatz von geistiger und körperlicher Arbeit verschwinden werde, so wie alle nur einseitige Beanspruchung des Menschen überhaupt. Aus der Universalität des industriellen Prozesses folgerte Marx die Möglichkeit des universellen Menschen. In diesem Kontext, aber eben nur in diesem, galt Bildung für Marx als ein Instrument gesellschaftlicher Veränderung. Eine vom gesellschaftlichen Umwälzungsprozeß isolierte Schul- und Bildungsreform würdigte Marx keines Blickes. Das wäre ja nur die subjektive Wünschbarkeit gewesen, die von der Realität der bürgerlichen Gesellschaft hervorgebracht wurde, aber aufgrund der nicht überbrückbaren Differenz zwischen Anspruch und Einlösung bloße Ideologie bleiben mußte. Von wirklichem Interesse konnten Erziehung und Bildung für Marx nur sein, sofern und insoweit sie objektive Notwendigkeiten ausdrückten. Das aber mußte heißen, daß es eine verfrühte, von der Pädagogik vorweggenommene Entlassung des Menschen in seine Selbstbestimmung nicht geben würde.

Marx bestimmte Bildung und Arbeit in einem festen Verhältnis zueinander. Die Verstümmelung des Menschen im Proletarier sah er als eine Folge der Arbeitsteilung. Die Unterschiede zwischen den Menschen hinsichtlich ihrer natürlichen Anlagen, Befähigungen und Talente durften daher nicht als Ursache der Arbeitsteilung, sondern als deren Folgen gesehen werden. Der bürgerliche Staat, der den Zwangscharakter der ständischen Gesellschaft durch das individuelle Leistungsprinzip formal aufhob, hatte vom Erziehungsprinzip her keine Möglichkeit, institutionalisierte Bildungsunterschiede aufrecht zu erhalten. Da die bürgerliche Gesellschaft die ihr wesensnotwendige Hierarchisierung nur noch aufgrund natürlicher Unterschiede der Menschen zu rechtfertigen vermochte, tendierte sie dazu, die Arbeitsteilung im Bildungswesen vorzustrukturieren und die den Kindern zugewiesenen unterschiedlichen Berufs- und Lebenschancen als Leistungsunterschiede begreiflich zu machen. Diese Position schien Marx sowenig haltbar wie ein Verharren in der kapitalistischen

Produktionsweise selbst. Denn in der Definition der Bildung stellte sich Marx ganz in die Tradition Hegels. Er rühmte es als das größte Verdienst Hegels überhaupt, daß er das Wesen der Arbeit erfaßt und den wirklichen Menschen als das Resultat seiner eigenen Arbeit begriffen habe. Hegels Übertragung der Arbeit als des gestaltenden Instrumentes, mit dem die Herrschaft des Menschen über die Natur errungen wurde, auf die Bildung des Menschen vollzog Marx mit. Die Wahrheit des selbständigen Bewußtseins im knechtischen Bewußtsein zu erkennen, stand für Marx am Anfang eines Konzeptes der polytechnischen Bildung: Da die Große Industrie gebildetere Arbeiter zu ihrer Aufrechterhaltung fordern würde, waren die Widersprüche im Bildungswesen der bürgerlichen Gesellschaft deutlich geworden. Die Bildung der Massen mußte gehoben, zur gleichen Zeit aber auch von der Einsicht in die Bedingungen der eigenen Lebenssituation abgelenkt werden.

In der Bildungstheorie vermittelte Marx Positionen der vorausgegangenen Perioden, um einen Prozeß zu dokumentieren, an dessen Ende die Eigenverfügung der Menschen hervortreten werde. Die Argumente, die der Neuhumanismus gegen die Berufs- und Standespädagogik vorgebracht hatte und aus denen die begriffliche Trennung von Bildung und Ausbildung gefolgert worden war, radikalisierte Marx. Er tat das in entgegengesetztem Sinne zu dem, was die bürgerliche Gesellschaft aus dem humanistischen Ansatz gemacht hatte. Die bürgerliche Gesellschaft hatte ja die Trennung der Bildung vom Beruf als institutionelles Merkmal ihres Bildungswesens festgelegt. Dadurch kamen so widersprüchliche Konstruktionen zustande wie die, daß einerseits bewegende Elemente des Industrialisierungsprozesses unaufhaltsam auch in das ausschließlich der allgemeinen menschlichen Bildung verpflichtete Unterrichtswesen eindrangen und diese Elemente die gesellschaftlich sanktionierte Vorstellung vom „Gebildeten" veränderten, daß dies aber andererseits nur unter formaler Abtrennung von direkt berufsqualifizierenden Aspekten zulässig war (vgl. die Umwandlung von Provinzialgewerbeschulen in Oberrealschulen zu einem Zeitpunkt, da an anderen Stellen viele neue technische Lehranstalten gegründet wurden). Marx zog die umgekehrte Konsequenz, insofern er nicht den Beruf von der Bildung abtrennte, sondern den Beruf in der Bildung aufhob.

Humboldt hatte ausgeführt, jeder sei offenbar nur dann ein guter Handwerker, Kaufmann, Soldat und Geschäftsmann, wenn er an sich und ohne Hinsicht auf einen besonderen Beruf ein guter, anständiger, seinem Stand nach aufgeklärter Mensch sei. Ganz analog dazu schrieb Marx, in einer kommunistischen Gesellschaft gäbe es keine Maler, sondern höchstens Menschen, die unter anderem auch malen; dasselbe gälte für Jäger, Fischer, Hirten und Kritiker. In der kommunistischen Gesellschaft könne der Mensch morgens jagen, nachmittags fischen, abends Viehzucht betreiben, nach dem Essen kritisieren, je nach seiner Lust – eine beschaulich-romantische Vorstellung, wenig angemessen den Bedingungen des industriellen Zeitalters. Indessen muß gesehen werden, daß Marx den durch die bisherige Arbeitsteilung erzeugten Beruf verneinte aus eben jenem emanzipatorischen Interesse heraus, welches auch für die neuhumanistischen Bildungstheoretiker maßgebend war. Denn die Marxsche Verneinung galt ja einer Negation: verneint wurde die durch die Arbeitsteilung der kapitalistischen Produktion bewirkte Zerstörung des Berufs als Ideal, als allseitiger Verwirklichung. Mit der humanistischen Wendung von der „allseitig entwickelten Persönlichkeit“, eine bis heute im Vokabular der marxistischen Pädagogik üblich gebliebene Redensweise, meinte Marx nicht die Disponibilität des Menschen für die industrielle Arbeit. Zwar betrachtete er die Große Industrie in letzter Konsequenz als die Möglichkeitsbedingung dafür, das Ziel der Befreiung für alle Menschen durchsetzen zu können. Aber die industrielle Produktion, so hoch Marx von ihr dachte, war ihm kein Selbstzweck; der Zweck war der befreite Mensch.

Die bisherige arbeitsteilige Gesellschaft hatte Spezialisten, Fachleute und mit ihnen den Fachidiotismus erzeugt. Diese Gesellschaft der Spezialisten konnte eine allgemeine Ordnung nur dadurch zustandebringen, daß sie das Individuum zum Klassenindividuum machte. Der neuhumanistische Leitbegriff der Individualität erschien also in der Sicht von Marx als ein verkürzter, weil er auf die Realisierung innerhalb einer Klasse begrenzt war. Auch die allseitig entwickelten Individuen sah er nur insoweit als emanzipiert an, als sie der privilegierten Klasse angehörten, nicht insoweit sie Individuen waren. Da Marx an der humanistischen Zielsetzung festhielt, mußte er das Problem als Individualitätstheoretiker zu Ende denken. Unter diesem Gesichtspunkt kann man die Aufhebung des Privateigentums eine neue Form des Individualismus nennen, nicht nur ein neues und anderes ökonomisches System, sondern ein anderes System des Lebens.

Die Marxsche Vision einer vernünftigen Gesellschaft schloß als organisierendes Prinzip nicht die Universalität der Arbeit, sondern die umfassende Entwicklung individueller Anlagen ein. Als Vision ist das insofern zu bezeichnen, als die Realisierung erst nach der proletarischen Revolution möglich schien, nach der vollen Ausbildung einer Klasse der bürgerlichen Gesellschaft, die keine Klasse dieser Gesellschaft mehr ist, die nicht mehr auf einen historischen, sondern nur noch auf einen menschlichen Titel Anspruch erheben kann. Aber der auf dieses Resultat zustrebende Prozeß wird getrieben von der Verwissenschaftlichung der Welt: Nur die Universalität des industriellen Prozesses ermöglicht den universellen Menschen. Das verweist noch einmal zurück auf die Erwägungen, die im Zusammenhang mit den Technokraten der Ecole Polytechnique berühmt geworden sind. Denn auch Marx betrachtete – wie Gaspard Monge – die Wissenschaft als Voraussetzung für eine Revolution der Produktion und die Industrialisierung als Bedingung für die Egalisierung der Gesellschaft – im Fortschritt der Wissenschaft liegt die Bedingung der Demokratisierung. In den begrenzten Produktivkräften der vorindustriellen Zeitalter, die die Gesellschaft als Ganzes immer nur unzureichend versorgen konnten, sah Marx den Grund dafür, daß alle bisherigen Befreiungsversuche nur Minderheiten zugute kamen, während die Mehrheit durch den Kampf um das Existenzminimum vollständig absorbiert blieb:

> „In dem Maße aber, wie die große Industrie sich entwickelt, wird die Schöpfung des wirklichen Reichtums abhängig weniger von der Arbeitszeit und dem Quantum angewandter Arbeit, als von der Macht der Agentien, die während der Arbeitszeit in Bewegung gesetzt werden und die selbst wieder... in keinem Verhältnis steht zur unmittelbaren Arbeitszeit, die ihre Produktion kostet, sondern vielmehr abhängt vom allgemeinen Stand der Wissenschaft und dem Fortschritt der Technologie, oder der Anwendung dieser Wissenschaften auf die Produktion.“[91]

Marx sah in der technisch-wissenschaftlichen Umwälzung der Produktionsverhältnisse die Chance für einen prinzipiellen Wandel. Denn der technologische Fortschritt wies ihn darauf hin, daß die menschliche Arbeit schließlich nicht mehr unmittelbar im Produktionsprozeß enthalten sein werde und auch gar nicht mehr sein könne, weil der Mensch sich nicht mehr als Arbeiter, sondern als „Wächter und Regulator" zum Produktionsprozeß zu verhalten habe; – ähnlich hatte auch schon Hegel diagnostiziert, die Abstraktion des Produzierens, also seine wissenschaftliche Durchdringung, werde das Arbeiten immer mechanischer machen und damit am Ende dazu befähigen, „daß der Mensch davon wegtreten und an seine Stelle die Maschine eintreten lassen" könne. So wie die französischen Positivisten technokratische Folgerungen aus dem Ansatz von Monge extrapolierten, sah auch Marx die Geschichte der Technologie gleichsam automatisch in den Prozeß fortschreitenden Selbstbewußtseins umschlagen. Aber das war nur die eine Linie seines Denkens: Sie bezog sich auf den Prozeß, in welchem der Mensch sich durch die gesellschaftliche Tätigkeit als Gattungswesen erzeugt und der sich in den Produktivkräften niederschlägt. Die andere Linie aber richtete sich auf den Prozeß, der das Bewußtsein der Menschen durch den revolutionären Kampf bildet und sich in den darauf bezogenen Erfahrungen durch Analyse und Selbstvergewisserung sammelt.

Verteidigung: Bildung als Eigentumsrecht

Die 50er und 60er Jahre des 19. Jahrhunderts waren in den deutschen Staaten, ökonomisch gesehen, durch Hochkonjunktur gekennzeichnet. Kurz nach der Gründung des Deutschen Reiches 1871 begannen jedoch schwere Konjunkturkrisen, die zwar durch kurze Aufschwungphasen unterbrochen wurden, in der Gesamttendenz jedoch bis zum Jahrhundertende anhielten. Die jährlichen Raten des ökonomischen Wachstums und der Kapitalinvestition fielen beträchtlich ab, die Geburtenraten hingegen stiegen noch immer steil an. Die Stagnation der Wachstumsraten konnten mit der allgemein herrschenden, klassisch-liberalistischen Theorie der Nationalökonomie nicht richtig erklärt werden, geschweige denn, daß Instrumente zur Krisenbewältigung hätten angeboten werden können. Marx freilich glaubte, den Schlüssel in der Hand zu haben, weil er davon ausging, daß die kapitalistische Produktion notwendigerweise von Krise zu Krise führen würde. Nach seiner Geschichtsauffassung verschärfte sich ja der Klassenkampf durch eine immer deutlicher hervortretende Polarisierung zwischen Kapital und Arbeit. Jeder Unternehmenszusammenbruch bestätigte die Marxsche Krisentheorie, während zunächst noch gar nicht sichtbar war, daß die Prognosen der Krisentheorie auch zur Gegensteuerung dienstbar gemacht und in eine technische Rationalisierung des Ökonomischen und Sozialen umgesetzt werden konnten.

Das erste Erklärungsangebot, welches die bürgerliche Gesellschaft sich selbst für die Krisensituation machte, hieß „Überproduktion". Als einzelne wirtschaftliche Erscheinung hatte es Überproduktion selbstverständlich auch schon vorher gegeben. Aber dabei hatte es sich immer nur um einen zeitweiligen Warenüberhang in einem bestimmten Gewerbezweig gehandelt, dessen Gründe, wenigstens im Nachhinein, leicht benennbar waren und der vor allem schnell beseitigt werden konnte. Jetzt aber war „Überproduktion" plötzlich ein strukturelles Problem des sozio-ökonomischen Systems im Ganzen. Als Folge dieser umfassenden und lang anhaltenden Konjunkturkrise gab es eine Qualifikationskrise im Bildungswesen. Diese Qualifikationskrise ihrerseits hatte einschneidende und folgenreiche Wirkungen auf die weitere Entwicklung des öffentlichen Unterrichtswesens.

Solange die mit jeweils definierten Berechtigungen versehenen Schul- und Studienabschlüsse fast automatisch zu der erwarteten Position führten, war das Qualifikationssystem eine selbstverständliche, nur subjektiv beachtete Größe: Wer ein bestimmtes Amt erstrebte, mußte die entsprechenden Bildungsgänge durchlaufen und die vorgeschriebene Prüfung bestehen. Die Konjunkturkrise aber ließ das Qualifikationssystem objektiv problematisch erscheinen. Das zeigte sich als erstes bei allen Beamtenpositionen, deren Laufbahn zu dieser Zeit schon sehr scharf durch formale Qualifikationskriterien geregelt waren. Dazu kam, daß kurz vor Einsetzen der ökonomischen Krise, also unmittelbar nach der Reichsgründung, in der Hochstimmung nach dem militärischen Sieg über Frankreich, die Beamtengehälter beträchtlich erhöht worden waren. Eine der Folgen der Konjunkturkrise war eine Deflation, d.h. der Wert der Geldeinheit stieg an und damit das Realeinkommen der Beamten. Denn ihre Gehälter schwankten nicht wie die anderer Berufe mit der Wirtschaftslage, sondern waren durch gesetzliche Grundlage als konstante Größen gesichert – ganz abgesehen vom Schutz vor Kurzarbeit oder gar Arbeitslosigkeit. Die Attraktivität einer Beamtenstelle nahm also beträchtlich zu, gerade in einem Augenblick, da die Staatsverwaltung aufgrund des geringer werdenden Steueraufkommens sich auf Sparpolitik einstellte. Das dadurch bedingte Überangebot von Stellenbewerbern war für einzelne Berufe zusätzlich verstärkt, weil noch Ende der 70er Jahre für das Studium geworben worden war, so zum Beispiel für das höhere Lehramt. Während um 1878 die durchschnittliche Wartezeit eines Lehramtskanditaten, der alle Examina erfolgreich absolviert hatte, bis zur festen Anstellung als Oberlehrer ein Jahr betrug – eine Zeitspanne, in der er als sogenannter „Hilfslehrer" tätig war – mußten die Kanditaten des folgenden Jahrzehntes immer länger warten: Im Jahre 1898 lag die Wartezeit bei etwa 8 Jahren. Da ein Teil der Kanditaten aufgrund einer gerade günstigen Fächerkombination oder durch persönliche Beziehungen die Anstellung schneller erlangte, mußte ein anderer Teil der Kanditaten mehr als zehn Jahre im Wartestand gewesen sein.

Auf diesen Zustand reagierte die Unterrichtsverwaltung mit restriktiven Maßnahmen: Sie warnte vor den Lehramtsstudien, schränkte alle Art von materieller Studienförderung ein und verzögerte die Anstellung junger Lehrer noch mehr als durch die Finanzlage bedingt war, um durch überlange Wartezeiten einen Abschreckungseffekt zu erzielen. Letzteres lag der Verwaltung auch darum nahe, weil die Auseinandersetzungen um die Struktur des höheren Schulwesens (Kampf um das Gymnasialmonopol) nicht beendet waren und damit auch noch nicht die Frage beantwortet werden konnte, welche Fächerkombinationen bei den zur Anstellung anstehenden Lehrern in Zukunft mehr oder weniger stark gefragt sein würden. In dieser Situation erschien eine größere Zahl von Hilfslehrern als beruhigende Manövriermasse. Aus der Sicht des Historikers zeigt sich, daß die Unterrichtsverwaltung die Restriktion sehr erheblich „übersteuerte". Sie erzeugte damit zur Jahrhundertwende einen gravierenden Lehrermangel, dessen Sogwirkung die nächste Überfüllung vorprogrammierte.

Was hier am Beispiel des Oberlehrernachwuchses angedeutet wurde, war eine allgemeine Erscheinung in den beiden letzten Jahrzehnten des 19. Jahrhunderts, die keineswegs nur auf Beamtenlaufbahnen beschränkt war. Sie wurde vielmehr als Berechtigungskrise des Abiturs verstanden, dem eine Schlüsselfunktion für alle akademischen Laufbahnen zukam: Die Krise war die „Entwertung" des Abiturs. Bei dieser Bewertung hatte sich der zur Beurteilung des „Wertes" herangezogene Maßstab völlig verschoben. Zu Beginn des Jahrhunderts, als Humboldt die Reifeprüfung am Gymnasium einführte, war der Wert eine pädagogische Größe gewesen: Abschluß der erzieherisch gesteuerten allgemeinen Bildung des Menschen für sich selbst und Entlassung des „reifen" Menschen in die volle Selbstverantwortlichkeit. Die Rede von der „Entwertung" des Abiturs aber bezog sich überhaupt nicht mehr auf die Personwerdung des jungen Menschen, sondern auf die materielle Honorierung eines bestimmten Bildungsstandes, im Extrem auf den „Marktwert". Ein Göttinger Professor für Statistik, Wilhelm Lexis, der in den für den Akademikernachwuchs kritischen Jahren als Berater des preußischen Kultusministeriums tätig war, publizierte 1894 in dem von ihm mitherausgegebenen „Handwörterbuch der Staatswissenschaft" einen Artikel „Überproduktion". Für den ökonomischen Bereich definierte er Überproduktion durch den Rückgang der Gewinnmöglichkeiten der Produzenten. Die Frage des Verhältnisses von Warenangebot und objektiven Bedürfnissen der Mehrheit der Konsumenten wurde dagegen von Lexis als nicht relevant für eine privatwirtschaftlich organisierte Ökonomie zurückgewiesen. Genau diese Einschätzung übertrug er dann auch auf das Bildungswesen:

> „Überfüllung eines Studienfaches ist vorhanden, wenn die Vorbereitungs- und Wartezeit sich über das normal angenommene Maß hinaus verlängert; die Unzulänglichkeit des Nachwuchses aber zeigt sich darin, daß die Wartezeit unter jene Grenze sinkt oder gar verschwindet."[92]

Folgerichtig erklärte Lexis dann auch die Ersatz- und Neunachfrage nach bestimmten akademischen Berufen für sekundär gegenüber der Lebensstandardgarantie dieser Berufe. So erklärte er die notwendige Zahl an Ärzten nicht etwa durch den gesellschaftlichen Bedarf nach medizinischer Versorgung, sondern durch die Sicherung der durchschnittlichen Einkommenshöhe der Ärzte.

Unter diesem Vorzeichen wurde die Überfüllung des Bildungswesens am Ende des 19. Jahrhunderts allenthalben diskutiert, auch da, wo man nicht den Artikel „Überproduktion" von Lexis gelesen hatte. Was die Zeitgenossen beunruhigte und von vielen von ihnen als eine sich dramatisch zuspitzende Fehlentwicklung empfunden wurde, war der Anstieg der absoluten Zahlen von höheren Schülern, Abiturienten und Studenten. Dieser Anstieg war zwar in der Tat sehr erheblich, aber er entsprach der fast explosionsartigen Bevölkerungsvermehrung. Der relative Schulbesuch, d.h. der prozentuale Anteil eines Jahrganges an Schülern bestimmter Bildungsgänge und Abschlüsse wurde nicht berechnet. Eine nachträgliche Rekonstruktion zeigt, daß gerade in den Jahren, in denen die Überfüllungsdiskussion auf dem Höhepunkt stand, die Chancen der Jugendlichen im Alter zwischen zehn und neunzehn Jahren auf einen höheren Bildungsabschluß statistisch geringer waren als in dem vorausgegangenen Jahrzehnt. Die Abiturientenquote war zum Jahrhundertende etwas gestiegen – sie lag 1900 zwischen ein und zwei Prozent –, aber dieser Anstieg war nicht auf eine stärkere Beteiligung unterer Sozialschichten zurückzuführen, sondern auf die Entwicklung des Mädchenschulwesens.

Während des ganzen 19. Jahrhunderts waren die Schulen, auch Elementar- und Volksschulen, wo immer es sich quantitativ machen ließ, für Jungen und Mädchen getrennt. Seit der Jahrhundertmitte gab es höhere Mädchenschulen unter dem Namen „Lyzeum". Diese Schulen waren 10-klassig (unter Einschluß der Elemtarschulklassen), führten also zu einem mittleren Bildungsabschluß. Weitere Möglichkeiten bot das öffentliche Unterrichtswesen für Mädchen nicht an; Studien an Hochschulen und Universitäten waren ausgeschlossen. Im Zusammenhang mit den Aktivitäten der Frauenbewegung wurde den Lyzeen ein Oberlyzeum hinzugefügt, welches drei Zweige hatte: die Frauenschule, die höhere Bildung mit einer allgemeinen Vorbereitung auf sozialberufliche Tätigkeit für Frauen aus höheren Ständen verband, dann das Lehrerinnenseminar, das ein höheres Sozialprestige hatte als die normalen Lehrer- und Lehrerinnenseminare und das die Lehramtsprüfung nicht nur für Volksschulen, sondern auch für mittlere und höhere Mädchenschulen vermittelte, und schließlich die Studienanstalt, in der Mädchen das Abitur ablegen konnten und aus der die ersten Studentinnen hervorgingen.

Eine wirkliche Bildungsexpansion, im Sinne einer Vergrößerung des Prozentsatzes von Kindern unterer Sozialschichten mit höheren Bildungsabschlüssen, hat es also während der „Qualifikationskrise" nicht gegeben. Der leichte Anstieg der Abiturientenquote bezog sich auf Mädchen, die aus den Bevölkerungsschichten kamen, deren Söhne schon seit mehreren Generationen zum Gymnasium gegangen waren. Da der kausale Zusammenhang der Qualifikationskrise mit der Konjunkturkrise nicht voll erkannt und der Anstieg der absoluten Zahlen der Besucher von höheren Lehranstalten als eine Verschiebung des sozialen Gefüges fehlgedeutet wurde, sprach alle Welt, bis zu den obersten Repräsentanten des Staates, von der „Überfüllung". Der Reichskanzler Otto von Bismarck stellte besorgte Vergleiche mit Rußland an:

> „Die Überbildung führt in Deutschland zu mancher Enttäuschung und Unzufriedenheit, in Rußland zu Haß und Verschwörung. Zehnmal soviele junge Leute werden dort für die höheren Karrieren vorgebildet als Stellen darin vorhanden sind oder Gelegenheiten, in den freien Berufsarten ein bescheidenes Auskommen, geschweige denn Reichtum und Auszeichnung zu finden... Die Söhne von Geistlichen z.B. haben meist die Gymnasial- und Universitätsstudien umsonst. Was haben sie davon! Wenn sie das Studium hinter sich haben, finden sie in neun von zehn Fällen keine Beschäftigung, und ihr Wissen ist dann für sie schlimmer als überflüssig, denn es macht sie unzufrieden, ja unglücklich. Sie sind mühevoll dafür vorbereitet, Höheres vom Leben zu verlangen, als es ihnen tatsächlich bietet... Solche Leute, erfüllt von Neid und Haß gegen alles, was hochstehend

und glücklich ist, sind sofort für eine Verschwörung und ein Verbrechen zu haben. Sie sind nicht in der Lage, aufzubauen; aber sie wissen gerade genug, um zum Zerstören geeignet zu sein."[93]

Und Kaiser Wilhelm II. sprach die von ihm für notwendig erachteten Konsequenzen an:

> „Die Schulen – Ich will besonders von den Gymnasien sprechen – haben das Übermenschliche geleistet und haben meiner Ansicht nach eine allzu starke Überproduktion an Gebildeten zuwege gebracht, mehr wie die Nation vertragen kann und mehr, wie die Leute selbst vertragen können. Da ist das Wort, das vom Fürsten Bismarck herrührt, richtig, das Wort von dem Abiturientenproletariat, das wir haben. Die sämtlichen sogenannten Hungerkanditaten, namentlich die Herren Journalisten, das sind vielfach verkommene Gymnasiasten, das ist eine Gefahr für uns. Dieses Übermaß, das jetzt schon zuviel ist, gleichsam ein Rieselfeld, das nicht mehr aufnehmen kann, muß beseitigt werden. Ich werde daher kein Gymnasium mehr genehmigen, das nicht absolut seine Existenzberechtigung und Notwendigkeit nachweisen kann. Wir haben schon genug."[94]

Eine folgenreiche Strukturveränderung aber ist durch die Überfüllungsdiskussion bewirkt oder jedenfalls beschleunigt zum Abschluß gekommen, weil sie gekoppelt wurde mit einer Überbürdungsdiskussion, also mit einer Klage über zu hohen Leistungsdruck in den Schulen. Diese Koppelung ist nur verständlich, wenn man die von der Marktwert-Einbuße der Berechtigung, der Überfüllungsdiskussion und der Rede vom akademischen Proletariat ausgehenden Ängste des Bildungsbürgertums in Beziehung setzt zu dem Gesamtschulcharakter vieler städtischer Gymnasien und Realgymnasien. Herausgebildet hatte sich dieser Charakter als Nachwirkung des Einheitsschulansatzes der preußischen Reform, durch den nur allmählichen Ausbau des Schulwesens und vor allem dann durch das Finanzierungssystem.

Die Gemeinden als Schulträger waren darauf angewiesen, einen erheblichen Teil der Kosten durch Schulgelderhebung zu decken. Wenn für die nur schwach besetzten Klassen der Oberstufe den Eltern nicht außergewöhnlich hohe Gebühren abverlangt werden sollten, mußten die Gymnasien daran interessiert sein, über ein großes, schulgeldzahlendes Schülerpotential in den unteren und mittleren Klassen zu verfügen. Der Abgang von Schülern aus unteren und mittleren Klassen dieser Schulen, um einen praktischen Beruf zu erlernen, war normal und in der Regel nicht Folge mangelnder Leistungen.

Von dem Zeitpunkt an, da eine Qualifikationskrise im gekennzeichneten Sinne sichtbar geworden war, wurde die „Überproduktion" auf den „unberechtigten" Zugang von Kindern unterer Sozialschichten zu den höheren Abschlüssen interpretiert. Gleichzeitig empfand das Bildungsbürgertum den Konkurrenzkampf von Kindern verschiedener sozialer Herkunft in der Schule als eine Sozialisierung seines Eigentums – Bildung als Besitz schien nun genauso unter den Schutz des Eigentumsrechtes zu gehören wie materieller Besitz: Wenn der Staat so viele Berechtigungen vergab, daß deren Marktwert sank, so verletzte er ein Eigentumsrecht. Um dem entgegenzuwirken, forderte man nun eine stärker ausgeprägte pädagogische Förderung im Gymnasium und zwar unter folgendem Aspekt: Eine Schule, die viele Schüler in den Anfangsklassen hat, die gar nicht das Schulziel der oberen Klassen anstreben, sondern die von vornherein dazu bestimmt sind, nach einigen Klassen wieder abzugehen, empfindet diesen Abgang nicht als pädagogische Niederlage. In einer solchen Atmosphäre werden leistungsschwache Schüler, die eigentlich das Abitur oder das Einjährige erreichen sollen, aufgrund schlechter Zeugnisse von der Schule verdrängt. Die Lehrer nehmen auch diesen Abgang als normal hin. Dadurch kommt es für die Kinder der höheren sozialen Schichten zu einem immer schärferen Leistungsdruck und zu einer „ungesunden" Überbürdung. Pädagogisch richtig aber wäre es, wenn jedes Kind mit einer durchschnittlichen Begabung und durchschnittlichem Fleiß das Abitur erreichen könne – so formulierte es der preußische Kultusminister von Goßler im Jahre 1889.

Die dafür wünschenswerte Schulsituation aber konnte nur vorgestellt werden, wenn das Gymnasium grundständig war in dem Sinne, daß nur soviele Kinder in die höhere Schule aufgenommen wurden, wie das Abitur ablegen sollten – und diese begrenzte Zahl von Schülern könnte dann entsprechend pädagogisch gefördert und von unbilligem Leistungsdruck verschont werden. Das aber mußte zweierlei bedeuten: einmal Verlagerung wesentlicher Teile der Schulkosten von den Benutzern auf den Staat, also auf das Steueraufkommen der gesamten Gesellschaft, zum anderen Ersetzung der Leistungsselektion innerhalb der Schule durch eine soziale Selektion vor Schuleintritt. Ihren besonderen Nachdruck erhielt diese Wendung noch dadurch, daß sich nicht nur die Dreigliedrigkeit des vertikal organisierten allgemeinbildenden Schulwesens (Volksschule – mittlere Schulen – höhere Schulen) klar herausarbeitete, sondern daß sich immer mehr Gymnasien eine eigene Elementarschule, die sogenannte „Vorschule" angliederten.

Mit „Vorschulen" waren ursprünglich die ersten Klassen der gesamtschulartigen Stadtschulen gemeint gewesen, deren folgende Klassen „Schulen" und deren höhere Klassen „Gymnasium" hießen. Nach der eindeutigen Fixierung eines rein gymnasialen Bildungsganges von der Sexta bis zur Oberprima wurde die soziale Selektion bereits beim Eintritt in die Vorschule vorgenommen. Diese Vorschulen erledigten das Grundschulprogramm in drei Jahren, arbeiteten mit kleineren Klassenstärken als die Volksschulen, erhoben Schulgeld wie höhere Lehranstalten und versetzten die Schüler fast vollständig in die Sexta ihres Gymnasiums. Sie isolierten die Volksschule von den weiterführenden Bildungsgängen, denn für Kinder, die nach vierjährigem Schulbesuch in der Volksschule in das Gymnasium eintreten wollten, wurde eine Aufnahmeprüfung eingeführt.

Unter welchen Gesichtspunkten die Selektion dann erfolgte, berichtete ein Gymnasialdirektor während der Schulkonferenz 1890:

> „Ich habe es in den letzten Jahren erreicht, daß die Schülerkategorien, die in das Gymnasium eingetreten sind, sich wesentlich verändert haben. Früher nahm ich bei der Anmeldung alles, was kam, zur Prüfung an. Da ich an einer städtischen Anstalt wirkte und das Kuratorium sagte: Wir müssen Schüler haben, das Schulgeld muß herausgebracht werden, so blieb mir nicht viel anderes übrig. Als mir dann aber die Folgen klar wurden, daß Kinder aus den untersten Beamtenkategorien und den Handwerkerkreisen sich in das Gymnasium eindrängten, änderte ich meine Praxis. Ich sagte mir: Du mußt Einhalt gebieten. Kommt nun ein biederer Handwerksmann oder vielmehr die Frau desselben, dann frage ich: Was ist ihr Mann? Die Frau

antwortet: Schuhmachermeister. Ich entgegne ihr: Weshalb bringen Sie mir ihren Sohn? Die Frau antwortet: Mein Mann hat ein so abscheuliches Geschäft. Der Junge soll etwas Besseres werden. Nun sehe ich mir die Zeugnisse an. Finde ich, daß er das Prädikat sehr gut und gut in allen Fächern hat, so lasse ich mit mir reden. Wenn dies nicht der Fall ist, so sage ich der Mutter: Das geht nicht, du schadest deinem Kind. Es ist besser, das Kind geht weiter auf die Elementarschule. Ich möchte der Unsitte entgegentreten, daß fort und fort Handwerker und Unterbeamte aus törichter Eitelkeit ihre Kinder in die vornehmen Schulen bringen."[95]

Den gleichen Standpunkt, aber auf die andere Seite der Sache, nämlich auf die Begünstigung der Kinder aus dem Bildungsbürgertum bezogen, illustriert die Aussage eines anderen Gymnasialdirektors:

„Familienüberlieferung hat in Pfarrers-, Offiziers-, Juristen- und Arztkreisen ganze Generationen tüchtiger Männer hervorgebracht. Es kann einer Familie nicht gleichgültig sein, wenn ein Glied so aus der Art schlägt, daß es die soziale Stufenleiter tief hinabsteigt. Sie sucht zu retten, was zu retten ist, und sagt sich wohl, daß die Überragenden dünn gesät sind und daß auch ein mäßiges Ingenium selbst in den führenden Ständen immer noch brauchbar sein kann. Der Empfehlung eines meiner Kollegen an eine Arztfrau, ihren in der Schule versagenden Sohn Handwerker werden zu lassen, antwortete die Mutter mit vollem Recht: Herr Direktor, mein Mann ist Arzt; ich habe drei Brüder: einer ist Amtsrichter, der zweite Offizier, der dritte Privatdozent. Können Sie sich in dieser Umgebung wirklich einen Handwerker vorstellen?"[96]

Die vertikale Gliederung des allgemeinbildenden Schulwesens wurde von den politisch dominierenden gesellschaftlichen Gruppen des Wilhelminischen Staates betrieben in der Erwartung, damit vier Vorteile erreichen zu können:

(1) Die Schüler der Gymnasien und der gleichgestellten Anstalten konnten pädagogisch gefördert, der Leistungdruck konnte abgebaut, gegenseitige Konkurrenz vermindert werden.

(2) Hochbegabte Kinder aus den unteren Sozialschichten konnten über ein System scharfer Leistungsselektion zum Aufstieg zugelassen werden in einem genau regulierbaren Umfang, der Überproduktion und damit Qualifikationskrisen ausschloß.

(3) Nach Abschluß der Entflechtung der Schultypen aus der gesamtschulartigen Vermengung konnte die soziale Selektion als natürliche Folge von Begabungsunterschieden gedeutet werden.

(4) Die Schulkosten auch der Anstalten für weiterführende Bildungsgänge waren auf die Allgemeinheit übertragbar, ohne daß sich daraus unliebsame Ansprüche ergeben konnten. Die Schulgeldgebühren für höhere Schulen konnten allein unter dem Gesichtspunkt einer zusätzlichen Steuerung des Zuganges festgelegt werden, ohne die zu begünstigenden Schichten zu stark zu belasten.

Die deutsche Schulgeschichtsschreibung hat lange eine andere Einschätzung der Entwicklung nahegelegt, nämlich die, daß die Dreigliedrigkeit seit der Durchsetzung der allgemeinen Schulpflicht gegeben gewesen sei und sich dann im Widerspruch zur Realität Erwägungen über mögliche Zusammenfassungen entwickelt hätten. Tatsächlich verliefen die Auseinandersetzungen parallel: Gleichzeitig mit der Einführung der Dreigliedrigkeit wurde im 19. Jahrhundert eine Diskussion um die

„Einheitsschulbewegung" geführt; sie erreichte schließlich nach dem 1. Weltkrieg die verfassungsmäßige Einführung der allgemeinen Grundschulen mit Verbot von Vorschulen (so auch noch § 7, Abs. 6 des Grundgesetzes der Bundesrepublik Deutschland).

Daß sich die Dreigliedrigkeit des allgemeinbildenden Schulwesens erst in der zweiten Hälfte des 19. Jahrhunderts entwickelt und erst im letzten Drittel definitiv herausgebildet hat, ist ein Ergebnis neuerer Forschungen. Vordem blieb dieser Aspekt verdeckt, weil, auf das Ganze gesehen, die Volksschule im 19. Jahrhundert die Landschule war – noch im Jahre 1880 lebten fast 60% der Menschen in Deutschland in Gemeinden mit weniger als 2000 Einwohnern –, während die städtische Schule ihrer geringeren quantitativen Bedeutung wegen weniger beachtet worden war. Aus den städtischen Schulen aber haben sich die Strukturen des Bildungswesens entwickelt, welches seine Kontinuität in das 20. Jahrhundert hinein verlängerte.

Entlastungsversuch im missachteten Bereich: Lehrlingsausbildung

Das zweite Deutsche Reich, das 1871 gegründet wurde, erhielt eine stark liberalistisch orientierte Gewerbeordnung. Das hatte seinen Grund im Bündnis zwischen Bismarck und den Nationalliberalen im Vorfeld der Reichsgründung. Nach wenigen Jahren wurde diese Gewerbeordnung aus unterschiedlichen Motiven, nicht zuletzt auch infolge der Konjunkturkrise, in Frage gestellt. Ab 1878 setzte eine Novellierungspolitik ein, die über verschiedene Stationen zum „Handwerkerschutzgesetz" von 1879 führte. Die Geschichtsschreibung der Berufsausbildung legt den Ursprung der typisch deutschen Organisationsform der beruflichen Nachwuchsbildung, des sogenannten „Dualen Systems" auf dieses Datum fest. Dualität bedeutet die Teilung der Verantwortlichkeit für den beruflichen Bildungsgang zwischen Betrieb und Schule, Privatwirtschaft und öffentlicher Verantwortung, Praxis und Theorie, ökonomischen und pädagogischen Ansprüchen. Einer genaueren Überprüfung halten diese Unterscheidungen nicht stand. Gleichwohl ist der Begriff des dualen Systems seit Ende des 19. Jahrhunderts unlösbar mit der Berufsausbildung in Deutschland verbunden: Facharbeiter, Handwerker und kaufmännische Handlungsgehilfen werden als Lehrlinge in Betrieben ausgebildet, besuchen aber gleichzeitig eine die Betriebsausbildung begleitende öffentliche Schule (Teilzeitschule), zu deren Besuch der Jugendliche nach Entlassung aus der allgemeinbildenden Schule (Vollzeitschule) gesetzlich verpflichtet ist.

Die Industrie zeigte während des 19. Jahrhunderts ein nur begrenztes Interesse daran, eigene Ausbildungsformen für den Facharbeiternachwuchs zu entwickeln, die dem immer weiter fortgeschrittenen und differenzierteren technisch-ökonomischen Fachschulsystem hätten ein- oder angegliedert werden können. Die Berufsausbildung aber blieb der offiziellen Pädagogik fremd; diese konzentrierte sich ausschließlich auf den allgemeinbildenden, den „erziehenden" Unterricht. So schien das Problem der beruflichen Ausbildung, von dem die Mehrheit der Jugendlichen betroffen war, weder ein ökonomisches noch ein pädagogisches, sondern allein ein sozialpolitisches zu sein. Dem Handwerk, das durch die liberalistische Gewerbefreiheit und durch den Industrialisierungsprozeß in einen die überlieferten Ordnungen auflösenden Strukturwandel geraten war, gelang im letzten Jahrzehnt des 19. Jahrhunderts ein starker, politisch bedingter Aufschwung. Der ständische Berufsgedanke konnte, zumindest ideologisch, noch einmal neu belebt und die Ausbildungsreform zu einer Existenzfrage des Handwerks erklärt werden. Das war nur möglich aufgrund der Unterstützung durch christlich-soziale Bewegungen und eine staatliche Mittelstandspolitik, die sich in erster Linie als Gegendruck zur marxistischen Arbeiterbewegung verstand.

Die wichtigsten sozialpolitischen Gruppierungen, die mit ihrer Öffentlichkeitsarbeit auf die Ausbildungsreform Einfluß zu nehmen versuchten, waren:

(1) Der *Verein für Sozialpolitik*, 1844 gegründet, vereinigte reformbereite, aber staatsbejahende Kräfte, die die Marktwirtschaft mit einer sozialethischen Verpflichtung verbinden wollten. Führend waren hier einige Professoren der Nationalökonomie, die man „Kathedersozialisten" nannte. Vorsitzender war Gustav Schmoller; wichtiger und zugleich progressiver Sprecher für Ausbildungsfragen war Karl Bücher. Der Begriff „Kathedersozialisten" war den Professoren des Vereins für Sozialpolitik von den Vertretern des extremen Wirtschaftsliberalismus angehängt worden, um sie lächerlich zu machen. Sie nahmen das Etikett aber an und wandten es positiv: Sie standen alle der „historischen Schule" der Nationalökonomie nahe, mißtrauten den Theorien, die zwangsläufige Entwicklungslinien und Gesetzmäßigkeiten behaupteten, waren also sowohl gegen den Wirtschaftsliberalismus als auch gegen den Marxismus eingestellt. Zunächst hatten sie die Sozialdemokratie ebenso als ihren Gegner bezeichnet wie den sozialethisch desinteressierten Kapitalismus. Ihre Tendenzen zu umfassender staatlicher Sozialpolitik mit dem Ziel, die Not der Arbeiter zu lindern, schließlich zu beseitigen, ließ sie später einen Zusammenhang herstellen mit dem „Revisionismus" in der sozialdemokratischen Partei. In der Ausbildungsfrage arbeitete der Verein für Sozialpolitik, speziell Karl Bücher, an Modellen für eine theorieorientierte, systematische Berufsausbildung in Schulen mit angeschlossenen Lehrwerkstätten, forderte den allgemeinen Ausbau der Volksschule auf das Niveau der Mittelschule und hielt die Wiederherstellung der Handwerkslehre für unzeitgemäß und ineffektiv.

(2) Als zweite Gruppierung standen neben dem Verein für Sozialpolitik (und ähnlichen Zusammenschlüssen) betont christlich orientierte Organisationen: 1890 war der *„Evangelisch-soziale Kongreß"* gegründet worden, in dem der führende Vertreter des liberalen Kultur-Protestantismus Adolf von Harnack und der spätere Vorsitzende der Deutschen Demokratischen Partei Friedrich Naumann mitwirkten. Auf katholischer Seite wurde, ebenfalls 1890, der *„Volksverein für das katholische Deutschland"* ins Leben gerufen. Der Theologe Franz Hitze sowie der Philosophieprofessor und Repräsentant der Partei des politischen Katholizismus, des Zentrums, Georg Freiherr von Hertling, waren am Anfang bestimmend. Alle christlich orientierten Vereinigungen bekämpften die Sozialdemokratie und erteilten antirevolutionäre und antisozialistische Ermahnungen. Die protestantische Seite neigte zum Teil

zum Antisemitismus und hatte auch einflußreiche Mitglieder, die der konservativen Partei angehörten oder ihr nahestanden. Der katholische Volksverein orientierte sich an der 1891 erschienenen päpstlichen Enzyklika rerum novarum, die den aktiven Eingriff zugunsten der sozialen Lage des Arbeiters nahelegte. In der Ausbildungsfrage tendierten die christlich-sozialen Vereinigungen zum ständischen Berufsgedanken und damit zu einer Wiederherstellung der handwerklichen Lehre als Kernstück der Ausbildungskonzeption.

(3) Die dritte Gruppierung war die *Sozialdemokratie*. Vor 1848 hatten die liberalen Parteien in Deutschland versucht, das Proletariat durch aufeinander bezogene Maßnahmen von Bildung und Politik in die bürgerliche Gesellschaft einzubeziehen. Nach der gescheiterten Revolution waren für ein Jahrzehnt alle dahingehenden Anstrengungen gelähmt. Von den 60er Jahren an wurden diese Intentionen aber erneut aufgenommen in den allenthalben aus dem Boden schießenden Arbeiterbildungsvereinen. Die liberale Richtung beschränkte sich nun auf eine unpolitische Arbeiterbildung der Ausgangsthese: „Wissen ist Macht – Bildung macht frei". Die ersten Parteiorganisationen der Arbeiterschaft vertrauten dagegen auf die Gesellschaftspolitik. 1869 hatte Ferdinand Lassalle den Allgemeinen Deutschen Arbeiterverein gegründet. Die davon nicht erfaßten Arbeiterbildungsvereine lösten sich 1869 auf und konstituierten unter der Führung von August Bebel und Wilhelm Liebknecht in Eisenach die Sozialdemokratische Arbeiterpartei. Liebknecht verarbeitete die theoretischen Auseinandersetzungen innerhalb der Arbeiterbildungsvereine zu einer Umdrehung der liberalen Ausgangsthese in: „Wissen ist Macht – Macht ist Wissen". Diese Umdrehung besagte, daß die politischen Anstrengungen des Arbeiters sich auf die Umgestaltung der staatlich-gesellschaftlichen Verhältnisse zu richten haben und daß die Bildungsfrage für sich genommen eine politische Perspektive enthalte. 1875 vereinigten sich die Lassalleaner mit den Eisenachern zur „Sozialistischen Arbeiterpartei Deutschlands". Von 1878 bis 1890 war die Partei durch die sogenannten Sozialistengesetze verboten, praktisch aber existierte sie weiter unter dem Titel von Gesang-, Kegel- und Bildungsvereinen, was umso eher möglich war, als die Reichstagsfraktion unangetastet blieb. Nach Aufhebung der Sozialistengesetze 1891 konstituierte sich die Partei neu als „Sozialdemokratische Partei Deutschlands" und nahm in Programmatik und Terminologie die marxistische Linie an. Erst im Jahre 1906 stellte die Partei erstmalig auf einem Parteitag ein ausformuliertes Bildungsprogramm vor. Die Zielperspektive war die durch die Entwicklung der 80er und 90er Jahre gerade unmöglich gewordene Einheitsschule und die Rückkehr zur liberalistischen Ausgangsthese: „Wissen ist Macht – Bildung macht frei". Gleichzeitig veränderten sich die marxistischen Grundlagen der Partei unter dem Einfluß des „Revisionismus", dessen führender Vertreter Eduard Bernstein war.

In der Ausbildungsfrage war die Sozialdemokratie noch keine aktive, die Diskussion durch eigene Vorschläge bestimmende Kraft, wohl aber eine mittelbare. Sie war indirekt allgegenwärtig, weil Vorschläge, Forderungen, Hoffnungen und Befürchtungen der anderen gesellschaftspolitischen Gruppen auf die von der Sozialdemokratie angeblich ausgehende Gefahr der gesellschaftlichen Destabilisierung bezogen waren.

Als der Deutsche Reichstag 1897 das Handwerkerschutzgesetz erließ, war das einerseits Krönung der Novellierungspolitik zur Gewerbeordnung, andererseits Auftakt zu einer aktiven Mittelstandspolitik. Die Reichsregierung hatte zuvor den Verein für Sozialpolitik beauftragt, Untersuchungen über die Lage des Handwerks und Kleingewerbes anzustellen. Das Resultat sprach im großen und ganzen gegen die Regierungsintentionen, weil dem Handwerk auf längere Sicht kaum noch eine Chance gegen die Auflösungstendenzen gegeben wurde. Man konnte freilich auch eine andere Konsequenz ziehen, dann nämlich, wenn man bereit war, die staatlichen Anstrengungen für Sicherheit und Wiederherstellung der handwerklichen Ordnungen wesentlich zu verstärken und gegen die vorherrschende ökonomisch–gesellschaftliche Bewegung zu setzen.

Unter welchen Gesichtspunkten die dahingehende Reichstagsentscheidung gefällt wurde, läßt sich an einer Schrift von Friedrich Rücklin, dem Leiter einer Gewerbeschule in Pforzheim, illustrieren. Ursprünglich Sozialist, aktives Mitglied des Allgemeinen Deutschen Arbeitervereins, zog sich Rücklin nach der Vereinigung der Lasalleanischen mit der Bebel-Liebknechtschen Richtung von der Arbeiterbewegung zurück. Die nach diesem Schritt von ihm vertretenen Auffassungen lesen sich wie ein Kommentar zur der Trennung der Handwerkerschaft von der Arbeiterbewegung. Rücklin stellte der liberalen Ökonomie und der ihr entsprechenden Großindustrie die sozialpolitische Bedeutung des Handwerks entgegen. Den rücksichtslosen wirtschaftlichen Konkurrenzkampf im liberalen System bezog er auf die Ausbildung des jugendlichen Lehrlings und deutete ihn als Vorschule für den Klassenkampf. In der Feststellung der Sachverhalte klang das fast marxistisch. Leicht hörte man in diesen Passagen den ehemaligen Sozialisten im Autor heraus, aber die Bewertung war eine entgegengesetzte.

Der Rückzug auf das Handwerk war für Rücklin ein positives politisches Programm. So erklärte er ein wirtschaftlich sichergestelltes Handwerk ausdrücklich zu einer staatserhaltenden Macht ersten Ranges. Die entsprechenden pädagogischen Folgerungen für eine auf handwerklicher Basis erfolgende Berufsausbildung begründete er mit der versittlichenden Wirkung produktiv-technischer Arbeit, die er der bloß geschäftlichen Spekulation des Unternehmers der Großindustrie gegenüberstellte. Die dabei unterlaufenden antisemitischen Anmerkungen waren keine zufällige Position gerade dieses Autors, sondern typisch für die Bewußtseinslage des mittelständischen Bürgertums. In ihr klang die Trennung von Kultur und Zivilisation an, wobei Kultur als etwas typisch Deutsches erschien, gefährdet von zivilisatorischer Überfremdung durch Franzosen oder Juden. Liberale Ökonomie, also freier Markt, Konkurrenz, vor allem aber der Schleier eines verselbständigten Kapitalmarktes, der sich über den der materiellen Produkte legt, erschien dem deutschen Mittelstand als kulturzerstörerisch. Die „naturgemäßen Grenzen" des Handels bedeuteten bei Rücklin einen Rückgriff auf die mittelalterliche Gewerbeordnung, in der es einen selbständigen Kapitalmarkt im Sinne liberaler Ökonomie nicht gegeben hatte.

Solche Gesichtspunkte konnte die Reichsgesetzgebung unter den Bedingungen der Hochindustrialisierung natürlich nur sehr partiell berücksichtigen. Immerhin aber war das Handwerkerschutzgesetz von 1897 Ausdruck der Hoffnung, im Mittelstand einen Bundesgenossen gegen die Sozialdemokratie und für die Erhaltung von „Thron und Altar“ zu stärken. Den Innungen wurden wieder Korporationsrechte eingeräumt, Handwerkskammern neu gegründet. 1908 folge die Novelle über den „kleinen Befähigungsnachweis“, der das Halten von Lehrlingen vom Besitz einer handwerklichen Meisterprüfung abhängig machte. Mit diesen Gesetzen war der Weg einer Neuordnung der Berufsausbildung entschieden: Handwerk als „Lehrwerkstatt des Volkes“ in dem Sinne, wie die Armee als „Schule der Nation“ galt. Das Handwerk mußte jetzt zum normierenden Charakter der gesamten gewerblichen Ausbildung werden, weil das Gesetz auch Bestimmungen für Industrielehrlinge enthielt, deren Prüfungswesen an die Handwerkskammern band und damit die Entwicklung industrietypischer Ausbildungsformen vorerst unmöglich machte.

Im letzten Drittel des 19. Jahrhunderts entstand die Schule, die der unmittelbare organisatorische Vorläufer der Berufsschule werden sollte, die Allgemeine Fortbildungsschule. Obschon in den deutschen Ländern seit dem Ende des 18. Jahrhunderts immer wieder Ansätze für eine die praktische Berufsausbildung begleitende Schule mit berufsbezogenem Unterricht versucht worden waren, wurde die obligatorische Fortbildungsschule doch eine allgemeinbildende Schule. Sie war ein schmaler Ausläufer der Volksschule in den Bereich der bereits im Arbeitsleben stehenden Jugend, eine Ergänzung- und vor allem Wiederholungsinstitution, auch da, wo sie, wie in Preußen, die Bezeichnung „gewerbliche Fortbildungsschule“ führte und hier seit 1885 verwaltungsmäßig dem Handelsministerium unterstand.

Die Volksschule hatte nach ihrer Konsolidierung die Fortbildungsschule als Aufbaueinrichtung hervorgebracht. Daß der 14-jährige, in das Arbeitsleben eintretende Jugendliche noch der Fürsorge des öffentlichen Bildungswesens bedurfte, war nahegelegt, nachdem die Welt der verstädterten Industriegesellschaft die patriarchalischen Berufserziehungssysteme mit den ihnen zugehörigen, festgefügten Ordnungen von Leben und Sitte auflöste. Die Gründungswelle allgemeiner Fortbildungsschulen setzte ein in den 70er Jahren, begann in Sachsen und führte bald durch alle deutschen Länder. Die Gewerbeordnung des Norddeutschen Bundes von 1869 hatte es den Gemeinden freigestellt, Lehrlinge, Gehilfen und Gesellen zum Besuch der Fortbildungsschule zu verpflichten. 1894 gewährte Preußen erstmalig staatliche Mittel für Fortbildungsschulen in allen Provinzen und machte die Unterstützung davon abhängig, daß die Gemeinden tatsächlich die Fortbildungschul*pflicht* eingeführt hatten. Aber erst das Handwerkerschutzgesetz von 1897 verpflichtete die Lehrherren, ihre Lehrlinge zum Besuch der Fortbildungsschule anzuhalten; und erst 1910/11 wurden die Bestimmungen auf Mädchen und jugendliche Arbeiter allgemein ausgedehnt, d.h. daß auch die Jugendlichen, die sich in einem ungelernten Arbeitsverhältnis befanden, die Fortbildungsschule besuchen mußten.

Die Funktion der Fortbildungsschule war liberalistisch definiert, nämlich die kulturelle Eingliederung der Industriearbeiterschaft in den Bildungszusammenhang der Nation zu befördern. Die Fortbildungsschulen rückten außerdem durch die Erregung über einen allgemein behaupteten industriellen Rückstand, der Folge mangelhafter Ausbildungseinrichtungen sein sollte, in das öffentliche Interesse.

Reuleaux hatte durch seine Briefe von der Weltausstellung in Philadelphia dazu einen öffentlichkeitswirksamen Anlaß geliefert. Aber das ausbildungspolitische Vakuum, das die desorganisierte Lehrlingsausbildung verursacht hatte, konnte die Fortbildungsschule nicht füllen. Dazu hing sie viel zu sehr mit der Volksschule zusammen, in deren Räumen und mit deren Lehrern sie betrieben wurde. Bücher meinte deshalb, das ganze Fortbildungsschulwesen sei nur das Eingeständnis der Tatsache, daß die Volksschule in der ihr zugewiesenen Zeit ihre Aufgabe nicht richtig erfüllen könne: Man müsse darum die Volksschule entschieden verbessern und dann statt der Fortbildungsschule als Anhängsel der Volksschule eine klare berufspädagogische Orientierung für die anschließende Schule verfolgen. Dem wurde indessen leidenschaftlich widersprochen, nicht zuletzt gerade auch von Lehrern der Fortbildungsschule selbst. Pläne für eine technisch-ökonomische Akzentuierung des Lehrplans wurden immer wieder zurückgewiesen mit dem Hinweis auf den „erziehenden Unterricht“ und die Ziele der „reinen Menschenbildung“. Für den Widerstand gegen eine berufsqualifizierende Fortbildungsschule gab es allerdings auch andere Gründe: Als Aufbau der Volksschule kostete die Einrichtung verhältnismäßig wenig. Konservative Kreise lehnten Schulen für die werktätige Jugend überhaupt als ungereimt ab, weil der Handwerker Fertigkeiten und keine Theorien brauche. Die Industrie äußerte sich nicht, während das Handwerk argwöhnte, berufliche Schulen für Lehrlinge würden die Ausbildung schließlich in die öffentliche Hand überführen.

Unter diesen Umständen war die als pädagogische Abhilfe gedachte Fortbildungsschule zur Karikatur geraten. Die im Arbeitsleben stehenden Jugendlichen konnten für das fortgesetzte Volksschulprogramm nicht mehr gewonnen werden. Der außerhalb der ohnehin unmenschlich langen Arbeitszeit liegende Unterricht, der „Bildung“ und „Kultur“ vermitteln sollte, stand in ohnmächtigem Mißverhältnis zu der Lebenssphäre der Schüler. Aber diese beiden Gründe für das Scheitern der Fortbildungsschule waren nur Symptome im Vordergrund. Dahinter lag etwas Schwererwiegendes. Das liberale Bürgertum, das die Fortbildungsschule beförderte, war in seinem Bemühen zwiespältig. Denn einerseits wollte man die Arbeiterschaft an der „Kultur“ beteiligen, andererseits nicht die Konsequenz einer vollen gesellschaftlichen Emanzipation ziehen. Die beiden realen Möglichkeiten des Bildungsaufstieges für die werktätige Jugend, Reflexion über die Bedingungen der Arbeit in der Großen Industrie und Kampf der Arbeiterbewegung um Teilhabe an der politischen Verantwortung, blieben versperrt. So erschöpfte sich die Fortbildungsschule in steriler Gegenwirkung in dem Maße, in dem die Arbeiterjugend politisch wurde. Sie mißbrauchte die pädagogische Verantwortung im Dienst der herrschenden Klasse wie keine andere Schule der Zeit, vielleicht mit Ausnahme des Lehrerseminars:

> „Man trifft die Sozialdemokratie ins Herz, wenn man das Volk gerade in den unteren Schichten in seiner Bildung hebt durch Fortbildungsschulen… Wer will leugnen, daß die Fortbildungsschule der Ort sei, wo den unheilvollen Lehren der Sozialdemokratie direkt und indirekt entgegengewirkt werden kann? Sie hat auch die Gewalt, … ihren Schülern den Besuch von Volksversammlungen zu verbieten. In Leipzig kann die Fortbildungsschule bis zu 12 Stunden Gefängnisarrest diktieren. Gerade Leipzig hatte die ernsteste Veranlassung, den Verherrlichungen der Kommune

und den Beschimpfungen derer gegenüber, die die Feier patriotischer Feste verhöhnten, in seiner Fortbildungsschule vaterländische Gedenktage zu patriotisch heiligen Tagen zu erheben, die jugendlichen Gemüter den Einflüssen der vaterlandslosen Staatsverderber zu entziehen."[97]

Die Geschichte der Fortbildungsschule von 1870-1920 ist die Geschichte ihrer Reform, ihres Weges zur Berufsschule. Dieser Weg ist didaktisch, also bezogen darauf, wie diese Schule sich den „Beruf“ zum organisierenden Ansatz machte und dadurch zum zweiten Pfeiler des sogenannten „dualen Systems“ wurde, nicht allein von der Schule her zu erklären. Er kann nur im Zusammenhang mit der Neuordnung der Lehrlingsausbildung richtig gesehen werden. Die Neuordnung von 1897 enthielt zwar Passagen über die Fortbildungsschulpflicht, sah aber diese noch nicht unter berufspädagogischem Aspekt und intendierte also auch keine „Dualität“. Die Berufsausbildung war vielmehr gedacht als alleinige Aufgabe der Betriebe. Da aber der mittelstandsorientierten, handwerklichen Ausbildung „en passant“ durch Mitmachen und Einüben gerade das systematische und theoretische Element ermangelte, welches für die weitere Entwicklung immer wichtiger wurde, ergab sich die objektive Möglichkeit für die Fortbildungsschule, in diese Lücke einzutreten.

Die Tendenz der Fortbildungsschule, in die Sphäre der Lehrlingsausbildung als zweiter Faktor einzudringen und so die Dualität zu begründen, war von der Schule her gesehen nicht ökonomisch motiviert. Maßgeblich war vielmehr einerseits die pädagogisch-methodische Wendung zum Beruf im Dienste der Interessenbindung der Schüler, andererseits der Auftrag der staatsbürgerlichen Erziehung. Diesem Weg standen der Argwohn der Lehrer einfacher Fachschulen entgegen, die sich durch berufsbezogene Fortbildungsschulen bedroht fühlten, der Widerstand der Ausbildungsbetriebe, den Unterricht als Arbeitszeit anerkennen zu sollen und damit eine für ihn geeignete Tageszeit zu ermöglichen, vor allem aber das schlechte Gewissen vieler Lehrer, die zögerten, die „Bildung“ um eines didaktisch-methodischen Vorteils willen zu „verraten“.

Nach einer längeren Vorphase gelang Georg Kerschensteiner, Stadtschulrat in München, der entscheidende Durchbruch. Im Jahre 1900 stellte die Erfurter Akademie der gemeinnützigen Wissenschaft die öffentliche Preisfrage: „Wie ist unsere männliche Jugend von der Entlassung aus der Volksschule bis zum Eintritt in den Heeresdienst am zweckmäßigsten für die bürgerliche Gesellschaft zu erziehen?“ Kerschensteiner gewann den Preis; er beantwortete die Frage mit der überraschenden These: durch Berufserziehung! Der Fortbildungsunterricht muß, so führte Kerschensteiner aus, die berufliche Arbeit zu ihrer didaktischen Konzentration wählen und an die Interessen der Schüler anknüpfen, um ihnen deutlich zu machen, daß es um ihren Platz im Leben gehe. Von da aus wird die Aufmerksamkeit auf das Gesamtgefüge gerichtet werden, innerhalb dessen dieser Platz zu suchen ist, d.h. von dem egoistischen Berufsinteresse führt der Weg zum allgemeinen Staatsinteresse: Berufserziehung ist gleichzeitig staatbürgerliche Erziehung; und nicht nur das, Berufserziehung ist, da sie elementare menschliche Tugenden entwickelt, „die Pforte zur Menschenbildung“.

Die Preisschrift von 1901 war die Geburtsurkunde der Berufsschule; Kerschensteiner wurde der „Vater" und München das „Mekka" der deutschen Berufsschule. Von entscheidender Bedeutung blieb, daß die Berufsschule antrat unter dem Gesichtspunkt der politischen Bewußtseinsbildung ihrer Schüler. Kerschensteiner selbst war politischer Vertreter jenes liberalen Bürgertums, dessen Verantwortlichkeit für die Bildung der Arbeiterjugend zwiespältig blieb. Während man sich einerseits dem Volke zuwandte, war man andererseits von einem vollen Erfolg der Bemühungen nicht überzeugt, ja konnte ihn nicht einmal wollen. So stand auch bei Kerschensteiner fast selbstverständlich der Satz, die Massen seien „in der stetigen Gewöhnung zu unbedingtem Gehorsam und treuer Pflichterfüllung und der autoritativen unablässigen Anleitung zum Ausüben der Dienstgefälligkeit" zu erziehen. Ebenso gab es Stellen, die gegen die „Irrlehren der Sozialdemokratie" wetterten und zu zeigen versuchten, wie durch Begabtenaufstieg die Arbeiterbewegung ihrer potentiellen Führer zu berauben sei. Diese Stellen merzte Kerschensteiner bei den Neuauflagen seiner Schrift aus; bereits die vierte Auflage von 1909 enthielt keine ausdrückliche Polemik mehr gegen die Sozialdemokratie. Gleichwohl besteht kein Zweifel, daß die zunächst von Kerschensteiner formulierten politischen Einschätzungen nicht nur Anpassung, sondern auch eigene Überzeugung waren. Umso bemerkenswerter ist der große Griff, mit dem der Pädagoge Kerschensteiner die Enge seiner eigenen zeit- und klassengebundenen politischen Vorurteile überspielte. Denn bei allen Einwänden, die gegen Kerschensteiner zu erheben sind, bleibt doch seine Leistung für den Umsetzungsvorgang: Indem er an die Stelle moralisierend-patriotischer Redensarten die Verpflichtung der Schule auf Berufserziehung setzte, stellte sich die Berufschule auf den Standpunkt ihrer Schüler; und der Lehrer, als Fachmann der von ihm zu lehrenden Sachverhalte, konnte nun die Zukunft der ihm anvertrauten Jugend repräsentieren, und zwar in einer Weise, die dieser Jugend selbst unmittelbar, d.h. ohne die läppische Versicherung, alles geschehe zu ihrem Nutz und Frommen, einsichtig war.

Die Berufsschule befand sich nun in einer ganz anderen Lage als vordem die Fortbildungsschule. Denn sie konnte dem werktätigen Schüler bei seinen täglichen Aufgaben helfen, konnte ihm übergreifende Zusammenhänge eröffnen, die seine praktische Arbeit mitbestimmten, die sich aber nicht durch bloßes Tun erschlossen. Der berufliche Charakter der Berufsschule wurde also nicht von der Frage bestimmt, wie der Nachwuchs zweckmäßig für das Wirtschaftsleben zu schulen sei, sondern davon, wie er für das Gemeinwesen zu gewinnen wäre. Eine solche These muß nachträglich, da die Berufsschule ein überhaupt nicht mehr wegdenkbarer und ständig an Gewicht gewinnender Faktor des dualen Systems wurde, befremdlich wirken. Sie ist auch nicht richtig in dem Sinne, als ob diese Entwicklung gar keine ökonomischen Voraussetzungen gehabt habe. Denn die objektiven Bedingungen für die Möglichkeit der Berufsschule lagen in den Entscheidungen der staatlichen Mittelstandspolitik. Indessen ist die These richtig, insofern die Vertreter der Wirtschaft die Berufsschule nicht gefordert und zunächst auch kaum gefördert haben. Aber weil diese Fortbildungsschule, die sich gerade zögernd auf den Weg machte, eine berufliche Schule zu werden, primär pädagogisch motiviert war, hatte sie keine andere Wahl, als sich auf das ihr vorgegebene Modell der Ausbildung und dessen gesinnungsmäßige Voraussetzung einzustellen. Negativ beurteilt bedeutete das, daß Deutschland an der Wende zum 20. Jahrhundert ein neues berufliches Ausbildungswesen erhielt, welches gleichsam als Ironie der Entwicklung die Konturen und Inhalte nicht von den Trägern der Industrialisierung, sondern von vorindustriell-berufsständisch denkenden und handelnden Kräften bestimmen ließ. Positiv beurteilt aber führte die im Fortbildungsschulwesen entwickelte Tendenz zu einer didaktisch-methodischen Orientierung am Beruf gerade deshalb, weil sie pädagogisch und nicht ökonomisch motiviert war. So erschien die Pädagogik nach fast 100-jähriger Abwesenheit wieder auf dem Felde der Berufsausbildung.

Neben Kerschensteiner waren es vor allem Eduard Spranger, Aloys Fischer und Theodor Litt, die der Erziehungswissenschaft diesen Rückweg bahnten. Spranger, der einer der bedeutendsten Humboldt-Forscher seiner Zeit war, nutzte die Kategorien der Individualität, Universalität und Totalität zum Aufbau einer Berufsbildungstheorie. Die Berufung auf Humboldt und die Pädagogik der Deutschen Klassik zum Zwecke der pädagogischen Disqualifizierung der Berufsausbildung war von da an illegitim: Die Theorie der Bildung durch den Beruf war selber humanistisch begründet. Spranger verabschiedete den verblaßten Begriff „Allgemeinbildung", wie er als vorgeblich inhaltliche Bestimmtheit gegen besondere oder berufliche Bildung im Laufe des 19. Jahrhunderts zum politisch-ideologischen Kampf um die Schule verwendet worden war. Statt dessen entwickelte er ein dreiphasiges Prozeßmodell: Grundlegende Bildung – Berufsbildung – Allgemeinbildung. „Grundlegende Bildung" bestimmte er als die erste methodische Belebung der geistigen Kräfte durch die aneignende Konfrontierung mit den Umrissen der Welt. Die sich von da aus anbahnende, von „innen her bedingte Auslese" – Spranger sprach auch vom „inneren Beruf" – muß der Bildungsprozeß, sofern er der humanistischen Totalitätskategorie folgt, zu persönlicher Struktur differenzieren. Das nannte Spranger die Phase der „Berufsbildung", während er den Begriff „Allgemeinbildung" der Einheit von persönlichem und beruflichem Bildungszentrum vorbehielt und als unendliche Aufgabe menschlicher Selbstverwirklichung verstand. So eröffnete die Berufsbildungstheorie der werdenden Berufsschule die Chance, eine an den realen Lebensbedürfnissen der Schüler orientierte Didaktik entwickeln zu können, ohne den Anspruch der Fortbildungsschule preisgeben zu müssen, der Bildung, nicht der nackten Nützlichkeit und den wirtschaftlichen Erfordernissen ausgeliefert zu sein.

Dieser Ansatz bestimmte dann das Selbstverständnis der Berufsschule und ihrer Lehrer; er behielt die Oberhand, weil die Berufsbildungstheorie in der planmäßigen Ausbildung von Berufsschullehrern eine wichtige Stellung erhielt, wenn auch oft genug nur als Rechtfertigungslehre für den Zustand, dessen Bedingungen undurchschaut hingenommen waren. Die deutsche Pädagogik als ganze folgte den von Kerschensteiner, Fischer und Spranger eingeleiteten Korrekturen der überlieferten Vorstellungen denkbar zögernd, verteidigte noch lange die Trennung von Allgemeinbildung und Berufsbildung. Gleichwohl war mit der pädagogischen Legitimation einer beruflichen Schule als Bildungsschule der Bann gebrochen und die Möglichkeit für ein neues, unverkrampftes Verhältnis der Erziehungswissenschaft zur Berufserziehung gegeben, ebenso wie es von da an nicht mehr ausgeschlossen schien, allgemeinbildende Schulen und Einrichtungen der Berufsausbildung als Zusammenhang eines nationalen Bildungswesens sehen und aufeinander zulaufende oder sich überschneidende Tendenzen produktiv aufnehmen zu können.

Pädagogik auf dem Wege zu einer selbständigen Wissenschaft

Sozialgeschichtliche Voraussetzungen: Kulturkritik, Jugendprotest, erzieherische Praxis und der Zusammenbruch des Herbartianismus

Nach Hegels Tod waren die großen Systeme der idealistischen Philosophie nicht mehr fortsetzbar. Das hatte seinen Grund vor allem darin, daß das bewegende Motiv des Idealismus, die Subjektivität des Menschen als den produktiven Ursprung der Welt und die Allgemeingültigkeit (Intersubjektivität) der neuzeitlichen Wissenschaft als Einheit zu begreifen, nicht eingelöst werden konnte. Wissenschaftsintern fielen die schwerwiegenden, zum Teil haarsträubenden Widersprüche auf, die zwischen den naturphilosophischen Aussagen der idealistischen Philosophen und den Ergebnissen der stürmisch fortschreitenden Naturwissenschaften bestanden; geschichtsphilosophisch hatte Karl Marx ein Weiterdenken nach Hegel nur noch als Aufhebung der Philosophie, als materialistische Umkehrung des Systems „vom Kopf auf die Füße" für möglich behauptet; politisch war die Unmöglichkeit der philosophisch verheißenen Harmonie im Scheitern der bürgerlichen Revolution von 1848 belegt.

Die Konsequenz alldessen hieß in der Wissenschaft „Positivismus", d.h. Rückbezug allein auf die exakt empirisch beweisbaren Erscheinungen und Gesetzmäßigkeiten unter Verzicht auf Spekulationen über den Gesamtzusammenhang. Diese Tendenz war angelegt in dem das Zeitalter beherrschenden Prinzip, dem der technischen Weltbeherrschung. Aber während zunächst nur die Natur- und Ingenieurwissenschaften von der positivistischen Einstellung erfaßt waren, griffen sie in dem Maße, in dem die Kraft der Philosophie erlahmte, auch auf alle historischen und systematischen Wissenschaften vom Menschen über, für die Soziologie angelegt bereits durch die technokratische Extrapolation im Umkreis der Pariser Ecole Polytechnique.

Von einer die Disziplin weit übergreifenden Bedeutung war im 19. Jahrhundert die Entwicklung der Geschichtswissenschaft, die im öffentlichen Ansehen zu einem der Naturwissenschaften durchaus vergleichbaren Glanz gelangte. Das Stichwort dafür hieß: „Historismus". Vorbereitet war der Historismus durch Hegel. Denn nach seiner Philosophie war jedem historischen Ereignis, jeder Epoche und jeder Gestalt eine notwendige Stelle angewiesen innerhalb der Menschheitsgeschichte. Weltgeschichte hatte er als die Entfaltung der philosophischen Vernunft verstanden. Das Geschichtliche hatte damit eine überzeitliche Geltung zugesprochen bekommen, war damit dem Aschenbrödel-Status bloßer Zufälligkeiten entrückt, aber es war zugleich seines Eigencharakters beraubt. Geschichte war zur Funktion einer ungeschichtlichen Größe geworden.

Der bedeutendste Vertreter des Historismus, Leopold von Ranke, setzte gegen Hegel die These, daß das Subjekt der Geschichte nicht die „Menschheit" und das Prinzip des historischen Prozesses nicht der „Fortschritt" seien. Ranke wandte vielmehr den Individualtätsbegriff der Deutschen Klassik und der neuhumanistischen Bildung auf die Geschichte an. Die Kritik am aufklärerischen Geschichtsverständnis als Fortschrittsglaube erfuhr jetzt ihre äußerste Zuspitzung: Jeder historischen Individualität war ein Eigenwert zuzuerkennen, jede Epoche mußte als „unmittelbar zu Gott gesehen" gesehen werden. Dann aber konnte das Bewegungsprinzip der Geschichte nur noch „Veränderung" heißen, und das Ganze der Geschichte war nicht mehr in der Vernunft, sondern nur im Glauben an Gott aufhebbar. Führte Ranke die Kontinuität der Geschichte auf Gottes Wirken zurück, so ließen sich in den einzelnen historischen Erscheinungen zwar die Individualiäten ausmachen, nichts aber war mehr aus der Geschichte zu lernen. Folgerichtig sollte es auch nicht mehr die Aufgabe der Geschichtswissenschaft sein, „die Vergangenheit zu richten, die Mitwelt zum Nutzen künftiger Jahre zu belehren", sondern „bloß zu zeigen, wie es denn eigentlich gewesen ist". Damit war einerseits die Methode strenger Tatsachenwissenschaften für die Historie freigegeben, andererseits wich der Historiker mit dem Geschichtsstudium von der Gegenwart zurück in die Vergangenheit. Beides aber belegte, daß der Historismus ebenso wie der Positivismus sich nicht aus sich selbst verstehen und begründen konnte, vielmehr zu seiner Legitimation genau die Art von Spekulation benötigte, die doch vermieden werden sollte.

Die akademische Philosophie suchte in dieser Situation nach einer Position, von der aus die Probleme der in Bewegung geratenen Wissenschaftslage kritisch beurteilt werden konnten. Sie versuchte, den dafür erforderlichen Ausgangspunkt streng auf eine Theorie des gesicherten Erkennens und damit auf Wissenschaftstheorie zu konzentrieren. Die Losung hieß: „Zurück zu Kant", also noch einmal dort anzufangen, von wo die spekulativen idealistischen Systeme ihren Weg angetreten hatten. Aus diesem Rückgriff gingen dann die Schulrichtungen des Neukantianismus hervor. In den ersten Jahrzehnten des 20. Jahrhunderts haben sie auch einen bedeutenden Einfluß auf die wissenschaftliche Pädagogik ausgeübt, und jedenfalls hatte der Neukantianismus bis zum Jahrhundertende in der Universitätsphilosophie eine dominierende Stellung erobert. Sein Anfang, kurz nach der Jahrhundertmitte, war indessen eher kleinlaut und wurde von den ersten Vertretern selbst mit dem Verhalten einer geschlagenen Armee verglichen, die sich nach einem festen Punkt umsieht, bei welchem sie hofft, sich wieder sammeln und ordnen zu können. Und tatsächlich ist die wirklich umfassende Analyse, die die intellektuelle und moralische Desorientierung hinter dem überschwenglichen Pathos des Wilhelminischen Zeitalters aufdeckt (die Kritik der Kultur), nicht von der akademischen Philosophie ausgegangen. Sie wurde eingeleitet und bis zu radikaler Zuspitzung geführt durch einen Philosophen, der nur kurze Zeit als Professor der Altphilologie im Dienste einer Universität (Basel) gestanden hat, der die längste Zeit seines von Krankheit belasteten Lebens als Privatgelehrter verbrachte: Friedrich Nietzsche.

Was in der Wissenschaft „Positivismus“ und „Historismus“ war, wirkte sich im Unterrichtswesen als „Lehrer-“, „Buch-“ oder „Paukschule“ aus. Humboldt hatte den Hauptteil des wissenschaftspropädeutischen Unterrichts als „philosophischen“ bezeichnet und darunter den sprachlichen, insbesondere altsprachlichen, und den historischen Unterricht verstanden. Von diesem reflektierenden, auf produktive Aneignung, Interpretation und Urteil bezogenen Impuls hat das Gymnasium während des 19. Jahrhunderts lange gezehrt; und alle anderen Schulen hatten, so sehr sie auch vom Gymnasium abgegrenzt sein mochten oder sich sogar im Kampf mit dem Berechtigungsmonopol des Gymnasiums befanden, hier ihre schulpädagogische Orientierung. In dem Maße aber, in dem die Geschichtswissenschaft zum Historismus und die klassische Philologie von einer philosophischen Bildungswissenschaft zur positivistischen Einzelwissenschaft tendierte, verschwand das lernende Subjekt aus dem pädagogischen Aufmerksamkeitshorizont. Immer stärker trat der „Stoff“ in den Vordergrund, das „Pensum“, welches absolviert werden mußte. Dem entsprach die Vorstellung, das Kind durch den Aufbau des „Gedankenkreises“, durch die didaktisch genau festgelegten und in den Stufen einer psychologischen Gesetzmäßigkeit vermittelten Inhalte erziehen zu wollen – die große Stunde des Herbartianismus.

Aber dieser Zusammenhang war dem Kulturkritiker Nietzsche nur ein vordergründiges Symptom. Er frug sehr viel tiefer ansetzend nach den sozialpsychologischen Mechanismen, die den selbstzufriedenen, durch seine verbriefte Bildung sich im Besitz von Wahrheit wähnenden Bürger hervorgebracht haben. Er nannte den Bildungsbürger des Wilhelminischen Deutschland den „Bildungsphilister“ (Philister waren ein semitisches Volk, das mit Israel in langem Konflikt stand und von daher alttestamentarisch mit negativen Vorzeichen besetzt ist; vom 18. Jahrhundert an benutzten deutsche Studenten den Ausdruck Philister für alle Nicht- oder Nichtmehr-Studenten, mit dem ironischen Nebensinn eines engherzigen Spießbürgers). Mit dem „Bildungsphilister“ hielt Nietzsche den Idealen seines Zeitalters den Zerrspiegel vor. Der der Reichsgründung von 1871 vorausgegangene Sieg über Frankreich war in Nietzsches Spiegel nur ein Sieg der Waffen, nicht der Kultur. Da die Deutschen keine Kultur mehr hervorzubringen imstande waren, mußte es mit ihrer Bildung im Argen liegen. Nietzsche sah den Grund dafür darin, daß Bildung zur Konvention erstarrt war, daß sie erstrebt wurde, nur noch um den erreichten Zustand zu erhalten – und ihn in Wahrheit gerade dadurch zu zerstören. Diese Diagnose traf in das Zentrum des antiquarischen Historismus. In „Nutzen und Nachteil der Historie für das Leben“ (1870) und „Über die Zukunft unserer Bildungsanstalten“ (1874) reklamierte Nietzsche die Integrität des Subjekts: Geschichte muß aus ihrer Herkunft auf mögliche Zukunft hin ausgelegt werden dürfen. Eine historische Bildung hingegen, die die Fakten idealisiert, nur für wissenswert hält, wie es einmal gewesen ist, macht den Menschen zum „wandelnden Enzyklopädisten“ und zur „schwachen Persönlichkeit“. Wieviel Historie, so lautete nun die Frage, kann der Mensch aushalten, ohne als aktive, gestalterische Kraft abdanken und sich der zerstörenden Gewalt von hohler Großmannssucht und nationalistischer Borniertheit übermannen zu lassen. Dabei sah Nietzsche, bei allem Respekt vor der großen Zeit der deutschen Bildung zu Beginn des 19. Jahrhunderts, den beklemmenden Zusammenhang:

> „Als die Deutschen den anderen Völkern Europas anfingen interessant zu werden, geschah es vermöge einer Bildung, die sie jetzt nicht mehr besitzen, ja die sie mit einem blinden Eifer abgeschüttelt haben, wie als ob sie eine Krankheit gewesen sei: und doch wußten sie nichts Besseres dagegen einzutauschen als den politischen und nationalen Wahnsinn... Inzwischen ist nicht zu leugnen, daß jene deutsche Bildung die Europäer genarrt hat... Man sehe sich heute einmal nach Schiller, Wilhelm von Humboldt, Schleiermacher, Hegel, Schelling um... Es ist ein weicher, gutartiger, silbern glitzernder Idealismus, welcher vor Allem edel verstellte Gebärden und edel verstellte Stimmen haben will, ein Ding, ebenso anmaßlich als harmlos, beseelt vom herzlichsten Widerwillen... gegen die Anatomie, gegen jede Art philosophischer Enthaltsamkeit und Skepsis... Es war jener matte Glanz, jenes rätselhafte Milchstraßen-Licht, welches um diese Bildung leuchtete... Sollten die Deutschen in aller Stille eine Ecke des Himmels entdeckt und sich dort niedergelassen haben? Man muß suchen, den Deutschen näherzukommen. Und man kam ihnen näher: während kaum viel später die selben Deutschen sich zu bemühen anfingen, den Milchstraßen-Glanz von sich abzustreifen; sie wußten zu gut, daß sie nicht im Himmel gewesen waren, – sondern in einer Wolke."[98]

Die Antwort auf die Frage, wieviel Historie der Mensch auszuhalten vermöge, lautete bei Nietzsche, nur soviel, wie die Historie dem Leben diene. Diese spezielle Antwort stimmte überein mit der allgemeinen Tendenz der Kulturkritik des ausgehenden 19. Jahrhunderts. Von sehr unterschiedlichen Positionen aus und auf ebenso unterschiedlichem Niveau ausgeführt, kamen immer mehr Kritiker zu dem Ergebnis, daß das gegenwärtige und zukünftige Leben der Vergangenheit geopfert werde, die Originalität und Kreativität des Menschen den Konventionen, die inneren Werte den äußeren, die geistigen den ökonomischen. Auf das Unterrichtswesen angewandt, folgte daraus die fast totale, undifferenzierte Verurteilung des Herbartianismus, der schulpädagogisch allgegenwärtig war und eben deshalb für alle wirklichen oder auch nur vermeintlichen Mängel der Schule haftbar gemacht wurde:

> „Die deutsche Jugend steht an einem geschichtlichen Wendepunkt. Die Jugend, bisher aus dem öffentlichen Leben der Nation ausgeschaltet und angewiesen auf eine passive Rolle des Lernens, auf eine spielerisch-nichtige Geselligkeit und nur ein Anhängsel der älteren Generation, beginnt sich auf sich selbst zu besinnen. Sie versucht, unabhängig von den trägen Gewohnheiten der Alten und von den Geboten einer häßlichen Konvention sich selbst ihr Leben zu gestalten..."[99]

Dem Emanzipationsversuch des Proletariats in der Arbeiterbewegung und der Frauen in der Frauenbewegung fügte die Jugend ein neues Kapitel zum Generationenkonflikt hinzu. Und dieser Konflikt stand in einem engen, sich wechselseitig stimulierenden Verhältnis mit einer Fülle von Ansätzen in der erzieherischen Praxis. Diese Ansätze, die erst sehr viel später, ein Jahrzehnt nach dem 1. Weltkrieg, in der übergreifenden Einheit einer „pädagogischen Bewegung" gedeutet werden konnten, waren unabhängig voneinander entstanden, durch sehr verschiedene Erfahrungen und Interessen motiviert. Aber von Anbeginn waren sie geeint im Widerspruch gegen die schulmeisterliche Anmaßung der pädagogischen Theorie im Gewande des Herbartianismus. Was die Initiatoren und führenden Repräsentanten der einzelnen Richtungen der pädagogischen Bewegung zur Begründung ihres Tuns dem Herbartianismus als Theorie entgegenzusetzen hatten, blieb erkenntnistheoretisch unzulänglich, argumentativ schwach, fragmentarisch und in sich widersprüchlich, den Adressaten mehr emotional berührend als ihn rational ansprechend. Darin lag, neben allem Positiven und treffend Analysiertem, ein gefährliches und gefährdetes antiaufklärerisches Potential, das mit einem seiner Aspekte die deutschen politisch-moralischen Katastrophen des 20. Jahrhunderts ankündigte. Der neukantianische Philosoph und Pädagoge Paul Natorp, der selbst an der Aufbruchstimmung teilhatte und der die neue erzieherische Praxis mit einer logisch-rationalen Theorie zu stabilisieren suchte, erkannte schon früh den Antisemitismus als das zerstörende Gift in der Jugendbewegung.

Indessen: Originalität, Ursprünglichkeitspathos und subjektive Überwindung der Zwänge eines bürokratisch erstickten Lebens gaben der bürgerlichen Jugend und ihrer Erziehung zunächst einmal eine Perspektive der Befreiung: Die schwedische Pädagogin Ellen Key proklamierte eine Pädagogik „vom Kinde aus" und sagte das kommende Jahrhundert als das Jahrhundert des Kindes voraus. Sie griff dabei zurück auf Rousseaus Entwurf einer natürlichen Erziehung, interpretierte ihn vordergründig naturalistisch, ja falsch als bloßes Wachsenlassen, aber gab damit ein Stichwort, für das die Zeit aufnahmebereit war. Hermann Lietz und Gustav Wyneken relativierten die Schule mit der Landerziehungsheim-Bewegung; Alfred Lichtwark leitete die Kunsterziehungsbewegung ein, nachdem Julius Langbehn den Deutschen „Rembrandt als Erzieher" zum schöpferischen Menschentum empfohlen hatte, ein Buch, welches zwischen 1890 und 1909 nicht weniger als 49 Auflagen erlebte (und 1936 die 90. Auflage erreichte). Georg Kerschensteiner und Hugo Gaudig verknüpften den Drang nach Selbständigkeit und eigenem Schaffen des Lernenden mit der Notwendigkeit der ökonomischen Disziplinierung in der Arbeitsschulbewegung; Berthold Otto setzte dem zerstückelten Wissen der Lehrplanpensen in der „Zwangs- und Strafschule" den Gesamtunterricht in seiner „freiheitlichsten Schule der Welt" entgegen. In Fortsetzung und entschiedener erzieherischer Zuspitzung von älteren christlichen und liberalen Ansätzen zur sozialen Nothilfe gegenüber den Leiden, die die industrialisierte Gesellschaft dem Menschen zufügte, entstand – unter Berufung auf einen hinter der „Methode" neuentdeckten Pestalozzi – die Sozialpädagogik. In sie gingen wesentliche Impulse der Frauenbewegung ein, weil hier ein erstes großes Wirkungsfeld für weibliche Sozialberufe erschlossen werden konnte. Die Gleichsinnigkeit der neuen Richtungen der Erziehung mit den auf die Probleme der Erwachsenenwelt reagierenden sozialen Aktivitäten belegte dann schließlich die Volkshochschulbewegung.

In der Wirklichkeit des geschichtlich-sozialen Lebens war eine neue pädagogische Praxis entstanden. Diese neue Praxis war als Bewußtsein einer Möglichkeit weit verbreitet. Auf das Ganze gesehen, hatte sie aber gewiß nur einen beschränkten Umfang, war modell- oder gleichnishaft und blieb in vielen Fällen auch ganz an die Person des Initiators geknüpft und ohne Übertragbarkeit auf andere Pädagogen. Die pädagogische Theorie war davon ausgeschlossen bzw., schlimmer noch, mit der Schule auf die Anklagebank versetzt. Der Herbartianismus, mochte er noch in Lehrerseminaren und Universitätsinstituten vertreten werden, hatte seine Kraft verloren. Aber nicht nur der Herbartianismus war untauglich geworden, sondern jede normative, die Praxis nur als Anwendungsfeld vorgegebener Theorien verstehende Pädagogik. So wie die Jugend sich unabhängig von den Erwachsenen selbst bestimmen wollte, so verstand sich auch die selbstbewußt gewordene erzieherische Praxis als auf eigenem Rechtsgrund stehend. Genau das aber war die Voraussetzung dafür, daß eine selbständige Disziplin „Pädagogik" als Geisteswissenschaft nicht nur konzipiert, sondern gegenüber anderen, wissenschaftstheoretisch vielleicht sogar besser fundierten Versuchen, die Chance erhielt, an die Stelle des Herbartianismus treten zu können.

Grundlegung der Geisteswissenschaften: Wilhelm Dilthey

Die organisatorische Zusammenfassung von wissenschaftlichen Disziplinen zu Fakultäten resultierte aus einer Kombination verschiedener Erwägungen: systematische Verwandtschaft, gegenseitiges Angewiesensein im Forschungsbetrieb, öffentliches Ansehen und praktisches Durchsetzungsvermögen. Die Geisteswissenschaften gehörten zu den Philosophischen Fakultäten und wurden vielfach gleichgesetzt mit den historischen und philologischen Disziplinen. Das ist aber, von der Entfaltung des methodologischen Bewußtseins her gesehen, das sich in der ersten Hälfte des 19. Jahrhunderts mit dem Begriff „Geisteswissenschaft" Ausdruck verschaffte, ein verkürztes Verständnis. Denn nicht nur die Geschichts- und Sprachwissenschaften fielen unter „Geisteswissenschaften", sondern schlechthin alle Disziplinen, die weder Naturwissenschaften noch Philosophie sind, speziell aber die systematischen Wissenschaften vom Menschen. Die Abgrenzung galt also nicht nur den Naturwissenschaften, sondern auch der Philosophie, ja die im Begriff „Geisteswissenschaft" enthaltene Kampfstellung war ursprünglich mehr gegen die Philosophie gerichtet. Man muß sich vergegenwärtigen, daß zahlreiche Disziplinen, die später als Geisteswissenschaften (und noch später als Sozialwissenschaften) auftraten, bis tief in das 19. Jahrhundert hinein nur als Fragestellung innerhalb der Philosophie, und das hieß als eines bestimmten philosophischen Systems existierten. Als Hegel sich im Jahre 1801 in Jena für das Fach Philosophie habilitierte, hatte die Universität Jena etwa 50 Dozenten, von denen 14 Philosophen waren, also 28%. An einer der größten Universitäten in der Bundesrepublik, der Westfälischen Wilhelms-Universität in Münster, waren 1980 rund 2500 Dozenten tätig, davon 22 Philosophen, also nur noch 0,88%. Der Rückgang des prozentualen Anteils der Philosophen von 28% auf weniger als 1% illustriert den Prozeß der Ausgliederung von Disziplinen aus der Philosophie.

Der Begriff „Geisteswissenschaft" war, als er in der Mitte des 19. Jahrhunderts auftauchte, ein Kampfbegriff. Er sollte anzeigen, daß bestimmte Fragen, die bis dahin als philosophisch gegolten hatten, nun „geisteswissenschaftlich" behandelt werden konnten – und das hieß zunächst: nach Art der naturwissenschaftlichen Methode. Nachdem die Zeit der großen idealistischen Systeme, der atemberaubende Weg von Kant über Fichte und Schelling zu Hegel beendet war, wurden auch in Deutschland spätestens ab 1840 Methodologieprobleme im Anschluß an den englischen und den französischen Positivismus gestellt, durch ein Wissenschaftsverständnis also, welches auf metaphysische Spekulationen verzichten und sich nur auf „positive", d.h. durch die Erfahrung belegbare Tatsachen stützen wollte. Repräsentativ dafür war Comte, der, aus der Ecole Polytechnique hervorgegangen, das den Ingenieurwissenschaften zugrunde liegende Prinzip der technischen Weltbeherrschung auch auf andere Lebensgebiete anzuwenden suchte. Für Comte wie für alle übrigen Positivisten des 19. Jahrhunderts ging es darum, die doch offensichtlich so erfolgreiche Methode der Naturwissenschaften zur wissenschaftlichen Methode überhaupt zu erklären. Das Ziel waren exakt formulierte Gesetze, mit deren Hilfe die Herrschaft über die geschichtlich-politische Welt ebenso möglich werden sollte wie die über die Natur mit Hilfe der quantifizierend vorgehenden Naturwissenschaften. Vor diesem Hintergrund ist die Begriffsbildung zu sehen: Im Jahre 1843 hatte einer der bedeutendsten englischen Positivisten, der Philosoph, Soziologe und liberale Politiker John Stuart Mill, eine Logik veröffentlicht. In diesem Werk kam das Wort „moral science" häufig vor und zwar – weil „science" Wissenschaft im Sinne von Naturwissenschaft hieß – in einem erfahrungswissenschaftlichen Sinne. Der deutsche Übersetzer wählte dafür den Begriff „Geisteswissenschaften" und nahm direkt den Plural, um die Analogie zu den Naturwissenschaften noch mehr zu betonen.

Die Stellung der Geisteswissenschaften zu den Naturwissenschaften war also zunächst die der methodologischen Analogie, während die Stellung zur Philosophie sich als thematische Ausgliederung darstellte. Besonders deutlich ist das – auch terminologisch – an der Psychologie nachzuvollziehen. Als Lehre von der Seele war Psychologie ein fester Bestandteil aller philosophischen Systeme. Die im 18. Jahrhundert beginnenden Versuche, das Seelenleben als mechanisches Resultat einer Konkurrenz von Vorstellungskomplexen begreiflich zu machen, führten zur allmählichen Ausgliederung aus der Philosophie. Die im 19. Jahrhundert auf Gehirnanatomie und Physiologie zurückgreifende Psychologie nannte sich folgerichtig zuerst Psychophysik. Ihr Interesse war es, die Beziehung zwischen Leib und Seele in einer exakt naturwissenschaftlichen Gesetzmäßigkeit zu bestimmen. Nicht anders motiviert war die Umsetzung der Geschichtsphilosophie in Soziologie, der Staatsphilosophie in Nationalökonomie, und schließlich erfolgte als eine der letzten Ausgliederungen die Überführung der Erziehungsphilosophie in eine Pädagogik als Wissenschaft von der Erziehung.

Der Begriff „Geisteswissenschaft" hat seine präzise Bedeutung, wie sie für den ersten wirklich durchgeführten und von erheblicher Breitenwirkung getragenen Versuch einer Pädagogik als Einzelwissenschaft maßgeblich werden konnte, allerdings erst durch Wilhelm Dilthey erhalten. Bei Dilthey diente dann der Begriff Geisteswissenschaft nicht nur zur Abgrenzung gegen die Philosophie, sondern ebenso gegen die Naturwissenschaften, auch und gerade methodologisch. Objektive Bedeutung und öffentliches Ansehen der nach dem Vorbild der klassischen Altertumswissenschaft entstandenen Philologien der modernen Sprachen, der damit im Zusammenhang stehenden Literaturwissenschaften und vor allem der Geschichtswissenschaft in der Blüte des Historismus waren sehr beträchtlich gestiegen, aber von einer Anwendung naturwissenschaftlicher Methoden konnte hier eigentlich kaum die Rede sein. Die Erfolge der Geisteswissenschaften mußten also auf einer anderen, der den Naturwissenschaften ebenbürtigen Methodologie beruhen. War diese Struktur aufweisbar, dann konnten auch alle systematischen Wissenschaften vom Menschen eine ihre Selbständigkeit sichernde Wissenschaftstheorie erhalten. Das Auffinden der Struktur schien dringend, und es wurde von verschiedenen Seiten her in Angriff genommen. So versuchten die neukantianischen Philosophen Wilhelm Windelband und Heinrich Rickert eine Grundlegung der „Kulturwissenschaften"; das dafür wichtigste Werk von Rickert trug den die Aufgabe bezeichnenden Titel „Die Grenzen der naturwissenschaftlichen Begriffsbildung" (1896) und den erläuternden Untertitel „Logische Einleitung in die historischen Wissenschaften". Diltheys Konzept der „Geisteswissenschaften" setzte sich gegenüber Rickerts Begriff „Kulturwissenschaften" fast vollständig durch. Dilthey schmeichelte sich, die nach Kants drei Kritiken der reinen (theoretischen) Vernunft, der (reinen) praktischen Vernunft und der Urteilskraft noch ausstehende „Kritik der historischen Vernunft" geleistet zu haben. Das methodologische Instrument aller Geisteswissenschaften war nach Dilthey die Hermeneutik, mit der der Mensch die Gebilde der geschichtlich-geistig-seelisch-sozialen Welt „verstehen" kann, während die Naturwissenschaften „erklären".

Der so bestimmten Abgrenzung gegenüber den Naturwissenschaften entsprach auf der anderen Seite die durch die Hermeneutik begründete Selbständigkeit, mit der die Geisteswissenschaften sich nun als Einzelwissenschaften gegenüber der das Ganze reflektierenden Philosophie und deren Ableitungstendenzen behaupten konnten. Als Philosoph, der das Ganze reflektierte, dachte Dilthey von der Einheit der Wissenschaft, von einem übergreifenden Erkenntnisbegriff her. Aber innerhalb dieser Einheit konnte er die graduellen Unterschiede zwischen den Extrempunkten von formaler Logik und religiösem Erlebnis, zwischen „Äußerem" und „Innerem" für die Erkenntnisweisen der verschiedenen Wissenschaften durchsichtig machen.

Im ersten Zugriff hatte Dilthey sich darum bemüht, eine Abgrenzung der Wissenschaftsgebiete durch ihre Gegenstände zu versuchen:

> „Neben den Naturwissenschaften hat sich eine Gruppe von Erkenntnissen entwikkelt aus den Aufgaben des Lebens selbst, welche durch die Gemeinsamkeit des Gegenstandes miteinander verbunden sind... Alle diese Wissenschaften beziehen sich auf dieselbe große Tatsache, auf das Menschengeschlecht. Sie beschreiben und erzählen, sie urteilen und sie bilden Begriffe und Theorien in Beziehung auf eben diese Tatsache... Und so entsteht zunächst die Möglichkeit, diese Wissenschaftsgruppe durch ihre gemeinsame Beziehung auf dieselbe Tatsache, Menschheit zu bestimmen, von den Naturwissenschaften abzugrenzen."[100]

Aber eine Bestimmung der Wissenschaften von ihren Gegenständen her erwies sich schnell als nicht haltbar. Der gleiche Gegenstand kann in sehr unterschiedlichen

Disziplinen, ja ganz unterschiedlichen Wissenschaftsgruppen thematisiert werden. Die Schlange der Kleopatra kann Gegenstand der Biologie wie der Geschichtswissenschaft sein, und der Mensch, den Dilthey als den Gegenstand der Geisteswissenschaften reklamierte, ist beispielsweise auch Gegenstand der naturwissenschaftlichen Disziplin „Physiologie". Die Wissenschaften lassen sich offensichtlich nur durch die Fragestellung eindeutig bestimmen. Diese Fragestellung aber ist wiederum bedingt durch die Stellung, die der Forscher als erkennendes Subjekt den wissenschaftlichen Gegenständen, also den Erkenntnisobjekten gegenüber einnimmt. Dilthey hatte gerade auch diesen Unterschied in dem angeführten Zitat mitgemeint. Er brauchte also nur von der nicht zum Ziel führenden Gegenstandsbestimmung abzurücken und das Gemeinte auf die Art der wissenschaftlichen Erkenntnisgewinnung zu beziehen, um zu einer begründeten Abgrenzung der Wissenschaften zu kommen. Die neuzeitliche Naturwissenschaft, die mit Galilei und Newton angehoben hatte, brachte allgemeingültige Urteile hervor. Jedermann, der im Besitz des gesunden Menschenverstandes war und die Anstrengung auf sich nahm, den Stand der wissenschaftlichen Einsichten bis zu dem jeweils fraglichen Punkt nachzuvollziehen, mußte notwendigerweise zum gleichen Ergebnis kommen. Kant hatte in der „Kritik der reinen Vernunft" gesagt, wie solche Urteile „möglich" seien: Natur mußte reduziert sein auf das Dasein der Dinge, sofern es nach allgemeinen Gesetzen bestimmt ist. Natur mußte als quantitative, durch Meßoperationen und Experimentalordnungen bestimmbare Größe angesehen werden. Aller qualitativ-vorwissenschaftlicher Umgang des Menschen mit der Natur wurde ebenso unwichtig, wie überhaupt die subjektiven, biographischen Eigenschaften des Forschers außer Betracht bleiben konnten und mußten. Aufgrund von Theorien stellte die Naturwissenschaft Hypothesen über die Gesetzmäßigkeiten in den Naturerscheinungen auf; in der Anwendung der Theorien auf die Tatsachen – mit dem Instrument des Experiments – konnte die Gültigkeit der Sätze bewiesen werden. Wer nur die richtige Experimentalanordnung traf, der mußte, wer er auch immer war, zu jeder Zeit und an jedem Ort der Welt $\frac{g}{2}t^2$ als das Gesetz des freien Falls bestätigt finden und konnte so die zur Frage gestellte Naturerscheinung „erklären". Das war die Inter-Subjektivität, die alle Wissenschaften seit den Anfängen der großen griechischen Philosophie erstrebten. Forscher (Erkenntnissubjekt) und Natur (Erkenntnisobjekt) mußten völlig getrennte Größen sein.

Der vom Positivismus betriebene Versuch, alle Wissenschaften, auch diejenigen vom Menschen, auf dieses methodologische Modell zu verpflichten, war nach Diltheys Urteil gescheitert. Die Übertragung war entweder überhaupt nicht möglich, oder aber sie führte zu mechanistischen, technokratischen Auffassungen über psychische und soziale Verhältnisse, die den wahren Möglichkeiten des Menschen nicht gerecht wurden. Aber obwohl die Übertragung der naturwissenschaftlichen Methodologie auf die Geisteswissenschaften gescheitert war, erzielte die Praxis der historischen und philologischen Disziplinen doch große und allgemein anerkannte Ergebnisse, waren weitere Ausgliederungen aus dem metaphysischen Zusammenhang möglich und wünschenswert. Um diesen Prozeß zu legitimieren und zu befördern, bedurfte es dessen, was Dilthey dann die „Kritik der historischen Vernunft" nannte. Er kam zu dem Ergebnis, daß im Unterschied zu den Naturwissenschaften bei den Geisteswissenschaften der Forscher als Erkenntnissubjekt seine Umgangserfahrung, seine emotionale und geschichtliche Bindung an das Erkenntnisobjekt, nicht einschränken oder gar ausschalten dürfe. Der Mensch als Erkenntnissubjekt könne in den Geisteswissenschaften nicht vom Gegenstand der Erkenntnis abgehoben werden, weil er selbst integraler Bestandteil eben dieses Gegenstandes sei, nämlich Teil der geschichtlichen Wirklichkeit als Komplex menschlicher Handlungszusammenhänge. Diese Handlungszusammenhänge seien nicht gesetzmäßiger Art im Sinne der Naturwissenschaften, sondern symbolischer Art; sie könnten nicht erklärt, sondern nur verstanden werden. Das Instrument des Verstehens aber sei die Hermeneutik.

Hermeneutik bedeutete ursprünglich nur die Kunstlehre der sachgerechten Interpretation schriftlicher Dokumente, wie sie sich im Zusammenhang des Lehrkanons des hellenistischen und mittelalterlichen Bildungswesens herausbildete. Der weltgeschichtliche Wahrheitsanspruch der Bibel, die Notwendigkeit, das Alte Testament vom Neuen Testament her zu verstehen, begründete dann eine theologische Hermeneutik, während die Übernahme des römischen Rechts eine juristische Hermeneutik-Tradition stiftete. Im Rückgriff auf Schleiermacher wandte Dilthey die Hermeneutik aber nun auf alle geschichtlich in Erscheinung getretenen Lebensäußerungen an, deren Sinn verstanden werden will. Die von den Menschen bewährten Haltungen wie die von ihnen erbrachten Leistungen in Politik und Kunst, Glaube und Sitte, Brauchtum und Konvention, in Wirtschaft und Technik, Familie und Beruf, in Wissenschaft, Bildung und Erziehung sollten alle im übertragenen Sinne als „Text" anzusehen sein. Dann würden sie verstehbar sein über Kategorien, wie Bedeutung, Entwicklung und Struktur. Solche Kategorien hielt Dilthey weder für a priori gegeben (wie z.B. die Kategorie der Kausalität für die Naturwissenschaften) noch durch die Wissenschaft hervorgebracht (wie die Gesetzeshypothesen der Naturwissenschaften). Die Kategorien der Hermeneutik schienen ihm vielmehr Produkte des praktischen Lebensvollzuges der geschichtlich handelnden Menschen zu sein. (Geistes-) Wissenschaft habe sie aufzusuchen, zu präzisieren, bewußt zu machen und weiterzuentwickeln, indem sie sie in einen reflektierenden Zusammenhang einstellt.

Dieses Verfahren ist kein lineares, von Einsicht zu Einsicht weiterschreitendes Forschen, sondern muß als ein kreisendes Verfahren gedacht werden, da es die Geschichtlichkeit des Interpreten berücksichtigen muß: Das vorverstandene Ganze des jeweiligen Sinnes wird durch die begriffenen Einzelheiten erläutert, während umgekehrt die Bedeutung der Einzelteile durch den schon vorweggenommenen Sinn des Ganzen verstanden wird. Dilthey nannte das den „hermeneutischen Zirkel". Das damit gemeinte Grundprinzip des Verstehensprozesses kennt jedermann aus dem alltäglichen, vorwissenschaftlichen Verstehen. Wer eine Rede über etwas ihm gänzlich Neues hört, denkt an bestimmten Stellen: das ist überraschend! Da der Sachverhalt für den Hörer unbekannt war, ist es eigentlich unlogisch von ihm, überrascht zu sein. Die Berechtigung der Überraschung liegt darin, daß der Hörer, um überhaupt verstehen zu können, einen Sinnzusammenhang vorweggenommen hat. Seine Überraschung bezieht sich auf eben diese Vorwegnahme, die nun nicht bestätigt, sondern durch eine andere, d.h. „überraschende" Wendung korrigiert wird. Das gleiche gilt übrigens für den Redenden selbst. Auch er muß stets einen die Einzelteile seiner

Ausführungen übergreifenden Zusammenhang im Bewußtsein haben, um weitersprechen zu können. Reißt ihm der Zusammenhang ab, so hat er den „roten Faden" verloren, muß abbrechen und kann sinnvoll nur weitersprechen, wenn er auf den letzten, relativ abgeschlossenen Gedankengang zurückgreift und es von da aus mit Hilfe einer neuen Vorwegnahme noch einmal versucht.

Für die Systematisierung eines hermeneutischen Verfahrens der Geisteswissenschaften folgerte Dilthey daraus, daß das Verstehen ein nicht abschließbarer Prozeß sei, ein ständiges Wechselverhältnis zwischen einem antizipierten Ganzen und seinen Teilen, durch das der Erkennende immer tiefer in den Sachverhalt eindringt. Da der Autor nach dem gleichen Prinzip gehandelt haben muß, ohne indessen die Bedingungen seines Handelns so übersehen zu können, wie es der nachgeborene Interpret aus der Distanz der Zeit vermag, besteht die Möglichkeit, ihn durch die Hermeneutik schließlich besser zu verstehen, als er sich selbst verstanden hat. Um überhaupt mit dem Eindringen in einen Sinnzusammenhang beginnen zu können, bedarf es stets einer Vormeinung. Dasjenige also, was eine allein auf Rationalität pochende Wissenschaft bekämpfen und ausschalten will, das Vor-Urteil, erweist sich hier als eine Voraussetzung des geisteswissenschaftlichen Verfahrens. Das Vor-Urteil aber hängt an den emotionalen Bindungen, die den Menschen für bestimmte Objektivationen des Lebens einnehmen. Deshalb wird die Tugend des Naturwissenschaftlers – Distanz vom Objekt – für den Geisteswissenschaftler zum Nachteil. Er muß, um „verstehen" zu können, am Gegenstand seines Interesses engagiert sein und dieses Engagement in den Forschungsprozeß mit einbringen. Das ist nicht im Sinne von Willkür, subjektiver Parteinahme gemeint, sondern gerade umgekehrt als Disziplinierung des unter Berufung auf die ratio auftretenden Veränderungs- und Kritikwillens durch die Autorität der geschichtlich gewachsenen Ordnungen.

Jede rein rational, also nur auf die Vernunft gestützte Konstruktion menschlicher Verhältnisse bezeichnete Dilthey als die „radikale Doktrin" der „natürlichen Systeme". („Natürlich" hieß in diesem Zusammenhang soviel wie rational: „Natürliche Religion", „Naturrecht" usw.). Gegen den vermittelten Anspruch einer so als normierend und reglementierend auftretenden Theorie setzte er das Recht der geschichtlichen Praxis.

Vor diesem Hintergrund kann verständlich werden, warum Diltheys Konzeption der „Geisteswissenschaften" so erfolgreich war. Die Vorzüge dieser Konzeption entsprachen dem Orientierungsbedürfnis der Wissenschaft ihrer Zeit in dreifacher Hinsicht:

(1) Der Historismus fand sich glänzend gerechtfertigt mit seiner Sicherung des Eigenrechtes der geschichtlichen Welt. Die Leistungen der historischen und philologischen Disziplinen brauchten nicht problematisiert zu werden; sie fanden sich bestätigt, ebenso wie der Ausgliederungsprozeß der systematischen Geisteswissenschaften aus der Philosophie für richtig befunden und ermutigt wurde.

(2) Der Einwand der Kulturkritik gegen den Historismus, er lenke von den gegenwärtigen und zukünftigen Aufgaben zugunsten eines rein antiquarischen Interesses ab, war überboten. Dilthey hat die Geschichte als einen dynamischen Komplex geistiger Objektivationen sichtbar gemacht, der unhintergehbar auf lebendige

Gegenwart zielt. Geschichtswissenschaft – wie alle Geisteswissenschaften – war damit im Geltungsanspruch ihrer Aussagen freilich relativiert: auch diese Aussagen mußten nun als zeit- und kulturbedingt angesehen werden. Historismus war von Dilthey in eine Lebensphilosophie überführt worden. Aber gerade das erlaubte, die Kulturkritik selbst in den Historismus einzubeziehen. Denn es war nun das gesuchte Modell gefunden: Geschichte konnte an jedem Punkt dem verstehenden Erkennen zugänglich gemacht werden. Das Erkennen brauchte sich nicht mehr vom geschichtlichen Prozeß abzuschneiden, brauchte nicht Geschichte ihres Sinnes zu berauben.

(3) Die gesellschaftlichen Erneuerungsbewegungen im Kontext der Kulturkritik, die besonders in der Erziehung engagiert waren, fanden in der Diltheyschen Konzeption der Geisteswissenschaften ihr Selbstbewußtsein angemessen aufgehoben. Denn die hier den Wissenschaften abverlangte Auslegung des Sinns von geistigen Objektivationen war, wie Dilthey gesagt hatte, nur „möglich von der subjektiven Tiefe des Erlebens aus", von derjenigen Kraft also, die die verschiedenen „Bewegungen" alle für sich beanspruchten. Vor allem aber schützte sie Diltheys Kritik der „natürlichen Systeme" vor einer erneuten schulmeisterlichen Anmaßung von Theorien. Die Geisteswissenschaften nach Dilthey konnten nur wirksam werden, wenn sie die Vorgegebenheit der Praxis anerkannten, deren Engagement teilten und den durch sie repräsentierten Sinn des geschichtlichen Lebens stützten, ja selbst ein Teil davon wurden.

Vorbote einer hermeneutisch-pragmatischen Pädagogik

Wilhelm Dilthey war der Sohn eines Hofpredigers des Herzogs von Nassau, eines calvinischen Theologen, und er selbst hat zunächst auch Theologie studiert, hauptsächlich bei Schülern von Schleiermacher. Aber obwohl er noch im hohen Alter stolz darauf war, Nachkomme eines „hartgesottenen Reformierten" zu sein, hatte er sich doch schon früh mehr der Geschichte, die er bei Ranke hörte, der klassischen Philologie und der Philosophie zugewandt. Noch vor Abschluß seines Studiums gewann er 1859 einen zum Thema der Schleiermacherschen Hermeneutik und deren Verhältnis zu früheren Hermeneutik-Versuchen ausgeschriebenen Preis, promovierte mit einer Arbeit über Schleiermachers Ethik und habilitierte sich mit Analysen des moralischen Bewußtseins (1864). Er war Philosophie-Professor in Basel, Kiel, Breslau und – von 1882 an – in Berlin. Er hat den Begriff der „Deutschen Bewegung" geprägt, ist dabei aber keinen nationalistischen Verengungen erlegen, sondern interpretierte die Selbstfindung des deutschen Geistes aus einem europäischen Horizont. Unter den zahlreichen biographischen und historischen Essays, die er über einzelne Theologen, Philosophen, Dichter, Historiker und Politiker schrieb, waren glänzende Arbeiten auch über italienische, französische und englische Geistesgrößen. So vielfältig seine Interessen und seine Sensibilität für bedeutende Leistungen im Leben der Völker waren, so unterschiedlich hat er auch immer wieder neu angesetzt, die Geisteswissenschaften zu begründen. Seine eigenen Beiträge zur Pädagogik waren früher ausgearbeitet als eine entschieden hermeneutische Grundlegung

WILHELM DILTHEY

der Geisteswissenschaften durch den Zusammenhang von Erleben, Ausdruck und Verstehen. Die Pädagogik als eine selbständige, geisteswissenschaftliche Disziplin schloß im wesentlichen an die späten Arbeiten Diltheys an, doch sind auch Diltheys eigene, direkte Aussagen zur Pädagogik hier einzuordnen.

Von der historischen Relativierung aller Geltungsansprüche konnte Dilthey die Pädagogik nicht ausnehmen. Pädagogik als eine praktische Wissenschaft, als eine Disziplin, die dem Handeln dient – und das war nach Dilthey das Ziel aller Philosophien und Wissenschaften, ganz besonders aber der Pädagogik – mußte demnach die Frage beantworten, „welchem Punkt aus der Erkenntnis dessen, was ist, die Regel über das entspringt, was sein solle". Diltheys Antwort in negativer Hinsicht war durch die hermeneutische Grundlage eindeutig vorgezeichnet: Die Ziele der Erziehung, ihre Normen und Sinnorientierungen können keine Wissenschaft hervorbringen. Erziehungsziele sind von der Wissenschaft nur im Lebenszusammenhang aufzusuchen; es gibt sie nur in der geschichtlich bedingten Form der erzieherischen Praxis und ihrer Bewegungen. Eine Pädagogik, die die Erziehungsziele unabhängig von der vorgegebenen Praxis aus ethischen Normen, aus Weltanschauung, Theologie oder Metaphysik bestimmen will, kann das nur als „natürliches System" tun. Die von solchen Systemen beanspruchte inhaltliche Allgemeingültigkeit aber nannte Dilthey eine falsche. Den in den natürlichen Systemen der Pädagogik enthaltenen Irrtum der Theorie bezeichnete Dilthey als Grund dafür, daß die Pädagogik einerseits abstrakt bleibe, andererseits zersetzend auf die geschichtlichen Ordnungen wirke. Beides zusammen sei der Grund für die Mißachtung, die der Pädagogik berechtigterweise entgegengebracht werde; zugleich beleuchtete Dilthey die Situation der Pädagogik als einer letzten, noch nicht aus dem Zusammenhang von Philosophie und/oder Theologie entlassenen unvollkommenen Disziplin:

> „Während die historische Schule sonst überall längst das natürliche System verdrängt und eine geschichtliche Auffassung herbeigeführt hat, ist die Pädagogik allein rückständig geblieben. So ist sie eine Anomalie in den gegenwärtigen Wissenschaften. Die Mißachtung beruht auf dem richtigen Gefühl, daß sie eine Wissenschaft im modernen Verstande noch gar nicht sei..." [101]

Eben deshalb konnte die bisherige Pädagogik, und Dilthey schloß dabei den Herbartianismus ausdrücklich ein, kein angemessenes Verhälnis zu ihrer eigenen Geschichte finden:

„Die großen geschichtlichen Gestalten des Erziehungswesens, die aus den Tiefen der nationalen Kulturen hervorgegangen sind, unternimmt sie" – (Dilthey meint hier die Pädagogik der natürlichen Systeme) – „zu schulmeistern durch ihre abstrakte und eintönige Schablone. Sie ist blind gegen den historischen Tiefsinn und Zusammenhang. Das feine Gefüge dessen, was ist, die Vernünftigkeit des Wirklichen, wird von ihr den leeren Idealen der Utilitarier oder des subjektiven Ethos geopfert." [102]

Konnte Pädagogik im Bereich ihrer inhaltlichen Strukturen nur auf den Ertrag der geschichtlichen Entwicklung verwiesen werden, so nahm Dilthey im Seelenleben des Menschen eine unverrückbare, der geschichtlichen Veränderlichkeit zugrunde liegende Struktur an. Er nannte das die Teleologie des Seelenlebens, die in der Lage sei, Regeln anzugeben, innerhalb deren sich jede geschichtliche Erziehungspraxis bewege. Das durfte freilich nicht so verstanden werden, als ob eine abstrakte Formulierung psychologischer Gesetzmäßigkeiten auf konkrete Erziehungssituationen angewandt werden könnte. Ein solches Verfahren war von Dilthey gerade als der Irrtum des Herbartianismus ausgemacht. Vielmehr mußte nun umgekehrt gefolgert werden, daß in den von den geschichtlich handelnden Menschen hervorgebrachten und von ihnen als für gültig angesehenen Formen des erzieherischen Umganges eine Eigenstruktur der Erziehung wirksam war (vgl. Rousseau). Sie, die Eigenstruktur, ist der wahre Grund dafür, warum die individuelle Personwerdung des Menschen, seine Eingliederung in die Gesellschaft und seine Teilhaberschaft an der Kultur als Einheit der Bildung möglich und – jedenfalls von einer geisteswissenschaftlich verfahrenden Pädagogik – zutreffend beschreibbar sind.

Von daher hatte Dilthey dann auch keine Schwierigkeit, Erziehung als eine Funktion der Gesellschaft zu bestimmen, ohne damit den im Traditionszusammenhang der europäischen Pädagogik enthaltenen Widerstand gegen eine gesellschaftliche Funktionalisierung des Menschen zu unterschlagen. Was der deutschen Schulpädagogik während des gesamten 19. Jahrhunderts ein so belastendes Problem gewesen war, dessen Überwindung sich erst zu Beginn des 20. Jahrhunderts mit der Berufsbildungstheorie ankündigte, hatte Dilthey bereits fest im Griff.

„Die scheinbar auseinanderliegenden Aufgaben haben einen Koinzidenzpunkt, von welchem aus die einheitliche Aufgabe des Erziehungsgeschäftes erblickt werden kann. Dieser liegt in der Beziehung der psychologischen Tatsache der individuellen Anlagen auf die gesellschaftlichen Tatsachen der Arbeitsteilung und der getrennten Berufsart... So ergibt sich, daß die individuelle Entwicklung des Individuums und die Ausbildung seiner Person in Richtung seiner Anlagen das Interesse derselben an der Übung seiner Kräfte unterhalten und ihm ermöglichen, zu einer es ausfüllenden Tätigkeit überzugehen. Indem diese an einem Beruf angepackt wird, lebt es für das Ganze und leistet, was es zu leisten vermag. So wirkt die Erziehung im Interesse des Ganzen und bildet zugleich das eigentümliche Menschliche des Individuums als den in ihm liegenden Wert aus. Damit löst sich der Widerstreit der utilitarischen Richtung auf das für die Gesellschaft Richtige und der Forderung Rousseaus, das Individuum für sich selber auszubilden, auf dem Boden des tatsächlichen Lebens." [103]

Die an Dilthey anschließende geisteswissenschaftliche Pädagogik war die erste, in einem nennenswerten Sinne wirklich ausgeführte Darstellung der pädagogischen

Wissenschaft als selbständiger Einzelwissenschaft. Der unverrückbare Ausgangspunkt dieser Pädagogik hieß: „Erziehungswirklichkeit", diese freilich als historische Größe gefaßt. Die geschichtlich gewordenen Strukturen eines praktischen Zusammenhanges von Erziehungsnormen und Fakten sollten analysiert werden; von da aus erschien es aussichtsreich, der vorgegebenen Praxis, angeleitet durch deren eigenes Interesse, ein besseres Verständnis ihrer selbst zu eröffnen und eben dadurch den Fortschritt zu fördern. Daß diese Konzeption von wissenschaftlicher Pädagogik, als sie an der Wende zum 20. Jahrhundert wirksam wurde, bald alle anderen Ansätze überflügeln konnte, darf aber nicht allein auf ihren theoretischen Wert zurückgeführt werden. Entscheidender war vielmehr ihr Zusammentreffen mit dem Reformanspruch der pädagogischen Bewegungen, die, selbstsicher und von missionarischem Eifer getragen, sich keiner normativen Theorie mehr beugte, gleichwohl der inneren Klärung und Selbstverständigung bedürftig war: die ideale Erziehungswirklichkeit für den hermeneutisch-pragmatischen Ansatzpunkt. Der Dilthey-Schüler Herman Nohl hat dann in Übereinstimmung mit den methodologischen Prämissen der geisteswissenschaftlichen Pädagogik der pädagogischen Bewegung nachträglich die Theorie geschrieben (1930), so den vielfältigen Elementen dieser Bewegung den übergreifenden Zusammenhang gestiftet und die geisteswissenschaftliche Pädagogik zu einem Teil der pädagogischen Bewegung gemacht.

Die Vielgestaltigkeit der pädagogischen Wirklichkeit „Erziehung" konnte von der geisteswissenschaftlichen Pädagogik verstehbar gemacht werden; ihre Einheit aber konnte nur irrational vorausgesetzt werden. Denn das Leben mußte für Dilthey dasjenige sein und bleiben, „hinter welches nicht zurückgegangen werden kann". Die Faszination der großen Wirksamkeit darf nicht verdecken, daß dies für eine Wissenschaft von der Erziehung auf Dauer nicht das letzte Wort sein konnte.

PÄDAGOGIK IN NATIONALISTISCHER VERSTRICKUNG

Als die Österreicher 1866 die Schlacht bei Königgrätz verloren hatten, führten sie ihre Niederlage auf das Zündnadelgewehr, mit dem die preußische Armee im Gegensatz zu der eigenen ausgerüstet war, zurück *und* auf den Unterschied im Bildungswesen beider Staaten. Noch vor Ende des Krieges hieß es in einem vom österreichischen Standpunkt aus abgefaßten Zeitungsartikel, „daß, wenn die Preußen den Österreicher schlugen, es ein Sieg der preußischen Schulmeister über die österreichischen gewesen sey".[104] Diese Formulierung errang in mannigfachen Abwandlungen bald die Verbreitung eines „geflügelten Wortes". Sie wurde gleichsam offiziös durch einen vom Geheimrat Stiehl aufgesetzten gemeinsamen Bericht des preußischen Kultusministers und des Kriegsministers an König Wilhelm I.:

> „Ew. Königlichen Majestät Armee, die jetzt gekämpft und gesiegt hat, ist durch die preußische Volksschule hindurch und aus derselben hervorgegangen; Die Seminaristen, welche in der Stunde der Gefahr bereit waren, in Ew. Königlicher Majestät Armee das Leben einzusetzen für König und Vaterland, werden in der Zeit des Friedens als Lehrer ihre Schuldigkeit zu thun wissen in der Schule und an der Jugend des Volkes in Waffen."[105]

Stiehl wollte den Sieg der Waffen als Bestätigung seiner Pädagogik der Regulative festgehalten wissen. Fast 100 Jahre später (1960) fügte dem der Deutsche Ausschuß für das Erziehungs- und Bildungswesen kritisch hinzu, die „mangelnde Weltkenntnis der Deutschen", für die die Schule mitverantwortlich gewesen sei, habe indessen zwei Weltkriege verloren.

Wenn Bismarck Diplomaten für wichtige Missionen auszuwählen hatte, so pflegte er sie der Anekdote zufolge zu einem Geflügelessen einzuladen, bei dem Französisch gesprochen wurde. Bismarck konnte bei seiner Auswahl auf Menschen zurückgreifen, für deren Bildung es gemäß nachwirkender Gepflogenheiten aus vornationalistischer Zeit selbstverständlich war, die modernen europäischen Kultursprachen von klein auf zu beherrschen. Als Sohn aus gutem Hause lernte man sie in lebendigem Umgang mit Gouvernante und Hofmeister, auf Reisen und in Pensionaten, man konnte sie gebildet sprechen und schreiben, man war Mitglied einer internationalen Kultursphäre, die den ganzen Kreis des Lebens und Benehmens, der Gesittung und des Briefstils so gut umfaßte wie die Sicherheit in der Sprache. Ein halbes Jahrhundert später aber gab es kaum mehr Vergleichbares. Als der Reichsaußenminister Gustav Stresemann im Jahre 1928 nach Verhandlungen in London einen Vorbehalt behauptete, den die Engländer bestritten, erklärte der britische Botschafter in Berlin den Widerspruch damit, daß überhaupt schwierig zu sagen sei, was Herr Stresemann geäußert habe. Der Pädagoge Herman Nohl kommentierte diesen Vorfall mit der Anmerkung, Stresemann könne das Englische nicht sprechen, *weil* er es in der Schule gelernt habe:[106] Die Schule im Zeitalter des europäischen Nationalismus hatte das Verhältnis zu den Nachbarvölkern buchmäßig und literarisch werden lassen, nicht nur in Deutschland.

So wie in den anderen Ländern Europas, wurde der Kriegsausbruch 1914 auch in Deutschland mit Begeisterung aufgenommen, mit der Entfesselung eines Rausches von Erregung, der keinen Raum für eine rationale Analyse des Wahnsinns, in den sich Europa stürzte, ließ. Die meisten Menschen in den beteiligten Völkern hielten das jeweils eigene Land für das Opfer eines tückischen Anschlages auf die eigene Integrität und das eigene Lebensrecht, so daß der bevorstehende Kampf als die gerechte Sache der Selbstverteidigung erschien. In Deutschland aber war diese Stimmung, in der Vaterlandsverherrlichung und Todesbereitschaft als höchste Tugenden gepriesen und gefordert wurden, stärker, leidenschaftlicher und unbedingter als irgendwo anders. Denn die obrigkeitsstaatliche Verfassung, in der sich das zweite deutsche Kaiserreich befand, verfügte über keine demokratischen Korrektur- oder Einschränkungsmöglichkeiten des nationalistischen Rausches, wie sie in Frankreich und England immerhin gegeben waren. Das Sendungsbewußtsein, welches die Deutschen in ihre „Ideen von 1914" einbrachten, war eben nicht nur auf einen militärischen Verteidigungskrieg gegen eine Überzahl von Feinden gerichtet, sondern speiste sich aus einem kulturellen Überlegenheitsanspruch. Die politisch-ökonomischen Interessengegensätze der europäischen Staatenwelt, die faktisch zum Ersten Weltkrieg führten, wurden nur sekundär gesehen und diskutiert; die innenpolitische Entlastung schließlich, die der Kriegsausbruch für das Selbstverständnis der Herrschaftsordnung des Reiches brachte und die einen der Gründe für die überdimensionale Euphorie ausmachte, wurde überhaupt nicht gesellschaftlich, sondern nur nationalistisch wahrgenommen. Der Begriff dafür hieß „Burgfrieden“. Wilhelm II. verkündete ihn am 4. August 1914 mit den pathetischen Worten: „Ich kenne keine Parteien mehr; ich kenne nur noch Deutsche!“ Die Bewilligung der Kriegskredite durch den Reichstag, der auch die Sozialdemokraten zustimmten, die Kriegsbegeisterung auf den Straßen, bei der die Arbeiterschaft nicht hinter den anderen Gesellschaftsschichten zurückstand, war dafür ein Vorgang von hoher Symbolkraft. Die Illusion vom Krieg als einem großen Abenteuer, als Lösung und Erlösung von den schwierig gewordenen Problemen des täglichen Lebens in der technischen Zivilisation, als Aufbruch zu neuen Ufern der Hoffnung und der Zuversicht, war freilich bald verflogen. Aber als die Menschen bemerkten, was der Krieg wirklich war, als die Sinnlosigkeit des Todes von Hunderttausenden und Abertausenden an den Fronten im Westen, im Osten und auf den Meeren dämmerte, konnte kein Weg zum Abbruch des Mordens gefunden werden.

Die Rolle, die die Pädagogik bzw. ihre maßgeblichen Repräsentanten dabei spielten, war durch eine Verstrickung in die fatalen Irrtümer des Nationalismus gekennzeichnet – allerdings in Abstufungen, fast wie ein Spiegelbild der in dieser Zeit wirksam gewordenen Urteilsmöglichkeiten, die vom schärfsten Chauvinismus bis zur Außenseiterposition dessen reichten, der unter Inkaufnahme aller Konsequenzen Widerspruch gegen die allgemeine Verblendung erhob.

Wilhelm Rein, Jenenser Professor für Pädagogik und Philosophie, der letzte bedeutende Vertreter des Herbartianismus in Deutschland, gehörte zu den Pädagogen, die ihre Argumentation uneingeschränkt in den Nationalismus einstellten, diese Haltung während des ganzen Krieges beibehielten und in der Weimarer Republik fortsetzten. Ursprünglich hatte Rein politisch den Liberalen des Kreises um Naumann nahegestanden, doch trennte er sich von Naumann im Zusammenhang mit der Frage, ob Deutschland einen Siegfrieden mit weitgehenden Annektionen erzwingen oder besser einen Verständigungsfrieden zum Zwecke des Abbruchs des Völkermordens anstreben solle. Seine politischen Optionen betrachtete er unvermittelt auch als normative Orientierung für die Pädagogik, die ihren Kriegseinsatz in der Mobilisierung der Geister zu leisten habe. Wenige Tage nach Kriegsausbruch deutete er den Tatbestand, daß in Elsaß-Lothringen sich die Wehrpflichtigen in Ruhe und Ordnung bei den Meldebehörden eingefunden hatten:

> „Das Reichsland ist deutsch! Was die Friedenszeit vorbereitete, hat der Krieg zur Vollendung gebracht. Darum sei der uns aufgedrungene Krieg gegrüßt!“[107]

Als 1917 die parlamentarische Mehrheit im Deutschen Reichstag eine Friedensresolution verabschiedete, gehörte Rein sofort zu denen, die vermehrte Angriffe gegen diese Resolution publizierten und den freigewählten Abgeordneten das Recht bestritten, im Namen des deutschen Volkes zu sprechen. Kurz darauf trat er der von der Obersten Heeresleitung angeregten und vom Großadmiral von Tirpitz gegründeten „Deutschen Vaterlandspartei“ bei, die kein anderes Ziel verfolgte, als mit

Durchhalteparolen den erlahmenden Kriegswillen der Deutschen zu stärken. Die Propaganda der Vaterlandspartei hatte verheerende Folgen auf die Stimmung der deutschen Öffentlichkeit zu einem Zeitpunkt, da die Erreichung von annexionistischen Kriegszielen objektiv völlig unmöglich geworden war, ein ehrenvoller Frieden aber durchaus noch im Bereich des Möglichen lag.

Die meisten anderen Pädagogen sind in der Kriegsverherrlichung nicht so weit gegangen wie Rein, aber sie teilten doch bis zu einem gewissen Grade die 1914 offenbar gewordenen nationalistischen Gesinnungen und jedenfalls erlagen sie – zumindest zeitweise – den damit verknüpften pädagogischen Folgerungen. Durchgehender Ausgangspunkt der politisch-pädagogischen Stellungnahmen während des Ersten Weltkrieges, auch der Autoren, die dann während der Weimarer Republik bis in die Zeit der Bundesrepublik hinein als Hauptrepräsentanten der Erziehungswissenschaft galten – unter ihnen Georg Kerschensteiner, Herman Nohl, Eduard Spranger, Theodor Litt und Paul Natorp – war eine Frontstellung der deutschen Kultur gegen die westliche Zivilisation. Damit verbunden war der Gedanke, die Freiheit der Deutschen sei in der qualitativ definierten „Gemeinschaft" ausgedrückt, während – im Gegensatz dazu – die Gleichheit der Demokratien eine nur mechanische sei, die zur quantitativ bestimmten „Gesellschaft" führe. Das waren natürlich keine speziell von Pädagogen erfundenen Konstruktionen, sie waren vielmehr das kulturphilosophische Gemeingut des deutschen Bildungsbürgertums. Thomas Mann gab diesem Denken mit seinen „Betrachtungen eines Unpolitischen" eine literarisch glanzvolle Fassung, eine Leistung, die er, ähnlich wie viele Professoren aller Disziplinen, die sich politisch-publizistisch betätigten, als „Kriegsdienst" verstanden hat. In eine Geschichte der Pädagogik gehört dieses Kapitel insofern, als die Entgegensetzung von Gemeinschaft und Gesellschaft zu einer Konzeption von politischer Bildung drängte, die Gliedschaft und Einordnung positiv auszeichnete, dagegen Interessenauseinandersetzungen sowie politische Strategien der Konfliktregulierung, Konsensfindung oder gar Förderung von Kompromißfähigkeit negativ belegte. Darüber hinaus verwies die Abqualifizierung der angeblich mechanistischen Gleichheit nicht nur politisch auf eine Geringschätzung des parlamentarisch-demokratischen Systems, sondern pädagogisch auch auf eine Betonung der bedeutenden Einzelnen, der Helden, Führerpersönlichkeiten und Geistesgrößen. Von da aus war es dann kein weiter Weg mehr zur Anerkennung von Begabungstheorien, die die faktische Ungleichheit der Chancen als „natürlich" und von keiner Pädagogik zu korrigieren erscheinen ließen. Das war die Hypothek, mit der die Pädagogik nach 1918 in den Dienst der ersten deutschen Republik trat.

Aber die deutsche Pädagogik hatte auch einen Nonkonformisten in ihren Reihen, der aus seiner Verantwortung für die Jugend ganz andere politische Konsequenzen zog und öffentlich vertrat: Friedrich Wilhelm Foerster. Er gehörte zu den wenigen Pädagogen, die keinen Augenblick lang dem Nationalismus verfielen. Im Gegenteil: Foerster diagnostizierte, Deutschland sei am Staat erkrankt und durch den Staat entmenscht, und dieses obrigkeitsstaatliche, „verpreußte", von Nationalismus und Militarismus gezeichnete Deutschland sei „gar nicht das wahre, echte, deutsche Deutschland, an das wir glauben."[108]

Foerster lebte aus religiöser Überzeugung, entwickelte ein dem katholischen Ordo-Gedanken angelehntes System der ethischen Kultur und der Pädagogik, welches in der Friedenssicherung gipfelte – Frieden bezogen auf die innere Ordnung der Gesellschaft, auf das Zusammenleben der Völker, nicht aber auf die zerstörerische Gewalt des Bösen, der mutig und wenn nötig auch mit der Waffe entgegengetreten werden müsse. Pazifistische Gewaltlosigkeit erschien Foerster als ein zu erstrebender Wert innerhalb der „ethischen Kultur", nicht aber als feiges Zurückweichen vor Unmenschlichkeit und Götzendienst. Was Foerster mit innerem Frieden meinte, demonstrierte er schon 1895, als er der Beschimpfung der Sozialdemokratie als einer „vaterlandslosen Rotte" durch Wilhelm II. mit dem pädagogischen Hinweis entgegentrat, erst müsse man der Arbeiterschaft ein Vaterland schaffen, bevor man von ihr vaterländische Gesinnung fordern dürfe. Das brachte ihm eine dreimonatige Haftstrafe wegen Majestätsbeleidigung ein – die akademischen Studien setzte er danach in der Schweiz fort, wo er sich auch habilitierte. 1914 – er hatte gerade einen Lehrstuhl der Pädagogik an der Universität München angenommen – warnte er vor der Meinung, es sei mit „Kriegsschwätzen und Fahnenschwenken" getan, arbeitete die Notwendigkeit der Völkerverständigung heraus und mahnte, daß dies der „letzte Krieg der Kulturmenschheit" sein müsse. Je länger der Krieg dauerte, desto energischer forderte Foerster den Frieden – seine Fakultät distanzierte sich von ihm, Oberlehrer, vor denen er sprechen wollte, verließen geschlossen den Saal, der bayrische Kultusminister drängte ihn schließlich dazu, einen längeren Forschungsurlaub in der Schweiz zu verbringen. Unmittelbar nach dem Krieg nahm er für die revolutionäre bayrische Regierung von Kurt Eisner eine provisorische diplomatische Vertretung in Bern wahr, verhandelte mit Frankreich und der Schweiz um Lebensmittel für Bayern. Als er nach seiner Rückkehr nach München die nationalistisch aufgeputschte Agitation gegen die im Versailler Friedensvertrag enthaltene Behauptung der alleinigen Kriegsschuld Deutschlands nicht mitmachte, sondern im Gegenteil die Mitschuld der deutschen Intellektuellen am Weltkrieg zur Diskussion stellte, wurde er von der Münchner Studentenschaft niedergeschrien und mußte 1920 seinen Lehrstuhl aufgeben – 1933 wurde er von der NS-Regierung auch noch ausgebürgert: Foerster sollte kein Deutscher mehr sein!

Innerhalb seiner Pädagogik nahm die Theorie der staatsbürgerlichen Bildung einen besonderen Platz ein. Foerster sah die politische Erziehung in einem strengen Zusammenhang mit der Charakterbildung, verwarf die Trennung von privater Moral und öffentlicher Machtpolitik und suchte die Einheit der sittlichen Lebensform als Grundlage einer Erziehung für das Gemeinwesen sichtbar zu machen. Was er als junger Mann dem Kaiser als unerläßliche Voraussetzung vaterländischer Gesinnung bei der Arbeiterschaft ins Stammbuch geschrieben hatte, sah er vom Prinzip her als den einzig erfolgversprechenden Weg der Problemlösung an:

> „Wer in einer Zeit egoistischer Zersetzung wirklich die soziale Wiedergeburt vorbereiten will, der muß den Staat zuerst einmal in den Tiefen der Seele fundamentieren, muß dort durch die tiefdringende religiös-sittliche Einwirkung das Streben nach Recht und nach Gemeinschaft anstelle des Strebens nach Vergewaltigung setzen."[109]

Die von Foerster aufgewiesenen pädagogischen Möglichkeiten der Erziehung zu einer nicht-chauvinistischen deutschen politischen Kultur, zum sozialen Verantwortungsgefühl den Schwachen und Benachteiligten gegenüber, zur Toleranz, die die eigene Überzeugung nicht preisgibt, aber den Gegner und dessen Überzeugungen respektiert, waren eine Ermutigung beim Übergang Deutschlands von der Monarchie zur Republik. Neben den Arbeiten Kerschensteiners waren die von Foerster maßgeblich dafür, daß die Weimarer Verfassung der Schule die „staatsbürgerliche Gesinnung" als ein Erziehungsziel aufgeben und „Staatsbürgerkunde" als Unterrichtsfach festlegen konnte. Aus dem Geist und dem Erfahrungshorizont der Jugendbewegung heraus hatte Foerster didaktische Perspektiven für die politische Bildung entworfen, die bei all denen, die überhaupt bereit waren, sich auf den Boden einer parlamentarischen Demokratie zu stellen, diskussionsbelebend wirkten – daß Foersters politische Option letztlich nur die eines Außenseiters war und blieb, war das Schicksal der Republik von Weimar.

LABORSCHULE BIELEFELD
(Foto: Jörg Bockow)

Kapitel IV:
Von Weimar nach Bonn
Schulgeschichte 1920-1970
Der Weimarer Schulkompromiss

Der letzte kaiserliche Kanzler des zweiten deutschen Reiches war Prinz Max von Baden; er war zugleich der erste Kanzler dieses Staates mit einer parlamentarischen Legitimation. Nachdem die oberste deutsche Heeresleitung, die bis zum September 1918 äußerste Kriegsanstrengungen mit illusionären Zielsetzungen gefordert und jede Möglichkeit eines Verständigungsfriedens verhindert hatte, die militärische Niederlage eingestehen mußte, sollten die bis dahin verächtlich behandelten Parteipolitiker die Verantwortung für den verlorenen Weltkrieg übernehmen. So gab es im Oktober 1918 eine Regierung, in der die Mehrheitsparteien des Deutschen Reichstages – Sozialdemokraten, katholisches Zentrum und Liberale – vertreten waren. Diese politische Gruppierung konnte die Hohenzollern-Monarchie nicht mehr retten. Der rapide Zerfall der staatlichen Autorität in der Armee, in den industriellen Zentren, in Ländern und Städten des Reiches schritt unaufhaltsam fort, aber vorgezeichnet waren Möglichkeiten einer Koalition, die das Machtvakuum füllen und die kommende Republik repräsentieren würde.

Am 9. November 1918 dankte Kaiser Wilhelm II. ab; Prinz Max von Baden übergab das Amt des Reichskanzlers an den Vorsitzenden der sozialdemokratischen Partei, Friedrich Ebert, mit den Worten: „Ich lege Ihnen das Deutsche Reich ans Herz," worauf dieser antwortete: „Ich habe zwei Söhne für dieses Reich verloren." Am gleichen Tage wurde die Deutsche Republik ausgerufen. Daß diese Republik ihre verfassungsrechtliche Struktur durch die Souveränität des Volkes, ausgedrückt durch eine in freier Wahl legitimierte Nationalversammlung erhalte, verstand die SPD als ihren demokratischen Auftrag. Sie hat diesen Auftrag loyal verteidigt gegen alle rätedemokratischen Intentionen, wie sie von den während des Krieges aus der Sozialdemokratie selbst hervorgegangenen radikaleren sozialistischen Parteien (USPD und KPD) vertreten und durch das Beispiel der großen russischen Oktoberrevolution des Jahres 1917 ermutigt waren, ebenso wie gegen rechtsextremistische Anfechtungen und Störmanöver. Oswald Spenglers Wort: „Sie" – die Sozialdemokraten – „hatten plötzlich, was sie seit 40 Jahren erstrebten, die volle Gewalt und empfanden sie als Unglück" brachte die konservative Verachtung der demokratischen Loyalität, an der es der Weimarer Republik bis zur nationalsozialistischen Machtergreifung 1933 gebrach, höhnisch auf den Begriff. Dem korrespondierte auf der Linken die Einschätzung des gleichen Sachverhaltes als „Verrat", weil nicht anzunehmen war, daß ein von der Gesamtheit aller Bürger frei gewähltes Repräsentativorgan eine sozialistische Mehrheit haben würde, ganz zu schweigen von der Frage, ob der

Kapitalismus dem Verdikt einer verfassungsgebenden Nationalversammlung weichen würde.

Die Parteien der Weimarer Koalition – Sozialdemokraten (SPD), Zentrum (Z) und Deutsche Demokratische Partei (DDP – eine Parteineugründung, die die linksliberalen Kräfte aus den liberalen Parteien des Kaiserreiches zusammenfaßte) – verfügten in der Nationalversammlung über 76% der Mandate. Keine dieser Parteien konnte allein regieren, keine hätte mit anderen Parteien die bevorstehenden schweren Aufgaben – Ratifizierung des Versailler Friedensvertrages und Verabschiedung der republikanischen Reichsverfassung – lösen können. Gemeinsam standen sie in der Pflicht zum politischen Konsens, der allein die Republik möglich machte und der der Verfassung die stolze Präambel vorausschicken durfte:

> „Das Deutsche Volk, einig in seinen Stämmen und von dem Willen beseelt, sein Reich in Freiheit und Gerechtigkeit zu erneuern und zu festigen, dem inneren und dem äußeren Frieden zu dienen und den gesellschaftlichen Fortschritt zu fördern, hat sich diese Verfassung gegeben."[110]

Die Einigungsmöglichkeiten der Parteien der Weimarer Koalition gingen zurück auf die Optionen für den demokratischen Rechts- und Verfassungsstaat. Ihre differierenden Vorstellungen über das Ausmaß gemeinwirtschaftlicher und sozialstaatlicher Elemente konnten demgegenüber einstweilen zurückgestellt werden, nicht aber in bezug auf Kultus und Unterricht. Da sie sich über weltanschaulich-ideologische Prinzipien als Parteien konstituiert hatten, wichen ihre programmatischen Zielperspektiven gerade in der Bildungspolitik nicht nur erheblich voneinander ab, sondern machten ein Stück des Identifikationsangebotes für ihre Anhängerschaft aus. So bedurfte es eines zweimaligen Anlaufes zum „Weimarer Schulkompromiß", bis die Verfassung endlich verabschiedet werden konnte.

Die Schwierigkeiten, die der Schulkompromiß bereitete, erklären, warum die das Bildungswesen regulierenden Verfassungsartikel viele Fragen offen ließen, mehrdeutig auslegbar waren und konkrete Entscheidungsfragen einer späteren Gesetzgebung auftrugen. Trotz des unverkennbaren Kompromißcharakters war das, was die Verfassung zu „Bildung und Schule" festlegte, den Buchstaben wie dem Geiste des Gesamtentwurfs durchaus würdig, antizipativ auf eine noch zu schaffende neue gesellschaftliche Wirklichkeit ausgelegt und den schöpferischen pädagogischen Kräften einen weiten Spielraum möglicher Entfaltung eröffnend. Die wichtigsten Passagen lauteten:

> ARTIKEL 145: Es besteht allgemeine Schulpflicht. Ihrer Erfüllung dient grundsätzlich die Volksschule mit mindestens acht Schuljahren und die anschließende Fortbildungsschule bis zum vollendeten achzehnten Lebensjahre.
>
> ARTIKEL 146: Das öffentliche Schulwesen ist organisch auszugestalten. Auf einer für alle gemeinsamen Grundschule baut sich das mittlere und höhere Schulwesen auf. Für diesen Aufbau ist die Mannigfaltigkeit der Lebensberufe, für die Aufnahme eines Kindes in eine bestimmte Schule sind seine Anlage und Neigung, nicht die wirtschaftliche und gesellschaftliche Stellung oder das Religionsbekenntnis seiner Eltern maßgebend.
>
> Innerhalb der Gemeinden sind indes auf Antrag von Erziehungsberechtigten Volksschulen ihres Bekenntnisses oder ihrer Weltanschauung einzurichten, soweit hier-

durch ein geordneter Schulbetrieb... nicht beeinträchtigt wird.[111]

Der Weimarer Schulkompromiß bezog sich auf die gemeinsame Grundschule und auf die Konfessionalität der Volksschule. Beides war als Problemstellung vorgegeben in der der Pädagogischen Bewegung zuzurechnenden Tendenz zur „Einheitsschule". Die Pädagogische Bewegung mit ihrem Ursprünglichkeitspathos, ihren Versuchen, das pädagogische Verhältnis zwischen Erwachsenen und Kindern aus erstarrten Formen zu lösen, erzieherische Energien freizusetzen und das Jugendalter als eine Lebensstufe eigenen Rechtes zu begreifen, war, soweit überhaupt auf „Schule" gerichtet, primär an deren „innerer" Reform interessiert. Aber das heißt nicht, daß Aspekte der Bildungsorganisation ganz aus dem Blick verbannt waren, wenn freilich auch durch die Subsumtion unter den Begriff der „äußeren" Reform etwas distanziert. Daß dem vorgegebenen, unter den Bedingungen der Industrialisierung und dem Interesse einer Sicherung von „Bildung und Besitz" sich immer weiter differenzierenden Schulaufbau mit dem Schlagwort der „Einheitsschule" die Alternative entgegengehalten wurde, war lange vorbereitet: Das Prinzip einer einheitlichen Nationalschule hatte, wenn auch in unterschiedlicher Intensität und zu keinem Zeitpunkt mit einer Realisierungschance, das ganze 19. Jahrhundert beschäftigt. Humboldt und Süvern hatten es zu Beginn des Jahrhunderts auf die bildungspolitische Tagesordnung gesetzt; von den zur bürgerlichen Revolution von 1848 führenden Kräften war es erneuert und in seinem pädagogischen Anspruch durch Adolf Diesterweg exemplarisch formuliert worden. Im letzten Drittel des Jahrhunderts aber hatte in dem Maße, in dem faktisch die strenge Dreigliedrigkeit eines vertikal gegliederten Schulsystems durchgesetzt wurde, die deutsche Volksschullehrerschaft ihr Selbstbewußtsein über die Einheitsschulbewegung definiert. Repräsentativ dafür war der an die 48er Revolution anknüpfende, 1871 gegründete Deutsche Lehrerverein (DLV), der schließlich dreiviertel aller männlichen Volksschullehrer organisierte und alle übrigen Lehrerverbände an Mitgliederzahl bei weitem übertraf. Georg Kerschensteiner trug 1914 für den DLV Leitsätze zur „nationalen Einheitsschule" vor, die eine Differenzierung des Bildungswesens nach individuellen Begabungsrichtungen und gesellschaftlichen Funktionsbereichen begründeten, ohne die Selbständigkeit der überlieferten Schulformen ernstlich in Frage zu stellen; aber alles das, was von den Intentionen der Pädagogischen Bewegung zur Gemeinüberzeugung fortschrittlich denkender Lehrer gehörte, war in den Begriff der Einheitsschule aufgenommen. Zwei Jahre später legte der eigentliche Wortführer der Einheitsschulbewegung, Johannes Tews, ebenfalls für den DLV, ein sehr viel weitergehendes, voll durchstrukturiertes Organisationsmodell vom Kindergarten bis zur Hochschule vor, das die Einheitsschule ohne soziale oder konfessionelle Trennung der Kinder und mit einem einheitlichen Lehrerstand postulierte.

In ähnlichem Sinne optierte die sozialdemokratische Partei, die erst nach der Jahrhundertwende begonnen hatte, einen schulpolitischen Standpunkt zu entwickeln. Unter maßgeblichem Einfluß von Heinrich Schulz waren die Prinzipien einer sozialistischen Schulreform

▷ Öffentlichkeit (Abschaffung der Privatschulen),

- ▷ Unentgeltlichkeit (Abschaffung der Schulgelderhebung),
- ▷ Weltlichkeit (Abschaffung der Konfessionsschule),
- ▷ Koedukation (Ablehnung der Geschlechtertrennung in der Schule) und
- ▷ sozialistische Lehrplangestaltung (Ablehnung von Kulturverbalismus und politisch-dynastischer Indoktrination)

im Organisationsentwurf einer Einheitsschule zusammengefasst worden, die den Gegensatz von Hand- und Kopfarbeit in der Bildung aufheben und damit die manuelle Arbeit von ihrer diskriminierenden Bewertung befreien sollte.

Diese Entwürfe machen deutlich, welche Erwartungen an eine republikanische Neuordnung des Bildungswesens gerichtet waren, und daß die von der Weimarer Reichsverfassung aufgegriffenen Punkte unter die Gesamtproblematik „Einheitsschule" fielen. Der Begriff der Einheitsschule war im Verfassungstext freilich nicht enthalten; die prospektive Umschreibung, das öffentliche Schulwesen sei „organisch auszugestalten", trug nicht nur den unterschiedlichen Auslegungen innerhalb der Pädagogischen Bewegung Rechnung, sondern ließ auch den konservativen Gegnern, die, in Umdrehung ihrer eigenen Argumente bei der Durchsetzung der Grundständigkeit der höheren Schulen in der 2. Hälfte des 19. Jahrhunderts, nun „Leistungsverfall" und „Gleichmacherei" befürchteten, eine Möglichkeit, gerade die geschichtlich gewordenen Strukturen des Bildungswesens als die organisch gestalteten auszugeben. Die positive Basis, die der Kompromiß der Weimarer Koalition enthielt, war die gemeinsame vierjährige Grundschule für alle, die Beseitigung der politischen wie pädagogischen Ärgernisse der „Vorschulen" und so, verbunden mit dem Prinzip der Öffentlichkeit, ein seitdem nicht mehr in Frage gestellter Meilenstein auf dem Weg zu einer einheitlichen Schule. Das zweite, weniger gut gelöste Problem war die konfessionelle Gebundenheit der Schule. Konfessionalität war für den seit Bismarcks Kulturkampf im Zentrum politisch geeinten Katholizismus ebenso unverzichtbar wie für Sozialdemokraten und Liberale die Weltlichkeit der Schule. Der Kompromiß wurde dadurch möglich, daß die Simultanschule – die die Schüler verschiedener Konfessionen zusammenfaßt, ihnen aber konfessionell getrennten Religionsunterricht erteilt – zur Regelschule erklärt wurde und zugleich Bekenntnis- und Weltanschauungsschulen als gleichberechtigte Möglichkeiten zugelassen wurden.

Das dreigliedrige System allgemeinbildender Schulen

Alle mit der weiteren Entwicklung des Schulwesens auf der Grundlage der neuen Verfassungsartikel verbundenen Probleme waren Gegenstand der in jeder Geschichte des deutschen Bildungswesens erwähnten Reichsschulkonferenz von 1920. Vertreter der Ministerien aus dem Reich und den Ländern, Repräsentanten der Lehrerverbände, der Schularten und pädagogischen Institutionen, der Kirchen und Weltanschauungsgruppen, des Handwerks und der Industrie, der Jugend- und der Frauenvereinigungen, berieten gemeinsam mit Einzelpersonen, die sich in der pädagogischen Reformbewegung oder in der pädagogischen Wissenschaft einen

Namen gemacht hatten und zur Konferenz hinzugezogen worden waren. Die Perspektiven, die die Verfassung für das Bildungswesen eröffnet hatte, wurden kontrovers diskutiert und auf Konsensfähigkeit ebenso wie auf innere Stimmigkeit hin befragt. Aber so wichtig die Reichsschulkonferenz war – die ihr zugedachte Funktion eines pädagogisch legitimierten Wegweisers konnte sie nicht erfüllen. Sie konnte keinen Bildungsgesamtplan als Konferenzergebnis vorweisen. Aber selbst wenn sie sich auf ein wie auch immer reduziertes Minimalprogramm geeinigt hätte, so hätte sie doch keine bildungspolitisch handlungsfähige Reichsregierung ansprechen können. Noch vor Konferenzbeginn hatte das Reich seine gesetzgeberische Kompetenz für das Bildungswesen genutzt und das Reichsgrundschulgesetz verabschiedet – es war das erste und einzige Mal, daß der Reichstag zu einem solchen Akt fähig war. Denn in der unmittelbar darauffolgenden Reichstagswahl schmolz der Stimmenanteil der drei Parteien der Weimarer Koalition auf 44% zusammen – wäre es dieser Koalition schon schwer genug gewesen, sich über mehr zu einigen als über das, was bereits im Verfassungskompromiß und dem daran anschließenden Grundschulgesetz festgehalten war, so bestand nach der parlamentarischen Erstarkung von konservativen und linksextremen Gruppierungen überhaupt keine Chance mehr für ein großes, den Gesamtzusammenhang des Bildungswesens im Geiste der Demokratie und unter Respekt vor einer relativen pädagogischen Autonomie regelndes Reichsschulgesetz.

Von dieser politischen Voraussetzung aus ist die Entwicklung des Bildungswesens für die Zeitspanne eines halben Jahrhunderts von Weimar bis Bonn als ein Kontinuum aufschließbar, trotz der darin enthaltenen zwölfjährigen Herrschaft des Faschismus und des staatlichen Ruins von 1945. Der Zusammenhang ist so stark, daß er unter Verzicht auf viele historische Details als ein systematischer diskutiert werden kann: Die angezeigten Vorgaben verpflichteten die Schulentwicklung auf das Organisationsprinzip der Vertikalität. Damit war gemeint, daß Kinder und Jugendliche der gleichen Altersstufe in getrennten, also im System parallel nebeneinander angeordneten Schulen unterrichtet wurden. Diese vertikale Orientierung hatte nur dann einen Sinn, wenn die Schulen sich nach Besuchsdauer, Abschlüssen, Berechtigungen, Vermittlung von beruflichen Chancen und gesellschaftlichem Ansehen unterschieden und unterscheiden *sollten*. Die getrennten Schullaufbahnen begannen – bei strikter Anwendung der Vertikalität – mit der Einschulung des Kindes und ließen spätere Übergänge nur in Ausnahmefällen zu. Ein solches System machte fünf Voraussetzungen, die zugleich den substantiellen Kern der dieses System problematisierenden bildungspolitischen Kontroversen umschrieben:

Die *erste Voraussetzung* unterstellte, daß die Eignung eines Kindes für einen bestimmten Bildungsgang aufgrund seiner Intelligenz oder Begabung, seines Fleißes oder seiner Motivation vor dem Einfluß schulisch organisierten Lernens feststellbar und dann – von der Potenz her gesehen – auch mit einiger Verläßlichkeit prognostizierbar sei. Das vertikale System sicherte also leistungshomogene Lerngruppen, die eine schulform- und abschlußbezogene pädagogische Förderung ermöglichten. Unter Inanspruchnahme eben dieser Voraussetzung war es Ende des 19. Jahrhunderts möglich gewesen, die Überfüllung mit „Ungeeigneten“, zugleich aber auch den zu hohen Leistungsdruck im Gymnasium zu beklagen und von daher mit der sozialen Selektion vor Schuleintritt (Vorschulen) die „Grundständigkeit“ der höheren Schulen durchzusetzen. Die für alle Kinder gemeinsame und obligatorische Grundschule, die die Weimarer Republik verfügte, war der erste Einbruch in die Vertikalität. Mit der Grundschule war in Zweifel gezogen, ob die Eignung eines Kindes für einen bestimmten Bildungsgang tatsächlich schon vor Schulbeginn festgestellt werden könne, aber auch, ob die soziale Trennung der Kinder gesellschaftspolitisch und pädagogisch vertretbar sei. Damit hatte sich das Kriterium verschoben: Nicht der gesellschaftliche und ökonomische Status der Eltern, sondern, wie es die Reichsverfassung in Artikel 146 ausdrücklich formuliert hatte, Anlage und Neigung und – daraus resultierend – die Leistung des Kindes sollten nach vier Grundschuljahren über die weitere Schullaufbahn entscheiden. Die allgemeine deutsche Grundschule problematisierte aber noch eine weitere Voraussetzung des vertikalen Systems.

Die *zweite Voraussetzung* machte nämlich geltend, daß die über Begabung und Motivation definierten leistungshomogenen Lerngruppen die individuelle Förderung begünstigen oder überhaupt erst ermöglichen würden. War die Grundschule aber erfolgreich, so konnte eine entsprechende Frage an die an sie anschließenden Schularten nicht ausbleiben. Tatsächlich hat die schulpolitische Diskussion diese zweite Vorentscheidung des vertikalen Systems häufig desavouiert, wenn sich andeutete, die Übergangsquoten in weiterführende Schulen könnten entschieden größer werden. Dann nämlich wurde nicht nur, was im Einklang mit dieser Voraussetzung stand, der drohende Niveauverlust des Gymnasiums beklagt, sondern auch die „Auspowerung“ der Volksschule, ihre Reduktion auf eine „Restschule“, die nicht mehr leistungsfähig sei, weil im Klassenverband keine Anregung mehr von den geistig Regsameren und mithin Begabteren ausginge. Daraus aber konnte geschlossen werden, daß die Leistungshomogenität der Lerngruppe offenbar doch nicht das pädagogisch optimale Wort sei, daß jedenfalls unter bestimmten Bedingungen auch gerade eine gewisse Streuung der Anregungspotentiale notwendig sei. Von hier aus, über den engeren Horizont unterrichtsmethodisch-schulpädagogischer Überlegungen weitergedacht, kam eine dritte Voraussetzung in die Diskussion.

Diese *dritte Voraussetzung* bezog sich auf die gesellschaftliche Wünschbarkeit, den kulturellen Besitz des Volkes, wie er sich im Gesamtzusammenhang der Lerninhalte eines nationalen Bildungswesens niederschlägt, in unterschiedlichen Niveaustufen zu vermitteln. Die Reichsverfassung hatte ja in Artikel 146 nicht nur das individuelle Recht des einzelnen, nach Anlage und Neigung den Bildungsgang wählen zu dürfen, festgelegt, sondern auch als gleichsam objektive Richtschnur für eine „organische Schulentwicklung“ die „Mannigfaltigkeit der Lebensberufe“. Eine gesellschaftliche Funktionalisierung der Schule mit der Konsequenz, Bildung als Verteilungsschlüssel von Sozialchancen zu gebrauchen, stand freilich in einer gewissen Spannung zu den Versprechungen der Pädagogik von der allgemeinen und reinen Menschenbildung. Konnte diese Spannung noch notdürftig überbrückt werden mit dem Argument, unter dem Gesichtspunkt der Persönlichkeitsentwicklung seien die Formen höherer, wissenschaftsorientierter und niederer, volkstümlicher Bildung durchaus gleichwertig, so mußte doch verständlich gemacht werden, was vom pädagogischen Standpunkt gesehen gegen eine u.U. auch dramatische Verschiebung der prozentualen Anteile eines Jahrganges an den verschiedenen Bildungswegen des vertikalen Sytems sprach. Politisch gesehen hatte die Reichsverfassung den Aufstieg des Tüchtigen geradezu postuliert: Grundschulreform, erweiterte Bildungsbeteiligung der Mädchen, Brechung der noch bestehenden Hemmungen gegen das Frauenstudium, Heranführung von Arbeiterkindern an die Universitäten – das alles war eingeleitet und ausdrücklich gewollt. Aber der sozialstrukturelle Druck nach Aufstiegschancen durch Bildung, wie er in erster Linie vom unselbständigen Mittelstand ausging, führte ab 1930, ähnlich wie in den 80er Jahren des 19. Jahrhunderts, zu einer schweren Qualifikationskrise: Ein „Überangebot" an Akademikern machte, verschärft durch die Weltwirtschaftskrise, die Einlösung der bis dahin mit wissenschaftlicher Bildung verbunden gewesenen gesellschaftlichen Privilegien unmöglich. Vom traditionellen Bildungsbürgertum und den bisherigen Funktionseliten wurde der Sachverhalt ebenso sehr als Bedrohung wie vom aufstiegsorientierten Mittelstand als Enttäuschung empfunden, und zwar so stark, daß schließlich die gesamten Anstrengungen für verbesserte Bildungschancen der Massen als „volksbiologisch ungesund" gedeutet werden konnten. Der Nationalsozialismus knüpfte unmittelbar daran an, setzte „Bildungswahn" mit „Volkstod" identisch, verwarf das humane Ideal der Individualitätsbildung, machte die Intellektualität verächtlich und förderte die Umleitung der Erziehung auf Schulung und Gemeinschaftserlebnis. So löste der NS-Staat die Qualifikationskrise auf eine Weise, die dem Verfassungs- und Rechtsstaat verschlossen gewesen war, nämlich durch eine rücksichtslose Begrenzung der Bildungsmöglichkeiten: Für den Abiturientenjahrgang 1934 wurde die Höchstzahl der Studierenden so festgelegt, daß nur jeder zweite Abiturient und jede siebente Abiturientin einen Studienplatz erhielten – die Gesamtzahl der Studierenden im Deutschen Reich sank von 1932 bis 1939 von 98000 auf 40000, eine Minderung, die freilich auch demographische Gründe hatte. Wenn man aber für den gleichen Zeitraum die noch stärkere Reduktion der weiblichen Studierenden von 18000 auf 5000 bedenkt, sind Stoßrichtung und Wirksamkeit der restriktiven Bildungspolitik des NS-Staates offenkundig.

Indessen: so sehr auch in Zeiten von Qualifikationskrisen die Überbetonung der Bildung, speziell der intellektuellen und wissenschaftlichen Bildung kritisiert, die Kräfte des Gefühls und des Einfachen, an festen Vorbildern gläubig orientierten Denkens gepriesen wurden, so konnte doch nicht übersehen werden, daß gerade dadurch die Privilegierung der höheren Bildung erneut befestigt wurde. „Bewußtseinsbildung für die Herrschenden, Symbole der Herrschaft für die Beherrschten,"[112] so hat das Heinz-Joachim Heydorn genannt. Dieses Ergebnis ist aber nur dann als stimmig zu erkennen, wenn auch eine vierte Voraussetzung des vertikalen Systems in die Erwägungen einbezogen wird.

Die *vierte Voraussetzung* hat immer bestritten, Schulen hätten den Auftrag, die unterschiedlichen Chancen der Kinder auszugleichen. Demgegenüber wurde geltend gemacht, die Chancen der Kinder seien aller Pädagogik vorgegeben; sie seien als die unverrückbaren Voraussetzungen zur Entfaltung individueller Möglichkeiten anzusehen. „Fort deshalb", so folgerte ein Diskussionsredner während der Reichsschulkonferenz, „mit der Anschauung, die schon so viel Unheil gestiftet hat, alle Kinder hätten ein Recht auf die gleiche Bildung... Das gleiche Recht der Kinder besteht darin, daß jedes einzelne den Weg zu sich selber finde."[113] Und noch ein halbes Jahrhundert später, an die Adresse der bundesrepublikanischen Bildungsreform gesprochen, wurden die Chancen des Kindes ganz ähnlich, wenn auch intellektuell differenzierter, über den Zusammenhang von „Talent, Glück und Fleiß" definiert mit der Folgerung, daß derjenige, der die Unterschiede des Talents leugne, die des Glücks nicht dulden und die des Fleißes geringschätzen müsse. Das war konsequent gedacht. Denn nachdem die Weimarer Reichsverfassung das Kriterium für die Wahl der Schullaufbahn vom Sozialstatus der Eltern auf die Leistung des Kindes verschoben hatte, konnte das vertikal geordnete Bildungswesen nur noch mit den unterschiedlichen „Begabungen" legitimiert werden – jede andere Begründung wäre im bürgerlichen Verfassungsstaat, der die Rechtsgleichheit aller Bürger garantiert, politisch unhaltbar. Selbst Adolf Hitler, dem republikanische Verfassung und Bürgerrechte nichts galten, sprach von einem „Staat, in dem die Geburt gar nichts, Leistung und Können alles" über den sozialen Aufstieg des Menschen entscheide. Ein Blick auf die Sozial- und Schulstatistik könnte zu dem Schluß führen, daß die NS-Schulpolitik nichts getan habe, um dieses Postulat einzulösen. Denn die Öffnung des Bildungswesens, die in der Weimarer Republik eingeleitet worden war, ist nach 1933 weitgehend zurückgenommen worden, besonders deutlich ablesbar an der rigorosen Einschränkung des Frauenstudiums. Aber eine solche Betrachtungsweise stellt schon in Rechnung, was nicht nur die nationalsozialistische, sondern auch die vorausgegangene wie nachfolgende republikanische Bildungspolitik nicht ernstlich in Betracht gezogen hat, nämlich daß Leistung und Können, mithin „Erfolg" in Schule, Berufsausbildung und anderen gesellschaftlichen Betätigungsfeldern, auch eine Funktion der durch die sozioökonomische Lage der Eltern gegebenen Sozialisationsbedingungen sind. Da eine solche Annahme die hier erörterte vierte Voraussetzung des vertikalen Systems hätte problematisch erscheinen lassen müssen, war die Aufmerksamkeit auf die naturhaft-genetisch bedingte „Begabung" konzentriert. Auch die progressiven, an sozialer Öffnung des Schulwesens und expansiver Bildungspolitik interessierten Teilnehmer an der Reichsschulkonferenz 1920 stimmten mit ihren konservativen Partnern überein, daß der Mensch gegen das ihm anlagemäßig zugestandene Maß an Intelligenz keine Berufungsinstanz anrufen könne und daß das pädagogische Problem bei der Auslese und der Einfädelung in den individuell „richtigen" Bildungsgang liege. Folgerichtig mußte zur Legitimation des vertikal gegliederten allgemeinbildenden Schulwesens die Existenz von drei Begabungsrichtungen behauptet werden: Praktische, technische und theoretische Begabungen, denen die drei Schulformen Volksschule, Mittelschule und höhere Schule gerecht würden. Auf der Ebene der sogenannten „theoretischen" oder auch „wissenschaftlichen" Begabungen wurde die Argumentation in abgewandelter Form wiederholt, um die verschiedenen Typen der höheren Schule als eine pädagogische Antwort auf die Interessenverzweigung der Jugend interpretieren zu können. Der Zusammenhang mit dem ökonomischen Bedarf an technisch-wissenschaftlich geschulten Arbeitskräften erschien demgegenüber in Gestalt einer Zuordnung der drei Schularten drei beruflichen Anspruchsebenen: Berufe einer manuell-ausführenden, einer technisch-transformierenden und einer geistig-führenden Schicht. Damit aber war die fünfte Voraussetzung des vertikalen Systems erreicht.

Diese *fünfte Voraussetzung* operierte mit der Annahme, es bestünde eine prästabilisierte Harmonie zwischen der Organisation des Bildungswesens, dem Beschäftigungssystem, den in der Jugend wirksamen Neigungen und Begabungen, den Möglichkeiten pädagogischer Förderung und der sozialen Gerechtigkeit. Unstimmigkeit, ja Unhaltbarbeit solcher Annahmen waren leicht erkennbar und sind von Anfang an beanstandet worden. Die Kritik der harmonistischen Wunschvorstellungen erfolgte nicht nur, wie sich von selbst versteht, von sozialistischer Seite, vom Standpunkt gesellschaftskritischer und philosophischer Analysen, sondern ebenso auch im Interesse der Erhaltung der ökonomischen Ordnungsstrukturen, die den Wechsel vom Kaiserreich zur Republik überdauert hatten. Mit eisiger Schärfe war das entsprechende Argument bereits der Reichsschulkonferenz 1920 vorgetragen worden:

> „Ein weiteres Schlagwort ist die größtmögliche Entfaltung der im Kinde steckenden Fähigkeiten. Das ist das richtige Schlagwort für die Zukunft, für die Zeit der Anarchie... Wir brauchen 50% ungelernte Arbeiter. Das ist eigentlich ein Donnerschlag für jene Leute, die mit freier Phantasie nur die Kräfte frei entwickeln wollen. Die Jugend ist äußerst biegsam und beeinflußbar, und das ist ein Glück für den Staat. Wir müssen zu einer Berufsberatung hindurchkommen, die die Leute dahin leitet, wo man sie braucht und die Fähigkeiten entwickelt, die für sie nötig sind... Das Wohl der Gemeinschaft kann es erfordern, daß bei vielen vorhandene Eigenschaften verkümmern müssen, damit andere Eigenschaften, die notwendig sind, entwickelt werden können."[114]

Solcher Zynismus war im Ernst nicht erforderlich, um einzusehen, daß die Verschiebungen im prozentualen Anteil eines Jahrganges an den verschiedenen Bildungswegen, die abwechselnd expansiven und restriktiven Phasen im Aufbau des Schulwesens, aber auch schwerwiegende Änderungen in den Curricula, in den Lehrinhalten und Lehrmethoden von der politisch-gesellschaftlichen und von der industriellen Entwicklung abhängen; und zwar in einer anderen Weise als der naiven Zuordnung von drei Begabungsrichtungen und drei Schichten von Berufen zu drei Typen allgemeinbildender Schulen. So brüchig also die das vertikale System als ganzes legitimierenden Harmonieannahmen auch waren, so erklären sie doch ein über die fünf Jahrzehnte von 1920 bis 1970 erstaunlich konstantes Diskussionsthema: Die bildungspolitische Aufmerksamkeit war konzentriert auf die als unzulänglich empfundene „Auslese" beim Eintritt in die weiterführenden Schulen und die damit verbundenen Ungerechtigkeiten.

Deutsche Oberschule, Lehrerbildung und NS-Schulpolitik

Im vertikal gegliederten allgemeinbildenden Schulwesen nahm die höhere Schule die Funktion einer normgebenden Instanz wahr, die in dem Maße, in dem sich die Abgrenzung gegen andere Schulen und damit der elitäre Charakter verschärfte, noch an Bedeutung gewann. Heftige Kritik, Ablehnung und Polemik gegen die höheren Schulen standen dazu nicht in Widerspruch, sondern bestätigten den Vorbildcharakter. Bildungstheoretisch zehrte diese höhere Schule noch immer von den Idealen des Neuhumanismus; auch die im letzten Drittel des 19. Jahrhunderts von den höheren Realanstalten erreichte formale Gleichstellung mit dem Gymnasium war nur durchsetzbar gewesen, indem der Bildungswert der auf die moderne Welt bezogenen Disziplinen, insbesondere also der naturwissenschaftlichen und neusprachlichen Unterrichtsfächer, an eben diesem Maßstab gemessen und didaktisch gerechtfertigt wurde. Dieser legitimatorische Rückzug auf eine große Vergangenheit konnte aber nicht verdecken, daß ein Konkurrenzverhältnis zwischen Gymnasium, Realgymnasium und Oberrealschule mit jeweils anderen Bildungszielen bestand. Die Tendenz der Pädagogischen Bewegung seit der Jahrhundertwende, ihr schulpädagogisches Wollen über ein Votum zur Einheitsschule zu begreifen, bezog sich auch auf diese Situation der höheren Schulen, nämlich in der Suche nach der deutschen Bildungseinheit. Gerade dieser Aspekt trug zur Vieldeutigkeit des Einheitsschul-Begriffs bei. Denn „Einheitsschule" konnte auch die gleichsam ideologische Integration der höheren Schulen meinen und dann deren Einordnung in das Gesamtsystem des nationalen Bildungswesens an die Stelle der organisatorischen Integration treten lassen. Die dahingehenden Möglichkeiten bei einer Reform des preußischen höheren Schulwesens genutzt zu haben, war das Werk der Deutschen Volkspartei (DVP). Diese Partei stellte im Verhältnis zur Deutschen Demokratischen Partei (DDP) den konservativen, vor allem nationalistischen Flügel des politischen Liberalismus während der Weimarer Republik dar. Sie war, ihrem Selbstverständnis nach, die Partei der geistigen Oberschicht, die Partei der höheren Staatsbeamten und Gymnasiallehrer, faktisch aber auch die Partei der Großindustrie. Sie gehörte nicht zur Weimarer Koalition (SPD, DDP, Z), hatte die Reichsverfassung und den Friedensvertrag abgelehnt, doch trug sie dann, nachdem die Republik einmal konstituiert war, zu ihrer politischen Lebensfähigkeit bei. Gustav Stresemann, der 1923 als Reichskanzler und von 1923 bis 1929 als Reichsaußenminister entscheidend zum positiven Bild der Weimarer Republik beigetragen hat, war der bedeutendste Repräsentant der DVP. Bildungspolitisch brachte sich die DVP in Preußen durch den Ministerialbeamten Hans Richert ein, der, ausgehend von der Kulturkritik des späten 19. Jahrhunderts und mit irrationaler Verklärung des Kriegserlebnisses als der „Bekehrung eines Volkes zu seiner eigenen Innerlichkeit" die neue und integrierende Bildungseinheit in der „Deutschheit" suchte: Die kulturkundlichen Fächer (Deutsch, Geschichte, Staatsbürgerkunde, Religion, Erdkunde) bestimmte er als das allen höheren Schulen Gemeinsame. Eine solche Klammer deutscher Bildung erlaubte dann die Differenzierung durch Konzentration entweder auf die Antike (Gymnasium), auf den modernen Europäismus (Realgymnasium) oder auf die mathematisch-naturwissenschaftliche Welt der Technik (Oberrealschule). Die schulorganisatorische und didaktische Pointe Richerts aber bestand darin, daß mit der von ihm durchgeführten Reform von 1925 eine vierte höhere Schule geschaffen und mit der spezifischen Ausrichtung auf das den Schulen Gemeinsame, auf den Kernbestand „des deutschen Wesens und Werdens", verpflichtet wurde.

Die „Deutsche Oberschule" wurde nicht nur grundständig – nach der Einführung der Grundschule galt eine höhere Schule als „grundständig", wenn sie mit der Sexta begann –, sondern auch in Aufbauform im Anschluß an die siebente Volksschulklasse eingerichtet. Das dafür maßgebliche Motiv muß noch in einem anderen Kontext gesehen werden, in dem der neugeordneten Lehrerbildung. Die Weimarer Verfassung hatte im Artikel 143 eine reichseinheitliche Regelung der Lehrerbildung nach den „Grundsätzen, die für die höhere Bildung allgemein gelten", vorgeschrieben. Da das Reich zu einer solchen Regelung nicht in der Lage war, blieb den Ländern die Auslegung der „Grundsätze der höheren Bildung" überlassen. Bayern und Württemberg beließen es bei der seminarischen Lehrerbildung, Thüringen, Sachsen, Hessen, Hamburg, Mecklenburg-Schwerin und Braunschweig verlegten die Volksschullehrerbildung an die Universitäten bzw. Technischen Hochschulen, Preußen aber, das größte Land des Reiches, ging einen dritten Weg und gründete Pädagogische Akademien. Vorschläge für eine „Bildnerhochschule" waren schon auf der Reichsschulkonferenz vorgetragen worden, so auch von Eduard Spranger, aber primär von der Abwehrstrategie der Universitäten her motiviert. Carl Heinrich Becker, der bedeutendste Kultusminister der Weimarer Zeit, hat diesem Konzept dann von 1926 an in Preußen eine produktive Wendung gegeben, die trotz der Reserve, mit der die Volksschullehrerverbände die Akademielösung beargwöhnten, eine jahrzehntelange Tragfähigkeit bewies. Becker, Professor für Orientalistik, vertrat liberale Auffassungen in authentischer Weise, blieb aber auch als Minister parteilos, weil er die Entpolitisierung des preußischen Kulturministeriums als eine Notwendigkeit ansah, Sozialdemokratie und Zentrum auf eine gemeinsame und zugleich doch relativ progressive Bildungspolitik verpflichten zu können. Im Falle der Pädagogischen Akademien bestand die Progressivität darin, den akademischen Charakter eines Studiums der Erziehungswissenschaft mit den aus der Pädagogischen Bewegung freigegebenen Möglichkeiten einer neuen erzieherischen Einstellung zu verbinden. Beides zusammen genommen konnte überdies – anders als es der Lehrerbildung in den Universitäten möglich gewesen wäre – auf die Republik bezogen werden, nicht in einem kleinkariert parteipolitischen Sinne und erst recht nicht als ideologische Indoktrination, wohl aber als freie Antizipation der von der Weimarer Reichsverfassung postulierten, in der gesellschaftlichen Wirklichkeit noch nicht realisierten demokratischen Ordnung. In der Tat hat es keine andere Institution des Bildungswesens gegeben, die so eindeutig den Geist der Weimarer Republik repräsentierte wie die preußischen Pädagogischen Akademien – entsprechend hart traf die Akademien der Republikhaß der Nationalsozialisten: 1933 verloren 60% der Dozenten ihre Lehrbefugnis.

„Deutsche Oberschule" und Akademisierung der Volksschullehrerbildung hingen miteinander zusammen und verwiesen zugleich auf die dem deutschen Bildungswesen unter der Herrschaft des Nationalsozialismus zugefügten Korrekturen. Die akademische Lehrerausbildung verlangte das Abitur als Studienvoraussetzung. Da die seminaristische Lehrerbildung ihren Nachwuchs aus den Volksschulen – und die dazwischen geschalteten Präparandenanstalten – erhalten hatte und dieser sozialschichtspezifische Rekrutierungsstrang natürlich nicht abgeschnitten werden sollte, konnte die Deutsche Oberschule in Aufbauform die Funktion einer Zubringeranstalt für die Akademien wahrnehmen – (weil mit der didaktischen Konzentration auf die kulturkundlichen Fächer das Programm der höheren Schulen in Aufbauform leichter zu realisieren war als mit den Lehrplänen einer der drei anderen höheren Schulen).

Die NS-Schulpolitik zwischen 1933 und 1945 brachte – organisatorisch gesehen – für den Gesamtzusammenhang keine „revolutionären" Einschnitte, sondern die mit den Mitteln der Diktatur mögliche Betonung der jeweils erwünschten, aber schon vorher angelegten Tendenzen. So wurde die restriktive, auf Dämpfung der Qualifikationskrise angelegte konservative Bildungspolitik radikalisiert zur rigorosen Begrenzung von schulischen Bildungsmöglichkeiten, dies noch verstärkt durch antiintellektualistische und antiwissenschaftliche Vorbehalte gegen die Schule überhaupt. Von daher ist verständlich, daß eine Vereinheitlichung der höheren Schulen die Deutsche Oberschule nun als Normaltyp erklärte, daß das humanistische Gymnasium nur noch als Sonderform für Ausnahmefälle zugelassen und daß die Oberprima gestrichen wurde (um Zeit für Arbeitsdienst- und Wehrpflicht zu gewinnen). Aber die Mißachtung, die die NS-Führungsschicht der Schule als einem Relikt des bürgerlichen Leistungssystems entgegenbrachte, konnte sich nicht allgemein auswirken, weil der faschistischen Ideologie ein industriestaatlicher Sachzwang den Weg versperrte. Zwar vertraute der NS mehr einer Jugenderziehung durch Lagerleben, Geländespiel und einer primär die Emotionalität ansprechenden „Schulung" als dem auf Wissenschaft und Rationalität basierenden Unterricht, aber letztlich schreckte er doch vor einer wirklichen Funktionsminderung der Schule zurück. Schon vor Ausbruch des 2. Weltkrieges mußten die für die industrielle Stärke gefährlichen Rückwirkungen des intellektuellen Leistungsrückgangs der Schulabsolventen eingesehen und entsprechend korrigiert werden. Deshalb ergibt sich, von einiger historischer Distanz betrachtet, kein eigenes Kapitel zur Schulentwicklung unter dem NS – der in indoktrinierender Absicht ins Werk gesetzte Zugriff auf die Unterrichtsinhalte wirkte sich besonders auf das Fach Biologie aus, das die inhumane und wissenschaftlich absurde Rassenlehre zum Hauptlehrstück machen sollte, und auf das Fach Geschichte, dessen freilich ohnehin stark nationalistisch-kriegerische, auf „große Männer, die Geschichte machen", angelegte Tendenz nun bis zur Vermittlung eines NS-Geschichtsbildes verstärkt wurde.

Indessen kulminierten Antiintellektualismus und restriktive Schulpolitik an einer Stelle des Bildungswesens zu einem verheerenden Eingriff, nämlich bei der Volksschullehrerbildung. Unmittelbar nach der NS-Machtergreifung waren, um bestimmte Versprechungen, die die kulturpolitischen Exponenten der NSDAP vor 1933 der Volksschullehrerschaft gemacht hatten, „Hochschulen für Lehrerbildung" gegründet worden, womit, wenigstens terminologisch, die akademische Lehrerbildung gesichert schien. Inhaltlich waren allerdings sofort erhebliche Zweifel am Platze. Da die Dozenten der durch ihre Republiktreue kompromittierten Pädagogischen Akademien mehrheitlich aus ihren Ämtern entlassen und die neuen Hochschulen für Lehrerbildung aus den kulturellen Zentren, Metropolen und Universitätsstädten, in die Carl Heinrich Becker die Akademien mit Vorbedacht plaziert hatte, in kleine

Landstädte verlegt wurden, war die Wissenschaftlichkeit der Lehrerausbildung dahin. Immerhin galt das Abitur noch als Studienvoraussetzung. Die rücksichtslose, auf Augenblickswirkung abgestellte Politik der Bildungsbegrenzung, die die demographische Entwicklung außer acht gelassen hatte, führte noch innerhalb der Herrschaftszeit des NS zu einem Abiturientenmangel. Dieser Mangel machte sich bei den für ein akademisches Studium wenig attraktiven Hochschulen für Lehrerbildung am deutlichsten bemerkbar und hatte einen empfindlichen Lehrermangel zur Folge. Hitler, der ohnehin der Meinung war, daß jeder, der selbst die Volksschule absolviert habe, genug wisse, um Kindern das Lesen, Schreiben und Rechnen beizubringen, verfügte 1941 durch einen „Führerbefehl" die Schließung der Hochschulen für Lehrerbildung und den Aufbau von Lehrerbildungsanstalten – Einrichtungen mit streng ideologisch durchstrukturiertem Internatsbetrieb (für „Jungen" und „Mädel" getrennt!), die als Dozenten ausschließlich bewährte HJ-Führer zugewiesen bekamen und in denen von einer freien Begegnung mit der Welt des Geistes nun auch nicht mehr in Ansätzen gesprochen werden konnte. Wahrscheinlich zeigten die Lehrerbildungsanstalten (LBA) neben den NS-Auslese- und Eliteschulen, den Nationalpolitischen Erziehungsanstalten (NPEA oder auch „Napola"), den Adolf-Hitler-Schulen, den Reichsschulen und den Ordensburgen der NSDAP am deutlichsten, was der NS mit dem Bildungswesen langfristig im Sinn hatte. Da aber diese spezifischen Produkte der NS-Erziehungsideologie insgesamt nur einen unbedeutenden Prozentsatz von Schülern erfaßten, die LBA auch nur 3 oder 4 Jahre bestanden, haben sie die Schulentwicklung kaum beeinflußt. (Von hohem Interesse sind die NPEA und die Adolf-Hitler-Schulen natürlich als Indikatoren für die Möglichkeiten einer faschistischen Erziehung und für die Einsicht in deren Zusammenhang mit den Orientierungen der Pädagogischen Bewegung und der sie legitimierenden Theorie).

Nach 1945 bestand auf dem Gebiet der nachmaligen Bundesrepublik Deutschland wie zu keinem früheren Zeitpunkt die Möglichkeit zu einer umfassenden Neuordnung des Schulsystems. Die NS-Herrschaft hatte kaum eigene Strukturen im Bildungswesen geschaffen, sich vielmehr der vorgegebenen bedient und bedienen können. Das System selbst schien dadurch faschistisch belastet, zumindest deshalb, weil es keinen nennenswerten Widerstand hervorgebracht hatte. Die drei Besatzungsmächte, vorab die amerikanische, legten in Konsequenz ihrer re-education-Politik einen Neubeginn auch für das Schulwesen nahe. Die psychologische, moralische und ökonomische Lage, in der sich die Deutschen nach dem Zusammenbruch des NS-Staates befanden, war einer Aufnahme kühner Projektionen allerdings wenig günstig. Als die Amerikaner nach Beginn des „kalten Krieges" mit der Sowjetunion ihre auf eine Reform des Erziehungswesens in Deutschland gerichteten Anstrengungen aufgaben zugunsten einer Integration Westdeutschlands in das westliche Verteidigungsbündnis, setzte sich die restaurative Politik auch auf dem Gebiet des Bildungswesens vollständig durch. Unter der Führung von Konrad Adenauer war es gelungen, die strenge konfessionelle Begrenzung der Anhängerschaft einer betont christlichen Politik in der rein katholischen Zentrumspartei zu überwinden: Die meisten Zentrumspolitiker, die das Dritte Reich überlebt hatten, schlossen sich nach 1945 der Christlich-Demokratischen Union (CDU) an, in der sie mit evangelischen

Politikern, die aus der Tradition der rechtsliberalen und nationalen Gruppierungen der Weimarer Zeit stammten, zusammenarbeiteten. Die CDU, die in den ersten 20 Jahren der Bundesrepublik die Bundesregierungen führte und auch zahlreiche Länderregierungen stellte, tendierte in der Bildungspolitik zunächst zu einer Rekonstruktion der Verhältnisse vor der NS-Machtergreifung. Die Verfassung der Bundesrepublik, das Grundgesetz von 1949, hatte sich im Verhältnis zur Weimarerer Reichsverfassung sehr knapp und eher zurückhaltend über das Schulwesen geäußert. Nur ein einziger Artikel (Artikel 7) behandelte die Schulen, traf keine bundesgesetzliche Bestimmung über ein einheitliches Bildungswesen oder über die Art der anzustrebenden Entwicklung, bestätigte zwar das von der Weimarer Verfassung festgelegte Verbot von Vorschulen, begnügte sich aber darüber hinaus mit dem Postulat staatlicher Schulaufsicht, ohne die Staatsschule besonders hervorzuheben und beanspruchte im Unterschied zur Weimarer Verfassung keine Bundeskompetenz für Bildung und Schule – alle dahingehenden Zuständigkeiten wurden den Ländern überlassen. Allerdings enthielten einige der gar nicht speziell auf das Schulwesen bezogenen „Grundrechte" Formulierungen, die ein „Recht auf Bildung" zu begründen vermochten. Von dieser Basis aus wurde in einer späteren Phase der Bundesrepublik der Grundsatz der „materialen Chancengleichheit" als Auftrag der Schulen abgeleitet:

> ARTIKEL 2 (1): Jeder hat das Recht auf freie Entfaltung seiner Persönlichkeit.
> ARTIKEL 3 (1): Alle Menschen sind vor dem Gesetz gleich.
> ARTIKEL 12 (1): Alle Deutschen haben das Recht, Beruf, Arbeitsplatz und Ausbildungsstätte frei zu wählen.[115]

War bis dahin Chancengleichheit im bürgerlichen Rechtsstaat formal verstanden worden, nämlich daß die Wahrnehmung des Rechts auf Wahl einer bestimmten Bildungs- oder Ausbildungsstädte den allein individuell zu verantwortenden Eignungsnachweis voraussetzte, so meinte die unter Berufung auf die zitierten Grundrechte eingeklagte materiale Chancengleichheit den Auftrag an das Bildungswesen, jeden Menschen in den Stand zu versetzten, von den ihm eingeräumten Rechten auch Gebrauch machen zu können. Diese Auslegung des Grundgesetzes erschien aber erst von der Mitte der 60er Jahre an in der Diskussion, also gegen Ende der ersten Periode von CDU-geführten Bundesregierungen und als Voraussignal der sozialliberalen Reformpolitik, die durch die Kanzlerschaft von Willy Brandt (SPD) im Jahre 1969 eingeleitet wurde.

Rekonstruiert wurde also zunächst das von der Weimarer Republik überlieferte und durch den Nationalsozialismus ideologisch in Mißkredit gebrachte, in seinen Strukturen aber nicht zerstörte Schulsystem. Diese Aussage ist indessen sofort zu relativieren. Denn was da rekonstruiert wurde, war nur in einem sehr abstrakten Sinne als ein System zu bezeichnen. In der Sache handelte es sich um zwei, nach Aufgabenstellung, pädagogischem Selbstverständnis, öffentlicher Einschätzung, Berechtigungen und administrativer Steuerung völlig getrennte Systeme, um ein System allgemeinbildender und ein System berufsbildender Schulen.

Für das allgemeinbildende Schulwesen war das vertikale System vorgegeben, allerdings mit dem gemeinsamen Anfang aller Kinder in der vierjährigen Grundschule, wie sie die Reichsverfassung von 1919 festgelegt hatte. Eine konfessionelle Differenzierung war möglich und blieb auch in der Bundesrepublik politisch umstritten. Die Grundschule war seit der Weimarer Zeit ein Teil der Volksschule. Erst ein Abkommen der Ministerpräsidenten der Länder der Bundesrepublik (Hamburg 1964) ließ eine organisatorische Verselbständigung zu und ermöglichte damit in Angleichung an internationale Gepflogenheiten eine horizontale Gliederung in Primarstufe (Grundschule) und Sekundarstufe.

Aufgrund der immanenten Nötigung, die sich aus der Logik eines vertikal gegliederten Schulwesens ergab, konzentrierte sich die bildungspolitische Diskussion in den Anfängen der Bundesrepublik vorwiegend auf die unzulängliche Auslese beim Eintritt in die weiterführenden Schulen. Diese Frage griff der als unabhängiges Gutachtergremium von Bund und Ländern eingerichtete Deutsche Ausschuß für das Erziehungs- und Bildungswesen Ende der 50er Jahre auf. Sein „Rahmenplan" von 1959 bestätigte zwar noch einmal die vertikale Gliederung des allgemeinen Schulwesens als politisch und pädagogisch angemessen, schlug aber zur Sicherung einer gerechteren Auslese vor, für die Klassen 5 und 6 eine „Förderstufe" vorzusehen, in die Einrichtungen aller drei allgemeinbildenden Schulen integriert werden sollten. Als Motivation wurde schon der möglicherweise steigende Bedarf an höher qualifizierten Arbeitskräften genannt und damit eingeräumt, daß Expansion durch Ausschöpfen von „Begabungsreserven" über Änderungen im Schulsystem möglich sei, doch war sich der Ausschuß in der Prognose nicht ganz sicher. Durchschlagend für den Vorschlag einer „Förderstufe" waren primär soziale und pädagogische Gesichtspunkte, wie sie 1919 für die Einführung der Grundschule geltend gemacht worden waren. Diese Motive erwiesen sich aber nun für die Realisierung der Förderstufe als zu schwach. Obschon sie nicht einmal für alle Kinder eines Jahrganges gelten sollten – diejenigen höheren Schulen, die in der Tradition der humanistischen Gynmasien standen, sollten weiterhin „grundständig" mit der Klasse 5 beginnen – stieß sie bei Vertretern der höheren Schulen und der Mittelschulen auf schroffe Ablehnung. Bald wurde sie zu schulformspezifischen „Orientierungsstufen" im Sinne der Bewahrung des dreigliedrigen Systems auch für die Klassen 5 und 6 uminterpretiert, dies nicht zuletzt mit dem als „Verbot der positiven Auslese" juristisch gehandhabten Elternrecht. (Gestattet sollte dem öffentlichen Bildungswesen danach nur die Abweisung eines Anspruches aufgrund mangelnder Leistung sein – d.h. negative Auslese –, nicht aber die positive Auslese eines Kindes für den weiterführenden Bildungsgang ohne einen darauf bezogenen Antrag der Erziehungsberechtigten.)

Als der Deutsche Ausschuß 1962 eine erläuternde Konkretisierung vorlegte, war das Förderstufenprojekt fast schon überholt. Denn das Interesse an der Erhaltung der sozialschichtspezifisch getrennten drei Schularten war in der Bundesrepublik so groß, daß die Bildungspolitik dem Druck, der mit dem Hinweis auf die ungerechte Auslese auf das System ausgeübt wurde, eher durch den Verzicht auf Aufnahmeprüfungen und Schulgelderhebung sowie durch Inkaufnahme längerer Schulwege nachgab, als der Tendenz zur Horizontalisierung, d.h. einer Gliederung des Schulwesens nach Altersstufen. Dadurch wurde ungewollt eine systemwidrige Expansion der weiterführenden Bildungswege gefördert, die den Anteil der Mittelschule, die nun den aus dem 19. Jahrhundert überlieferten und im höheren Schulwesen inzwischen funktionslos gewordenen Begriff der „Realschule" übernahm, verdreifachte (1952: 6%, 1970: 18%), den der höheren Schule fast verdoppelte (1952: 12%, 1970: 21%). Da gleichzeitig das Sonderschulwesen stark ausgebaut wurde (1952: 2%, 1970: 5,8%), sank der Anteil der Schüler, die die Volksschule, die in „Hauptschule" umbenannt wurde, besuchten, im gleichen Zeitraum von 80% auf 55% im Bundesdurchschnitt, in einigen Großstädten sank er sogar bis auf 33%.

Das berufliche Schulwesen

Das Interesse an der Erhaltung eines vertikal gegliederten allgemeinbildenden Schulwesens hatte aber auch noch eine weitere, zunächst gar nicht bedachte und politisch auch nicht gewollte Wirkung in Gestalt stimulierender Impulse auf das System der Berufsausbildung. Eine Annäherung von allgemeinbildenden und berufsbildenden Schulen war die Folge. Die Berufsausbildung hatte sich in Deutschland während der ersten Hälfte des 20. Jahrhunderts zu einem System entwickelt, welches als das „duale" oder auch einfach das „deutsche" international bekannt geworden war: Eine Form arbeitsplatzgebundener Ausbildung im Betrieb mit ergänzendem Unterricht in der öffentlichen Teilzeit-Pflichtschule (Berufsschule). Dieses System ist nicht als ein duales begründet worden in dem Sinne, daß ein solches Zusammenwirken von privatwirtschaftlichen Betrieben und öffentlichen Schulen als optimales Modell projektiert worden wäre. An der Schwelle zum 20. Jahrhundert war vielmehr aus Motiven konservativer Mittelstandspolitik die Lehrlingsausbildung neu geregelt worden. Handwerkliche und kaufmännische Betriebslehre standen im Vordergrund, während die Industrie bis zum Ersten Weltkrieg nur wenig Interesse an einer eigenen Facharbeiterausbildung zeigte. Weil den mittelstandspolitischen Ausbildungskonzepten der für die industrielle Arbeit notwendig werdende systematische und theoretische Akzent fehlte, war dieses Ausbildungskonzept von vornherein ergänzungsbedürftig. Das wurde zwar zunächst nicht in voller Konsequenz erkannt, wohl aber ergab sich objektiv die Lücke, durch die die öffentliche Schule in die privatwirtschaftlich veranwortete Lehrlingsausbildung eindringen konnte. Die Schule, der diese Aufgabe zufiel, war als Organisationsform bereits Ende des 19. Jahrhunderts vorhanden, nämlich als allgemeine Fortbildungsschule: ein schmaler Ausläufer der Volksschule in den Bereich der im Arbeitsleben stehenden Jugend. Die Umwandlung der wenig erfolgreichen Fortbildungsschule in eine berufliche Schule war seit der Jahrhundertwende in der Diskussion, wirklich durchgesetzt aber wurde sie erst in der Weimarer Republik. Die Reichsverfassung legte die Schulpflicht für die Fortbildungsschule fest. Auf der Reichsschulkonferenz 1920 wurde unter Rückgriff auf das, was Georg Kerschensteiner in München in die Wege geleitet hattte, der Begriff „Berufsschule" vorgeschlagen und in allen Ländern des Reichs akzeptiert. Die Wendung zur Berufsschule wurde erkämpft gegen den Widerstand des Handwerks, welches sich als alleiniger Träger der Ausbildung verstand, gegen den Widerstand der Fachschulen, welche in einer beruflich orientierten Pflichtschule eine Konkurrenz argwöhnten, gegen den Widerstand zahlreicher Fortbildungsschullehrer, für die die berufliche Orientierung eine fachliche Überforderung war und zugleich als Verrat der „Allgemeinbildung“ erschien.

Als die Bundesrepublik ihre ersten bildungspolitischen Regungen wagen konnte, war diese Berufsschule bereits ein nicht mehr wegdenkbarer Faktor der beruflichen Nachwuchsbildung geworden. Aber ihre Entwicklung war keineswegs abgeschlossen. Da die Berufsschule sich als begleitende Schule auf die nicht von ihr selbst zu vertretende Ausbildungskonzeption verwiesen sah, strebte sie die aufsteigende Einberufsklasse an, d.h. in jeder Klasse sollten nur Lehrlinge des gleichen Berufes und des gleichen Lehrjahres unterrichtet werden. Das Ziel der aufsteigenden Einberufsklasse war nur zu erreichen durch eine stark an Einzelberufen orientierte Berufsschullehrerbildung, durch eine entsprechend eng spezialisierte Ausstattung der Schulen und – in Flächenstaaten – durch eine Vergrößerung der Einzugsradien bis zu 50 km. Die Bildungspolitik der Bundesrepublik hat der Berufsschule diese innere Entwicklung ermöglicht, allerdings unter weitgehender Ausblendung der damit implizierten didaktischen Perspektiven: Der hohe Spezialisierungsgrad im manuellen Bereich der Ausbildung mußte und sollte auch dem Berufsschulunterricht als Richtschnur zugrunde gelegt werden. Dadurch bildeten sich Strukturen, die von einem späteren Zeitpunkt aus betrachtet als problematisch erscheinen mußten: Die strenge Orientierung des Berufsschulunterrichts an dem hohen Spezialisierungsgrad von Einzelberufen wirkte hemmend auf Versuche stärkerer Wissenschaftsorientierung des Unterrichts, damit gegen die Notwendigkeiten, die sich aus dem technischen Fortschritt und aus der berufssoziologischen Erscheinung des strukturellen Berufswechsels ergaben. Sie band die Schule an Betriebsinteressen, erschwerte die Mobilität und leistete nichts zur Verbesserung der Situation der „Jungarbeiter“ (Jugendliche, die nach Abschluß der allgemeinbildenden Pflichtschule in kein berufliches Ausbildungsverhältnis eintreten, sondern sogenannte „ungelernte“ Arbeit übernehmen und für die die Weimarer Verfassung ebenso wie für Lehrlinge die Berufsschulpflicht festgelegt hatte).

Die Situation in der betrieblichen Berufsausbildung war durch die technisch-ökonomische Entwicklung bestimmt. Von der traditionellen handwerklichen Lehre „en passant“, dem Lernen durch Mittun, Nachahmung und Gewöhnung in der laufenden Produktion oder im normalen Arbeitsvollzug bis zu berufsdidaktisch voll durchsystematisierten Ausbildungsgängen in Lehrwerkstätten, Simulationseinrichtungen und Werkschulen wurden bis 1970 alle nur denkbaren Variationen auch real erprobt. In den Betrieben, in denen das Interesse an einer guten Ausbildung am größten war und kein Interesse an einer ökonomischen Nutzung des Lehrlings als billiger Arbeitskraft bestand, schritt die Systematisierung der Ausbildung am weitesten fort. Die theoretischen Anteile überstiegen hier mitunter das Niveau an der Berufsschule. Denn die Berufsschule konnte mit ihrer didaktischen Fixierung auf das handwerkliche Modell den industrietypischen Tendenzen nur langsam nachkommen. Was für die Durchsetzung der

Berufsschule zunächst ein Vorteil gewesen war, erwies sich später als Nachteil.

Neben der Berufsschule fand die Bundesrepublik zwei weitere Typen von berufsbildenden Schulen vor, die in ihren Grundformen schon im 19. Jahrhundert entstanden und älter als die Berufsschule waren. Seit 1938 waren sie formal als „Berufsfachschulen" und als „Fachschulen" definiert: Als Berufsfachschulen wurden solche berufsvorbereitenden Vollzeitschulen bezeichnet, die der Schüler unmittelbar nach Beendigung der allgemeinen Schulpflicht freiwillig besucht. Mit der Wahl einer Berufsfachschule war keine definitive Berufsentscheidung getroffen, sondern nur eine Entscheidung für ein Berufsfeld oder eine Berufsgruppe. Als Fachschulen galten berufsergänzende, weiter- und höherqualifizierende Vollzeitschulen, die eine berufliche Erstausbildung, zumindest ein längeres Praktikum als Eintrittsbedingung voraussetzten. Beide Typen beruflicher Schulen gliederten sich noch einmal in „einfache" und „höhere", wobei für die letzteren der Nachweis der „Mittleren Reife", die sich nach 1918 aus dem „Einjährigen" entwickelt hatte, als Aufnahmebedingung galt. Als bekanntes Beispiel für diese Differenzierung im Bereich der Berufsfachschulen stand der Unterschied von „Handelsschule" und „Höhere Handelsschule", für den Bereich der Fachschulen der Unterschied zwischen „Technikerschule" und „Höherer technischer Lehranstalt" bzw. „Ingenieurschule".

Das Interesse der Bildungspolitik der Bundesrepublik an der dreigliedrigen vertikalen Struktur des allgemeinbildendenden Schulwesens förderte Reformen im System der beruflichen Schulen. Unter dem großes politisches und pädagogisches Aufsehen erregenden Begriff des „Zweiten Bildungsweges" wurde indirekt deutlich gemacht, daß das allgemeinbildende Schulwesen im Grunde nur einen aussichtsreichen Bildungsgang, den der höheren Schule, anbot, während die parallelen Schultypen (Volksschule, Mittelschule) in Sackgassen führten, die nur durch eine Neuorientierung in der Berufsausbildung geöffnet werden konnten. Das hatte zwei Konsequenzen. Die eine bestand in einer organisatorischen Integrationstendenz bei den berufsbildenden Schulen. Denn zur Herstellung des „Zweiten Bildungsweges" wurden innerhalb des beruflichen Schulwesens neue Einrichtungen geschaffen, die die Übergänge erleichtern sollten und vor allem die Möglichkeit zu eröffnen hatten, die vom allgemeinbildenden Schulwesen verweigerten „Berechtigungen" innerhalb der beruflichen Bildung nachholen zu können. Um die höheren Fachschulen für jeden Volksschulabsolventen zugänglich zu machen, wurden den Berufsschulen die „Berufsaufbauschulen" als Abend-, Samstags- und als Vollzeitschulen angegliedert, die gemeinsam mit der Berufsschule die „Fachschulreife", in der die „Mittlere Reife" enthalten war, vermittelten.

Gleichzeitig mit den Berufsaufbauschulen entstanden, wenn auch an Zahl sehr viel geringer und organisatorisch nur locker in die berufsbildenden Schulen eingegliedert, Sonderinstitute zur Erlangung der allgemeinen Hochschulreife für Personen mit abgeschlossener Berufsausbildung (Kollegs). Das curriculare Programm des Zweiten Bildungsweges, nämlich die allgemeinen Berechtigungen (Mittlere Reife und Abitur) über die Inhalte der beruflichen Qualifizierung zu erreichen, gelang indessen kaum. Der hohe Spezialisierungsgrad und der geringe

Wissenschaftsbezug der Berufsschuldidaktik behinderten die dafür notwendige Wendung: Die Berufsaufbauschulen eiferten dem Mittelschulprogramm, die Kollegs dem Programm der gymnasialen Oberstufe nach. Gleichwohl haben die Einrichtungen des Zweiten Bildungsweges eine Wendung der Berufsschuldidaktik eingeleitet; vor allem aber wuchsen durch die Anstrengungen um einen Zweiten Bildungsweg die verschiedenen Formen berufsbildender Schulen zu integrativen Zentren zusammen. Die Teilzeitberufsschule rückte, obschon sie der eine Faktor im „dualen System" blieb, immer näher an die beruflichen Vollzeitschulen heran.

Das war die eine Konsequenz, die sich aus der in den Anfängen der Bundesrepublik betriebenen Bildungspolitik ergab. Die andere Konsequenz lag in der Aufmerksamkeit, die die berufspädagogische Diskussion um den Zweiten Bildungsweg auf die politische Funktion des Berechtigungswesens lenkte, insbesondere auf die unzulängliche Auslese beim Eintritt in Mittelschulen und höhere Schulen. Dieser Zusammenhang, der für die historische Analyse wie aus einem aufgeschlagenen Buch ablesbar ist, belegt die von den Zeitgenossen weithin übersehene bildungspolitische Wechselwirkung zwischen Veränderungen in den beiden scharf getrennten Systemen der Allgemeinbildung und der Berufsbildung.

Die Entwicklung schritt bis zu einem Punkt fort, an dem die Bildungspolitik der Bundesrepublik neue Perspektiven vorgeben mußte. Die Fragestellung dafür bezog sich

- einerseits auf eine Neubestimmung des Verhältnisses zwischen betrieblicher Berufsausbildung und beruflichen Schulen, die von der Entwicklung der Berufsfachschulen mit angetrieben wurde, aber über sie hinauswies;
- andererseits auf eine institutionelle Verbindung zwischen dem allgemeinbildenden und dem beruflichen Schulsystem, weil die bildungspolitisch nicht geplante, mit dem bundesrepublikanischen „Wirtschaftswunder" einhergehende Expansion der weiterführenden Bildungsgänge ein Interesse an Regulierungsmöglichkeiten über die Berufsbildung hervorrief.

Beginn der Reformphase

Mitte der 60er Jahre ertönten in der Bundesrepublik zwei bildungspolitische Alarmrufe. Die vertikale Struktur des Bildungswesens insgesamt sowie die Trennung von allgemeiner und beruflicher Bildung in zwei Systeme wurden in Frage gestellt. Der erste Alarmruf war die Warnung vor der kommenden „Bildungskatastrophe", vor dem Zurückbleiben der Bundesrepublik gegenüber anderen Industrieländern aufgrund zu geringen wissenschaftlich-technologisch qualifizierten Nachwuchses. Mit der Bildungsökonomie bezog die volkswirtschaftliche Wachstumstheorie den Ausbildungssektor in ihr Interesse ein und drückte erstmals den Zusammenhang von Bildungsinvestitionen und ökonomischem Fortschritt in quantitativen, prognosefähigen Größen aus. Die Frage aber nach den Ursachen für diesen Rückstand führte zu dem zweiten Alarmruf, zu der für eine sich demokratisch verstehende Gesellschaft peinsamen Feststellung, daß bestimmte Gruppen der Gesellschaft durch die Organisation des Bildungswesens benachteiligt waren. Diese Einsicht führte zu der Forderung des von der Verfassung verbürgten Bürgerrechts auf Bildung. Berechnungen, die eine Verdoppelung der Abiturientenquote als Zielgröße nahelegten und die die dafür bereitzustellenden Mittel auf 5% des Bruttosozialproduktes veranschlagten, ließen die ältere Literatur zum Verhältnis von Begabungsrichtung und Schultyp, von Auslese und Begabungsreserven zur Makulatur werden. Begabungstheorien, die ein dynamisches Verständnis vertraten, rückten schnell in den Vordergrund des wissenschaftlichen und des öffentlichen Interesses. Die von Soziologie, Psycholanalyse und Psychologie betriebene Sozialisationsforschung, insbesondere auch die Soziolinguistik, die den sozialschichtspezifischen Sprachgebrauch und dessen Wirkung auf den Schulerfolg der Kinder herausarbeitete, erfreute sich großer Beliebtkeit: Begabung konnte nicht länger als eine durch Vererbung festgelegte Naturkonstante gesehen werden, sondern mußte verstanden werden als eine durch Lernen weitgehend beeinflußbare Größe. Auf diesem Hintergrund boten sich zwei komplementäre Möglichkeiten für einen zweckentsprechenden Eingriff in das Bildungswesen an:

- Zurückdrängung des Einflusses der familiären Sozialisation auf die Entwicklung der Kinder durch Vorschulerziehung, Vorverlegung des Einschulungsalters, soziale Integration von Kindern unterschiedlicher Herkunft über die Grundschule hinaus, insbesondere durch die Orientierungsstufe, durch Gesamtschulen, durch Verlängerung der Pflichtschulzeit und Einführung der Tagesschule.
- Reform der Lehrpläne und Lehrmethoden mit dem Ziel, rein mittelschichtsspezifische Charakteristika in den schulischen Anforderungen hinsichtlich der verlangten Lernleistungen und Werthaltungen zu verringern, den Unterricht ausschließlich an Kriterien der Wissenschaftlichkeit zu binden, und damit den Gegensatz von volkstümlicher und gelehrter, von beruflicher und allgemeiner Bildung abzuschwächen, schließlich ganz aufzuheben.

Dieses Klima begünstigte eine euphorische Phase: Die Vision einer Bildungsreform vom Kindergarten bis zur Gesamthochschule! Nicht nur die formale, sondern die materiale Chancengleichheit sollte hergestellt, zugleich die Jugend in den Versuch, „mehr Demokratie zu wagen" eingeübt werden, wie der erste Kanzler einer sozialdemokratisch geführten Bundesregierung, Willy Brandt, die Aufbruchstimmung auf den Begriff brachte. Das bedeutete einen Angriff auf die zentralen Voraussetzungen des vertikal gegliederten Schulwesens. Ablesbar war dieser Angriff an den 17 Empfehlungen der Bildungskommission des Deutschen Bildungsrates, den Bund und Länder als Nachfolgeinstitution des Deutschen Ausschusses für das Erziehungs- und Bildungswesen einrichteten. Als Gremium unmittelbarer Politikberatung sollte der Bildungsrat in enger Zusammenarbeit mit den Vertretern der Kultusverwaltungen eine längerfristige und umfassend geplante Bildungspolitik vorbereiten. Die Bildungsratsempfehlungen dokumentierten deutlicher noch als alle programmatischen Absichtserklärungen von Bundes- und Landesregierungen, Parteien und Verbänden den Ende der 60er Jahre in der Bundesrepublik wirksam gewesenen Glauben an eine grundlegende Reform der gesellschaftlichen Institutionen. Denn diese Empfehlungen des Deutschen Bildungsrates waren bereits das Ergebnis eines Konsenses differierender Interessen, überdies rückgebunden und vermittelt über die Wissenschaft, die mit über 50 Bänden Gutachten geradezu eine Enzyklopädie der Bildungsforschung für die Sache der Reform aufbot. Ungeachtet des Konsens charakters und der wissenschaftlichen Vermittlung wiesen die Bildungsratsempfehlungen eine vordem kaum für möglich gehaltene und im Nachhinein von nicht wenigen Beteiligten selbst als Illusionismus verleugnete Perspektive für ein Bildungswesen, welches den Versprechungen der Pädagogik wie dem Geist der demokratischen Verfassung gerecht werden könnte.

Im Jahre 1970 legte der Deutsche Bildungsrat seinen Strukturplan vor. Dieses Dokument wurde zu einer Art Magna Charta der sozialliberalen Bildungspolitik und konnte von demjenigen, der die Entwicklung des Bildungswesens im Bewußtsein einer historischen Kontinuität zu betrachten in der Lage war, wie eine späte, aber vielleicht nicht zu späte Einlösung der schulpolitischen Postulate der Weimarer Reichsverfassung und der Reichsschulkonferenz von 1920 gelesen werden. Die „organische" Ausgestaltung hatte der Deutsche Bildungsrat in eine fünffache Stufung ausgezogen:

- ▷ *Elementarbereich*: Kindergarten, öffentliche Vorschulerziehung;
- ▷ *Primarbereich*: Bisherige Grundschule mit um ein Jahr vorverlegtem Schuleintrittsalter, didaktisch gegliedert in Eingangsstufe, Grundstufe und Orientierungsstufe, d.h. also auf sechs Jahrgangsstufen erweitert;
- ▷ *Sekundarstufe I*: Bezeichnung für Institutionen, die eine für alle gemeinsame Grundbildung vermitteln, die bisherigen Unterschiede in den Bildungsgängen von Hauptschule (Volksschule), Realschule (Mittelschule) und Gymnasium (höhere Schule) aufheben, die Bildungspflicht für alle bis zum vollendeten 16. Lebensjahr ausdehnen und alle Jugendlichen bis zu einem ersten qualifizierten Abschluß, der bisherigen „Mittleren Reife", jetzt Abitur I oder Sekundarstufen I-Abschluß genannt, führen;
- ▷ *Sekundarstufe II*: Übergreifende Bezeichnung für gymnasiale Oberstufen und alle Einrichtungen der Berufsausbildung;
- ▷ *Weiterbildung* (das Hochschulwesen gehörte nicht zum Gegenstandsbereich des Strukturplans).

Das Gymnasium auf dem Wege zur „Haupt"-Schule

Mit dem Strukturplan war eine Entwicklungsperspektive vorgezeichnet, die das vertikal gegliederte System aufheben und durch ein horizontales System von Schulen der Altersstufen ersetzen würde – auf der Reichsschulkonferenz 1920 war eine dahingehende Entwicklungsmöglichkeit unter den Begriff der „Einheitsschule" gefallen, 1970 wußte jeder, daß für die Sekundarstufe I die „Gesamtschule", für die der Bildungsrat auch ausdrücklich ein umfassendes Experimentalprogramm empfahl, gemeint war, für die Sekundarstufe II die Annäherung der gymnasialen Oberstufen an die beruflichen Schulen mit langfristigen Intergrationsaspekten. Die politische Durchsetzung des Strukturplans des Deutschen Bildungsrates mußte also in erster Linie ein Kampf um die Einbeziehung des Gymnasiums in neukonzipierte Stufenschulen sein. „Gymnasium" – diesen Titel hatten in der Bundesrepublik schließlich alle höheren Schulen angenommen. Das Gymnasium (im Sinne von „höhere Schule") beanspruchte nie, mit seinen Unterrichtsfächern auf die diesen Fächern entsprechenden Wissenschaften speziell vorzubereiten. Das didaktische Ziel lag vielmehr darin, mit dem pädagogisch begründeten Ensemble der Fächer insgesamt auf alle wissenschaftlichen Studien, auch auf diejenigen, die keine Entsprechung als Schulfach hatten, und damit auf alle akademischen Berufe vorzubereiten, ja noch weitergehend, den Abiturienten nicht nur auf alle Studien vorzubereiten, sondern auf die gebildete Existenz schlechthin. In diesem Anspruch lag das öffentliche Ansehen des Gymnasiums begründet. Der gymnasiale Unterricht, insbesondere der der Oberstufe, hatte seine Legitimation im gesellschaftlichen Bewußtsein, weil der durch diese Inhalte umrissene Horizont von Wissen und Urteil die Gebildetheit der Person auszeichnete.

Die so begründete Legitimationskraft aber war geschwunden. Dies war vor allem daran ablesbar, daß keine der miteinander konkurrierenden Gymnasialtheorien die für die innere Entwicklung dieser Schulform maßgeblichen Fragen eindeutig und zugleich politisch durchsetzbar zu beantworten vermochte:

- ▷ Gibt es einen eindeutig identifizierbaren Kern-Kanon, der ungeachtet aller sonstigen Differenzierungen verpflichtend gemacht werden kann? (Problem der „höheren" oder „wissenschaftlichen" Grundbildung)
- ▷ Wie verhalten sich in didaktischer Hinsicht die Fächer des Kern-Kanons zu den typenspezifischen Fächern? (Problem der fächerübergreifenden Einheit des Curriculums)
- ▷ Gibt es Kriterien für Legitimation oder Begrenzung weiterer Ausdifferenzierungen von Gymnasialtypen? (Problem der Stoffülle für die schulischen Anforderungen insgesamt)
- ▷ Kann, wenn der gymnasiale Unterricht nicht mehr an der Einheit einer Bildungswissenschaft, sondern an spezialisierten Einzelwissenschaften orientiert wird, die Schule den Wettlauf mit dem Wissenschaftsfortschritt aushalten? (Problem der Stoffülle im einzelnen Unterrichtsfach)

Die Gymnasialtheorien konnten diese vier didaktischen Fragen nicht mehr zwingend beantworten: Richerts Konzept der deutschkundlichen Konzentration war durch die nationalsozialistische Beanspruchung der Deutschen Oberschule diskreditiert; aber der Weg zurück vor die Reform von 1925 war erst recht keine Antwort, weil Richerts Reform durch die auseinanderstrebende Entwicklung des höheren Schulwesens selbst provoziert gewesen war. Wilhelm Flitner, der aus dem Umkreis der geisteswissenschaftlichen Pädagogik die letzte pädagogisch weithin als überzeugend angesehene und für die Bundesrepublik über längere Zeit schulpolitisch wirksame Gymnasialtheorie vertrat, konnte gerade auch diesen Punkt, der nun der wichtigste geworden war, nicht angemessen verarbeiten. Er hatte aus der grossen Tradition des höheren Schulwesens hermeneutisch die Lehre von den vier Initiationen –

christliche Glaubenswelt, philosophisch-wissenschaftliches Problembewußtsein, exakt-naturwissenschaftliche Methode und politische Gegenwart seit der großen Französischen Revolution – als die inhaltliche Grundstruktur der gymnasialen Didaktik herausgearbeitet, und er hatte unter Zurückweisung des zur Ideologie erstarrten Allgemeinbildungsdogmas auch schon den faktischen Berufsbezug für die gymnasiale Oberstufe konstatiert. Im „Dritten Lebensjahrsiebent" schien Flitner der Berufsbezug kein Hemmnis, sondern eine Bedingung von Allgemeinbildung zu sein. Indem die berufliche Orientierung auf die Gesamtheit aller akademischen Berufe bzw. die auf diese Berufe vorbereitenden wissenschaftlichen Studien bezogen wurde, ergab sich didaktisch der Auftrag, Berufsbildung durch Wissenschaft im humanistischen Sinne möglich zu machen. Damit war von Flitner zugleich auch die elitäre Funktion des Gymnasiums zur Sprache gebracht worden, aber im Unterschied zu den Überfüllungsdiskussionen am Ende des 19. Jahrhunderts und in den 30er Jahren des 20. Jahrhunderts ohne Rekurs auf soziale Besitzstandssicherung bzw. „volksbiologische Gesundheit". Vielmehr konnte Flitner deutlich machen, daß und warum die Zugehörigkeit zur „kritisch-wissenden Schicht", die durch gelehrte Bildung immer wieder neu aus der gesamten Gesellschaft rekrutiert werden muß, gerade kein vererbbares Vorrecht ist und auch keine volksbiologische Deutung zuläßt. Diese Position Flitners eignete sich dazu, das Gymnasium gegen eine ideologiekritische Disqualifizierung als Klassenschule zu verteidigen. Indessen stellte Flitner nicht die Frage – und das war die Ende der 60er Jahre entscheidende Problemstellung, auf die eine Antwort gesucht wurde – wie Pädagogik zu urteilen und Bildungspolitik vorzugehen haben, wenn die gesellschaftliche Attraktivität der akademischen Berufe es subjektiv und die sozioökonomischen Verhältnisse es objektiv ermöglichen, die elitäre, kritisch-wissende Schicht zur Mehrheit werden zu lassen. Die Mehrheit kann, logischerweise, nicht mehr „Elite" sein; und „Überfüllung" war zumindest in dem Sinne antizipierbar, daß die gesellschaftliche Privilegierung akademischer Berufe nachlassen müsse.

Da also die Gymnasialtheorien die didaktischen Fragen nicht beantworteten, setzte sich eine unaufhaltsam fortschreitende Typendifferenzierung durch: altsprachlicher, neusprachlicher, mathematisch-naturwissenschaftlicher, sozialwissenschaftlicher, wirtschafts- und sozialwissenschaftlicher, wirtschaftswissenschaftlicher, musischer, sportlicher, erziehungswissenschaftlicher Typ, daneben Aufbaugymnasien, technische Fachgymnasien, Abendgymnasien und die Institute zur Erlangung der Hochschulreife – fast alle Typen zudem mit Varianten in der Sprachenfolge oder mit anderen lehrplanmäßigen Besonderheiten ausgestattet. Die Typisierung machte das Schwinden der Legitimationskraft der Gymnasialdidaktik sichtbar. Nicht mehr der als „gymnasial" vorausgesetzte Kanon, sondern die typenspezifischen Differenzierungen repräsentierten mehr und mehr den propädeutischen Bezug auf die Wissenschaften. Parallel dazu wirkte die Expansion des Gymnasialbesuches auf die Möglichkeit des gymnasialen Unterrichtes selbst zurück: Ursprünglich als Eliteschule für eine kleine Minorität der Jugend, die aufgrund ihres sozialen Herkommens auf den Beruf des Juristen und des höheren Beamten vorbereitet werden sollte, konzipiert, sah sich das Gymnasium nun im Zuge der industriellen und demokratischen

Entwicklung immer mehr in die Rolle einer Massenschule gedrängt. Der Oberstufenschüler des Gymnasiums traf immer seltener auf das, was diese Schule vordem als selbstverständlich voraussetzen durfte. Im Familien- und Bekanntenkreis, auch unter den eigenen Lehrern, fand der Schüler kaum noch Menschen, die ihm den Gesamtzusammenhang alles dessen, was er lernen sollte, glaubhaft repräsentierten. Und so wenig die Lernanforderungen insgesamt einer als gültig erlebbaren Bildungswelt entsprachen, so wenig erwartete der Oberstufenschüler von diesem Zusammenhang noch eine Vorbereitung auf die beabsichtigten wissenschaftlichen Studien. Dieser Bezug konnte nur noch in einzelnen Fächern gesehen werden. Demgemäß wurde die Lernmotivation für den Oberstufenunterricht als Ganzem mehr und mehr durch den außersachlichen Druck des Berechtigungswesens gestützt – der Schulbesuch verlor zunehmend seinen unmittelbaren evidenten Sinn, im Extremfall wurde das Zertifikat zum primären Zweck des Schulbesuchs. Daher traf die radikale Schulkritik, die in den USA gegenüber dem teuersten und am weitesten ausgedehnten Bildungswesen der Welt und im Angesicht der von ihm hervorgebrachten Anomien – Rebellion und Verweigerung der Privilegierten, Enttäuschung der Unterprivilegierten, Erzwingung der geforderten Lernleistungen durch Polizeieinsatz – bei ihrer Übertragung auf die Bundesrepublik als erstes das Gymnasium.

Die Verlagerung aller pädagogischen Energien auf Schule und institutionalisierte Erziehung hatte das Bildungswesen im 17. Jahrhundert auf den Weg in die Expansion gesetzt. Die grundsätzliche Schulkritik in der zweiten Hälfte des 20. Jahrhunderts aus dem Land, in dem die Expansion fast vollständig abgeschlossen war, machte fraglich, was schon selbstverständlich schien, nämlich ob Schule eine pädagogische Einrichtung sei, sein könne. Damit war der äußerste Problemhorizont erreicht – denn alle vorausgegangene Kritik an der „Verschulung" hatte im Namen der objektiven politisch-gesellschaftlichen oder kulturellen Ansprüche gegen die Pädagogik argumentiert, die als Anwalt des Subjektes dessen Schwäche verteidigte. Nun aber ergab sich die Möglichkeit, daß die Schule gerade der Legitimation durch die Pädagogik beraubt sein könnte – nicht nur, wie eh und je einer pädagogischen Kritik im einzelnen ausgesetzt, sondern prinzipiell als eine nur parapädagogische Einrichtung denunziert.

In diese Situation hineingestellt war der Versuch einer demokratischen Bildungsreform in der Bundesrepublik. Der Deutsche Bildungsrat, der 1970 mit seinem Strukturplan dafür die erste zusammenfassende organisatorische Entwicklungsplanung für den Zeitraum eines Jahrzehntes vorgab, war von Zweifeln an der pädagogischen Qualität der Schule wenig angekränkelt. Er war zuversichtlich

- *einerseits* die gesellschaftliche Funktionsfähigkeit des Schulwesens auch bei fortgesetzter und verstärkt begünstigter Expansion der Bildungsbeteiligung sicherzustellen und
- *andererseits* durch veränderte organisatorische Randbedingungen noch einmal ein positives Verhältnis zwischen Lehrern und Schülern, Schule und Eltern, Bildungswesen und Gesellschaft ermöglichen zu können.

Ließ der Bildungsrat die Bildungspolitik nicht ratlos, so konnte er aber auch keine technokratische Risikofreiheit versprechen. Das Risiko zu wagen, war identisch mit dem Mut zur Erziehung, mit dem für jede Pädagogik, die diesen Namen verdient, unhintergehbaren Glauben an eine gute Zukunft der Jugend: heute und hier, unter den Bedingungen, unter denen wir leben.

Der weitere Horizont: Internationale Beziehungen und Sozialpädagogik

Das Entstehen der Pädagogischen Bewegung ist im Kontext der Kulturkritik des späten 19. Jahrhunderts, der Jugend-, Frauen- und Arbeiterbewegung skizziert worden. Durch die moralischen und sozialen Erschütterungen des ersten Weltkrieges und trotz der großen Verluste, die gerade die junge Generation erlitt, hatte diese Bewegung nichts an Vitalität eingebüßt, sondern an Ernst, Leidenschaftlichkeit, allerdings auch an Anfälligkeit für nationalistische und ideologische Fanatismen gewonnen. Nach 1918 war sie es jedenfalls, die in Deutschland Themen und Fragestellungen in der öffentlichen Diskussion über die Erziehung bestimmte. Diese Bewegung war aber nicht auf Deutschland beschränkt, obwohl sie als Teil der weiterwirkenden Deutschen Bewegung aufgefaßt werden konnte. Den Begriff der „Pädagogischen Bewegung" hatte Herman Nohl im Anschluß an Diltheys Begriff der Deutschen Bewegung gebildet, doch war das starke Interesse an einer Reform der Erziehung zugleich auch Teil eines europäisch-amerikanischen Vorganges. Diese Internationalität war bedingt durch die sachliche Ähnlichkeit vieler Entfremdungsphänomene und Hoffnungshorizonte, wie sie sich in den europäischen Ländern und in den USA mit der Entfaltung der wissenschaftlich-technischen Zivilisation auf der Stufe der Hochindustrialisierung eingestellt und wie sie sich nicht zuletzt durch die gewaltige Ausstrahlungskraft der Oktoberrevolution 1917 in Rußland verstärkt hatten.

Trotz schillernder Vielfalt hatten die sich international ausdrückenden neuen erzieherischen Hoffnungen einige Einheit stiftende Aspekte. Denn die sie auslösenden sozialen Probleme waren nicht nur verwandt, sondern hatten gemeinsame Orientierungsgrößen der europäischen Tradition, besonders deutlich fixiert auf Rousseau, Pestalozzi und Fröbel. Mit diesen drei Klassikern war die individuell-rationale, die sozial-emotionale und die romantisch-irrationale Seite der Erziehung repräsentiert. In Verbindung mit den Aspektvariationen, die sich durch übernationale Verbindungen einstellten, lockerte dieser Hintergrund das sehr eng schulbezogene Interesse der Pädagogik in Deutschland:

- ▷ Die Schwedin Ellen Key und die Italienerin Maria Montessori lenkten die Aufmerksamkeit noch einmal zurück auf die Erziehung des kleinen Kindes, auch des noch nicht schulpflichtigen, auf die Möglichkeit von Entfaltung ursprünglicher Kraft und Kreativität.
- ▷ Die amerikanischen Reformanstrengungen, wirkungsvoll zusammengefaßt in der Pädagogik der beiden großen Vertreter der pragmatischen Philosophie, William James und John Dewey, eröffneten Möglichkeiten einer gemeinwesenzentrierten, nachbarschaftlich orientierten Schule, die mit dem Primat des

sozialen Lernens das individuelle Leistungs- und Konkurrenzprinzip des rein kognitiven Unterrichts relativierte.

- Der Schweizer Adolphe Ferrière und der Franzose Célestin Freinet entwickelten aktivitätspädagogische Konzepte, die die Selbständigkeit der Lernenden und die Interaktion in Gruppen zu pädagogischen Methoden instrumentalisierten.
- Den Russen Pawel P. Blonskij und Anton S. Makarenko gelangen im Kampf gegen die Jugendverwahrlosung, die als Folge der Revolutionswirren in großem Umfang in Rußland entstanden war, Formen der Polytechnik- und Kollektivpädagogik, die die deutsche Arbeitsschulkonzepte sowohl in ihrer pädagogischen Ingeniösität als auch hinsichtlich ihrer gesellschaftlichen Perspektive hinter sich ließen. Obschon auch hier von „Schule" die Rede war – „Produktionsschule" hieß es bei Blonskij in Entgegensetzung zur handwerklichen Orientierung von Kerschensteiner – hatte die früh-sowjetische Erziehungstheorie eine die herkömmliche Schule überschreitende Tendenz. Inspiriert war diese Tendenz nicht zuletzt auch durch die aus vorrevolutionärer Zeit übernommenen Impulse von Leo N. Tolstoi, dessen Schule von Jasnaja Poljana schon ab 1859 das Signal für eine Anti-Schule gesetzt hatte. Der internationalen Diskussion vermittelt war diese Tendenz durch Nadeshda K. Krupskaja (Lenins Frau), die die Erziehung, die den langen Marsch in die klassenlose Gesellschaft erleichtern und beschleunigen sollte, aus dem Fundus gesamteuropäischer Reformpädagogik zu definieren suchte.

Die Internationalität der Reformpädagogik in den ersten Jahrzehnten des 20. Jahrhunderts war also der eine Aspekt, der die bis dahin fast ausschließlich auf die Schule gerichtete Aufmerksamkeit der deutschen Pädagogik etwas erweiterte. Der andere Aspekt ergab sich durch ganz bestimmte erzieherische Aufgaben, die dringlich der Lösung harrten und für die sich die Schule als unzuständig erwies. Sie wurden unter dem Begriff der „Sozialpädagogik" zusammengefaßt. Die Pädagogische Bewegung in Deutschland blieb zwar an der Schule interessiert, aber sie brachte doch aus der Mitte ihrer Überzeugung und ihres Wollens einige die Wirklichkeit der Erziehung verändernde außerschulische Leistungen hervor. Die bedeutendste von ihnen war die sozialpädagogische Bewegung der zwanziger Jahre, auch sie, fester sogar als alle schulpädagogischen Anstrengungen, verknüpft mit dem Geist der Weimarer Verfassung von 1919.

Die sozialpädagogische Problemstellung war allerdings sehr viel älter: Sozialpädagogik entwickelte sich als das erzieherische Element jener Sozialpolitik, die als Begleiterscheinung der Hochindustrialisierung notwendig wurde, gleichsam als Antwort auf Schäden und Leiden, die die moderne Gesellschaft dem einzelnen Menschen zufügt. Denn Industrialisierung ist im 19. Jahrhundert gleichbedeutend gewesen mit der vollen Durchsetzung liberalistischer Wirtschaftsauffassungen, insbesondere in bezug auf Profitstreben und Konkurrenzkampf auf einem „freien Markt", auf dem auch die menschliche Arbeitskraft als eine dem Gesetz von Angebot und Nachfrage unterliegende Ware galt. Seitdem hat es für die Armen nicht mehr den Platz gegeben, der in vorindustriellen Gesellschaften selbstverständlich war. Die Armen waren zu einem offensichtlich unvermeidlichen Abfallprodukt der modernen, auf Wirtschaftswachstum hin orientierten Gesellschaftsformation geworden. Die Kombination von individueller Not auf der einen Seite, gesellschaftlicher Gleichgültigkeit, Beziehungslosigkeit und Zynismus auf der anderen Seite war es, die die soziale Frage im Zeitalter der großen Industrie in eine andere Dimension hatte rücken lassen als Armut in vorindustrieller Zeit. Unter diesen Bedingungen haben die Menschen im Lauf des 19. Jahrhunderts unter Schmerzen erfahren, daß stabile soziale Beziehungen nicht mehr gegeben waren, sondern geschaffen werden mußten, politisch durch den Eingriff in die gesellschaftliche Ordnung, pädagogisch durch Angebote der Identifikation und des Lernens. So entstanden Sachverhalt und Theorie der „Sozialpädagogik" als eine Aufgabe, die auf die Wiederherstellung gestörter gesellschaftlicher Strukturen im Interesse der besonders schwachen Glieder des Gemeinwesens gerichtet war. Das aber produzierte, zumindestens latent, eine gewisse Spannung zwischen der Sozialpädagogik und dem Staat: Denn indem sie sich als die Pädagogik an den Konfliktstellen der sozialen Ordnung verstand, war sie darauf angelegt, die gesellschaftlichen Ursachen der Not zur Sprache zu bringen, mithin die Gesellschaft gerade mit den Aspekten zu konfrontieren, die sie lieber leugnete oder verdrängte. Sozialpädagogische Aktivitäten waren nur so lange erwünscht, wie die zu beseitigenden Mißstände als Folgen individuellen Versagens interpretiert blieben.

Die aus dem Zusammenbruch des Kaiserreiches 1918 hervorgegangene Demokratie gab hier, programmatischer noch angelegt als in der Schulfrage, die Antizipation künftiger Möglichkeiten frei, nämlich im Namen der sozialstaatlichen Verpflichtungen, zu denen sich die Republik feierlich bekannte – das volle Lebensrecht auch der Schwachen und Gestrauchelten, der Behinderten und an den Rand Gedrängten einzuklagen. 1922 verabschiedete der Deutsche Reichstag unter einer Regierung der „Weimarer Koalition" das Reichsgesetz für Jugendwohlfahrt, dessen erster Paragraph juristisch kodifizierte, was als der Kernsatz der Pädagogischen Bewegung überhaupt angesehen werden durfte:

> „Jedes deutsche Kind hat ein Recht auf Erziehung zur leiblichen, seelischen und gesellschaftlichen Tüchtigkeit."[116]

Daß das Reichsjugendwohlfahrtsgesetz aus Finanzierungsschwierigkeiten, die sich mit der Inflation ergaben, in manchen Teilen nicht inkraft gesetzt werden konnte, daß es in seinen Einzelbestimmungen Mängel enthielt, daß es nicht offen genug gefaßt war, um allen pädagogisch sinnvollen Alternativen zur Heim- und Fürsorgeerziehung Raum zu eröffnen, schränkte die Bedeutung des Gesetzes kaum ein. Denn das Entscheidende waren nicht die formalen Gesetzesbestimmungen, die ohnehin nur soviel wert sein konnten, wie sie durch erzieherische Arbeit und Initiative mit Leben erfüllt wurden, sondern der Tatbestand einer politischen Anerkennung des Rechtes auf pädagogische Kritik der Gesellschaft. Die prinzipielle Zweideutigkeit des sozialpädagogischen Auftrages, die Ursachen des gesellschaftlich erzeugten Unrechtes einerseits zu erkennen, andererseits in ihnen zugleich die Möglichkeit für eine Wendung zum Besseren zu suchen, hatte nun eine auch institutionelle Perspektive, die über sozialkritische Nörgelei und Beschwichtigung hinauswies: die Geburtsstunde für die Professionalisierung außerschulischer pädagogischer Berufe.

Für die neue, freilich noch lange umstrittene und in der zwölfjährigen Herrschaft des Nationalsozialismus dementierte sozialpädagogische Einstellung gab es viele kraftvolle Beispiele. Eines davon wurde gesetzt von dem Pädagogen und Arzt Karl Wilker, der von 1917-1921 die Fürsorgeerziehungsanstalt Lindenhof in Berlin-Lichtenberg leitete und der der Trostlosigkeit einer polizeilichen Behandlung sogenannter schwer erziehbarer Kinder entgegentrat:

> „...Dieser sieghafte Glaube an ein anderes Werden läßt es berechtigt erscheinen, hier neue Richtlinien für *die* Fürsorgeerziehung zu weisen, die nicht mehr Strafe, Sühne, Schulersatz, Elternhausersatz oder ähnliches sein will, sondern nur: Lebensschule oder Lebensschulung, Hinführung zu stärkster Lebensentfaltung... Ihr Ausgangspunkt kann einzig und allein das Kind sein, und zwar, bei der ganzen Lage der Dinge, nur oder doch überwiegend das proletarische Kind; denn dieses ist das Kind in Not...
>
> ...Wesentlich war uns, meinen Freunden und mir: Der Mensch. Diese Wechselwirkung von Mensch zu Mensch ist ja eines der geheimnisvollsten Wunder im kosmischen Zauberbau! Aber kann von einer solchen Wechselwirkung da die Rede sein, wo Unmenschlichkeit, wo Barbarei noch herrscht? Wo man den Zögling als Sklaven, als Paria, als Halb-Menschen nur betrachtet?... Wo man von ihm strikten Gehorsam, widerspruchloses Beugen unter die Autorität erwartet? Niemals! Darum mußte anstelle der Autorität eines Tages die selbstverantwortete Freiheit treten. Und sie tat es..." [117]

Ebenso Walter Herrmann, der gemeinsam mit Curt Bondy im Hamburger Jugendgefängnis Hahnöfersand arbeitete:

> „...Nicht Ducken, Biegen, Unterdrücken durfte also unsere Aufgabe sein, sondern Helfen, Aufrichten, Abtragen von Schutt und Schlacke, unter der das Gute, an das wir auch bei unseren Gefangenen glauben, verborgen liegt. Und dann war diesem Guten zum Wachstum zu verhelfen, das Böse zu bekämpfen und ein Übergewicht an Gutem, Positivem zu schaffen, welches das andere nicht mehr zum wesentlichen Faktor werden läßt." [118]

Wissenschaftliche Pädagogik

Die herrschende Richtung: Geisteswissenschaftliche Pädagogik Hermeneutisch-pragmatische Grundlage

Werden pädagogische Theorien allein unter dem Gesichtspunkt ihrer Wirksamkeit betrachtet, so kann der beherrschenden Stellung, die dem Herbartianismus in der zweiten Hälfte des 19. Jahrhunderts zukam, die geisteswissenschaftliche Pädagogik für die Zeit von 1920 bis 1970 an die Seite gestellt werden. Zwischen den beiden, unmittelbar aneinander anschließenden Versuchen bestand auch ein systematischer Zusammenhang: Die Gründe für den Niedergang des Herbartianismus waren zugleich die Möglichkeitsbedingungen für den Erfolg des geisteswissenschaftlichen

Ansatzes. Denn die an Wilhelm Diltheys Grundlegung der Geisteswissenschaften anschließende Pädagogik trat an unter dem ausdrücklichen Anspruch, sich auf die Wirklichkeit der Erziehung zu beziehen. Für sich genommen war dieser Anspruch natürlich ein Gemeinplatz mit geringer Differenzierungskraft, weil in jeder Pädagogik ein Bezug auf die Erziehungswirklichkeit intendiert ist. Den besonderen Charakter und zugleich die Chance zu großer Wirkungsmöglichkeit erhielt der Anspruch dadurch, daß er nicht einfach die erzieherische Praxis beurteilen, beeinflussen und vor allem „verbessern" wollte, die Praxis also nicht lehren wollte, wohin, wofür und mit welchen Mitteln zu erziehen sei, sondern gerade umgekehrt, die Theorie von vorgängiger Praxis belehren zu lassen. Damit war der Traum aller „natürlichen Systeme", wie Dilthey sich ausgedrückt hatte, abgetan, die Wissenschaft der Erziehung in einen logisch schlüssigen Zusammenhang zu bringen, in dem jeder Einzelsatz über eine erzieherische, didaktische oder methodische Maßnahme aus dem obersten Zielhorizont, seinen Prinzipien und Werten abgeleitet sein müsse, um als pädagogisch Rechtens gelten zu können. Mit einer solchen ableitenden normativen Pädagogik war nicht nur der Herbartianismus gemeint, und jedenfalls kaum das Gesamtwerk Herbarts, dem die Vertreter der geisteswissenschaftlichen Pädagogik vielfach verpflichtet blieben. Gleichwohl konnte die geisteswissenschaftliche Pädagogik gerade dadurch, daß sie die normativen Systeme wissenschaftlich diskreditierte, an die Stelle des Herbartianismus treten. Denn mit der Kritik am Normativismus ergab sich ein Verständnis von pädagogischer Theorie, welches auf eine Normierung des Handelns durch Theorie verzichtete. Das wurde damit begründet, daß ja lange vor den ersten pädagogischen Theoriebildungen schon erzogen worden sei, daß darüber hinaus erzieherische Institutionen und praktische Regeln des Erziehungsverhaltens keineswegs erst durch Theorien hervorgebracht worden seien. In den konkreten Verfahrensweisen der Praxis sei die Zielsetzung der Erziehung mithin als historische Wirklichkeit schon gegeben. Der Sinn der Erziehung brauche also nicht, wie die normativen Systeme immer wieder suggerierten, von der Theorie erarbeitet und der Praxis als Maßstab gewiesen werden, vielmehr habe pädagogische Theorie bei der ihr vorgegebenen Praxis anzusetzen und die dort maßgeblichen Sinnstrukturen aufzudecken – die „Dignität der Praxis ist vor aller Theorie" hatte Schleiermacher geschrieben, ein Satz, der, durch Diltheys Schleiermacher-Studien vermittelt, in seinem wissenschaftstheoretischen Sinn nun aufgenommen werden konnte.

Das war die eine Seite der Sache: Erziehungswirklichkeit gegen vorgängige, abstrakt-konstruierende Theorie. Damit konnte die geisteswissenschaftliche Pädagogik dem erzieherischen Elan und Willen der Pädagogischen Bewegung in allen ihren Einzelströmungen gerecht werden, wie umgekehrt das Vorhandensein einer kraftvollen, selbstbewußten Praxis, die sich nicht mehr von normativen Theorien reglementieren lassen wollte, die Voraussetzung für eine geisteswissenschaftlich verfahrende Pädagogik war. Ohne diese Voraussetzung hätte die geisteswissenschaftliche Pädagogik niemals zu einer beherrschenden Stellung aufsteigen können, die es ihr ermöglichte, der nach 1919 beginnenden akademischen (Volksschul-) Lehrerbildung das Gesicht zu prägen.

Zugleich aber war gerade diese Gunst der Koinzidenz von Praxisbezug und

HERMAN NOHL

Theorieannahme in der Weimarer Zeit der Grund für den „Ausgang ihrer Epoche“ in den 60er Jahren.

Seit 1928 erschien im Verlag Julius Beltz ein Handbuch der Pädagogik, herausgegeben von einem der profiliertesten Vertreter der geisteswissenschaftlichen Pädagogik, vom Dilthey-Schüler Herman Nohl (gemeinsam mit Ludwig Pallat). Nohl lieferte das tragende Gerüst: historisch durch seine Darstellung der Pädagogischen Bewegung, anthropologisch durch seine „pädagogische Menschenkunde“, systematisch durch die Theorie der Bildung, mit der Nohl erstmalig die von ihm vertretene Version der geisteswissenschaftlichen Pädagogik im Zusammenhang darstellte. Das Handbuch sollte den Ertrag der Pädagogischen Bewegung einbringen, sollte die Struktur der Erziehungswirklichkeit als historische Gesetzmäßigkeit aufweisen und das Verständnis der in der Wirklichkeit enthaltenen Bezüge zu einer wirkenden Kraft im Lebenszusammenhang machen. Indem Nohl so – in Übereinstimmung mit der von ihm vorausgesetzten geisteswissenschaftlichen Methodologie – der Pädagogischen Bewegung nachgängig die Theorie schrieb, machte er also die Theorie zu einem Teil dieser Praxis. Die Aufklärung der Praxis über sich selbst, das hieß hier: die Analyse der Strukturelemente der verschiedenen Strömungen der Pädagogischen Bewegung stiftete überhaupt erst das Bewußtsein von der Einheit dieser Bewegung und trieb sie damit in ihrer Entwicklung vorwärts.

Die von Nohl zur Anwendung gebrachte Strukturtheorie bedurfte also der Zurückführung in das, was in der Dilthey-Schule die „Lebendigkeit des Daseinszusammenhanges“ genannt wurde. So wie die Struktur niemals rein theoretisch dem Aufbau der Wirklichkeit vorgegeben sein konnte, so konnte die Theorie keine Position jenseits von Praxis bleiben: ihre Leistungen wurden selbst Bestandteil der Pädagogischen Bewegung.

War das Handbuch von Nohl/Pallat so angelegt, den systematischen Ertrag der Pädagogischen Bewegung als Einleitung in die diesen Ertrag sichernde geisteswissenschaftliche Pädagogik verständlich machen zu können, so war das Resultat doch eher Testament als Programm. Denn Nohl und seine Schüler fielen 1933 in Ungnade; der wichtigste Schüler Nohls, Erich Weniger, wurde von den Nationalsozialisten sofort aus seinem Amt als Professor einer Pädagogischen Akademie entlassen, Herman Nohl ist einige Jahre später zwangsweise emeritiert worden. Nohl publizierte 1935 seine Beiträge aus dem Handbuch noch einmal als selbständiges Buch mit dem Titel „Die pädagogische Bewegung in Deutschland und ihre Theorie“ – ein Nazi-Rezensent schrieb, mit diesem Buch habe Nohl sich aus der Volksgemeinschaft ausgeschlossen. Einige Repräsentanten der geisteswissenschaftlichen Pädagogik hatten während der Weimarer Zeit Partei für die Republik genommen, besonders diejenigen, die am Aufbau der Pädagogischen Akademien in Preußen beteiligt waren. Dafür sahen sie sich vom NS-Regime gemaßregelt, wie auch das Theorie-Konzept offiziell als individualistisches abgelehnt wurde; es galt als der überwundenen Systemzeit zugehörig. Diese Tatsache ermöglichte nach 1945 in den Westzonen Deutschlands eine erneute Wirksamkeit der geisteswissenschaftlichen Pädagogik. Aber die Aufgaben, die sich jetzt stellten, waren von denen, die 12 Jahre zuvor abgebrochen werden mußten, sehr unterschieden; und vor allem war dasjenige, worauf die geisteswissenschaftliche Pädagogik basierte – die selbstbewußte erzieherische Praxis der Pädagogischen Bewegung – vernichtet: Die Pädagogische Bewegung gab es nur noch in der Erinnerung und in literarischen Zeugnisse. Kein Vertreter der geisteswissenschaftlichen Pädagogik hat den Gesamtzusammenhang dieses Theorieangebotes unter dem Aspekt der neuen Lage der erzieherischen Praxis und der neuen Wissenschaftssituation dargestellt, und keiner hat eine grundlegende Auseinandersetzung mit der nationalsozialistischen Erziehungstheorie und deren Verbindungslinien zur Pädagogischen Bewegung und geisteswissenschaftlichen Pädagogik geführt. Die Vorstellung, daß man damit eigentlich nichts zu tun gehabt habe und daß bei den Vorlesungsmanuskripten, die Ende des Wintersemesters 1932/33 an die Seite gelegt werden mußten, unvermittelt und im Bewußtsein, recht behalten zu haben, wieder angeknüpft werden könne, überwog. Nach Überwindung der Nachkriegsmisere und nachdem eine junge Schülerschaft aus der studentischen Nachkriegsgeneration gerade herangebildet war, erlitt die geisteswissenschaftliche Pädagogik eine Identitätskrise. Im Kontext einer veränderten Wissenschaftslage einerseits, wie sie durch den sogenannten Positivismusstreit in den Sozialwissenschaften Ausdruck fand, und einer Studenten- und Jugendrevolte andererseits, die Ende der 60er Jahre das Hochschulwesen der Bundesrepublik in seiner inneren Ordnung erschütterte, aber auch darüber hinaus das öffentliche Bewußtsein und fast alle Bereiche des Bildungswesens stark berührte, diagnostizierten die Schüler Erich Wenigers der geisteswissenschaftlichen Pädagogik den „Ausgang ihrer Epoche".

Bisher ist nur der Vorrang der Erziehungswirklichkeit gegenüber einer normierend und abstrakt-konstruierenden Theorie erwähnt worden. Mit dieser Festlegung hatte sich aber noch eine weitere Konsequenz ergeben: denn wenn Theorie keine vorgängige Funktion gegenüber der Praxis beanspruchen durfte, dann konnte nur der komplexe Zusammenhang der von der Geschichte umfaßten Wirklichkeit als ganzer ihr angemessener Gegenstand sein. Pädagogische Theorie folgte nach dieser Auffassung dem Vorgehen der philologischen und historischen Disziplinen. Als Vorbild diente der Literaturwissenschaftler, der den ihm vorgegebenen Text deutet und dabei so sehr über seine Vorlage hinauswachsen kann, daß er im Resultat seinen Autor besser versteht als dieser sich selbst verstanden hat, weil er die geschichtlichen Bedingungen seines Autors übersehen kann, wie es diesem aufgrund seiner historischen Standortgebundenheit unmöglich war. In diesem Sinne wurde Pädagogik vom geisteswissenschaftlichen Ansatz verstanden als Deutung vorgegebener Erziehungswirklichkeit.

Analog zu dieser Auslegekunst der Philologen wurde die Hermeneutik für die Pädagogik beansprucht. Die in der Praxis immer schon entwickelte Erziehung wurde gleichsam metaphorisch zum „Text" erklärt, den es in der pädagogischen Theorie zu klären galt. Niemals war gemeint, diese Inanspruchnahme der Hermeneutik begrenze die methodologischen Möglichkeiten einer wissenschaftlichen Pädagogik auf Textinterpretationen, vielmehr sollte die Erziehungswirklichkeit für die Pädagogik das sein, was für die Literaturwissenschaft ein Text ist. Daß tatsächlich doch primär Texte interpretiert wurden, d.h. das literarisch artikulierte Selbstverständnis von Erziehern und nicht die Differenz dieses Selbstverständnisses zu dem, was Erziehung davon abweichend bewirkt, war nicht programmatisch bedingt, sondern technisch: Für andere Formen der Wirklichkeitserfassung standen kaum methodologische Instrumente zur Verfügung. Der Versuch, dieser Verkümmerung der angestrebten Wirklichkeitserfassung entgegenzuwirken, veranlaßte Wilhelm Flitner, eine zusätzliche Differenzierung in die methodologische Definition der wissenschaftlichen Pädagogik aufzunehmen, nämlich von ihr als einer hermeneutisch-pragmatischen Disziplin zu sprechen. Er legte die Analogie nicht so sehr auf die historisch-philologischen Disziplinen, sondern auf die berufswissenschaftlichen , die durch die Verantwortung eines öffentlichen Amtes an einem mitmenschlichen Interesse orientiert sind. Theologie, Jurisprudenz und (vor ihrer reinen naturwissenschaftlich-technologischen Wendung) Medizin schienen ihm eher für einen Vergleich mit der Pädagogik zu taugen: Bezug auf das Vorgegebene und Interpretation der Strukturen verwiesen auch hier auf die Hermeneutik, aber die Orientierung auf ein Handeln, welches die nicht nur vor-, sondern auch *auf*gegebene Wirklichkeit erst in vollem Sinne schafft, ließ den pragmatischen Gesichtspunkt als ebenso charakteristisch erscheinen.

Methodologie: Das Theorie-Praxis-Verhältnis

Dieser Hinweis auf Differenzen in der methodologischen und wissenschaftstheoretischen Bestimmung der geisteswissenschaftlichen Pädagogik muß verallgemeinert werden, und zwar prinzipiell. Denn ein wissenschaftlicher Zugriff, der als Hermeneutik der Erziehungswirklichkeit schon als erste Hypothese den großen Radius eines offenen Systems antizipierte, konnte keine ganz strenge Schulbildung hervorbringen. Das war umso unwahrscheinlicher als Dilthey, auf den sich alle geisteswissenschaftlichen Pädagogen beriefen, weder die hermeneutische Grundlegung der Geisteswissenschaften vollendete noch die Pädagogik als Einzelwissenschaft wirklich ausgeführt hat. Im Anschluß an Elemente des Diltheyschen Gesamtwerkes, verknüpft mit unterschiedlichen Einflüssen und Motiven von anderer Seite, präsentierte sich das, was die Geschichte der Pädagogik heute übergreifend den geisteswissenschaftlichen Ansatz nennt, zunächst als etwas Differierendes. Diese Unterschiede hoben sich allerdings erst ab vor einer breiten kognitiv wie emotional bedingten Übereinstimmung.

Von den an Dilthey anschließenden Pädagogen aus der Vorkriegsgeneration, die, um 1880 geboren, bis 1914 ihre akademischen Studien abschließen und eine berufliche Laufbahn beginnen konnten, ragen drei heraus, die, jedenfalls im Nachhinein, als die eigentlichen Begründer der geisteswissenschaftlichen Pädagogik erscheinen: Herman Nohl (geb. 1879), Theodor Litt (geb. 1880) und Eduard Spranger (geb. 1882); dazu kommen, etwas jünger, aber im Denk- und Argumentationsstil unmittelbar an die „Altmeister" anschließend, zwei weitere Repräsentanten, die die geisteswissenschaftliche Pädagogik entscheidend mitgeprägt haben: Wilhelm Flitner (geb. 1889) und Erich Weniger (geb. 1894). Gemeinsam war ihnen die bildungsbürgerliche Herkunft und der Respekt vor der Welt des Geistes, ein umfassendes Studium der lebens- und kulturdeutenden Disziplinen Philosophie, Geschichte, klassische Philologie und Germanistik, Teilhabe an der Jugendbewegung, Vermittlung eines erzieherischen Engagements über die Pädagogische Bewegung sowie eine tiefe Bewußtseinsprägung durch das Erlebnis des ersten Weltkrieges. Es war also nicht nur der Rückbezug auf Diltheys Grundlegung der Geisteswissenschaften, sondern eine sehr viel weitergreifende Gemeinsamkeit an wissenschaftlicher Sozialisation, prägenden geschichtlichen Eindrücken und dem damit gegebenen Interessenhorizont, der diese Männer verband:

EDUARD SPRANGER

Herman Nohl war seit 1920 Professor für Philosophie und Pädagogik an der Universität Göttingen; 1937 von der NS-Regierung zwangsweise in den vorzeitigen Ruhestand versetzt, nahm er sein Amt noch einmal nach 1945 auf. Mit seinem Schüler und Nachfolger Erich Weniger begründete er die „Göttinger Schule" der Pädagogik, die den geisteswissenschaftlichen Ansatz besonders nachdrücklich als einen einzelwissenschaftlichen vertrat und ihre methodologischen Eigentümlichkeiten in einer weit gespannten sozial- und schulpädagogischen Wirksamkeit über drei Generationen von Erziehungswissenschaftlern hinweg festzuhalten vermochte.

Eduard Spranger war seit 1911 Professor für Philosophie und Pädagogik an der Universität Leipzig, 1919 in Berlin, ab 1946 in Tübingen. Er war ein bedeutender Humboldt-Forscher; er wandte Diltheys Programm der Geisteswissenschaften auch auf die Psychologie an, wo er mit einer „Theorie der Lebensformen" und einer „Jugendpsychologie" großen publizistischen Erfolg hatte. Seine – im Verhältnis zu den „Göttingern" – weiter gespannten kulturphilosophisch-metaphysischen Ambitionen standen einer erziehungswissenschaftlichen Schulbildung im engeren Sinne entgegen.

Theodor Litt war zunächst einige Jahre Gymnasiallehrer, bevor er 1919 Nach-

THEODOR LITT

folger Sprangers auf dem Leipziger Lehrstuhl für Philosophie und Pädagogik wurde. 1937 trat er aus Protest gegen den Nationalsozialismus in den vorzeitigen Ruhestand, wurde mit Redeverbot belegt; von 1947 an war er an der Universtität Bonn im Institut für Erziehungswissenschaft tätig. Litt verwandte dialektische Denkformen und erschien zeitweilig als Neuhegelianer, so daß seine Zugehörigkeit zur geisteswissenschaftlichen Pädagogik als fraglich galt.

Wilhelm Flitner war ebenso wie Litt zunächst Gymnasiallehrer, beteiligte sich nach 1918 am Aufbau des Volkshochschulwesens, wurde 1926 Professor für Pädagogik an der gerade gegründeten Pädagogischen Akademie in Kiel und von 1929 an Professor für Pädagogik an der Universität Hamburg. Er stand den Auffassungen Nohls nahe und brachte mit der von ihm vertretenen Position die geisteswissenschaftliche Pädagogik in ein enges Verhältnis zur protestantischen Theologie.

Erich Weniger war, nachdem er sich bei Nohl in Göttingen habilitiert hatte, 1930 bis 1933 Professor der Pädagogik an Pädagogischen Akademien in Kiel, Altona und Frankfurt am Main; 1933 wurde er vom NS-Regime amtsenthoben; 1945 gründete er die Pädagogische Hochschule Göttingen und wurde 1949 Nohls Nachfolger auf dem Lehrstuhl der Pädagogik an der Göttinger Universität.

Den vielfältigen Gemeinsamkeiten dieser „Väter" der geisteswissenschaftlichen Pädagogik standen ebenso markante Unterschiede gegenüber. Sie bezogen sich, wie in den biographischen Notizen angedeutet, sowohl auf die wissenschaftstheoretische Grundlegung der Pädagogik als auch auf politische Optionen. Von einiger historischer Entfernung betrachtet und eingestellt in den größeren Zusammenhang einer Geschichte der Pädagogik in den ersten sechs Jahrzehnten des 20. Jahrhunderts schrumpfen sie zusammen. Darum scheint es geboten, die Darstellung an besonders interessanten Aussagen einzelner geisteswissenschaftlicher Pädagogen zu orientieren und die Frage einer strengen Verträglichkeit aller Aussagen in einem „System" als sekundär anzusehen.

Die Methodologie der geisteswissenschaftlichen Pädagogik entfaltete sich mit dem Ausgang von der Erziehungswirklichkeit, der Beachtung von Geschichtlichkeit und Komplexität sowie der Entwicklung von Begrifflichkeit und Systematik aus den im praktischen Handeln selbst enthaltenen Theorieelementen.

Der *erste Grundsatz* der geisteswissenschaftlichen Pädagogik lautete also, für die Theoriebildung von der Erziehungswirklichkeit auszugehen. Eine schulpädagogische Bedeutung dieses Grundsatzes wurde in Arbeiten zu einer geisteswissenschaftlichen Didaktik exemplarisch illustriert, speziell in Untersuchungen zum Geschichtsunterricht von Erich Weniger, beginnend mit einem Buch aus dem Jahre 1926. Ausgangspunkt war eine Fülle differierender Theoreme: pädagogische, psychologische, anthropologische, kulturtheoretische und wissenschaftssystematische Aussagen zum Geschichtsunterricht. Gehalt und Intention dieser Aussagen wichen stark voneinander ab, doch gab es *eine* formale Übereinstimmung darin, daß alle Konzepte darauf zielten, den pädagogischen Zweck des Geschichtsunterrichtes und seine optimale Gestalt festzulegen. Sie alle suchten in einer durch Theorie zu entwikkelnden Norm nach dem Beurteilungsmaßstab für den wirklichen Geschichtsunterricht. Daraus folgte, daß die Realtität des Geschichtsunterrichtes auf der einen Seite und der als Maßstab für eine bessere Praxis fungierende Theorieanspruch auf der anderen Seite gedacht werden mußte. Das geisteswissenschaftliche Vorgehen verließ diese Voraussetzung und suchte den Gegenstand in der Praxis selbst, um von da aus eine Theorie des Geschichtsunterrichts entfalten, gleichsam die in der Praxis des Geschichtsunterrichts enthaltene Theorie aufdecken zu können. Zu diesem Zweck rekonstruierte Weniger die Geschichte des Geschichtsunterrichtes und verwies damit zugleich auf einen *zweiten Grundsatz* der geisteswissenschaftlichen Pädagogik, den der Geschichtlichkeit.

Mit Erziehungswirklichkeit war also nicht die statisch erfaßbare Augenblickssituation gemeint, sondern die Struktur ihrer geschichtlichen Bewegung. In dieser Struktur erschienen, auf das Beispiel Geschichtsunterricht bezogen, zwei Aspekte vermittelbar, die sonst nur in fruchtlosen Entgegensetzungen verbleiben mußten: Psychologische Theoreme, die das Interesse des Kindes am zeitlich Entfernten für den Geschichtsunterricht namhaft machten, anthropologisch gestützte Bildungstheorien, die die humane Notwendigkeit des historischen Bewußtseins geltend machten, wissenschaftstheoretische Ableitungen, die aus der Historisierung aller Geisteswissenschaften eine schulpädagogische Vorrangstellung der Geschichte folgerten – Begründungsversuche dieser Art haben das Selbstverständnis der Geschichtslehrer mitbestimmt und insofern waren mit ihnen auf jeden Fall auch Aspekte der Realität von Geschichtsunterricht getroffen, so wenig diese Begründungen untereinander harmonisierten und überdies auch immanente Theorieschwächen zeigten. Die geisteswissenschaftliche Analyse war an einer Auseinandersetzung mit diesen Defiziten aber nur mäßig interessiert. Denn es erschien ihr nicht notwendig, ja nicht einmal passend, auf der vorgegebenen Ebene nun etwa ihrerseits die besser begründete, umfassendere oder richtigere Theorie des Geschichtsunterrichts anzubieten, vielmehr genügte es, die gleichsam „andere“ Seite der Sache hervorzukehren: Die vorgegebenen Begründungsversuche konnten unerachtet ihrer theoretischen Stimmigkeit oder Unstimmigkeit schulgeschichtlich nicht erklären, warum es Geschichtsunterricht überhaupt gab, warum er von einem zunächst kleinen Adressatenkreis erweitert und schließlich auf die gesamte Jugend ausgedehnt wurde. Eine Antwort auf die Rückfrage mußten sie schuldig bleiben, weil die von ihnen dem Geschichtsunterricht normativ zugesprochenen und von der Praxis partiell auch wahrgenommenen Funktionen samt und sonders auch anders erfüllt werden konnten, nämlich durch Literatur-, Sprach-, Philosophie- und Religionsunterricht. Die

ERICH WENIGER

geisteswissenschaftliche Analyse aber konnte durch die geschichtliche Betrachtungsweise der Erziehungswirklichkeit zeigen, daß die Erweiterung der historischen Bildung der Ausweitung der politischen Partizipation größerer Volkskreise, d.h. dem Prozeß der Verbürgerlichung und Demokratisierung korrespondierte. Daraus folgte, daß der Aspekt, der *allein* dem Geschichtsunterricht zukam und also für seine Existenz als durchschlagend angesehen werden mußte, der der politischen Bildung war. So zeigte sich die didaktische Funktion des Geschichtsunterrichtes in der bewußten Entgegensetzung eines Traditionszusammenhanges geschehener Geschichte gegenüber der jüngeren Generation als Träger künftiger Geschichte. Erich Weniger formulierte, der Geschichtsunterricht sei die produktive Spitze der Schule als einer politisch-gesellschaftlichen Einrichtung. Diese Begründung reicht freilich nur so lange und so weit – auch wenn die methodologischen Prämissen des geisteswissenschaftlichen Vorgehens ohne Einschränkung akzeptiert waren – wie nicht in der Schulwirklichkeit Vermittlungsformen politischer Urteilsbildung außerhalb von Geschichtsunterricht auftraten, etwa als Politik- oder Soziologie-Unterricht (Gesellschaftslehre), die für sich in Anspruch nahmen, politische Bildung effektiver zu realisieren als es der Geschichtsunterricht vermöchte. Für Weniger war das noch keine Problemstellung. Indessen bestätigte die von einem späteren Zeitpunkt formulierbar gewordene Rückfrage an die geisteswissenschaftliche Begründung des Geschichtsunterrichtes gerade deren Hauptthese: Was unpolitische Konzeptionen leugneten, nämlich daß sich die schulorganisatorische und lehrplanmäßige Sicherung des Geschichtsunterrichtes allein dem Legitimationsinteresse des Staates gegenüber der Jugend verdanke, mußte eingeräumt werden, wenn die Verteidigung des Geschichtsunterrichtes gegen einen systematischen Politik-Unterricht sinnvoll sein sollte.

Was am Beispiel des Geschichtsunterrichtes gelungen war, verallgemeinerte die geisteswissenschaftliche Pädagogik zu einer Didaktik als Theorie der Bildungsinhalte: Lehrpläne sind das Resultat gesellschaftlicher Kämpfe, nicht pädagogischer Ableitungen. Diese, die sozialwissenschaftliche Wende der Erziehungswissenschaft um Jahrzehnte vorwegnehmende Feststellung, war die spezielle Leistung von Weniger, die keineswegs von allen Vertretern der geisteswissenschaftlichen Pädagogik geteilt wurde. Gleichwohl blieb die Folgerung durchaus innerhalb der Grenzen des hermeneutisch-pragmatischen Verfahrens, dann jedenfalls, wenn die auf solcher Basis entwickelte Didaktik noch als eine bildungstheoretische darstellbar war. Und genau das gelang Weniger.

Das vermittelnde Glied – zwischen dem gesellschaftlichen Machtkampf um die Schule und einer Theorie der Bildung des Menschen – konnte im Staat identifiziert werden, der schon seit langem mehrere Funktionen übernommen hatte, ohne daß sie als ein auch pädagogisch legitimierter Zusammenhang in Form der Didaktik bewußt gemacht worden wären: Zunächst charakterisierte Weniger den Staat als eine Macht unter konkurrierenden Mächten, als einen Interessenten im Kampf um seine angemessene Vertretung in der Jugendbildung. Er hatte das in der Didaktik des Geschichtsunterrichtes sichtbar gemacht. Dann jedoch stellte er den Staat als Organisator des öffentlichen Bildungswesens heraus, der den Interessenkampf reguliert und das als Konsensus ausgegebene Resultat repräsentiert. Schließlich aber, und das war für die bildungstheoretische Charakterisierung ausschlaggebend, sah er im Staat den Garanten dafür, daß ungeachtet der widerstreitenden gesellschaftlichen Interessen an der Erziehung eine pädagogische Sachkompetenz wirksam werden könnte. Diese staatsoptimistische Auffassung, die in der durch die Weimarer Verfassung aufgegebene demokratische Lebensordnung gestützt und durch die als Rückgabe der didaktischen Freiheit an den Lehrer gedeutete akademische Lehrerbildung beglaubigt schien, enthielt ein Stück pädagogischer Antizipation, das auch von wissenschaftlich nahestehenden Weggenossen nicht unbedingt geteilt wurde. So wandte beispielsweise Eduard Spranger, der von einer konservativ-nationalistischen Einstellung aus während der Weimarer Zeit kein positives Verhältnis zum parlamentarischen System fand, gegen Weniger ein: „Mir stellen Sie den Staat als Lehrplaninstanz viel zu sehr in den Vordergrund", weil der Staat nur schöpferisch sei, „sofern er Staat vom Geiste aus ist. Und das wird ja vom heutigen Staat niemand glauben". Weniger blieb hingegen bei seiner Republiktreue und hat sie nach 1945 auf die Bundesrepublik übertragen. Die Erfahrungen mit dem Faschismus legten ihm allerdings eine Umdrehung des zunächst vertretenen Arguments nahe, in der Weise, daß Staatsauffassungen, die die pädagogische Sachkompetenz nicht respektierten, als inhuman zu kritisieren seien. Nach Maßgabe des geisteswissenschaftlichen Ansatzes konnte eine solche pädagogische Kritik am Staat durch keine normativen Theorien geleistet werden. Die Wahrnehmung der vom liberalen Staat eingeräumten pädagogischen Sachkompetenz – (bzw. die pädagogische Kritik inhumaner, totalitärer Staatsauffassungen) – setzte eine Eigenstruktur der Erziehung mit immanent normativer Kraft voraus.

Die Notwendigkeit, den Gedanken einer Eigenstruktur der Erziehung dem ohnehin schon verzweigten Bedingungsgefüge einzuordnen, machte den *dritten Grundsatz* der geisteswissenschaftlichen Pädagogik, die Beachtung der Komplexität, in voller Schärfe sichtbar. Ob innerhalb der Didaktik dem Ensemble der Unterrichtsfächer im Lehrgefüge einer Schule nachgefragt wurde, ob Grundlinien der Persönlichkeitsbildung zu analysieren oder ob Wirkungszusammenhänge einzelner erzieherischer Maßnahmen zur Diskussion zu stellen waren, immer ergaben sich Gebilde, die nicht nur von *einem* der ihm implizierten Faktoren gedeutet werden konnten.

Der dritte Grundsatz war noch schärfer als die beiden anderen als Absage an „natürliche Systeme", die die Gültigkeit ihrer Normen als übergeschichtlich unterstellten, zu verstehen. Denn gegen die Erziehungswirklichkeit als Ausgangspunkt für

Wilhelm Flitner

Theoriebildung ließ sich normativ immer noch erwidern, es sei doch offensichtlich ungereimt, die schlechte Wirklichkeit als Ausgang für einen Entwurf zum Besseren zu wählen, wie gegen die Berücksichtigung einer geschichtlichen Auffassung der deformierten Wirklichkeit, es könne doch – übrigens auch einem Diktum Diltheys zufolge – niemals aus dem, was war und ist, geschlossen werden, was sein solle. Diese Verteidigung des normativen Ansatzes gegen die geisteswissenschaftliche Kritik aber versagte gegenüber dem Grundsatz der Komplexität. Denn bei der Komplexität handelte es sich um das innere Bedingungsgefüge der pädagogischen Problemstellung selbst. Diesem Gefüge gegenüber erwiesen sich die normativen Ableitungen als zu undifferenziert und starr, mithin als objektiv falsch. – Eine abermalige Entgegensetzung wäre dann nur noch sinnvoll, wenn gesagt werden könnte, daß pädagogische Problemstellungen in Wahrheit nicht die behauptete Komplexität besäßen, sondern durch einen einlinigen Zusammenhang charakterisierbar wären.

Aus dem Tatbestand der Komplexität pädagogischer Problemstellungen ergab sich der geisteswissenschaftlichen Pädagogik unmittelbar und den Umkreis der methodologischen Regeln damit schließend, ein *vierter Grundsatz*: Die Terminologie einer theoretischen Pädagogik mußte der komplexen Struktur der praktischen Erziehung entsprechen, sollte demzufolge aus den in der Erziehungswirklichkeit vorgefundenen Kategorien heraus entwickelt werden. Sachnäher ausgedrückt hieß das, daß der Eigenstruktur der Erziehung genügend normative Kraft zugetraut werden mußte, um gegen bewußtseinsverfälschende Überformungen durchgehalten werden zu können. Historisch belegt wurde diese Annahme durch Studien zur Geistesgeschichte und Soziologie der pädagogischen Fragestellung; systematisch erhielt sie ihren verbindlichen Ausdruck in Bestimmung des Theorie-Praxis-Verhältnisses: Jedes erzieherische Handeln enthielt demzufolge unausgesprochen, d.h. auch unbewußt und hinter dem Rücken des Handelnden, eine Rationalität, die als die erste grundlegende Schicht von Theorie begreifbar war. Wenn der Erzieher Aufgaben stellte, in deren Lösung der Edukandus etwas lernen sollte, wenn er lobte oder tadelte, wenn er bei jeder während der Aufgabenlösung auftretenden Schwierigkeit half oder wenn er den Schüler zappeln ließ, wenn er viele Vorschriften machte oder gerade umgekehrt diese zurückhielt – immer schien dem Handeln eine implizierte theoretische Struktur eigen zu sein. Objektiv mochte sie in vielen Fällen unzutreffend sein, nicht aber war ein Erziehungshandeln ohne sie vorstellbar.

Legte sich der erzieherisch Handelnde aber Rechenschaft darüber ab, was er tat, so brachte er die implizite Theorie in eine bewußte Formulierung. Pädagogisches Jedermannswissen, Volksweisheit, der lebendige Umgang der Generationen miteinander, Meisterlehre und Schulerfahrung machten eine zweite Theoriestufe aus, die sich bis zu ausdrücklichen Erziehungslehren verdichten konnte. Pädagogisches Umgangswissen und Erziehungslehren galten der geisteswissenschaftlichen Pädagogik als unerläßliche Voraussetzungen dafür, daß überhaupt eine Wissenschaft von der Erziehung anheben könne. Keiner hat das einprägsamer formuliert als Wilhelm Flitner:

> „Die vorwissenschaftliche Basis der Pädagogik liegt in den Erziehungslehren bestimmter Erfahrungskreise, in denen die Ideale, Normen und Regeln bestimmter historischer Lebensformen gelten, und wo eine erziehende Praxis – eine Pädagogie – sich ausgebildet hat. Wenn solche Lebensformen und Praktiken nicht schon gestiftet und noch in Geltung sind, wenn sie ihre Weisheit nicht bereits in praktischen Erziehungslehren niedergelegt und zu einem ersten Bewußtsein gebracht haben, läßt sich keine theoretische Pädagogik aufbauen... Das ist wesentlich für die ganze Methode der Erziehungswissenschaft. Die Quelle und vorwissenschaftliche Gestalt ihrer Sätze sind die Erziehungslehren, die in den Praktiken gründen, und diese wieder sind bezogen auf die erziehenden Lebensformen, welche sich in den geschichtlichen Verhältnissen ausgebildet haben. Nur so lange kann diese Disziplin gedeihen, als ihr Erziehungslehren voraufgehen und sie darauf zurückwirkt."[119]

Die vor- und außerwissenschaftlichen Erziehungslehren, dasjenige also, was allen Konzeptionen von Erziehungswissenschaft, die den Anspruch erhoben, kraft theoretischer Einsicht der vorgegebenen Praxis überlegen zu sein (und wobei es dann unerheblich war, ob diese Überlegenheit mit metaphysischen Prinzipien des Seinsollens oder auf empirischer Gesetzkenntnis psychophysischer bzw. psychosozialer Mechanismen begründet wurde) als das zu Überwindende galt, wurde von der geisteswissenschaftlichen Pädagogik als notwendiges Element der Wissenschaft betrachtet. Die dritte Ebene der Theoriebildung, die Theorie der wissenschaftlichen Pädagogik, die den stets prekären Zusammenhang von Handeln und Bewußtsein aufnimmt, abklärt und in der Logik der geschichtlichen Entwicklung weitertreibt, blieb hier unhintergehbar auf die beiden vorwissenschaftlichen Grade von Erziehungstheorie angewiesen. Der volle Sinn eines Ausgangs von der Erziehungswirklichkeit bedeutete eben, daß Wissenschaft sich zu konstituieren hatte durch die Reflexionen auf das, was in der Praxis geschah und zugleich auch auf das, was diese Praxis von sich selbst wußte und dachte. Wilhelm Flitner nannte eine so an die Interessen der Praxis rückgebundene Wissenschaft in einer weithin aufgegriffenen Formel „réflexion engagée", Erich Weniger den gleichen Sachverhalt „die Befangenheit des Theoretikers in der pädagogischen Aufgabe und an das pädagogische Tun". In diesem Sinn und nur in diesem Sinne war der geisteswissenschaftlichen Pädagogik ein normativer Anspruch immanent, ein Anspruch, der aber nicht als theoretischer Satz der Praxis zur Realisierung vorgegeben war, sondern sich aus der geschichtlichen Erfahrung erzieherisch handelnder Menschen im Kontext der europäisch-abendländischen Pädagogik als wirksam erwiesen hat: Formung des Menschen nach der Idee seiner selbst. Eine so begründete Bildungstheorie reichte freilich niemals aus, um die Inhalte des öffentlichen Bildungswesens mit pädagogischer Vollmacht gegen die Interessen der gesellschaftlichen Mächte durchzusetzen. Wohl aber fungierte in dieser Sicht Bildungstheorie als Anwalt der Jugend gegen die objektiven Ansprüche: Sie brach den Indoktrinationswillen der gesellschaftlichen Gruppeninteressen, sofern und insoweit die Pädagogik den gesellschaftlich angewiesenen Erwartungen und Tradierungsaufträgen einen Sinn abverlangte und ihnen nur in der Form der Bildung Eingang in Erziehung und Lehre gestattete. Diesen Strukturzusammenhang, in dem die Erziehung ihre Anwaltschaft für den Zögling mit ihrer kulturellen Tradierungspflicht zu vermitteln hatte, faßte Nohl in einer eigenen Theorie des „Pädagogischen Bezuges". Liebe, Autorität, Gehorsam, Geltung und Gemeinschaft waren die maßgebenden Kategorien, die zugleich auch für die Autonomie der Pädagogik standen, dem bekanntesten Theorem der geisteswissenschaftlichen Pädagogik überhaupt.

Die dritte Phase der Pädagogischen Bewegung

Die großen Repräsentanten der geisteswissenschaftlichen Pädagogik verfolgten jeweils spezifische Problemstellungen, mit denen sie ihre eigene Stellung in der Geschichte ihrer Disziplin unverwechselbar werden ließen. Die Differenzen, die zwischen ihnen bestanden, bezogen sich in hohem Maße auf die Frage, von welchen Aspekten aus der Wissenschaftsbegriff festgelegt werden sollte. Dilthey hatte sich sehr stark auf immanente Entwicklungen im Bereich der Natur- und der Geisteswissenschaften bezogen. Mit einer metatheoretischen Reflexion auf diese Entwicklungen gelang ihm die Differenzierung der Erkenntnisweisen als Kritik der Wissenschaften, wobei er sich auf „äußere" und „innere" Erfahrung stützte. Seine Schüler und Nachfolger brachten in unterschiedlicher Weise die Möglichkeiten wissenschafts*immanenter*, wissenschafts*theoretischer* oder wissenschafts*kritischer* Aspekte zur Geltung. Herman Nohl war der wissenschaftskritische Aspekt der wichtigste, weil er seine Auffassung von Wissenschaft fast ausschließlich auf die im Fortgang der Geschichte exponierten lebenspraktischen Fragen gründete. Dilthey hatte den Weg für einen Vorrang der Lebenspraxis mit dem Begriff „Deutsche Bewegung" bereitet. Nohl nahm diesen Begriff auf und machte ihn ganz zu seiner Sache, geradezu zum Kern seines Denkens. Dabei erfolgten allerdings wichtige Uminterpretationen und Ausdeutungen, die Dilthey ferngelegen hatten. War für Dilthey die „Deutsche Bewegung" eine mit der Selbstfindung des deutschen Geistes zu klassischer Form abgeschlossene Epoche, so verlängerte Nohl diesen Prozeß über die Kulturkritik des späten 19. Jahrhunderts über Dilthey bis in die Pädagogische Bewegung und damit, unabgeschlossen, bis zu sich selber. Indem er diesen Zusammenhang zur Grundlage seiner Pädagogik machte, konnte er die vom geisteswissenschaftlichen Verfahren ohnehin zur Beachtung aufgebene Kategorie der „Geschichtlichkeit" systematisch wenden: Wenn die theoretische Einsicht in die Struktur der Erziehung nur möglich ist über ein Wechselverhältnis zwischen geschichtlich verstandener Erziehungswirklichkeit und einer den Vorrang der Praxis respektierenden Wissenschaft von der Erziehung, dann mußte aus der Geschichte der Pädagogik die vernünftige Bestimmung der Erziehung zu erarbeiten sein:

> „Geschichte der Pädagogik ... ist nicht eine Sammlung von pädagogischen Kuriositäten oder ein interessantes Bekanntmachen mit allerhand großen Pädagogen: sondern sie stellt die Kontinuität der pädagogischen Idee dar in ihrer Entfaltung. Was Erziehung eigentlich ist, verstehen wir, wenn wir nicht bei dem immerhin beschränkten persönlichen Erlebnis stehenbleiben wollen, nur aus solcher systematischen Analyse ihrer Geschichte. In diesem geschichtlichen Zusammenhang arbeitet sich der Sinn der erzieherischen Leistung immer deutlicher heraus; ihre Eigenart und ihre Eigenwertigkeit werden von ihr selbst immer klarer, zugleich doch auch ihre Stellung in dem allgemeinen Kulturzusammenhang, ihre Verflechtung mit den anderen Kultursystemen, ihre Abhängigkeit von ihnen und ihre Rückwirkung auf sie – das eine ist von dem anderen nicht zu trennen."[120]

So erschien Pädagogik im umfassenden Sinne des Wortes als Geschichte, und Geschichte als die Entschlüsselung der Wahrheit über die Erziehung. Da Nohl die Pädagogische Bewegung als Teil der Deutschen Bewegung verstand und damit die Bewegung zur Selbstfindung des deutschen Geistes als eine Pädagogik, mußte sich seine Aufmerksamkeit immer mehr auf Voraussetzungen und Verlauf von „pädagogischen Bewegungen" konzentrieren. Seine Analysen legten ihm schließlich die Annahme einer Art von Gesetzmäßigkeit nahe:

> „Jede pädagogische Bewegung verläuft in drei Phasen – das ist ihr Gesetz. Die *erste* Phase ist immer die des Gegensatzes gegen eine veraltete Bildungsform, die abgelebt ist und nur noch starr vererbt wird, und der nun das selbständige, aus eigenen Kräften lebende Individuum entgegengestellt wird... Es folgt dann eine *zweite* Phase, die das, was hier für das einzelne aristokratische Individuum gewonnen wurde, allen zugute kommen lassen will, also sozial und demokratisch gewendet ist... War das Schlagwort der ersten Phase „Persönlichkeit", so heißt das der zweiten Phase „Gemeinschaft" als die lebendige Beziehung von Mensch zu Mensch. Die allgemeine Formel für beide Phasen heißt: ‚Alle Kräfte wecken und lebendig machen'. Dann entsteht aber die Frage: Kann man Kräfte wecken, ohne ihnen einen Gehalt zu geben? Müssen Kräfte nicht auch eine Richtung haben?... So setzt eine *dritte* Phase ein... Auch die pädagogische Bewegung *unserer* Generation ist jetzt in diese dritte Phase eingetreten... Das Schlagwort dieser dritten Phase ist nicht mehr Persönlichkeit und Gemeinschaft, sondern „Dienst"... Die dritte Phase der Bewegung betont die Bindung und die Zusammennahme, die Autorität und die Leistung. Aber damit verschwindet der andere Pol nicht! Und mag Politik und Religion immer bereit sein, ihn zu vergessen, so hat die Erziehung doch die ewige Aufgabe, ihn treu zu bewahren, denn ihr autonomes Ziel bleibt der Mensch, und auch wo der Lehrer sein Werk im Volke sieht, gibt es doch für ihn keine wahre Volkwerdung als über die freie Lebendigkeit jedes einzelnen und seiner echten Gemeinschaftsgefühle gegen den Nächsten."[121]

Das war 1933! Die den „Dienst" erheischende „dritte Phase" derjenigen pädagogischen Bewegung, der sich Nohl selber zurechnete und die die primäre „Erziehungswirklichkeit" der geisteswissenschaftlichen Pädagogik darstellte, war, kein Zweifel ist daran möglich, der NS. Nohls Distanz gegenüber der Ideologie der faschistischen Barberei war klar erkennbar, insofern er die liberalen, sozialen und demokratischen Momente der beiden ersten Phasen als unverzichtbar weiterwirkend erklärte und das autonome Ziel der Pädagogik im Menschen – und zwar ausdrücklich im einzelnen – reklamierte. Es gehörte schon einiger Mut dazu, sich nach der Machtergreifung der NSDAP in Deutschland öffentlich zu solchen Formulierungen zu bekennen. Nohl verstärkte diesen Aspekt im Nachwort zu dem zwei Jahre später noch einmal publizierten Buch, indem er die „ewigen Grundrechte der Idealität" beschwor, den Untergang des Volkes prognostizierte für den Fall, daß solche „freie Geistigkeit versagt" werde, und schließlich gegen den antiintellektualistischen und irrationalen Überzeugungsanspruch die Gegenthese aus dem Geist der abendländischen Pädagogik setzte:

> „...wahrhaft gebunden ist eine Überzeugung erst, wo sie nicht bloß im Enthusiasmus gründet, sondern gerechtfertigt ist durch ein wahrhaftes Denken." [122]

Das war die eine Seite der Sache, die die persönliche Ehrenhaftigkeit und intellektuelle Redlichkeit des Autors Nohl bezeugt. Die andere Seite der Sache aber war die, daß dem NS doch offensichtlich die legitime Gestaltung der „dritten Phase" als historische Möglichkeit von Nohl ausdrücklich konzediert wurde:

> „Jedenfalls hat der nationalsozialistische Staat die Überzeugung der pädagogischen Bewegung hinter sich, wenn er hier radikal zugreift und die Ganzheit oberhalb aller dieser Gegensätze herausarbeitet. Er besitzt in dem nationalen Gehalt unserer Geschichte wie unserer Sendung auch den Fundus, der die einheitliche Schule zu tragen vermag." [123]

Daß der NS-Staat die von Nohl gestellten Bedingungen, unter denen er die Überzeugungen der Pädagogischen Bewegung hinter sich haben sollte, weder erfüllen konnte noch wollte, ist im Nachhinein evident. War es für den liberalen Nohl unmöglich, diesen Tatbestand bereits 1933/35 zu erfassen? Oder suchte er sich mit der Macht zu arrangieren? Oder mußte er als geisteswissenschaftlicher Pädagoge, wenn er von seinem Göttinger Schreibtisch aufblickte und durch das Fenster auf der Straße die Hitler-Jugend (HJ) mit Fahnen, Trommeln und Fanfaren vorbeimarschieren sah, eben dies als die zu interpretierende „Erziehungswirklichkeit" akzeptieren?

NS-Pädagogik als Un-Pädagogik und Erbe der Pädagogischen Bewegung

Wer die zwölfjährige Herrschaft des Hitler-Faschismus über Deutschland von ihrem Ende her und von den ungeheuren Verbrechen, die in dieser Zeit im Namen des deutschen Volkes verübt worden sind, betrachtet, kann geneigt sein, den Begriff der Pädagogik hier überhaupt vermeiden zu wollen. Der totale Zugriff des NS-Staates auf den Menschen hatte, von seiner eigenen Logik her, keinen Raum für eine noch so begrenzte pädagogische Autonomie. Erziehung sollte bruch- und lückenlos in den Dienst der Herrschaftssicherung eingestellt sein: Überwältigung des Mitbürgers, Indoktrination der Jugend, emotionale Umgehung des Bewußtseins, Drill, Dressur, letztlich „Vitalkorrektur" wären dann die zur Charakterisierung der NS-Pädagogik ausreichenden Begriffe. Selbstverständlich müßte dann dieser dunkle Abschnitt deutscher Vergangenheit in einer Geschichte der Pädagogik isoliert werden als eine Art „Un-Pädagogik“, die im strikten Widerspruch zu allen beglaubigten Überlieferungen der europäischen Erziehungsgeschichte stand und von den Nachfahren nur als ein – jedenfalls aus der Sicht der Pädagogik – nicht verständlicher Absturz in die Barbarei zur Kenntnis genommen werden könnte. Für eine so angelegte Darstellung stünde Material in Hülle und Fülle zur Verfügung. Es ließe sich zeigen, wie die anthropologischen und psychosozialen Voraussetzungen der Verführbarkeit des Menschen zu einer Technik der Verführung gemacht wurden. Die im engeren Sinne als NS-Pädagogen zu bezeichnenden Erziehungswissenschaftler der Zeit zwischen 1933 und 1945 gaben dazu Hinweise, die aber letzlich nicht zentral waren und die – für sich allein genommen – nicht den vollen Umfang einer Systematik der Verführung des Menschen zum Unmenschen sichtbar machten. Die Schriften dieser Erziehungswissenschaftler belegten nur, wie die pädagogische Verantwortung an ein politisch-ideologisches Machtkalkül ausgeliefert wurde. Diese Literatur war gewiß ein wichtiger Mosaikstein im allumspannenden Netz von Vereinnahmung, Schulung und Einflußnahme; aber erst der Endpunkt dieser Kette, die Verlautbarungen und Maßnahmen zur Behandlung der Ostvölker legte den Sachverhalt unverschleiert bloß. Was der NS den Ostvölkern zufügte und welches Schicksal er ihnen im Falle seines Sieges zugedacht hatte, ließ nicht einmal mehr eine pseudo-pädagogische Bedeutung erkennen. Von der Ostpolitik fiel der Schatten zurück auf das wenigstens teilweise noch pädagogisch erscheinende Handeln, freilich beklemmend mit den Konsequenzen der Ostpolitik von Anbeginn verbunden und gespiegelt im Gegenbild der aus dem öffentlichen Schulwesen teilweise oder ganz herausgelösten NS-Eliteerziehung. Dort, wo kein Erziehungsanspruch mehr behauptet, sondern nur noch von „Behandlung“ gesprochen wurde, demaskierte sich die auch im Zugriff auf die Jugend des eigenen Volkes maßgebliche Entwürdigung des Menschen zum bloßen Mittel: Die vollständige Destruktion der pädagogischen Verantwortung war die eigentliche NS-Pädagogik.

Hitler hatte während der Festungshaft, die er nach seinem gescheiterten Münchner Putschversuch von 1923 absitzen mußte, sein programmatisches Buch „Mein Kampf“ geschrieben. In diesem Buch hatte Hitler auch die Erziehungsgrundsätze formuliert, die er in dem von ihm beabsichtigten „völkischen Staat“ verwirklicht sehen wollte, und die schon damals, also lange vor der „Machtergreifung“, seine Absichten unverhüllt offenlegten:

> „Der völkische Staat hat in dieser Erkenntnis seine gesamte Erziehungsarbeit in erster Linie nicht auf das Einpumpen bloßen Wissens einzustellen, sondern auf das Heranzüchten kerngesunder Körper. Erst in zweiter Linie kommt dann die Ausbildung der geistigen Fähigkeiten. Hier aber wieder an der Spitze die Entwicklung des Charakters, besonders die Förderung der Willens- und Entschlußkraft, verbunden mit der Erziehung zur Verantwortungsfreudigkeit, und erst als letztes die wissenschaftliche Schule... Von Zeit zu Zeit wird in illustrierten Blättern dem deutschen Spießer vor Augen geführt, daß da oder dort zum ersten Mal ein Neger Advokat, Lehrer, gar Pastor, ja Heldentenor oder dergleichen geworden ist. Während das blödsinnige Bürgertum eine solche Wunderdressur staunend zur Kenntnis nimmt, voll von Respekt für dieses fabelhafte Resultat heutiger Erziehungskunst, versteht

es der Jude sehr schlau, daraus einen neuen Beweis für die Richtigkeit seiner den Völkern einzutrichternden Theorie von der Gleichheit der Menschen zu konstruieren. Es dämmert dieser verkommenen bürgerlichen Welt nicht auf, daß es sich hier wahrhaftig um eine Sünde an jeder Vernunft handelt; daß es ein verbrecherischer Wahnsinn ist, einen geborenen Halbaffen solange zu dressieren, bis man glaubt, aus ihm einen Advokaten gemacht zu haben, während Millionen Angehörige der höchsten Kulturrasse in vollkommen unwürdigen Stellungen verbleiben müssen; daß es eine Versündigung am Willen des ewigen Schöpfers ist, wenn man hunderttausende und hunderttausende seiner begabtesten Wesen im heutigen proletarischen Sumpf verkommen läßt, während man Hottentotten und Zulukaffern zu geistigen Berufen hinauf dressiert... Der Staat hat die Verpflichtung, mit äußerster Sorgfalt und Genauigkeit aus der Gesamtzahl der Volksgenossen das von Natur aus ersichtlich befähigte Menschenmaterial herauszusieben und im Dienste der Allgemeinheit zu verwenden." [124]

Im vertraulichen Gespräch kurz nach der Machtergreifung 1933 soll Hitler seine „Pädagogik" dann noch zugespitzter formuliert haben:

„Meine Pädagogik ist hart. Das Schwache muß weggehämmert werden. In meinen Ordensburgen wird eine Jugend heranwachsen, vor der sich die Welt erschrecken wird. Eine gewalttätige, herrische, unerschrockene Jugend will ich. Jugend muß das alles sein. Schmerzen muß sie ertragen. Es darf nichts Schwaches und nichts Zärtliches an ihr sein. Das freie, herrliche Raubtier muß erst wieder aus ihren Augen blitzen. Stark und schön will ich meine Jugend. Ich werde sie in allen Leibesübungen ausbilden lassen. Ich will eine athletische Jugend. Das ist das erste und wichtigste. So merze ich die tausende von Jahren der menschlichen Domestikation aus. So habe ich das reine, edle Material der Natur vor mir. So kann ich das Neue schaffen. Ich will keine intellektuelle Erziehung. Mit Wissen verderbe ich mir die Jugend." [125]

Dafür hatte der NS-Staat die „Überzeugung der Pädagogischen Bewegung" keineswegs hinter sich. Das Problem lag komplizierter. Die eigentliche Betroffenheit, die das Studium der NS-Pädagogik auslöst, geht nicht von dem barbarischen Biologismus aus, der aus Hitlers Äußerungen zur Erziehung spricht. Denn wenn die Analysen auf das ganze Spektrum der pädagogischen Literatur über die erzieherische Praxis während des „Dritten Reiches" gelenkt wird, ergibt sich ein anderes Bild. Natürlich wurden theoretische Argumente und praktische Eingriffe so gehalten, daß sie als Folgerungen aus den kanonisierten Dogmen der NS-Ideologie interpretiert werden konnten. Der mit dem Instrument divergierender Auslegung geführte Kompetenzstreit zwischen den Staats- und Parteiorganen sowie die jederzeit mögliche und dann berufungsunfähige Entscheidung durch einen „Führerbefehl", war geradezu ein besonderes Charakteristikum des NS-Staates. Aber keines der so arrangierten Versatzstücke war originell, vom Faschismus selbst hervorgebracht, sondern entstammte – und das macht die Betroffenheit aus – der Tradition, auf die sich die Pädagogische Bewegung berufen hatte. Das begann beim Erbe der Jugendbewegung. Vor dem ersten Weltkrieg hatten die einflußreichsten Jugendvereinigungen in Deutschland, allen voran der von Karl Fischer gegründete „Wandervogel", eine als klassen- und parteilos ausgegebene Rebellion gegen die Wilhelmininische Gesellschaft und ihre Konventionen repräsentiert, freilich verbunden (und dadurch abgeschwächt) mit einem Begriff von „Jugendlichkeit", der einen Aufschub der persönlichen Entscheidung für politisch-soziale Optionen bedeutete. Nach 1918 orientierten sich die im wesentlichen von der bürgerlichen Jugend getragenen Nachfolge- und Konkurrenzgruppen des „Wandervogels“ politisch nach rechts, entfesselten den von Anbeginn latent vorhanden gewesenen Antisemitismus, wandten die Gesellschaftskritik gegen die Weimarer Republik, der der „Novemberverrat“ ebenso wie die „Kriegsschuldlüge“ angelastet wurden, und bereiteten so die Transformation von „Rebellion“ in „Anpassung“ an den autoritären Staat vor. Waren die jungen Menschen vor dem Krieg den Zwängen der modernen technisierten Welt in die Jugendvereinigungen entflohen – legitimiert durch den der Jugend von „der Natur“ aus zustehenden Aufschub –, so hatten sie den Krieg selbst als weiteren Aufschub bejaht, und, soweit sie überlebten, die Flucht fortgesetzt zunächst in die Freikorps, bald dann in die präfaschistischen Verbände. Was aber geblieben war und auch bei denjenigen Teilen der Jugendbewegung, die der Tendenz zur antirepublikanischen und antisemitischen Politisierung widerstanden, ebenso wirksam war wie bei den NS-Gruppen, war das Programm des unreifen, noch nicht zur vollen Eingliederung in die Erwachsenenwelt bestimmten Jugendlichen. Da dieses Programm entwicklungspsychologisch vorbestimmt erschien – Eduard Spranger hatte mit seiner „Psychologie des Jugendalters“ einen Anteil an der Verfestigung dieser Meinung – wurden alle schulischen und außerschulischen Erziehungseinrichtungen darauf orientiert, eben diesen der Unreife und der Abhängigkeit der Jugend korrespondierenden „Bedürfnissen“ zu entsprechen. Als der NS-Staat die gesamte Jugend zwangsweise in einer einzigen Organisation, der „Hitler-Jugend“ zusammenfaßte, griff er nur „radikal zu“, auf das, was im Prinzip weithin vorgezeichnet war: die Überwachung der Jugend durch Selbstführung, und die Möglichkeit, mit dem Prinzip „Jugend wird durch Jugend geführt“, die politisch erfahrenen Veteranen der Jugendbewegung und die der Jugend zugewandten Lehrer und Erzieher auszuschalten – Sieg der Vitalität über den Geist!

Der faschistische Führerstaat fand gerade hier einen so wirkungsvollen Ansatzpunkt, weil er für die von ihm beanspruchte umfassende Verhaltenssteuerung die vorgegebenen pädagogischen Denkmuster instrumentalisieren konnte. Das institutionalisierte Schulwesen insgesamt war dazu wenig tauglich – nicht, weil es irgendeinen nennenswerten Widerstand hervorgebracht hätte, sondern weil es als Ort der systematischen Vermittlung der geistigen Traditionen auf Anspruch und Stärke des Intellekts hin angelegt war. Deshalb wurde der Zugriff auf dieses Bollwerk der dem Faschismus verhaßten kognitiven Strukturen indirekt angelegt durch Umzingelung und Funktionsminderung der Schule. Die Reduktion der Schule auf bloße Wissensvermittlung, die Demontage ihrer erzieherischen Funktionen und damit auch die Leugnung eines „pädagogischen Bezuges“ zwischen Lehrer und Schüler war möglich über die Zwangsorganisation einer Staatsjugend, in der das Reifegefälle zwischen Erwachsenen und Kindern keine Rolle spielte („Selbstführung“) und in der auch keine individuellen Leidenschaften der einzelnen Heranwachsenden zu bestimmten Wissensgebieten oder wissenschaftlichen Methoden geweckt wurden, wie das in der Schule, zumal der höheren Schule selbstverständlich war. Der Dualismus konnte noch gesteigert werden, indem die Jungen und Mädchen in der Hitlerjugend durch Ansprache ihres Selbstwertgefühls und ihres Widerspruchsgeistes beauftragt wurden, die Loyalität ihrer Lehrer gegenüber der NS-Ideologie zu überwachen, gegen intellektualistische Lehrmethoden zu rebellieren und durch Dienst, Zeltlager, Geländespiel, Heimabend und Ernteeinsatz die für die schulische Beanspruchung der Jugend zu Verfügung stehende Zeit entscheidend einzuschränken.

Für diese Strategie konnten fast alle Register der in die Pädagogische Bewegung eingegangenen Kultur- und Zivilisationskritik seit Ende des 19. Jahrhunderts beansprucht werden. Am deutlichsten wurde das dort, wo die NS-Pädagogik den Dualismus von erzieherisch definierter Charakter- und Willenserziehung in der HJ und wissensorientiertem Schulunterricht antizipativ übersprang: in den Internatsschulen der systemeigenen Eliteerziehung. In den Napolas und Adolf-Hitler-Schulen konnte, auf einen ersten Blick hin geurteilt, die geschlossene Realisierung aller Ideale der pädagogischen Reformintentionen vergangener Jahrzehnte unter der organisierenden Leitlinie eines übergeordneten politischen Willens gesehen werden:

- ▷ Der öde Schematismus der Notengebung, wie er von der reformorientierten Schulkritik seit eh und je angeprangert worden war, fand sich hier ersetzt durch ein System der Bewertung von individueller Entwicklung, Kompetenzgewinn und subjektivem Einsatz, dies auch in den Zeugnissen ausgedrückt;
- ▷ die Erziehung zur Selbständigkeit und Selbstverantwortlichkeit wurde unter dem Primat der Charakterbildung den überkommenen Schultraditionen der Überwachung und des institutionalisierten Mißtrauens konkret entgegengesetzt: Klassenarbeiten prinzipiell ohne Lehreraufsicht, Förderung von Schlagfertigkeit und Mutterwitz, Abbau von Angst gegenüber „falschen" Antworten;
- ▷ die körperliche Erziehung und Abhärtung waren so großgeschrieben, wie es der reformpädagogische Kampf gegen die von der Schule (angeblich) bewirkte Stubenhockergelehrsamkeit verlangt hatte, aber kein extremes Leistungssporttraining, keine Heranbildung von olympiaverdächtigen Sportkanonen, sondern eine gute, durchschnittliche und vielseitige Körperbeherrschung;
- ▷ die musische Bildung entsprach den Prinzipien der Kunsterziehungsbewegung nach Freigabe gestalterischer Kräfte, funktional bezogen auf das eigene Gemeinschaftsleben mit Feiern, Festen und Kundgebungen, aber keine Propädeutik für professionelle Aussichten in Musik oder bildender Kunst;
- ▷ Standortwahl, Ausstattung der Internatsgebäude und der in ihnen praktizierte Lebensstil entsprachen weithin den Gesichtspunkten, die die Großstadt-, Asphalt- und Zivilisationsfeindlichkeit der Landerziehungsheimbewegung zur Geltung gebracht hatte;
- ▷ die durch Uniformierung und Mannschaftsgliederung gegebene paramilitärische Zucht blieb streng begrenzt auf die in den Bünden der Jugendbewegung entwickelten Formen des Kriegsspiels und des Manövers, vermied also die Rückkehr zum Stil der Kadettenanstalten kaiserlicher Zeit;
- ▷ ein differenziertes Angebot von Sonderausbildungen im Segelflug-, Wasser- und Kraftfahrzeugsport, verbunden mit Modellbaumöglichkeiten knüpfte an zentrale Vorstellungen der Arbeitsschulbewegung an;

▷ ja, selbst die relative Eigenständigkeit der Erziehung gegenüber dem Zugriff der gesellschaftlichen Ansprüche war den Organisatoren der NS-Eliteerziehung nicht fremd: Indem sie sich auf die pädagogische Fürsorge für eine den ganzen Menschen erfassende Erziehung beriefen, wehrten sie die Versuche einer Funktionalisierung dieser Schulen zu direkten Nachwuchslieferanten und damit Faustpfändern in dem hinter dem Rücken der Öffentlichkeit ausgetragenen inneren Machtkampf im NS-System ab. Keine der Instanzen, die an diesem Machtkampf beteiligt waren – staatliche Kultusverwaltung, Partei, SS, SA, HJ, Deutsche Arbeitsfront, Heer, Marine und Luftwaffe – konnte sich gegen die „pädagogische" Abschirmung der Eliteschulen völlig durchsetzen.

Freilich, diese „Eigenständigkeit" hatte ihre Grenze bei der bedingungslosen Unterordnung unter den „Führer", dem so allein die Verfügung über das Potential des elitär herangebildeten Nachwuchses verblieb. Aber so inhuman die Auslieferung der Jugend an einen nicht weiter nach Gründen befragbaren Führerwillen objektiv auch war, so wurde dieser Tatbestand gerade deshalb nicht erkannt, weil die Pädagogik befangen war im Traum einer neuen „Volksordnung", einer „Einheit" oberhalb der parteipolitischen Gegensätze und gesellschaftlichen Interessenauseinandersetzung – diese Einheit schien der Führer zu verkörpern, und unterhalb dessen waren dem Kulturwillen, ausgedrückt in den Strebungen der Pädagogischen Bewegung, Entfaltungsmöglichkeiten der „Dritten Phase" gegeben, wie sie die pluralistische Republik eben nicht geboten hatte. Kein bloßer Zufall mag es gewesen sein, daß der langjährige Inspekteur der Napolas, SS-Obergruppenführer August Heißmeyer, als Student dem Jung-Wandervogel und dann, in Göttingen, der Akademischen Freischar angehört hatte, durch die er mit Herman Nohl und den Fragestellungen der Pädagogischen Bewegung in Berührung gekommen war.

Die Herausstellung einer Anknüpfung der NS-Ausleseschulen an die Überzeugungen der Pädagogischen Bewegung soll lediglich einen Zusammenhang andeuten, der erklärlich macht, warum der NS in der Pädagogik ebenso wie auf vielen anderen Gebieten des öffentlichen Lebens kein völliger Bruch war, sondern daß er mit vielen Fäden der Vergangenheit verbunden war. Diese Folgerung besagt nicht, die NS-Pädagogik sei durch ein klares, in sich stimmiges System gekennzeichnet gewesen. Gerade davon kann keine Rede sein – die Versatzstücke des Überlieferten waren eklektisch zusammengestoppelt, immer wieder neu organisiert und uminterpretiert, weil die Irrationalität des Führerbefehls, die als letzte Auskunft einer anders nicht mehr zu leistenden Krisenbewältigung durchaus systemkonform gedacht werden konnte, gerade keine rationale Planung und Durchstrukturierung erlaubte. Auch dieser Aspekt ist – beispielhaft – an der Problematik der NS-Ausleseschulen demonstrierbar. Denn das Programm einer einheitlichen, emotionale Mentalitätsprägung und kognitive Schulausbildung einschließende, langfristige Jugenderziehung mit dem Anspruchsniveau der höheren Schule – die Ausleseschulen vergaben alle das Reifezeugnis – war für das NS-System selbst ein hohes Risiko: Das, was die HJ in der Freizeit der Jugendlichen als Gegengewicht zur kognitiven Schulausbildung und was der Reichsarbeitsdienst als kurzfristige Phase der emotionalen Einübung auf Führer, NS-Pathos und militärischen Gehorsam praktizierte, reichte für das

Langzeitprogramm nicht aus. So mußte die Eliteerziehung in den Ausleseschulen entweder in politische Bildung übergehen – was sie aber nicht durfte, weil die für sie erforderlichen Verbindlichkeiten einer vorweggenommenen gesellschaftlichen Ordnung der Willkür des Führers vorgegriffen hätten – oder aber zurückfallen in Inhalte und Formen der bürgerlichen Leistungsschule (zwei Napolas arbeiteten sogar nach dem Lehrplan humanistischer Gymnasien!) – was sie gleichfalls nicht durften, weil es einem Verrat am revolutionären Anspruch des NS gleichgekommen wäre. Die innere Entwicklung der Ausleseschulen war ein dramatischer Konflikt zwischen der systemkonformen, menschenverachtenden Verhaltenssteuerung einerseits und der im Vorgang der Erziehung selbst enthaltenen Dynamik andererseits, die die Freisetzung des Zöglings zu eigenem Urteil, zu Kritik und Selbstbehauptung wollen muß, auch dann, wenn nur die Tradierung des Vorgegebenen intendiert ist.

Unter den NS-Erziehungstheoretikern im engeren Sinne beanspruchten zwei eine hervorgehobene Führungsposition: Ernst Krieck und Alfred Bäumler, die zugleich auch unterschiedliche Zugangsmöglichkeiten zur NS-Pädagogik repräsentierten. Krieck war Lehrer mit seminaristischer Ausbildung, hatte sich autodidaktisch in philosophische und geistesgeschichtliche Fragestellungen eingearbeitet und publizierte seit 1910 kulturkritische Schriften. Eine Arbeit zur Philosophie der Erziehung trug ihm 1923 den Ehrendoktortitel der Universität Heidelberg ein. Als Professor der Pädagogischen Akademie Frankfurt am Main gab er sich schon 1931 bei einer Feierstunde mit einem Heil auf das „Dritte Reich“ öffentlich als Anhänger Hitlers zu erkennen und wurde nach 1933 mit einem Universitätslehrstuhl belohnt; von 1934 bis 1945 war er an der Universität Heidelberg tätig.

Krieck nahm seinen Ausgangspunkt bei Annahmen, die der geisteswissenschaftlichen Pädagogik nahestanden, nämlich bei der Absage an die wissenschaftliche Konstruktion von Ziel- und Zwecksetzungen der Erziehung. Die Vorgängigkeit des praktischen Erziehens vor der reflektierenden Aufklärung durch die Wissenschaft war ihm ebenso gewiß wie den Dilthey-Schülern. Gleichwohl gab es schon früh, d.h. schon lange vor Kriecks Wendung zum NS deutlich erkennbare Unterschiede. Während die geisteswissenschaftliche Pädagogik dem normativen Zugriff mißtraute, weil Selbständigkeit und Würde des erzieherischen Handelns als Ausgangsdaten für eine Wissenschaft von der Erziehung angesehen wurden, ging es bei Krieck gerade umgekehrt darum, die Normierung der Erziehung nicht durch Wissenschaft relativieren zu lassen. Deshalb interessierte ihn auch nicht so sehr die Eigenstruktur der Erziehung, sondern deren Eingebundensein in die dem einzelnen Menschen schicksalhaft vorgegebenen Gemeinschaften. Sah er in der Wissenschaft keine Instanz für Sinngebungen, so mußten ihm die wahren Normgeber, die großen „Beweger der Menschheit“, die „Schöpfernaturen“, die „Propheten, Dichter und Staatsmänner“ um so wichtiger sein. Doch auch diese Charismatiker betrachtete er nicht primär als Lehrer oder Erzieher in einem personalen Sinne, vielmehr suchte er die Erziehung aus dem bis dahin maßgeblichen Deutungsmuster des Generationsverhältnisses (z.B. Schleiermacher) oder des pädagogischen Bezuges (z.B. Nohl) völlig abzulösen. Er bestimmte Erziehung als „Funktion“ der Gemeinschaften, als Formung des Menschen durch Zucht und Kraft des völkischen Lebens, innerhalb dessen dann erst die Spannung von absichtsvoller Selbst- und Fremderziehung einen Sinn erhalten könne. Kriecks Lehre vom primären Status der Selbsterziehung – vor allen Erzieherintentionen – kam dem Selbständigkeitsanspruch der Jugendbewegung entgegen und ordnete sich insofern auch in die die Pädagogische Reformbewegung stützende Linie der Wissenschaft ein. Tatsächlich aber mußte dieser Interpretation, die gerade auch im Anschluß an die Pädagogische Bewegung herausgearbeitete Eigendynamik der Erziehung wieder entschwinden. Das war für Krieck unvermeidlich, weil er die Wechselbeziehung von Selbst- und Fremderziehung noch einmal umgriff durch eine umfassende Theorie der „funktionalen Erziehung“, die für ein dem Zögling gegenüber verantwortliches Erzieher-Subjekt keinen Platz mehr hatte: Alle und alles, so wurde unterstellt, erziehen alle – unbeabsichtigt und unbewußt zu jeder Zeit. Von da aus war es kein großer Schritt mehr, die NS-Formationen – die den Menschen vom 10. Lebensjahr an, wenn er zum „Jungvolk“ oder zu den „Jungmädeln“ kam, „erfaßten“ und dann durch ein vielfältig altersstufengemäß, systemfunktional, ideologieintensiv und berufsständisch differenziertes Netz von Organisationen und Verbänden festhielten – mit ihrem Mannschaftscharakter, ihrem kollektiven Zucht- und Dienstgebot sowie dem durchgängig praktizierten Führerprinzip als die Träger der eigentlichen Erziehung anzusehen.

Diese Möglichkeit blieb aber nicht auf den ideologischen Kernbereich der NS-Aktivitäten beschränkt; die Repräsentanten der Berufsausbildung beispielsweise machten sie sich ebenfalls zu nutze: Unter der Vorherrschaft einer individualistisch und humanistisch orientierten Pädagogik hatten sie sich stets der kritischen Rückfrage, ob die Erziehung zum Beruf den Menschen zugleich auch als Zweck für sich selbst, nicht allein als bloßes Mittel respektiere, ausgesetzt gesehen. Im Anschluß an Krieck konnten sie sich aber dieser lästigen Frage mit der Theorie der funktionalen Erziehung entledigen, schließlich diese Theorie auch auf das vom Berufstätigen zu bearbeitende Material auslegen, so daß es nicht mehr ungereimt war, einen metallgewerblichen Ausbildungslehrgang mit „Eisen erzieht“ zu überschreiben. Diese Auswirkung der Theorie funktionaler Erziehung auf die Berufs- und Wirtschaftspädagogik hielt, da sie von der offenkundigen NS-Terminologie ablösbar war, noch lange nach 1945 an und ließ es als legitim erscheinen, den „Betrieb als Erziehungsfaktor“ zu definieren, d.h. die Funktionalisierung des Menschen zur ökonomischen Verwertung unmittelbar als eine pädagogische Maßnahme auszugeben.

Für Krieck selbst war es während der NS-Zeit ungleich wichtiger, seine Persönlichkeitsauffassung mit dem ihm ideologisch vorgegebenen Rassismus zu verbinden. Die Schwierigkeit bestand für ihn darin, daß seine Auffassung von Person und Handlung des Menschen im philosophischen Sinne idealistisch angelegt war, während die NS-Rassenlehre einen kruden Sozialdarwinismus und Biologismus voraussetzte. Aber auch hier erwies sich die Theorie der funktionalen Erziehung als das die gesuchte Vermittlung leistende Instrument. Indem Krieck den pädagogischen Bezug, die Verantwortung der Erziehung für das Subjekt zurückwies, konnte er Menschenformung im Sinne der Typenbildung als die zentrale Aufgabe aller Erziehung behaupten. Daraus folgerte er

einerseits die totale Institutionalisierung der Erziehung: Da das gemeinschaftliche

Leben die eigentliche Erziehung ausmachte, mußte der die lückenlose Kontrolle erstrebende NS die Gemeinschaft usurpieren und den „Erziehungsstaat" fordern; Kriecks Demontage des erzieherischen Verhältnisses als einer bewußt wahrgenommenen Beziehung personaler Verantwortung endete also mit der pädagogisch für rechtens erklärten Instrumentalisierung der funktionalen Erziehung durch den NS-Staat;

andererseits folgerte er aus dem gleichen Zusammenhang die Rückführung des „ideellen Höchstwertes", der den einzelnen Menschen in seinem Handeln bindet, auf die völkische und rassische Gemeinschaft, die ihn (funktional) erzieht und ohne die er nicht wäre. Den so gewonnenen Rassebegriff konnte Krieck dann mühelos in die vom NS-Staat erwartete Konformität einordnen; letzte Überreste einer idealistischen Deutung des Rassebegriffes wirkten in der im übrigen voll adaptierten Blut- und Boden-Romantik nicht weiter störend:

> „Landschaft (Heimat) und Volk prägen einander: Es kann, wo ein Volk wurzelhaft ist, nicht das eine ohne das andere gedacht werden. Gewiß ist Lebensart und Lebensführung eines Volkes nicht einfach eine Funktion der äußeren Lebensbedingungen, sondern zuletzt Ausdruck rassischer Lebensbedingungen. Kein ackerbaufähiger Boden zwingt ein Volk zum Ackerbau, wenn sein Wille auf eine andere Lebensart gestellt ist. Wie aber zur Wüste der Beduine gehört, so gehört zum deutschen Menschen der deutsche Wald, Raum, Charakter und Seele der deutschen Landschaft überhaupt von der deutschen Marsch bis zum Hochgebirge. Der deutsche Wald ist dem Franzosen so unheimlich wie das deutsche Wesen, und das Verhältnis der deutschen Seele zum Wald ist dem Franzosen unverständlich – Rassenunterschiede!"[126]

Bäumler war im Unterschied zu Krieck vor 1933 weder mit erziehungswissenschaftlichen Publikationen noch mit öffentlichen Bekenntnissen zum NS hervorgetreten. Er war Professor der Philosophie, hatte Arbeiten über Kant, Hegel, Nietzsche und die Mythologie des Schweizer Rechtshistorikers Johann Jacob Bachofen publiziert. Erst unmittelbar nach Hitlers Machtergreifung trat er der NSDAP bei, wurde auf Betreiben von Alfred Rosenberg 1933 auf den Lehrstuhl für politische Pädagogik an der Universität Berlin gerufen, führte am 10.5.1933 den Zug der NS-Studenten zur schändlichen Bücherverbrennung an, hielt dabei die Feuerrede „wider den undeutschen Geist", und übernahm das Amt des Beauftragten des Führers für die Überwachung der geistigen Schulung der NSDAP.

Sein Zugang zum NS war die im eigentlichen Sinne faschistische Version einer Ästhetisierung der Politik. Philosophiehistorische Kontroversfiguren zwischen Logik und Ästhetik führte er auf den Gegensatz von Rationalismus/Irrationalismus zurück. Als Ergebnis bezeichnete er den ästhetischen Menschen als die letzte Gegebenheit, vor der das Denken zu kapitulieren habe; und eben die gleiche Grundstruktur unterlegte er dem für die Pädagogik so zentralen Begriff der Individualität, die der logischen Bestimmung entzogen und wesenhaft greifbar nur im Mythos sei. Durch den Sieg des NS in Deutschland schien ihm das philosophische Problem zugunsten von Irrationalismus und Mythologie entschieden zu sein, und dementsprechend engagierte er sich im Kampf gegen den Intellektualismus.

Bäumlers Übergang zur Pädagogik stand in einer gewissen Spannung zu den

Thesen Kriecks, weil er durch seine radikale Option für den Irrationalismus die meisten Fragen in der pädagogischen Tradition seit der Aufklärung und der deutschen Klassik als falsch gestellt verwerfen mußte, auch solche, die Krieck noch aufgenommen und im NS-Sinne zu interpretieren versucht hatte. Dazu gehörte vor allem, daß, sofern der Mensch als ein erkennendes oder Werte verwirklichendes Wesen gedeutet werde, das Wesen des Menschen im ganzen verfehlt sei. Denn daß der Mensch ein handelndes Wesen ist, mußte für Bäumler gleichsam vor aller Analyse anerkannt sein, und demzufolge konnte er das Handeln auch nicht als durch einen Wert gedeckt ansehen. Nicht die Sicherheit der rationalen Prüfung, sondern die irrationale Gewißheit schien ihm das zu sein, was der Handelnde in der Tat zum Ausdruck bringt. Dann aber konnte dem Handeln nicht eine Entscheidung für bestimmte Werte oder abwägend geprüfte und in begründeter Schlußfolgerung gerechtfertigte Zwecke zugrundeliegen, sondern nur die Parteinahme als Schicksal und Wagnis. Es war Bäumlers wissenschaftliches Interesse, den Nachweis dafür zu führen, daß und warum das Handeln immer schon vor aller denkenden Begründung strukturiert sei:

> „Handeln, ob künstlerisches oder wissenschaftliches oder politisches, erfolgt stets in einer bestimmten Richtung. Beim künstlerischen Handeln nennen wir diese Richtung *Stil*, beim wissenschaftlichen Handeln nennen wir sie *Methode*, beim politischen Handeln nennen wir sie *Partei*."[127]

Damit war dann in einer sehr viel direkteren Weise als bei Krieck der totale und lückenlose Zugriff auf den Menschen, und zwar primär auf sein Verhalten und sein Handeln legitimiert, weil dies ja ohnehin unter Umgehung des Bewußtseins erfolgt: Normative Steuerung von unbedingter Gläubigkeit, unverrückbarer Handlungsrichtung und charakterbestimmender Mentalitätsprägung – das hieß nun Erziehung vom Anfang bis zum Ende. Gefolgschaftssicherung durch Typenbildung und Sprachregelung mußte dann vorrangig sein vor der Explikation einer rational nachvollziehbaren und damit potentiell auch prüfbaren Ideologie. So konnte Bäumler auf didaktische Anfragen aus der Schulpädagogik nur mit einer Fehlanzeige antworten:

> „Was der Lehrer heute ist und was er zu tun hat, muß er sich selber aus seinem politischen Auftrag deuten."[128]

Daß der politische Auftrag in der Handlungsrichtung der „Partei" lag, war ebenso selbstverständlich, wie es keinen Freibrief für den Lehrer gab, aus dem Bann der Irrationalität heraustreten zu dürfen, denn:

> „Die Limitation ist nicht eine Erfindung der rassekundlichen Erziehungswissenschaft, sondern ein Wesensmerkmal des Menschen."[129]

Alternative Möglichkeiten

Die geisteswissenschaftliche Pädagogik hat im Anschluß an Dilthey ein Theoriekonzept entwickelt, welches unter den kulturellen Bedingungen an der Wende vom

19. zum 20. Jahrhundert und verstärkt nach dem politischen Umbruch von 1918 als Interpretationsinstrument zur vorgegebenen Erziehungswirklichkeit paßte und von dieser in ihren dynamischen Teilen auch weithin angenommen wurde. Da die neue akademische Volksschullehrerbildung, besonders in den preußischen Pädagogischen Akademien, mit den Kräften der Jugendbewegung und der Pädagogischen Bewegung ihre innere Form fand, dominierte auch hier das diesen „Bewegungen" entgegenkommende hermeneutische Wissenschaftsverständnis. So wurde die geisteswissenschaftliche Pädagogik im Laufe der 20er Jahre zur „herrschenden" Richtung, eine Stellung, die von denjenigen ihrer Vertreter, die durch die NS-Zeit nicht kompromittiert waren, nach 1945 aufgenommen und sogar noch ausgebaut werden konnte. Erst Ende der 60er Jahre stand sie am „Ausgang ihrer Epoche". Indessen drückte sich die herrschende Stellung der geisteswissenschaftlichen Pädagogik zunächst nur quantitativ aus: Wenn man die Professuren zählte, die mit Anhängern der Dilthey-Schule besetzt waren, wenn man Zahl und Auflagenhöhe der erziehungswissenschaftlichen Publikationen nach Autoren prüfte, die dem hermeneutisch-pragmatischen Ansatz folgten, dann ergab sich ein beachtliches Übergewicht. Keineswegs aber bedeutete das, daß es an alternativen Theorieangeboten, an wissenschaftstheoretischen und methodologischen Kontroversen gemangelt hätte. Davon abgesehen war die geisteswissenschaftliche Pädagogik eine sehr weit und locker umschreibbare Schulrichtung, deren Einheit im Grunde erst historisch rekonstruiert werden konnte. Die Grenzen zu abweichenden Positionen blieben fließend. Aber die Fülle der Auseinandersetzungen, die um die wissenschaftliche Standortbestimmung der Pädagogik geführt wurden, werden am ehesten durchsichtig, wenn die spezifischen, gleichsam systembedingten „Schwachstellen" einer hypothetisch als Einheit unterstellten geisteswissenschaftlichen Pädagogik als kritische Rückfragen dienen, um Alternativkonzepte in den Blick zu bekommen.

Von den qualitativen Schwächen der geisteswissenschaftlichen Pädagogik forderten drei zu besonders nachdrücklicher Kritik heraus. Die beiden ersten Schwachstellen betrafen das Methodologieproblem, die dritte – quer dazu – die implizite politische Option:

▷ das Problem der Normativität, also des Maßstabes zur Bewertung gelungener Erziehung;
▷ das Problem der Empirie, also des Verhältnisses der Pädagogik zu einer erfahrungswissenschaftlichen Grundlegung nach dem Modell der empirischen Nachbardisziplinen wie Psychologie und Soziologie;

und schließlich

▷ das Problem der Gesellschaftstheorie, also der bildungsbürgerlichen Begrenztheit dieser Pädagogik.

Diesen Rückfragen entsprachen drei Alternativkonzepte wissenschaftlicher Pädagogik, die mit dem hermeneutisch-pragmatischen Ansatz konkurrierten und in Einzelaspekten qualitativ höheren Anspruch zur Geltung bringen konnten: Prinzipienwissenschaft, Empirische Pädagogik, Sozialistische Pädagogik.

Pädagogik als Norm- und Prinzipienwissenschaft: Neukantianismus

Der in der Pädagogik verwendete Normbegriff war immer vieldeutig und schillernd. Sehr häufig wurde darunter der Geltungsanspruch eines ethisch qualifizierten Verhaltens verstanden. Ein solcher Sollensanspruch konnte gemeint sein als der Wert, auf den die Erziehung den Zögling zu verpflichten hätte, als die inhaltlichen Strukturen, die beim Aufbau des Bewußtseins durch Unterricht zu vermitteln wären; er konnte aber auch als der Maßstab gemeint sein, an dem gemessen ein Vorgang als „Erziehung" von anderen Möglichkeiten der Einwirkung des Menschen auf andere Menschen unterschieden sein sollte. Norm konnte schließlich auch ethisch indifferent als empirisch vorgegebene Größe aufgefaßt sein, psychologisch-biologisch-medizinisch oder anthropologisch vermittelt etwa als die „Natur des Menschen", deren Beachtung in der Erziehung indirekt dann doch wieder moralisch zu fassen war.

Wenn die geisteswissenschaftliche Pädagogik sich schmeichelte, die normative Pädagogik gestürzt zu haben, die „Kasernenbauten der radikalen Doktrinen", wie es bei Dilthey geheißen hatte, dann war gar nicht ganz klar, welcher Normbegriff eigentlich unterstellt war. Sicher hingegen war, daß nicht gemeint war, es gäbe keine Normen oder sie hätten keine Bedeutung für die Erziehung. Pädagogik als Wissenschaft wurde als ein komplexes Gefüge von Handlungsstrukturen aufgefaßt, in denen immer schon Normen (als Sollensansprüche an die Erziehung) und Fakten (als empirische Bedingungen von Erziehung) zu historisch herausgearbeiteten Formen der Erziehung verknüpft sind: Diese Formen habe die Wissenschaft aufzuklären, nicht selbst Normen zu setzen.

Mit der Zurückweisung einer normsetzenden Funktion waren die Weltanschauungs-Pädagogiken getroffen, pädagogische Systeme also, die von einer vorwissenschaftlichen und vorpädagogischen, unbefragbar gültigen Normsetzung ausgingen und von daher alle im engeren Sinne erzieherischen Ziele ebenso wie die zur Zielerreichung erforderlichen Inhalte und Methoden festzulegen suchten. Normative Systeme dieser Art hatte es seit der Reformation als katholische und als evangelische Pädagogik gegeben, seit der Aufklärung auch in Formen nichtkirchlicher oder nichtreligiöser Weltanschauungen. Die wissenschaftliche Problematisierung der Weltanschauungs-Pädagogiken durch den geisteswissenschaftlichen Ansatz bedeutete nicht unbedingt auch deren pädagogische Disqualifizierung. Sofern die weltanschaulich normierten und normierenden Pädagogiken nicht nur abstrakte Programmatik waren, sondern Erziehungsverhalten und Gesittungen von Lebensgemeinschaften entsprachen, so waren sie nach dem hermeneutischen Verständnis als Theorie zweiten Grades, als „Erziehungslehren" aufzufassen und somit als Teil der Erziehungswirklichkeit zu respektieren und in der wissenschaftlichen Analyse über sich selbst aufzuklären. Diese Aufklärung war notwendigerweise verbunden mit einer Relativierung des Absolutheitsanspruches. Der jüdische Religionsphilosoph Martin Buber formulierte diese Einschränkung während eines Vortrages auf einer internationalen pädagogischen Konferenz in Heidelberg im Jahre 1925:

„Die immer wieder vorgebrachte Frage ‚Wohin, worauf zu soll erzogen werden?' verkennt die Situation. Auf sie wissen nur Zeiten, die eine allgemeingültige Gestalt – Christ, Gentleman, Bürger – kennen, eine Erwiderung, nicht notwendig mit Worten, aber, mit dem auf die Gestalt hin ausgestreckten Zeigefinger, die deutlich über aller Köpfe in der Luft steht. Das Bilden dieser Gestalt in allen Individuen, aus allen Stoffen, das ist die „Bildung". Wenn aber alle Gestalten zerbrachen, wenn keine mehr die gegenwärtige Menschheitsmaterie einzubewältigen, einzugestalten vermag, was ist da noch zu bilden!...

Eine Norm und feste Maxime der Erziehung gibt es nicht und hat es nie gegeben. Was man so nennt, war stets nur die Norm einer Kultur, einer Gesellschaft, einer Kirche, eines Zeitalters, der, wie alle gebundene Regung und Handlung des Geistes, auch die Erziehung hörig war und die sie in ihre Sprache übertrug. Im geformten Äon gibt es in Wahrheit keine Eigengesetzlichkeit... der Erziehung; nur in dem sich entformenden. Erst in ihm, im Zerfall der überlieferten Bindungen, im kreisenden Wirbel der Freiheit ersteht die personhafte Verantwortung, die zuletzt mit ihrer Entscheidungslast keiner Kirche, keiner Gesellschaft, keiner Kultur mehr sich anlehnen kann..."[130]

Nun hatte der geisteswissenschaftliche Angriff, als er die Frage „Worauf zu soll erzogen werden?" aus dem Repertoire der wissenschaftlichen Pädagogik entfernte, nicht primär den Weltanschauungs-Pädagogiken gegolten – das war nur eine notwendige Nebenwirkung –, sondern einer ausdrücklich als Wissenschaft auftretenden Konzeption, dem Herbartianismus. In ihm war die normierende Bezugsgröße keine religiöse oder politische Doktrin, sondern eine philosophische Ethik. So erleichtert die pädagogische Praxis auf das Angebot des geisteswissenschaftlichen Verfahrens reagierte, der Reglementierung durch eine normierende Wissenschaft zu entrinnen und zugleich eine Interpretation des eigenen Selbstverständnisses zu gewinnen, so wenig war damit ausgemacht, ob damit *jede* Form philosophisch orientierter Pädagogik als Prinzipienwissenschaft abgeschrieben sein mußte. Die Weltanschauungs-Pädagogen waren zwar, was manchem ihrer Vertreter ärgerlich genug erschien, im Allgemeingültigkeitsanspruch eingeschränkt, aber als Erziehungslehre doch lebensfähig. Nicht aber konnte mit dieser Auskunft eine philosophische Pädagogik beschieden werden: Einerseits war sie, sofern sie ihren Anspruch als logische Beweisführung, nicht als Dogma vortrug, von der Relativierung unbetroffen, andererseits war sie als Wissenschaft funktionslos erklärt worden, weil sie ja nicht aus der Erziehungswirklichkeit heraus entwickelt war, sondern diese Wirklichkeit begrifflich und bewertend zu bestimmen suchte. Diese letztere Funktion blieb als Rückfrage ein Stachel im Begründungskontext der hermeneutisch-pragmatisch vorgehenden geisteswissenschaftlichen Pädagogik. Es mochte plausibel sein, die Normsetzung nicht zur Aufgabe der Erziehungswissenschaft machen zu sollen, sondern der Vorgabe des geschichtlichen Lebens zu entnehmen. Indessen mußte auch derjenige, der sich auf dieses Verfahren einließ, das „Leben" an einer bestimmten Stelle bewerten, um „Erziehung" überhaupt wahrnehmen zu können, er mußte den Punkt finden, an dem „aus der Erkenntnis dessen, was ist, die Regel über das, was sein soll", entspringt, wie Dilthey die Frage formuliert hatte. Die Schwierigkeiten, in die die geisteswissenschaftliche Pädagogik geriet, als sie die NS-Erziehung als „Wirklichkeit" vor sich hatte und – von der Leistungsfähigkeit der Theorie her gesehen – vielleicht noch gravierender: ihr Unvermögen, nach 1945 die Erfahrung mit dem Faschismus wirklich aufzuarbeiten, statt die 12 Jahre der Herrschaft Hitlers nur aus dem Traditionszusammenhang der Pädagogik auszusparen und als ein eigentlich nicht dazugehöriges Kapitel zu isolieren, illustrierten die Schwäche des geisteswissenschaftlichen Ansatzes in der Normenfrage. Tatsächlich hatte eine philosophisch orientierte Pädagogik schon lange vorher geltend gemacht, daß kein hermeneutischer Weg den gesuchten festen Punkt erreiche.

Besonders nachdrücklich wurde das vom Neukantianismus vertreten, der Pädagogik überhaupt nicht als eine von der Philosophie getrennte Einzelwissenschaft verstand, sondern als „konkrete Philosophie" aus dem Einheitsgesetz der Erkenntnis streng deduktiv ableitete. Die neukantianische Pädagogik war während der ganzen Wirkungszeit der geisteswissenschaftlichen Pädagogik als eine kritisch rückfragende Nebenlinie präsent – allerdings kaum während des Dritten Reiches, weil der Neukantianismus als Philosophie von zahlreichen jüdischen Gelehrten repräsentiert worden war, die 1933 vom Rassenhaß aus ihren Ämtern verdrängt und in die Emigration gezwungen wurden, aber auch, weil sich der normative Anspruch der formalen Gesinnungsethik Kants nicht in den Dienst der material definierten NS-Ideologie bringen ließ. Der Neukantianismus entfaltete überhaupt keine normative Pädagogik im Sinne einer Weltanschauungspädagogik, sondern fragte nach der Normativität der Normen, nach dem Rechtsgrund der in der Erziehung geltenden Sollenssätze. Damit aber wurden vom Prinzip her alle inhaltlich gefaßten Normen politischen und weltanschaulichen Herrschaftswissens relativiert durch den kritischen Rekurs auf deren Legitimität. Die Schärfe, mit der von hier aus nach den Möglichkeitsbedingungen von Erziehung und von Aussagen über Erziehung gefragt wurde, war eine beständige Beunruhigung des wissenschaftstheoretischen Selbstverständnisses der geisteswissenschaftlichen Pädagogik. Aber diese Beunruhigung führte zu keiner Modifikation der Positionen, weil die philosophische Pädagogik vor einem von ihr nicht befriedigend lösbaren Problem stand: Entweder beließ sie es dabei, die transzendentalkritische Frage zu stellen, den Begriff der Pädagogik und den der Erziehung „prinzipiell", d.h. mit übergeschichtlichem Geltungsanspruch zu bestimmen – dann konnten die philosophischen Abstraktionen nicht unmittelbar auf geschichtlich gebundene Handlungsfolgen ausgelegt werden –, oder aber sie entfaltete sich doch zu einem differenzierten System der pädagogischen Wissenschaft – dann erforderte das Praktischwerden einen Bezug auf die historische Situation. Dieser Bezug mußte dann seinerseits mit der Geltung des invarianten Prinzips als „Letztdefiniertes" eine uneingestandene Anthropologie oder Gesellschaftstheorie einschmuggeln. So kam es zu sehr unterschiedlichen Lösungen. Das Maß des Spielraums repräsentierten zwei Autoren, die im weiteren Umkreis der erneuert kantischen Philosophie dachten und schrieben: Paul Natorp und Alfred Petzelt.

Paul Natorp war Schüler und Nachfolger des Philosophen Hermann Cohen, der in Marburg von 1870 an die logisch-erkenntnistheoretische Richtung des Neukantianismus im engeren Sinne begründet hatte. Über Pestalozzi-Studien kam Natorp zur Pädagogik, nahm unter Berufung auf den großen Schweizer sogleich den Kampf gegen den Herbartianismus auf und hatte insofern den gleichen Gegner wie die geisteswissenschaftliche Pädagogik. Aber die Stoßrichtung der Kritik war eine völlig andere. Denn Natorp beanstandete nicht die Anrufung eines Systems philosophischer Ethik zur Zielbestimmung der Erziehung, sondern die Begrenzung der philosophischen Grundlegung auf Ethik. Das schien ihm ungereimt, weil er über Kants Lehre vom „Primat der praktischen Vernunft" die Einheit aller philosophischen Teildisziplinen, soweit er sie als „Gesetzeswissenschaften" verstand, verlangte: Erkenntnistheorie, Ethik und Ästhetik faßte er zusammen in der „Idee", die

> „nicht das Ziel, sondern der Ausgangspunkt, nicht das Ende, sondern der wahrste Anfang, nämlich Ursprung: Prinzip"[131]

zu sein hatte. Dieses Prinzip aber war als das der Geltung auf die Welt der geistigen Gehalte bezogen, nicht auf die Psychologie, die auf Subjektives, d.h. auf das Erlebnis des Subjektiven gerichtet ist. Unter diesem Gesichtspunkt verwarf Natorp die herbartianische Unterscheidung von Ziel und Weg der Erziehung, derzufolge die Ethik der Pädagogik das Ziel, die Psychologie den Weg zu weisen hätte. Er setzte dem die Einsicht in eine unlösbare Einheit von Ziel und Weg entgegen und zwar mit einer Begründung, die das Normenproblem in einem neuen Licht erscheinen ließ. Natorp konnte nämlich zeigen, daß es ein absolutes Ziel im Sinne gegenständlicher Bestimmung für Erziehung und Bildung des Menschen überhaupt nicht geben könne, daß mithin die Frage nach einer letztbegründeten und zugleich inhaltlich festgelegten Norm eine falsch gestellte Frage sei: Der letzte Bezugspunkt der Erziehung liege in dem den Menschen aufgegebenen sittlichen Zweck, d.h. in der Idee als unendlicher Aufgabe. Von einem Endziel der Erziehung zu sprechen, hätte dann nur noch einen Sinn, wenn es verstanden werde als Begriff für die Methode.

Von daher interpretierte Natorp auch mit ebenso großzügigen wie entschieden gesetzten Strichen Pestalozzi. Die Elemente, von denen der Unterricht gemäß der Pestalozzischen Methode auszugehen hat, waren ihm die Bausteine, aus denen sich der Gegenstand in fortschreitendem Erkenntnisgang aufbaut:

> „Das ABC der Verstandesbildung überhaupt... ist sachlich kein anderes als jenes von Kant geforderte und aufgestellte ABC, nach dem wir Erscheinungen buchstabieren müssen, um sie als Erfahrung lesen zu können. Es ist das ABC des Denkinhaltes und nur darum des Denkens selbst."[132]

„Methode" wurde bei Natorp dadurch zum Leitwort der Pädagogik, daß die Methode der Pädagogik zusammenfiel mit der der Erkenntnis. Dieser Methoden-Begriff war, ganz unabhängig von der Pädagogik, der Kern des Marburger Neukantianismus überhaupt. Er meinte kein gegenstandsabhängiges Verfahren, welches sich in der praktischen Bewährung als geeignet oder ungeeignet herausstellen und ggf. durch ein anderes ersetzt werden könnte. Gemeint war vielmehr die Grundform aller Methoden, und zwar gemäß der Voraussetzung, die Kants Erkenntnistheorie gesetzt hatte: Die Formen unseres Bewußtseins sind zugleich auch die Formen der von uns erkannten Gegenstände – Methode, das war dann die Form von Erkennen, in der alle verschiedenen Techniken der Gegenstandsbearbeitung, Strategien zwischenmenschlichen Verhaltens und Verfahren der Zweck-Mittel-Beherrschung zusammenlaufen mußten. Die Geltung moralischer Verbindlichkeiten als Gesetz allen verantwortlichen Verhaltens ist ein Anspruch, der sich der kantischen Philosophie zufolge gleichermaßen an alle wendet, die Menschenantlitz tragen. Daraus folgerte Natorp, daß der Geltungsanspruch über das einzelne Individuum hinausweise und darum der sich in der *einen* Methode darstellende Weg der Erziehung die Gemeinschaft fordere. Die dialektische Spannung zwischen dem subjektiven Willen zur jeweiligen Individualität und dem objektiven Anspruch der menschlichen Gemeinschaft löste er im Sinne einer strengen Korrelation auf und nannte sie „Sozialpädagogik".

Indem Natorp diesen, im Zusammenhang der Pädagogischen Bewegung mit programmatischem Reformanspruch wirksam gewordenen Begriff aufnahm, betrat er die politische Szene seiner Zeit. Er selbst hielt zwar daran fest, nur eine logisch zwingende Deduktion aus dem vorausgesetzten philosophischen System zu vollziehen, doch bedarf der nachgeborene Historiker keiner subtilen Beweisführung mehr, um diesen Anspruch Natorps zurückzuweisen und gleichzeitig dem Menschen Natorp in seinen Parteinahmen Respekt zu zollen: Natorp legte den Entwurf zu einer Organisation des gesamten Bildungswesens von der Familienerziehung des Kleinkindes bis zur Erwachsenenbildung vor, den Plan einer „Sozial-Einheitsschule"; er kämpfte gegen die Koppelung von Bildung und Besitz im Wilhelminischen Kaiserreich, für die Förderung der Benachteiligten, er engagierte sich für die freiheitlichen Regungen der Jugendbewegung, aber gegen Rassenhaß und Chauvinismus, er unterstützte Volksbildungsbewegung und Arbeiterbildung. Die korrelative Einheit von Individuum und Gemeinschaft ergab sich für Natorp aus der Frage nach der Gesetzlichkeit des Handelns: Individuum und Gemeinschaft waren Bezugspunkte der Gesetzlichkeit selbst. So konnte die Einheitstendenz des methodischen Idealismus in der sozialistischen Gesellschaftsform den politischen Ausdruck der sittlichen Idee des Menschen anerkennen. Indessen: Alle erziehungspraktischen und bildungspolitischen Forderungen der natorpschen „Sozialpädagogik" als zwingende Deduktion aus einem „einzigen letzten Gesetz" hergeleitet zu verstehen, war doch eine arge Zumutung, durch die die Berechtigung einer kritischen Frage nach dem Rechtsgrund der in der Erziehung obwaltenden Normativität nicht präzisiert, sondern verdeckt wurde.

Alfred Petzelt war zunächst Volksschul- und Blindenlehrer, habilitierte sich 1930 bei einem außerhalb der Schulrichtungen von Marburg und Heidelberg stehenden Neukantianer, Richard Hönigswald. Hönigswald, der wichtige Beiträge zur Pädagogik als strenger Prinzipienwissenschaft schrieb, waren Leidenschaft und Pathetik, mit der Natorp Philosophie vortrug und deren Grenzen überschritt, ganz fremd. Die Berufung des Gelehrten schloß für ihn die Pose des Charismatikers oder des Kämpfers aus – auch nachdem ihn der faschistische Rassenhaß in die Emigration gezwungen hatte, blieben seine philosophischen Arbeiten von jeder Bezugnahme auf die zeitgenössischen politischen Katastrophen frei. Petzelt war kein Jude und brauchte daher nicht zu emigrieren, doch durfte auch er seine Hochschullehrertätigkeit in Breslau nicht fortsetzen; er arbeitete während des Dritten Reiches als Landschullehrer. Nach 1945 war er zuerst Professor an der Universität Leipzig, dann bis zu seiner

ALFRED PETZELT

Emeritierung (1955) an der Universität Münster. Besonderes Interesse verdient Petzelt, weil er die neukantianische Frage nach dem Prinzip, das eine Erscheinung des menschlichen Zusammenlebens als eine „pädagogische" qualifiziert, mit religiös-katholischer Grundhaltung zu verbinden wußte.

In einer ersten, prinzipiellen Schicht konnte Petzelt in der Logik des neukantianischen Argumentierens für die Pädagogik zeigen, daß und warum die Begründungsproblematik nicht im Rückgriff auf „Erziehungswirklichkeit", auf empirische Daten, äußere Erscheinungen oder Erfahrungen gelöst werden könne – eine Feststellung, die keine Mißachtung pädagogischer Erfahrung meinte oder in Kauf nahm, sondern gerade umgekehrt deren Gründung und Sicherung zum Ziel hatte. Diese Sicherung zielte auf die Normenfrage: Wenn die Definition dessen, was Pädagogik war und sein konnte, dem Zugriff der politisch-gesellschaftlichen und weltanschaulichen Interessenten mit ihren jeweiligen vorpädagogischen Normierungstendenzen entzogen sein sollte, mußte ein übergeschichtlicher Maßstab zur Verfügung stehen. Als Neukantianer wußte Petzelt, daß ein solcher Maßstab nur als regulative Idee, als Aufgegebenes, nicht als inhaltlich bestimmte Gegebenheit zu fassen war – jede Konkretisierung mußte notwendigerweise historisch bedingt sein und vor dem Beweis absoluter Gültigkeit kapitulieren. Gleichwohl bestand er darauf, für die Pädagogik abschließende Aussagen treffen zu müssen, weil andernfalls nur eine nichtssagende Indifferenz übrigbliebe, die aller Beliebigkeit Raum gäbe:

> „Im Ausweichen vor jeder Endgültigkeit gibt man zugleich jeden zeithaften Gültigkeitsanspruch auf." [133]

Dafür nahm Petzelt eine uneingestandene Anthropologie in Kauf, die eine zweite Schicht seines Denkens charakterisierte. Formal faßte er sie in der „Natur des Ich", die er durch „Aktivität" definierte. Material sicherte er sich durch eine christliche Metaphysik: Bildung des Menschen gedacht als venatio sapientiae des Nikolaus von Kues, den Petzelt oft und im Grunde wohl lieber als Kant zitierte.

Beide Elemente in Petzelts Pädagogik, die tranzendentalkritische Frage nach der normativen Rechtmäßigkeit erzieherischen Handelns und die positive Konkretisierung der Sinnfrage durch ein christliches Menschenbild, waren für sich genommen so vertretbar. Die Vermittlung blieb – gemessen am eigenen Anspruch – unbefriedigend, weil sie unreflektiert gesetzt, nicht als durchgehender Begründungszusammenhang offengelegt war.

Pädagogik als Erfahrungswissenschaft: Tatsachenforschung und Positivismus

Die geisteswissenschaftliche Pädagogik hatte als Ausgangspunkt für die Theoriebildung die „Erziehungswirklichkeit" gesetzt. Daß von da aus eine Spannung bestand zu denjenigen Konzeptionen, die entweder inhaltlich festgelegte Sollensforderungen der Erziehung zur Realisierung aufgaben (normative Weltanschauungspädagogik) oder aber die Prinzipien, nach denen eine Lebenserscheinung als pädagogische zu qualifizieren ist, unabhängig von einer (möglicherweise schlechten) Praxis bestimmten (Prinzipienwissenschaft), ist auf den ersten Blick einsehbar. Daß sich gleichfalls nicht minder gravierende Spannungen zu Versuchen einer erfahrungswissenschaftlichen Grundlegung der Pädagogik ergaben, liegt demgegenüber nicht unmittelbar auf der Hand. Denn der Ausgang bei der vorgegebenen Praxis hätte doch selbst als erfahrungswissenschaftlicher Ansatz gedeutet werden können. Die Konkurrenz, die hier aufbrach und bis zur Gegenwart nicht beigelegt wurde, war zunächst bedingt durch ein unterschiedliches Verständnis dessen, was unter „Wirklichkeit" zu verstehen, und als Folge davon auch, wie und zu welchem Zweck sie wissenschaftlich zu erforschen sei. Die geisteswissenschaftliche Pädagogik verstand die Erziehungswirklichkeit als einen historisch entstandenen Lebenszusammenhang, in welchem die normativen Orientierungen der handelnden Menschen immer schon eine ganz bestimmte Verbindung mit den empirischen Möglichkeiten eingegangen sind, bevor die analytische Arbeit des Theoretikers beginnt. Und für eine wissenschaftliche Pädagogik lag dann der Auftrag in der Aufklärung eben dieses Zusammenhanges, d.h. der vorgegebenen und als solche zu respektierenden Form erzieherischen Verhaltens. Darum konnte nur die Komplexität der die Geschichte umfassenden Erziehungswirklichkeit als Ganzes der angemessene Gegenstand für eine geisteswissenschaftliche Pädagogik sein, nicht ein zum Zweck von Versuch und Experiment isolierter Ausschnitt aus dieser Wirklichkeit; und gefordert war eine für die besseren Möglichkeiten dieser Wirklichkeit engagierte Interpretation, nicht eine interessen- und wertfreie Erkenntnis. Genau das aber, was von der geisteswissenschaftlichen Pädagogik abgewiesen wurde, konstituierte den Wissenschaftsbegriff für die erfahrungswissenschaftlichen Versuche: Methodologische Isolierung von Einzelaspekten zum Zwecke der Erkenntnis intersubjektiv überprüfbarer Kausalbeziehungen sowie Sicherung einer voraussetzungslosen – und das hieß hier: nichtengagierten – Betrachtungsweise als Bedingung von Objektivität. Streng genommen brauchte die von einer in dieser Weise zugreifenden pädagogischen Wissenschaft als Gegenstand gewählte „Wirklichkeit" gar nicht die „Erziehungs"-Wirklichkeit zu sein, jedenfalls nicht in dem Sinne der historisch vorgegebenen Formen praktischen Erziehungshandelns. Gegenstand konnten vielmehr ebenso die den vorgefundenen Erziehungsformen zugrundeliegenden psychophysischen und sozialen Voraussetzungen von Lernen und Verhaltenssteuerung sein. Denn denkbar war ja zumindest, daß das, was die Praxis bisher ohne wissenschaftlichen Beistand erfunden und entwickelt hatte, samt und sonders unzweckmäßig, ineffektiv oder schädlich war. Freilich, um solche Urteile fällen zu können, mußte bekannt sein, was pädagogisch „zweckmäßig", was „gut" war und ob überhaupt „Effektivität" als pädagogische Qualität zu gelten hatte. Solche Fragen, die die prinzipienwissenschaftlich orientierte Pädagogik als ihr zentrales Thema betrachtete und die die geisteswissenschaftliche Pädagogik der historisch vorgegebenen Praxis entnahm, wurden von erfahrungswissenschaftlichen Versuchen aus dem wissenschaftlichen Bereich der Pädagogik verwiesen in den der Entscheidung: Ob die Erziehung ganz bestimmte Ziele verfolgen, ob sie inhaltlich umschriebene Werte vermitteln soll und welche Prinzipien dabei gelten sollen, ist erfahrungswissenschaftlich nicht beantwortbar. Wurde dann „Wissenschaft" auf empirische Disziplinen beschränkt, auf Erkenntnis der „positiven Tatsachen", dann hatte man den Standpunkt des Positivismus bezogen und mußte die gesamte Ziel- und Wertediskussion in einen Bereich des nur subjektiv verbürgten Glaubens, Meinens und Fürwahrhaltens abschieben, der dann „Ideologie" (im wertfreien Sinne) genannt wurde.

Aber auch dann, wenn so weitgehende wissenschaftstheoretische Folgerungen nicht gezogen wurden, schien für die erfahrungswissenschaftliche Grundlegung dennoch eine Zweiteilung der pädagogischen Wissenschaft unvermeidlich. Die Unterscheidung eines empirisch-wissenschaftlichen und eines systematisch-philosophischen Teils der Pädagogik reichte hier aber nicht aus. Denn die wertfreie Erkenntnis von Kausalbeziehungen im Bereich der empirischen Bedingungen von Verhaltenssteuerung muß sich ja, um in pädagogischen Handlungsanweisungen verwertet werden zu können, mit Ziel- und Wertvorgaben in Beziehung setzen. Eine so erarbeitete Erziehungs-Technologie bringt aber immer nur „unpraktische" Weisungen hervor, weil die Verbindlichkeiten hypothetisch bleiben müssen: „*Wenn* das Erziehungsziel X erstrebt wird, *dann* ist pädagogisch effektiv so und so zu handeln..." – ob aber X sein soll oder nicht, ob es pädagogisch rechtens ist, so zu handeln, bleibt offen. Doch selbst wenn das X den Überzeugungen des Adressaten entspricht, kann der Praktiker in der Regel mit Empfehlungen dieser Art nichts anfangen. Das liegt nicht nur daran, daß der Erzieher wenig geneigt ist, seiner Umgangserfahrung weniger zu vertrauen als einer technologisch normierten Weisung, sondern daß es auch gar nicht in seinem Belieben liegt, die ihm in seinem Wirkungskreis vorgegebenen Formen pädagogischen Verhaltens mit Bezug auf einen „Wenn-Dann-Satz" weitgehend zu ändern.

Diese Problemstellung hatte schon in der Frühzeit der empirischen Pädagogik an der Wende vom 19. zum 20. Jahrhundert dazu geführt, eine weitere Unterscheidung innerhalb des empirischen Teils der Pädagogik vorzunehmen: einerseits wurde eine strenge Erkenntniswissenschaft definiert, die unabhängig von aktuellen Fragen der pädagogischen Praxis Grundlagenforschung betreiben sollte, sich in ihrer Wert- und Interessenfreiheit nicht um die mögliche Verwendung ihrer Einsichten zu kümmern brauchte und zu Ergebnissen kommen konnte, die allen bisherigen Erfahrungen der Erzieher widersprachen; andererseits schien eine an den Tagesfragen orientierte und die Richtigkeit ihrer Sätze in der gegebenen Praxis prüfenden Erfahrungswissenschaft notwendig zu sein. Wie das dann alles zusammenstimmen sollte, war kompliziert und stets strittig. Die Auseinandersetzungen zwischen den Begründern der experimentellen Pädagogik in Deutschland, die alle stark an der Psychologie orientiert waren, W. August Lay und Ernst Meumann, blieben von sachlichem und auch terminologischem Wirrwarr geprägt. Die Wirkung dieser Versuche einer experimentellen Pädagogik auf die Entwicklung der Erziehungswissenschaft und auf eine Verbesserung der pädagogischen Praxis war sehr bescheiden. Wirkliche Bedeutung erlangten nur solche Konzeptionen, die den erfahrungswissenschaftlichen Ansatz praktisch in einen positiven Zusammenhang mit der Pädagogischen Bewegung und theoretisch in einen Gesprächshorizont mit der die Erziehungswirklichkeit hermeneutisch auslegenden Richtung bringen konnten. Dafür stehen die Namen zweier Gelehrter, die zu ihrer Zeit in Ansehen und Ausstrahlungskraft nicht hinter den großen Repräsentanten der geisteswissenschaftlichen Pädagogik zurückblieben: Peter Petersen und Aloys Fischer.

Petersen war zunächst Gymnasiallehrer, hatte sich für Reformen im Geiste der Pädagogischen Bewegung engagiert, und wurde 1923 auf den Lehrstuhl der Pädagogik an der Universität Jena, der bis dahin eine Domäne der Herbartianer gewesen war, berufen. Die der Universität angegliederte Übungsschule baute Petersen zu der durch ihn weltberühmt gewordenen Jenaplan-Schule aus, während er auf wissenschaftlichem Gebiet gemeinsam mit seiner Frau Else die „pädagogische Tatsachenforschung" entwickelte.

Petersen hat als Vertreter einer erfahrungswissenschaftlich orientierten Pädagogik nicht nur ein produktives Verhältnis zur Pädagogischen Bewegung hergestellt, er gestaltete vielmehr selber ein wichtiges Kapitel dieser Bewegung. Dieser Beitrag war die Jenaplan-Schule. Im Unterschied zu vielen anderen Projekten der Pädagogischen Bewegung lebte dieser Beitrag nicht nur vom subjektiven Ingenium des Begründers, sondern war von vornherein unter dem Gesichtspunkt einer wissenschaftlichen Gestaltung und einer intersubjektiv überprüfbaren Erfolgskontrolle und Erfahrungssicherung angelegt. Das verhinderte aber nicht, daß Petersen für seine Reformschule an alle wichtigen Elemente der Pädagogischen Bewegung anschloß: Er kam von den Vorstellungen und Hoffnungen der Jugendbewegung, hatte die Landerziehungsheim- und Kunsterziehungsbewegung in sich aufgenommen und war mit allen Aspekten der Arbeitsschulbewegung ebenso vertraut wie mit der internationalen Reformdiskussion seiner Zeit. Von daher konnte es nicht verwundern, daß er Spiel, Gespräch, Arbeit und Feier als Grundformen menschlichen Zusammenwirkens bezeichnete und zur Grundlage des Schullebens machen wollte, daß er die Notengebung in der Schule zugunsten von Berichten (objektive Berichte für die Eltern, subjektive für die Kinder) ablehnte, daß er das System der starren Jahrgangsklassen durch eine flexible Organisation von Lerngruppen ersetzte und von da aus auch die schulischen Fächertrennungen problematisierte.

Sein Beitrag zur Entwicklung der wissenschaftlichen Pädagogik aber ist nun gerade darum so bemerkenswert, weil er ihn in ständiger Wechselwirkung mit seiner praktischen Arbeit erbrachte. Etwas verkürzt formuliert, könnte dieser Beitrag als „Schulforschung" oder auch „Schulversuchsforschung" definiert werden. Von dieser Seite her betrachtet ist sofort einsichtig, daß Petersen keine wertfreie Erkenntniswissenschaft und auch keine „unpraktischen" Empfehlungen anstreben konnte.

Als Hamburger Gymnasiallehrer und als Direktor der Lichtwarkschule hatte er mit Meumann zusammengearbeitet. Aber er hatte dabei nicht nur gelernt, daß von der experimentellen Pädagogik nichts für die Lösung praktischer Fragen zu erhoffen sei, schon gar nicht für reformorientierte Fragen, sondern daß überhaupt das Vorbild der Psychologie für eine empirische Pädagogik ein Irrweg sein müsse. Zu diesem Ergebnis kam er, weil nach Modellen der psychologischen Empirie eine Faktorenzerlegung erforderlich war, die das Spezifische einer *pädagogischen* Situation und damit auch deren Dynamik verschwinden ließ. Insofern stand er der Komplexitätsthese der geisteswissenschaftlichen Methodologie nahe. Tatsächlich entsprach seine Definition der „pädagogischen Situation" dem Interesse, die Einheit der erzieherischen Umgangserfahrung als Ganzes in den Griff zu bekommen, gleichzeitig aber – und das in ebenso deutlichem Unterschied zum hermeneutisch-pragmatischen Ansatz – die Grundlage für ein erfahrungswissenschaftliches Vorgehen zu gewinnen:

> „Pädagogische Situation ist jener absichtsvoll gebildete und unterhaltende Lebenskreis problemhaltiger (gleich: fragenerfüllter) Situationen, der dazu bestimmt ist, der allseitigen Entwicklung, Formwerdung (Bildung) und Reifung der rein menschlichen Anlagen und geistigen Kräfte von Kindern und Jugendlichen die beste Umwelthilfe zu gewähren. Sie stellt die Jugend unter Reize und vor Aufgaben der mannigfaltigsten Art, durch die ein jeder genötigt wird, sich als ganzer Mensch, als ganze Persönlichkeit zu äußern, tätig zu werden, zu handeln und mit relativ abgeschlossenen Stellungnahmen und Leistungen zu antworten." [134]

Die von Petersen betriebene pädagogische Tatsachenforschung zielte also nicht positivistisch auf psychophysische Bedingungen von Verhaltenssteuerung. Sie war auch nicht rein deskriptiv auf zufällig angetroffene Erscheinungen im Bereich der Erziehung gerichtet, sondern auf den komplexen Vorgang einer genau definierten pädagogischen Situation, und zwar in einem Forschungsfeld, in welchem die gesuchten pädagogischen Situationen nach Maßgabe der Definition planvoll verarbeitet und erzeugt wurden. Da Petersen selbst als Betreiber der Jenaplan-Schule diese Vorgabe herstellte, entfiel für die Tatsachenforschung die unter anderen Umständen außerordentlich schwierig zu beantwortende Frage, ob es sich im jeweils vorliegenden Fall um eine „pädagogische" Situation handele oder nicht. *Diese* Hermeneutik konnte er sich sparen. Stattdessen konnte er mit Hilfe von Protokollen in „Gesamtaufnahmen" den Unterrichtsverlauf und in „Einzelaufnahmen" das Verhalten der Lehrer und Schüler festzuhalten suchen. Die so gewonnenen Daten stellte er dann ein in die Spannung von pädagogischer Theorie und praktischer Erfahrung in der Reformschule – zwischen diesen beiden Polen dienten ihm die Ergebnisse der Tatsachenforschung als Korrekturgrößen, die es erlaubten, erfahrungswissenschaftlich angeleitete „Folgerungen" für die nächsten Entwicklungsschritte der Reformpraxis zu ziehen.

Viele schwierige Methodologiefragen der pädagogischen Tatsachenforschung blieben ungelöst. Gleichwohl war das Konzept von Petersen ein für die Erziehungswissenschaft bedeutungsvoller Hinweis darauf, wie eine erfahrungswissenschaftliche Grundlegung angelegt sein könnte, ohne zugleich den Gegenstand, um dessentwillen das ganze Unternehmen ins Werk gesetzt wird, in disparate Teile aufzulösen.

Petersen hatte sich überdies an der Schnittstelle von Pädagogischer Bewegung und wissenschaftlicher Anleitung der Reform eine außergewöhnlich günstige Ausgangsposition für seine Wirksamkeit geschaffen. Wenn trotzdem die pädagogische Tatsachenforschung auf das Ganze gesehen eine Randerscheinung blieb, so lag das nicht nur an den erschwerten Bedingungen, unter denen Petersen nach Gründung der DDR in Jena arbeiten bzw. die Arbeit schließlich einstellen mußte. In der Substanz lag es eher daran, daß die pädagogische Tatsachenforschung zwar die Komplexität der pädagogischen Situation in Rechnung stellte, nicht aber deren Geschichtlichkeit, so daß die Schule von Petersen als Ort eines Gemeinschaftslebens, abgeschirmt von der von Kampf und Macht bestimmten Gesellschaft, gefaßt wurde. Das Ausblenden der historisch-gesellschaftlichen Seite der Erziehungswirklichkeit führte bei Petersen auch dazu, daß inhaltlich-didaktische Fragen von Schule und Unterricht kaum berührt wurden – sie gehörten nicht zu den pädagogischen Tatsachen. Da das historisch-gesellschaftliche, kulturelle und inhaltliche Aufgabengefüge aber die Wirklichkeit einer Praxis mitbestimmten, konnte die Tatsachenforschung niemals das leisten, was Petersen selbst von ihr in erster Linie erwartete, nämlich die empirische Bestätigung des pädagogischen Erfolges seiner Schulversuchsarbeit.

Aloys Fischer arbeitete mehrere Jahre als Hauslehrer beim Bildhauer Adolf von Hildebrand und als Prinzenerzieher beim bayrischen Kronprinzen. Seit 1914 war er Professor für Philosophie und Pädagogik an der Universität München. Kurz vor seinem Tode (1937) wurde er in den vorzeitigen Ruhestand versetzt, weil er es ablehnte, sich von seiner jüdischen Frau zu trennen.

Fischer stand ebenso fest wie Petersen im Kontext von Reformbestrebungen und Aufbruchstimmung der Pädagogischen Bewegung. Auch er handelte, dachte und schrieb aus den Kräften der Jugendbewegung. Er engagierte sich für Arbeitsschule, Einheitsschule, Kunsterziehung und Sozialpädagogik, wurde darüber hinaus neben Kerschensteiner, Spranger und Litt ein Klassiker der Berufsbildungstheorie und damit ein Wegbereiter der Berufsschule als Bildungsschule. Seinen weit gespannten Interessen für Fragen und Nöte der erzieherischen Praxis stand ein nicht minder umfassender Zugriff auf die Möglichkeiten der wissenschaftlichen Pädagogik gegenüber. Sein Interesse an einer empirischen Pädagogik war, ebenso wie bei Petersen, stark beeinflußt durch eine Zusammenarbeit mit dem experimentellen Ansatz von Meumann, doch orientierte er sich nicht nur an der Psychologie, sondern ebenso an der Soziologie und lenkte dementsprechend die Aufmerksamkeit auf gesellschaftliche und inhaltlich-kulturelle Probleme. Vor allem aber kam Fischer in eine enge Zusammenarbeit mit den führenden Repräsentanten der geisteswissenschaftlichen Pädagogik: Gemeinsam mit Herman Nohl, Eduard Spranger, Theodor Litt und Wilhelm Flitner gründete er 1926 die Zeitschrift „Die Erziehung“, die zum wichtigsten theoretischen Organ der Pädagogischen Bewegung und der sie stützenden pädagogischen Wissenschaft wurde. Von hier aus hatte Fischer sich mit der in der Dilthey-Schule entwickelten Methodologie auseinandergesetzt, wie er umgekehrt der hermeneutisch-pragmatisch verfahrenden Pädagogik die Bedeutung des erfahrungswissenschaftlichen Ansatzes und der exakten empirischen Methoden verdeutlichte.

Fischers zentraler Beitrag zur weiteren Entwicklung seiner Disziplin bestand im

Konzept einer „Deskriptiven Pädagogik". Er hielt in Übereinstimmung mit den Grundthesen der geisteswissenschaftlichen Pädagogik ebenso wie mit der Pädagogischen Tatsachenforschung Petersens an einer relativen Autonomie der Erziehungswissenschaft gegenüber den Nachbardisziplinen vom Menschen fest, auch gegenüber Soziologie und Psychologie, deren Bedeutung als Hilfsdisziplinen er hoch veranschlagte. Aber die Verbindung des erzieherischen Engagements mit der wissenschaftlichen Analyse, wie sie in der Hermeneutik als unverzichtbar galt und wie sie in der Pädagogischen Tatsachenforschung durch die Definition des Begriffs der Pädagogischen Situation ebenfalls angelegt war, schien ihm für eine erfahrungswissenschaftliche Disziplin nicht ratsam. Um die angestrebte säuberliche Trennung der beiden Bereiche vornehmen zu können, mußte er aber genau den Zusammenhang lösen, der das Interesse der Pädagogischen Bewegung an einer Wissenschaft von der Erziehung ausmachte und zugleich den behaupteten Autonomie-Anspruch der Pädagogik begründete: Die Erziehungswirklichkeit durfte nicht der systematische Rechtsgrund für die Theoriebildung sein. Deshalb tendierte Fischer dazu, eine Trennung zwischen erzieherischem Handeln, welches Taten vollbringt, aber nichts erkennt, und pädagogischer Theorie, die erkennt und problematisiert, aber nicht erzieht, vorzunehmen:

> „Denkt man in dieser Einstellung über das Verhältnis von Tat und Theorie nach, so endigt man bei einer für alle pädagogische Forschung und Wissenschaft unerläßlich wichtigen und grundlegenden Aufgabe, für welche ich den Namen ‚deskriptive Pädagogik' übernehmen möchte... Ich halte es für notwendig, in der Gegenwart mit ihren stark praktisch-reformerischen Tendenzen auf diese m.E. entscheidende Aufgabe einer reinen, soweit als möglich interessenloser Erkenntnis dienenden pädagogischen Theorie immer wieder hinzuweisen."[135]

Mit der Forderung nach einer wert- und interessenfreien, rein beschreibend vorgehenden Pädagogik war notwendigerweise der Gedanke einer praktischen Wissenschaft verabschiedet. Die reine Erkenntniswissenschaft konnte – in Umdrehung der Flitnerschen Formulierung für die aus dem hermeneutischen Zirkel folgenden Definition der geisteswissenschaftlichen Pädagogik – nur als réflexion désengagée verstanden werden. Damit blieb dann für die Verwertung der Ergebnisse erziehungswissenschaftlicher Forschung nur noch der technische Weg eines pädagogisch nicht weiter legitimierungsfähigen Zweck-Mittel-Zusammenhanges. Bei Fischer kam diese positivistische Konsequenz allerdings nicht klar zum Vorschein, weil er die Erziehungswissenschaft keineswegs auf die Deskriptive Pädagogik allein zurückführte. Die Deskriptive Pädagogik sollte eine vermittelnde, beruhigende, das abgewogene und objektive Urteil ermöglichende Instanz zwischen philosophisch-normativen, geisteswissenschaftlich-hermeneutischen und experimentell-kausalanalytischen Vorgehensweisen sein, ebenso wie zwischen stagnierenden und progressiven Praxistendenzen. Fischer selbst hielt alle diese Bereiche in seiner Person subjektiv fest verbunden und konnte eben von daher eine wichtige Rolle in der Geschichte der Pädagogik spielen. Aber die von ihm erbrachten Beiträge zu kulturphilosophischen und geistesgeschichtlichen Aspekten der Pädagogik verdeckten den systematisch gegebenen Mangel der Methodologie, mit der er die erfahrungswissenschaftliche Seite ausbauen und fest begründen wollte. Denn wenn sowohl die vorgängige prinzipienwissenschaftliche Bestimmung des „pädagogisch" zu qualifizierenden Handelns als auch das hermeneutisch gewinnbare Interesse von der geschichtlich vorgegebenen Praxis suspendiert sind, gibt es in Wahrheit keine „Erziehung", die aufgefunden und deskriptiv bearbeitet werden könnte. Die späteren Vertreter einer positivistischen Erziehungswissenschaft in der zweiten Hälfte des 20. Jahrhunderts nannten darum das, was Petersen und Fischer entwickelt hatten, einen „naiven Empirismus". Aus dieser Absetzbewegung erwuchs aber kein Vorteil, weil die Problemstellung unverändert blieb: Eine vorgeblich wertfrei operierende Pädagogik implizierte einerseits unausgewiesen, d.h. dogmatisch, was Erziehung und was Wissenschaft sei, und sie reduzierte andererseits die Praxis zum Anwendungsfeld technologischer Empfehlungen (Wenn-Dann-Sätze) und ignorierte deren „Dignität".

Pädagogik und Arbeiterbewegung: Sozialistische Erziehung

Die Vertreter der geisteswissenschaftlichen, der prinzipienwissenschaftlichen und der erfahrungswissenschaftlichen Richtung der Pädagogik gingen in ihrem Selbstverständnis von einem unpolitischen Charakter der Wissenschaft aus. Sie verstanden daher die Erziehungswissenschaft als ein Instrument der Analyse, der Deutung, der Wegweisung oder des konstruktiven Entwurfs oberhalb gesellschaftlicher oder gar parteipolitischer Auseinandersetzungen. Das galt auch für diejenigen, die die politische Funktion der Erziehung durchaus sahen, anerkannten, ja geradezu den für die Einsicht in diesen Zusammenhang notwendigen Bezugsrahmen ausarbeiteten, wie beispielsweise Erich Weniger mit der geisteswissenschaftlichen Lehrplantheorie. Denn wie scharfsinnig oder unzulänglich die Stellung der Erziehung im Beziehungsgeflecht der gesellschaftlichen Ordnungsstrukturen bestimmt wurde, die Wissenschaft selbst, die diese Aussagen machte, erschien den Kämpfen entrückt – allgemeingültig und objektiv. Dieser Annahme stand die im geisteswissenschaftlichen Ansatz methodologisch enthaltene réflexion engagée nicht entgegen, weil die hier geforderte Anteilnahme auf die Erziehungswirklichkeit im Ganzen gerichtet sein sollte, nicht nur auf die Erziehungspraxen einzelner sozialer Schichten, Klassen oder politisch-weltanschaulicher Gruppierungen. Für die prinzipienwissenschaftliche Pädagogik mit ihrem Interesse an „Letztbegründungen", die schon per Definition dem geschichtlichen Leben als Möglichkeitsbedingungen vorgeordnet schienen, galt das unpolitische Selbstverständnis natürlich noch strikter, weil hier nicht nur der Standort der wissenschaftlichen Reflexion, sondern auch der Gegenstand der Reflexion diesseits der gesellschaftlichen Konflikte lag. Die empirische Pädagogik wiederum beanspruchte für ihre Aussagen die intersubjektive Gültigkeit der Naturwissenschaften, die von jedermann, unabhängig von politischen Überzeugungen und sozialer Lage, sollten anerkannt werden müssen.

Dabei wurde übersehen, daß sich die Zugehörigkeit zum Bildungsbürgertum, welches als Träger des deutschen Nationalgedankens den Kampf der benachteiligten sozialen Schichten als „staatsgefährdend“ mißverstand, auf die politische Option der Erziehungswissenschaftler auswirkte. Die Bindung an die Pädagogische Bewegung und deren mehr oder weniger stark betonte Interpretation als Teil der Deutschen Bewegung ebnete fast unmerklich einen direkten Weg von erzieherischer Zuversicht über Ideale vom einfachen Leben bis zum Bekenntnis „geschlossenen deutschen Daseins“.[136] Von dieser Voraussetzung aus gab es nur sehr begrenzte Möglichkeiten eines Zugangs zur Arbeiterbewegung. Die wenigen Verbindungen waren zunächst – Ende des 19. Jahrhunderts – vermittelt über die Sterilität der der Schule amtlich verordneten Abwehr „sozialdemokratischer Irrlehren“. Vom Durchdenken dieses Tatbestandes mitbeeinflußt, entstanden die pädagogisch attraktiveren Konzepte der Arbeitsschule, der Einheitsschule, der staatsbürgerlichen Bildung und – speziell mit dem Namen Kerschensteiner verbunden – der Umwandlung von Fortbildungsschulen in Berufsschulen. Die auch hier noch mitbestimmenden feindseligen Motive, nämlich durch den Bildungsaufstieg einzelner Begabter und deren Integration in die Bewußtseinslage des Bürgertums die Arbeiterklasse ihrer potentiellen Führer zu berauben, traten nach 1918 zurück. Dennoch verharrte die Mehrzahl der Erziehungswissenschaftler der Arbeiterschaft gegenüber in einer patriarchalischen Haltung: Man forderte, wie das liberale Bürgertum überhaupt, soziale Reformen mit entsprechenden Konsequenzen im Bildungswesen, doch blieb das „Volk“ dabei Objekt der Fürsorge und wurde nicht als Subjekt seiner eigenen Befreiung gesehen, so wenig wie das Recht eines in deren Dienst stehenden politischen Kampfes anerkannt wurde. Wurden die Schranken hier und da durchbrochen, so fanden diese Bemühungen doch kaum Resonanz, weil einerseits die akademische Pädagogik solche Optionen nur als persönliche, nicht aus wissenschaftlichen Rechtsgründen ableitbare Entscheidungen registrieren konnte, andererseits die an marxistischen Kategorien orientierte Theoriediskussion in der Sozialdemokratie für (philosophisch gesehen) idealistische Hilfestellungen zunächst nur beschränkt aufnahmefähig war, selbst in ihrem „revisionistischen“ Flügel. Auf drei bedeutende, in ihrer Art eindrucksvolle Erziehungswissenschaftler sei verwiesen:

- ▷ Paul Natorp wurde bereits im Zusammenhang der prinzipienwissenschaftlichen Pädagogik behandelt. Sein „Sozialidealismus“ war nicht nur nicht aus der von ihm vorausgesetzten neukantianischen Philosophie begründbar, sondern auch für die Arbeiterbewegung allenfalls als emotionaler Zuspruch hilfreich, nicht als Interpretation des eigenen Handelns oder gar als Grundlegung einer sozialistischen Pädagogik.
- ▷ Leonhard Nelson ergriff radikaler und praxisbezogener Partei für den Sozialismus, gründete und leitete den „Internationalen Sozialistischen Kampfbund“ und das Landerziehungsheim „Walkmühle“. Aus der Ethik Kants deduzierte er eine „sokratische Pädagogik“, die die Vernunft zu einer schöpferischen Kraft machen und eben damit die nach der sozialistischen Revolution kommende postkapitalistische Gesellschaft vor Despotismus bewahren sollte. Dieses streng rationalistische Konzept war zwar ein hervorragendes Exempel deutsch-jüdischer Geistigkeit, es vermochte aber nicht über sektiererhafte Gruppierungen hinauszudringen.

▷ Adolf Reichwein kam als führender Vertreter der Jugendbewegung zur Sozialdemokratie und versuchte den Brückenschlag mit Mitteln der geisteswissenschaftlichen Pädagogik. Er arbeitete unter C. H. Becker, den er „Siegelbewahrer des Humanen" nannte, im Preußischen Kulturministerium für den Aufbau der Pädagogischen Akademien. Nach 1933 aus seinem Amt als Akademieprofessor entlassen, war Reichwein im antifaschistischen Widerstand tätig und für das Amt eines Kultusministers nach dem Sturz der NS-Herrschaft vorgesehen. Er wurde nach dem 20. Juli 1944 zum Tode verurteilt und hingerichtet. Seine Pädagogik deutete an, welche Möglichkeiten für eine hermeneutisch vorgehende Erziehungswissenschaft bestanden hätte, der Arbeiterbewegung – auch von deren eigenem Wollen her – gerecht zu werden. Denn die geisteswissenschaftliche Pädagogik hatte herausgearbeitet, daß der edukative Prozeß die Überwindung der Unmündigkeit, in der die Erziehung den Menschen antrifft, fordert. Aber die gesellschaftlichen Zwänge und Widerstände, die objektiv die befreiende Tendenz der Erziehung unterdrücken, wurden aufgrund der Befangenheit im bürgerlichen Urteilshorizont entweder gar nicht wahrgenommen oder in bloße Bewußtseinsphänomene aufgelöst. Gegenüber dem Problem einer Erziehung des proletarischen Kindes vom politischen Interessenstandpunkt des Proletariats aus bestanden Berührungsängste, die eine wissenschaftliche Auseinandersetzung mit dem Marxismus ebenso vereitelten wie eine offene Einbeziehung der in der Erziehungswirklichkeit gegebenen Ansätze für eine sozialistische Erziehung in die hermeneutische Anstrengung.

Deshalb ist es kein Zufall, daß die Geschichte der Pädagogik für die Weimarer Zeit bisher nur einen Vertreter sozialistischer Pädagogik mit Sicherheit nannte: Paul Oestreich und seinen Bund der „Entschiedenen Schulreformer". Diese Bevorzugung von Oestreich ist darum kein Zufall, weil er seine Pädagogik nicht in den Kontext des politischen Kampfes einordnete und auch die Erziehung nicht unter dem Aspekt des Klassenkampfes sah. Oestreich war sozialdemokratischer Schulpolitiker und vertrat auf der Reichsschulkonferenz das Einheitsschulprogramm, wofür er eine eigene und differenziert ausgearbeitete Konzeption bereithielt, die „elastische Einheitsschule". Den Weimarer Schulkompromiß lehnte er ab. Daß seine Partei den Kompromiß um der Lebensfähigkeit der Republik willen einging, schien ihm ebenso enttäuschend wie unvermeidlich. Aus diesem Dilemma folgerte er die Unvereinbarkeit von Partei- und Kulturpolitik. So gab er seine ursprüngliche Hoffnung auf eine politische Grundlegung sozialistischer Erziehung in der Republik auf, berief sich auf den Vorrang der Ethik vor der Ökonomie und versuchte die Bildungsreform durch Mobilisierung von pädagogisch engagierten Menschen guten Willens parteiunabhängig zu fördern. Zwar sprach er weiter vom Sozialismus, doch waren seine normativen Orientierungen auf den „brüderlichen Menschen", auf das „humanistische Gewissen" und eine allumfassende Menschheitsmoral gerichtet, nicht auf den Klassenkampf oder auf den Kampf der Arbeiterparteien um parlamentarische Mehrheiten. Das alles trat für Oestreich zurück hinter die pädagogische Umgestaltung des Menschen:

„Wer demokratisieren und sozialisieren will... der muß erst einmal pädagogisieren, den einzelnen, das Volk, die Wirtschaft, dann wird Kultur." 137

Oestreich vertrat eine Position, die gegen Militarismus, Völkerhaß, Rassendiskriminierung und Konfessionshader gerichtet war, ebenso gegen soziale Privilegierungen und die Machtansprüche der ökonomisch Stärkeren in der Gesellschaft. Insofern nahm er eine, wie auch in seiner Selbstdefinition aufgenommen, sehr „entschiedene" Haltung innerhalb der Richtungen und Gruppen der Pädagogischen Bewegung ein. Aber gerade diese Entschiedenheit konnte von der die Pädagogische Bewegung deutenden Erziehungswissenschaft ohne Schwierigkeit registriert und verarbeitet werden, weil sie mit ihrer Verachtung gegenüber Parteipolitik, gesellschaftlichem Interessenausgleich und parlamentarischer Kompromißfähigkeit dem Beurteilungshorizont der sich unpolitisch verstehenden Wissenschaft entgegenkam.

In der Weimarer Zeit gab es indessen auch Ansätze einer in unmittelbarem Zusammenhang mit der Arbeiterbewegung und ihrem Selbstverständnis operierenden sozialististischen Pädagogik. Daß diese Beiträge wenig bekannt wurden, lag nicht nur an der relativen Isolierung durch die offizielle Erziehungswissenschaft, sondern auch an internen Problemen einer Grundlegung sozialistischer Erziehung, schließlich und vor allem daran, daß ihre Autoren durch den Faschismus in einem sehr viel stärkeren Maße als bürgerlich-liberale Pädagogen ausgeschaltet und verfolgt, ihre Schriften aus den Bibliotheken entfernt und verbrannt wurden.

Für die Rekonstruktion in einer Geschichte der Pädagogik besteht aber noch ein anderes Problem. Meint „sozialistische Erziehung" die Erziehungspraxis in einer sozialistischen Gesellschaft, so konnte es eine solche Erziehung während der Weimarer Republik nicht geben bzw. nur in rudimentären Antizipationen nach der Art, wie viele Versuche im Umkreis der Pädagogischen Bewegung als Vorwegnahme auf eine zukünftige neue Ordnung hin angelegt waren. Tatsächlich entfaltete sich innerhalb dieses pädagogischen Problemspektrums, aber konsequent bezogen auf die Klassenlage des proletarischen Kindes und gestützt durch die SPD, ein praktisches Programm sozialistischer Erziehung in der „Kinderfreundebewegung". Diese Bewegung schloß an sozialdemokratische Kindergruppen an, die schon während des Kaiserreiches bei Arbeiter-, Turn- und Sportvereinen bestanden hatten, und wuchs bis 1930 zu einer Organisation an, die über 200000 Mitglieder zählte und mit der quantitativ keine andere außerschulische Erziehungs- oder Jugendgruppierung konkurrieren konnte. Einer ihrer Sprecher, der sozialdemokratische Reichstagsabgeordnete Kurt Löwenstein, definierte den Auftrag der Bewegung als die Abwehr des bürgerlichen „Kinderraubes":

„Die Bourgeoisie raubt uns unsere Kinder. Jedes hungernde, frierende Kind, jedes Kind, das von der Tuberkulose heimgesucht wird, jedes ausgebeutete Kind ist ein Raub der Bourgeoisie an der Arbeiterklasse. Jedes Kind, das im Geist der bürgerlichen Weltanschauung heranwächst, jedes Kind, das ideologisch festgehalten wird in den Werturteilen der Bourgeoisie, jedes Kind, dessen Hoffen und Sehnen sich in Ergebenheit an die Mächte der Vergangenheit verliert, ist ein Verlust im Klassenkampf. Darum muß die Arbeiterklasse aktiv werden in der Wahrnehmung ihrer heiligsten Interessen. Darum muß die Arbeiterklasse bestimmenden Einfluß gewinnen

> auf das Wachstum ihrer Kinder. Das ist auch der tiefere Sinn der Kinderfreundebewegung."[138]

Löwenstein ging für die Kinderbewegung ebenso wie für die Formulierung sozialdemokratischer Schulpolitik vom historischen Materialismus aus. Von daher sah er nicht nur in der subjektiven Emanzipation des einzelnen Proletariers das Problem, sondern in der objektiven Befreiung des Proletariats als Klasse.

Die Erziehungspraxis in der Kinderfreundebewegung zeigte nun, rein formal betrachtet, viele Einzelelemente, die auch von anderen Gruppierungen der Pädagogischen Bewegung gefordert wurden, insbesondere eine sozial-integrative Atmosphäre, Gruppenbildung mit Selbstverwaltungs- und Selbstgestaltungsmöglichkeiten, Zeltlagerleben, Wanderungen, musische Betätigungen usw. Inhaltlich betrachtet aber konnte diese Erziehung durchaus als spezifisch sozialistisch bezeichnet werden, weil sie das Kind aus der Vereinsamung und Schwäche des Arbeiterkindes herausnahm in die Stärke der Gruppensolidarität. Von dieser Solidarität wurden alle umschlossen und getragen, also einschließlich der erwachsenen Helfer und Betreuer, die nicht, wie die Lehrer in den Schulen, einer anderen Gesellschaftsschicht angehörten, sondern selbst dem proletarischen Milieu entstammten. Die Kinderfreundebewegung versprach sich davon, die Anfänge eines kollektiven Bewußtseins begründen zu können, nicht primär durch Schulung mit sozialistischer Theorie, sondern durch die emotionale Einstimmung in Freundschaft und Zusammengehörigkeit. Verlangte die sozialistische Perspektive den Ausgangspunkt bei der Klassenlage des proletarischen Kindes und legten die Sozialisationsbedingungen dieses gesellschaftlich extrem benachteiligten Kindes die Stärkung seines Lebensgefühls, seiner Lebensfreude und seines Selbstbehauptungswillens nahe, so sah Löwenstein in den Kindern keine Erziehungsobjekte oder gar – wie es in Hitlers faschistischem Jargon hieß – Menschenmaterial, welches zu politischen Zwecken zu behämmern und zu formen war. Denn so wichtig Löwenstein die Verteidigung des proletarischen Kindes als eines möglichen Kämpfers nicht nur für die eigene Befreiung, sondern für die seiner Klasse war, so wenig verwechselte er Erziehung mit politischer Indoktrination. Die emotionale Ansprache des Kindes stellte bei ihm nicht die rationale Grundstruktur der Erziehung zu Mündigkeit und eigenem Urteil infrage. Er sah – wie zahlreiche andere Vertreter des demokratischen Sozialismus in seiner Zeit – die sozialistische Erziehung im Überlieferungszusammenhang der großen europäischen Pädagogik: Gedacht wurde vom werdenden Subjekt aus, vom Kind und seinen Bedürfnissen, nicht von einer Partei. Der politische Kampf galt ihm als Sache der Erwachsenen; Kinder unmittelbar einzubeziehen oder sie über das Instrument der Erziehung unter Umgehung ihres Bewußtseins zu funktionalisieren, hielt er für falsch und inhuman:

> „Das Arbeiterkind kann nicht schon im frühen Alter für ein Parteiprogramm erzogen werden... Es soll kein Gläubiger eines Parteidogmas werden... Aber es soll früh erleben, daß es zur Arbeiterklasse gehört."[139]

Eine solche Aussage bedeutete für Löwenstein keine Zurücknahme politischer

Ziele, sondern die Beglaubigung dieser Ziele durch den Respekt vor der Menschlichkeit. Sozialistische Erziehung wies so über die Begrenzung, der sie unter den Bedingungen der kapitalistischen Gesellschaft notwendigerweise unterlag, hinaus auf die allgemeine Struktur menschlicher Bildung.

Damit war eine Position bestimmt, die nach zwei Richtungen hin erläutert werden muß, um den historischen Begriff der sozialistischen Erziehung voll in den Kontext einer Geschichte der wissenschaftlichen Pädagogik einbringen zu können:

Die eine Seite der von Löwenstein markierten Position war die scharfe Abgrenzung gegen eine im Zusammenhang mit der kommunistischen Partei formulierte marxistisch-leninistische Version sozialistischer Erziehung. Das Eigenartige daran war, daß es diese in einem substantiellen Sinne gar nicht gab und nicht geben konnte. Denn nach Lenin mußte die Revolution vorausgegangen sein, bevor die sozialistische Menschenbildung überhaupt beginnen konnte, und in diesem Sinne äußerte sich auch Rosa Luxemburg auf dem Gründungsparteitag der KPD 1918. Nachdem die kommunistische Partei nach 1920 die revolutionäre Situation nicht mehr gegeben sah und sich auf eine längere Oppositionszeit im parlamentarisch-demokratischen Staat einrichtete, stellte sich auch für sie die Frage nach einer Erziehungstheorie. Diese aber geriet nach den Maßen normativer Weltanschauungspädagogiken: Weder kam es zu einer dem theoretischen Niveau des Marxismus entsprechenden Pädagogikkonzeption, noch zu einer pädagogisch interessanten Ausprägung der erzieherischen Praxis bei der eigenen Nachwuchsbildung, sondern nur zu dem einfachen Schema, daß die Kinder möglichst früh und genau zu dem angeleitet werden müßten, was die Partei jeweils für richtig erachtete:

> „Die Kinder der Arbeiterklasse (sind) zeitig an die herbe, starke Luft revolutionären Kampfes zu gewöhnen, um sie vor Schwankungen und Halbheiten zu bewahren, um den Funken opferfreudiger Hingabe in ihnen zu entzünden." [140]

Eine selbständige, dem Kind gegenüber zu verantwortende Erziehung kam nicht mehr in den Blick, weil Erziehung nichts anderes sein durfte als die direkte Einführung in den ökonomischen und politischen Klassenkampf, in einliniger Direktheit ausgezogen bis zur Konstruktion einer „revolutionären Heimatkunde":

> „Geschlossen besuchen wir die vom Proletariat geweihten Stätten… Hier sind die Gräber unserer Gefallenen. Das dort ist der Platz der großen Demonstration. Dort die Fabriken sind das Hauptquartier der revolutionären Arbeiterschaft. Hier in diesem Zuchthaus schmachten noch Brüder. So sollen unsere Kinder die Heimat schauen lernen." [141]

Es ist klar, daß die Kinderfreundebewegung und ihre theoretische Abklärung durch Löwenstein von kommunistischen Pädagogen kritisiert wurde als Schulromantik und Ablenkung vom Klassenkampf, ebenso wie die von Löwenstein bejahte und in der Kinderfreundebewegung praktizierte Verteidigung der Weimarer Republik.

Der andere Aspekt der hier mit der Kinderfreundebewegung nur angedeuteten Erziehungskonzeption ergibt sich aus der Frage nach der wissenschaftstheoretischen

Struktur einer sozialistischen Pädagogik. Die Deutung, die Löwenstein der Kinderfreundebewegung gab, entsprach dem, was vom hermeneutischen Typus von Erziehungswissenschaft für eine solche Konstellation erwartbar ist – und eigentlich ist es erstaunlich, wie wenig die geisteswissenschaftliche Pädagogik, die doch die gesamte Erziehungswirklichkeit erfassen wollte, die größte außerschulische Erziehungsbewegung in Deutschland überhaupt beachtet hat. Immerhin konnte Löwenstein im Nohl-Pallatschen Handbuch der Pädagogik 1930 die Kinderfreundebewegung selbst darstellen. Tatsächlich war der Zusammenhang Löwensteins mit den Voraussetzungen der hermeneutisch-pragmatischen Methodologie sehr stark. Denn seine Inanspruchnahme des historischen Materialismus für die Grundlegung einer sozialistischen Erziehungstheorie erfolgte über eine lebensphilosophische Vermittlung, nicht gerade über Dilthey, wohl aber über den französischen Dichterphilosophen Marie Jean Guyau. Die Theorie sozialistischer Erziehung schloß keinen wissenschaftstheoretisch-methodologischen Standpunkt in dem Sinne ein, daß sie den geisteswissenschaftlichen, prinzipienwissenschaftlichen und erfahrungswissenschaftlichen Positionen als eine weitere hätte hinzugefügt werden können. Sie lag vielmehr quer zu diesen Positionen. Als Frage, als Mahnung, als Auftrag – unterschieden von den „bürgerlichen" Formen der Erziehungswissenschaft durch die eindeutige Parteinahme für die Arbeiterjugend, weitgehend übereinstimmend aber doch mit ihnen in der wissenschaftlichen Aufarbeitung von Erziehungsproblemen. War es insofern nicht angezeigt, die sozialistische Pädagogik als eine eigene wissenschaftstheoretische Position zu klassifizieren, so gab es doch wichtige Anstöße, die der Erziehungswissenschaft insgesamt neue Perspektiven eröffneten. Potentiell waren solche Perspektiven gegeben bei den Versuchen, die Pädagogik mit einer Verbindung von marxistischer und psychoanalytischer Theorie zu strukturieren. Denn der Marxismus als historisch-hermeneutische Theorie, die primär auf die objektiven sozial-ökonomischen Gegebenheiten bezogen ist, erhielt mit der Psychoanalyse eine dem Subjekt zugewandte und überdies auf Hermeneutik angewiesene erfahrungswissenschaftliche Komponente. Die Verbindung war denkbar, weil die Psychoanalyse als Geschichte des Seelenlebens und der Marxismus als Geschichte der Gesellschaft verstanden werden konnte. Entsprechende Versuche sind sowohl im Rückgriff auf die Individualpsychologie Alfred Adlers als auch der Psychoanalyse Sigmund Freuds geführt worden, wenn auch vom orthodoxen Marxismus-Leninismus mit größtem Mißtrauen und von den mehr medizinisch orientierten Flügeln der analytischen Schulen mit Unverständnis oder Desinteresse beantwortet.

Einen der interessantesten Versuche, mit einer Kombination von Marxismus und Freudianismus die Erziehungswissenschaft im Sinne sozialistischer Pädagogik zu fassen, legte Siegfried Bernfeld vor. Seine Hauptschrift erschien 1925 und trug den Titel „Sisyphos oder Die Grenzen der Erziehung". Es ist ein sehr geistreiches, essayistisches und polemisch gegen die in der kapitalistischen Gesellschaft vorherrschende Pädagogik geschriebenes Buch. Die Grenzen dessen, was Erziehung leisten kann, suchte Bernfeld nicht nur und nicht in erster Linie in der psychischen Konstitution von Kindern, Lehrern und Erziehern, sondern vor allem in den sozialen

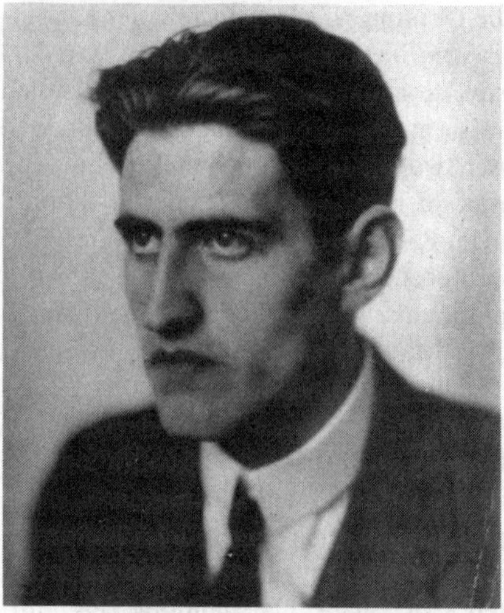

SIEGFRIED BERNFELD

Bedingungen, unter denen Menschen aufwachsen und unter denen sie in das Aufwachsen anderer Menschen eingreifen – das war der marxistische Zugriff. Der psychoanalytische Zugriff aber diente ihm dazu, deutlich zu machen, wie es möglich ist, daß die subjektiven, idealistischen Intentionen der Erzieher durch die objektive Funktion, die ihrem Tun gesellschaftlich zukommt, unkorrigiert bleiben. Darüber hinaus stellte er die Frage, warum die Mehrheit der Ausgebeuteten der Minderheit der Ausbeuter Loyalität entgegenbringt. Dabei sah Bernfeld den Sozialismus vom Anspruch her in keinem Gegensatz zur pädagogischen Tradition, sondern als deren produktive Selbstkritik. Denn er hielt es für unzulänglich, ja geradezu für den Grund der Misere, bei dem von der Pädagogik verwalteten Rechtsanspruch des Menschen auf sich selbst zu verharren, ohne zu prüfen, was eine solche Pädagogik zur Einlösung ihrer Versprechungen zu leisten vermag. An Friedrich Fröbel, der aber nur als ein mehr zufälliges Beispiel für die klassische deutsche Pädagogik herausgegriffen wurde, demonstrierte er, daß die Resultate das Gegenteil des Gewollten erbracht haben:

> „Nicht ob seine Ideen schön und wünschenswert sind, sondern ob seine Behauptung wahr ist, daß sie realisierbar seien, das ist die Frage… Sind Fröbels Versprechungen falsch, übertrieben, demnach seine, der Pädagogik, Lehre unwahr, so folgt daraus nicht, daß die Pädagogen sich bescheiden müßten, widrigenfalls sie dem Fluch der Lächerlichkeit verfielen, sondern die Pädagogik als Ganzes hätte sich ein Revisionswerk gefallen zu lassen, das einem hochnotpeinlichen Prozeß ähnlich wäre. Sie ist im Verdacht, ungeheuren Aufwand an Kraft, Zeit, Geld, an Kinderglück und Elternsorge sinnlos zu vertun. Die Möglichkeit zeigt sich an: Die Pädagogik verhindert vielleicht die Zukunft, die sie verspricht."[142]

Daß sie die Zukunft verhindert, illustrierte Bernfeld an der Reduktion der Pädagogik auf Didaktik im Sinne von Unterrichtslehre: Didaktiker, seit je aus mediokren Köpfen rekrutiert, hätten ihre Wissenschaft durch Entnahmen halb- und mißverstandener Nebensächlichkeiten aus den Werken der großen Klassiker der Pädagogik ausstaffiert und als bewußtlose Erfüllungsgehilfen der Institution Schule zur Verfügung gestellt. Diese Diagnose war auf der Ebene von Selbstverständnis, Problemaufnahme und Arbeitsweise für die während der Weimarer Zeit vorherrschende geisteswissenschaftliche Pädagogik unzutreffend und konnte allenfalls steril gewordene Ausläufer des Herbartianismus meinen. Indessen enthielt die überzogene und in Einzelheiten wenig sachkundige Kritik doch eine Substanz, die nicht einfach abgetan werden konnte. Denn Bernfeld machte pausibel, daß die Vereitelung der idealistischen Hoffnungen und Wünsche der Pädagogik durch ihr eigenes Tun in der institutionellen Organisation des Bildungswesens begründet war und daß, sofern wissenschaftliche Pädagogik dem Trugschluß einer das Gegenteil des Gewollten befördernden Disziplin nicht erliegen wollte, eine Theorie der Schule als „Instituetik" erforderlich sei. Dieser Instituetik wies er die Aufgabe zu, vor der die geisteswissenschaftliche Pädagogik mit ihrer Auflösung von Widerständen und Zwängen in Bewußtseinsphänomene einhielt, nämlich die dem pädagogischen Handeln unbewußten und der nur hermeneutisch vorgehenden Pädagogik eben deshalb auch unbekannten Wirkungen von Schule und institutioneller Erziehung aufzudecken. Eine nur auf Hermeneutik gestützte Erziehungswissenschaft könne, so lautete Bernfelds Kritik, die Instituetik nicht hervorbringen, weil das bei ihr bereits auf der Bewußtseinsebene vermengte Theorie-Praxis-Verhältnis der vorgegebenen kapitalistischen Gesellschaftsformation verfallen bleibe, während Analyse, naturwissenschaftlich angeleitete Wirklichkeitserfassung und Ideologiekritik nach Selbständigkeit der Theorie verlangten. Damit beabsichtigte Bernfeld nicht, die Pädagogik als reine Erkenntniswissenschaft zu definieren, wie das in den erfahrungswissenschaftlich orientierten Begründungsversuchen tendenziell angelegt war. So wie die Psychoanalyse auf Therapie und der Marxismus auf revolutionären Kampf gerichtet waren, so wollte Bernfeld die Erziehungswissenschaft als eine praktische Wissenschaft bestimmen. Aber die Einbeziehung der (bürgerlichen) Wissenschaft in die Interessen der Ausbeutergesellschaft schien ihm so wirkungsvoll, daß er darin eine im Interesse der Herrschaftssicherung durchaus gewollte Fesselung sah. Lehrpläne, so ließ er einen fiktiven machiavellistischen Kultusminister sagen, kann man den Pädagogen, ja sogar den Sozialdemokraten überlassen, nicht aber die Organisation des Bildungswesens. Demgegenüber unterstellte Bernfeld für die kommende (sozialistische) Wissenschaft die Möglichkeit der vollen Einsicht in die obwaltenden sozialen und psychischen Mechanismen der Bildungsorganisation, weil deren Erkenntnis die humanen Ziele des Sozialismus fördern würden. Gerade darum aber mußte er die relative Distanz der Theorie vom Gegebenen fordern, um in der antagonistischen Struktur der kapitalistischen Gesellschaft die Möglichkeiten zur Förderung des Besseren erkennen zu können.

Was Bernfeld über die Kritik der bürgerlichen Pädagogik hinaus als erste Beiträge zur Theorie der sozialistischen Erziehung beisteuerte, löste den eigenen Anspruch nicht ein. In vielen Aspekten waren seine Vorschläge an der von Vertretern aller Richtungen der Erziehungswissenschaft seiner Zeit geschätzten Reformpädagogik orientiert, bis hin zu den rein emotional-suggestiv angelegten Mitteln der Massenpsychologie und des Führerkultes:

> „Die sozialistische Pädagogik wird aber den Unterschied zwischen Erzieher und Führer sorgfältig zu beachten haben; denn sie geht von der Tatsache aus, daß es nicht möglich ist, für zwei Millionen Kinder z.B. 200000 vollendet wirkende Erzieherpersönlichkeiten aufzustellen. Sie wird daher das Erziehungswesen für diese zwei Millionen so organisieren, daß einige wenige bedeutende Führerpersönlichkeiten die grundlegende Beeinflussung stiften und hunderte, tausende von ‚Erziehern' den geschaffenen Rahmen erfüllen... Gesetzt, z.B., es wäre das Erziehungsziel, daß jedes jener zwei Millionen Kinder eine rote Schärpe an seiner Mütze

trüge. Nach dem bürgerlichen System hätten nun jene 100000 Eltern, Erzieher, Lehrer, durch Überredung, Strafen, Belohnungen sie hierzu zu veranlassen, vielleicht sogar zu zwingen, und ständige Aufmerksamkeit der Kontrolle der Durchführung zu widmen... Man kann aber das Ziel (rote Schärpe auf jeder Kindermütze) auch anders erzielen. Wenn die Kinder in einer Massenveranstaltung zusammengefaßt sind (Fest, Wanderung, Bund), erscheint ihr Führer mit jener Schärpe, seine Unterführer, die Erzieher, ahmen ihn nach, leiten den Impuls weiter, und die Masse hat mit einem Schlag das Ziel des Führers zu ihrem eigenen gemacht; durch Vermittlung der Unterführer springt der Wille auf die anderen Massen über... Dieses Beispiel ist nicht ganz ein Scherz. Denn es geht nicht anders mit ernsteren, tieferen Erziehungszielen. Würde nicht eine Epidemie des Lateinlernens unter den Kindern ausbrechen, wenn sie – in irgendeiner Weise – als Masse organisiert wären und ihre Führer Latein als Amtssprache unter sich eingeführt hätten?... Während die Hilfswissenschaft der bürgerlichen Pädagogik die Individualpsychologie (experimentelle Kinderpsychologie) ist, wird eine wichtige (nicht die einzige!) Hilfswissenschaft der sozialistischen Pädagogik die Massenpsychologie. Aus ihr erfahren wir auch jene Fakten, die nötig sind, um die Führerqualitäten im einzelnen verstehen zu können."[143]

Die Ähnlichkeit mit Folgerungen, die die NS-Pädagogik aus dem Erbe der Pädagogischen Bewegung zog, liegen auf der Hand. Das heißt nicht, daß Bernfeld in die Nähe des Faschismus gerückt werden könnte – Bernfeld war ein authentischer Antifaschist – sondern nur, daß eine übergreifende Gemeinsamkeit der pädagogischen Denk- und Urteilsstrukturen für die Menschen dieser Zeit bestanden hat und über schärfste, ja als unvereinbar geltende politisch-weltanschauliche Gegensätze hinweg reichte. Von dieser Einsicht aus ist auch die nachträgliche Qualifizierung von entsprechenden Passagen in den Schriften bürgerlich-liberaler Pädagogen als „präfaschistisch" zu relativieren.

Statt eines Schlusses

Unvollendete Geschichte der Pädagogik

Institutionalisierung der Erziehung ist seit der Aufklärung Programm. Ein umfassendes System öffentlicher Bildungseinrichtungen ist entstanden, das die Jugend in einem vom Erwachsenenleben relativ abgetrennten „Schonraum" auf eben dieses Leben vorbereiten soll. Die Trennung von Erziehung und Leben der Erwachsenen wurde ermöglicht und bewirkt durch die technisch-wissenschaftliche Zivilisation, die mit der Aufklärung einen die Welt von Grund auf verändernden Siegeszug antrat. Aber zu dem Zeitpunkt, da die Institutionalisierung der Erziehung bis an die Schwelle des Berufseintrittes für alle Jugendlichen lückenlos durchgesetzt ist, hat die technische Entwicklung das Bildungswesen eingeholt: Massenmedien, Werbung, elektronische Unterhaltungsindustrie, die sich zunächst an die Erwachsenen richten, beeinflussen das Bewußtsein von Kindern und Jugendlichen oft mehr als das durchgehend in pädagogischer Absicht angelegte Bildungswesen. Dieses selbst aber produziert Anomien, die seine pädagogische Qualität beschädigen, radikale Schulkritik und naive Anti-Pädagogik auf den Plan rufen.

Das in seinen Grundzügen durch die Aufklärung vorgezeichnete Bildungswesen hat sich als elastisch erwiesen, und zwar in zweierlei Hinsicht: Einerseits konnte es sich für Expansion und Demokratisierung öffnen. Die sozialstrukturell bedingten Verschiebungen in der Inanspruchnahme der unterschiedlichen Bildungswege konnten immer wieder und in einem jeweils kurz zuvor für kaum möglich gehaltenen Ausmaß aufgefangen werden. Andererseits verarbeitete dieses System neue inhaltliche Ansprüche, die sich durch den schnellen Fortschritt der Wissenschaft, durch Technisierung und Urbanisierung als Aufgaben der Lehre ergaben, ohne dabei seine Identität einzubüßen. Diese doppelte Elastizität erlaubte es dem Bildungssystem, die gesellschaftlich verlangten Qualifizierungsleistungen zu erfüllen – ungeachtet des von jeder Erwachsenengeneration behaupteten „Leistungsverfalls" bei der „Jugend von heute". Aber der hohen Funktionalität des Bildungswesens in Deutschland entsprach keine ebenso stabile Leistung bei der Bildung von Gemeingeist und Gesittung. Was die Pädagogik im Verhältnis zu Qualifizierungsansprüchen stets als das Vorrangige herausgestellt hat, Charakterstärke und Humanität, blieb individuell gebunden und erhielt keine starke soziale, Friedfertigkeit nach innen und außen sichernde Komponente. Die großen Katastrophen des 20. Jahrhunderts enthalten jedenfalls bohrende Rückfragen an die institutionalisierte Erziehung. Technische und ökonomische Effizienz sind für ein Bildungswesen unter den Bedingungen der wissenschaftlichen Zivilisation unerläßlich – das Motiv, um dessentwillen die Pädagogik sich für die Institutionalisierung der Erziehung über drei Jahrhunderte hinweg verwandte, ist damit nicht erfüllt.

Pädagogische Theorie hat den Weg zur Institutionalisierung der Erziehung ge-

THEODOR W. ADORNO

rechtfertigt, begünstigt und in manchen Phasen mitbestimmt. Die Institutionalisierung war für die Pädagogik zugleich der Weg ihrer Verwissenschaftlichung: In den Phasen expansiver Bildungspolitik wurde der Pädagogik ein Vorschußkredit auf technisch verwertbare Handlungsanweisungen zur gesellschaftlichen Funktionalisierung von Erziehung, Schule und Berufsausbildung angetragen, der den Szientismus weitertrieb. Mit einem Seitenblick auf Nachbardisziplinen hat die Pädagogik inhaltlich ihre Wandlung von einer Geisteswissenschaft zu einer Sozialwissenschaft und methodologisch von einer interpretierenden zu einer konstruierenden Disziplin befördert. Dabei hielt die eigene Geschichte potentiell gegenwärtig, was sich für die aufklärerisch begründete Wissenschaft in anderen Arbeitsfeldern längst als Tatbestand erwiesen hatte: in technologischer Entfaltung tendiert sie dazu, das eigene Motiv zu verlieren. Theodor W. Adorno und Max Horkheimer haben das 1947 in einem berühmt gewordenen Buch die „Dialektik der Aufklärung" genannt. Grenzen, Widersprüchlichkeit und innere Problematik der von der Aufklärung freigegebenen Möglichkeiten zu begreifen, bedeutet, Wissenschaft in den Dienst der historischen Anstrengung des Menschen einzustellen, eine lebenswerte Welt zu schaffen und zu erhalten.

Dieses Motiv ist, geschichtsphilosophisch verstanden, das der europäischen Pädagogik. Indessen kann keine szientistische Konstruktion einer besseren und zugleich realisierbaren Welt erwartet werden. Die historisch durchgespielten Grundlegungsversuche zur Wissenschaft von der Erziehung machen das deutlich. Aber daraus folgt nicht die positivistisch verordnete und für alle Technologien selbstverständliche Wertfreiheit: Der Wertungsmaßstab ist immanent der Differenz zwischen Anspruch und Wirklichkeit zu entnehmen.

Thema der Pädagogik ist die Erziehung, die den Menschen im Zustand der Unmündigkeit antrifft. Erziehung muß diesen Zustand verändern, aber nicht beliebig, sondern orientiert an einer unbedingten Zwecksetzung, an der Mündigkeit des Menschen. Wo aber findet die Pädagogik den Maßstab für Mündigkeit? Nach Auskunft der Geschichte der europäischen Pädagogik ist der Maßstab nicht willkürlich gesetzt, sondern in der Eigenstruktur der Erziehung enthalten. Diese Struktur steht in Spannung zu den die Erziehung überformenden und überwältigenden, nichtpädagogischen Normauflagen. Doch auch dann, wenn die Erwachsenen nur die Bewahrung des Vorgegebenen wünschen, nur Gehorsam, Einübung, Nachahmung und Nachfolge verlangen, liegt das Ziel in der Freigabe der Erzogenen. Denn der Nachwuchs muß das Tradierte schließlich selbständig, in eigener Verantwortung und unter Berücksichtigung im einzelnen nicht vorhersehbarer Situationen verwalten, interpretieren und verteidigen. Wie die kommende Generation ihren Auftrag erfüllen und bewähren wird, kann inhaltlich von den Erziehern nicht vorweggenommen werden und ist darum prinzipiell nicht operationalisierbar. Wer pädagogische Verantwortung übernimmt, steht im Kontext der jeweils gegebenen historischen Bedingungen unter dem Anspruch des unbedingten Zweckes menschlicher Mündigkeit – ob er das will, weiß, glaubt oder nicht, ist sekundär. Die Erziehungswissenschaft aber arbeitet eben dieses als das Primäre heraus: Sie rekonstruiert die Erziehung als den Prozeß der Emanzipation, d.h. der Befreiung des Menschen zu sich selbst.

Das Ganze der Pädagogik, die Erziehung, enthält einen szientistisch nicht einholbaren Sinn. Dieser Sinn ist eine in der europäischen Bildungstradition aufgehobene Realität. Darum darf die Pädagogik trotz des durch ihre Geschichte herausgearbeiteten und nicht mehr rücknehmbaren szientistischen Votums für die Wissenschaft der technischen Zivilisation nicht im Szientismus aufgehen, ist vielmehr um ihrer kritschen Funktion willen an die Überlieferung von Philosophie und Umgangsweisheit rückgebunden.

QUELLENNACHWEISE

1 Immanuel Kant: Was ist Aufklärung? (1784). In: I. Kant: Werke, hrsg. von E. Cassirer. Berlin, 1921-1923, Bd. IV, S. 169.

2 Christian Thomasius: Einleitung in die Vernunftlehre (1692). Hier zitiert nach H. M. Wolf: Die Weltanschauung der deutschen Aufklärung in geschichtlicher Entwicklung. München, 1949, S. 31.

3 Jean-Jacques Rousseau: Émile ou de l'éducation (1762). Hrsg. von F. und P. Richard. Paris, 1964, S. 3 (dt. Übersetzung vom Verf.).

4 Christian G. Salzmann: Carl von Carlsberg. Karlsruhe, 1784-1788. Bd. 5, S. 223.

5 Johann Amos Comenius: Große Didaktik. In neuer Übersetzung hrsg. von A. Flitner. Düsseldorf/München, 1959.

6 Heinz-Joachim Heydorn: Die Hinterlassenschaft des Jan Amos Comenius als Auftrag an eine unbeendete Geschichte (1971). In: H.-J. Heydorn: Zur bürgerlichen Bildung. Bildungstheoretische Schriften Bd. 1. Frankfurt/Main, 1980, S. 226.

7 René Descartes: Discours de la Méthode (1637). Hrsg. von L. Gäbe. Hamburg, 1960, S. 100.

8 August Hermann Francke: Lectiones Paraeneticae oder öffentliche Ansprachen (hrsg. von G. H. Francke). Teil VI, 1736, S. 275/276.

9 Ludwig von Zinzendorf. Zitiert nach: Herbert Hammer: Abraham Dürninger – Ein Herrenhuter Wirtschaftsmensch des 18. Jahrhunderts. Berlin, 1925, S. 32/33.

10 Arnold Wagemann: Über die Bildung des Volkes zur Industrie (1791). Nachdruck hrsg. von H.-J. Heydorn und G. Koneffke. Glashütten, 1971, S. 15.

11 Kabinettsorder Friedrich des Großen an den Staatsminister Freiherr von Zedlitz vom 5.9.1779. Vgl.: F. Vollmer: Die preußische Volksschulpädagogik unter Friedrich dem Großen. In: Monumenta Germaniae Pädagogica, Bd. 56. Berlin, 1918, S. 217.

12 Berlinisches Buchstabier- und Lesebuch.

13 N.N.: Ein Schulbesuch in B. im Januar 1782. In: Basedow/Campe (Hrsg.): Pädagogische Unterhaltungen. Dessau, 1782, S. 93-101.

14 a.a.O.

15 H. Philipp Sextro: Über die Bildung der Jugend zur Industrie (1785). Neudruck hrsg. von H.-J. Heydorn und G. Koneffke. Frankfurt/Main, 1968.

16 Johann Heinrich Campe: Über einige verkannte, wenigstens ungenutzte Mittel zur Beförderung der Industrie, der Bevölkerung und des öffentlichen Wohlstandes. In zwei Fragmenten (1786). Neudruck hrsg. von H.-J. Heydorn und G. Koneffke. Frankfurt/Main, 1969, Bd. 1, S. 16.

17 Friedrich Nicolai: Über meine gelehrte Bildung, über meine Kenntnisse der kritischen Philosophie und meine Schriften dieselben betreffend und über die Herrn Kant, J. B. Erhard und Fichte. Berlin-Stettin, 1799, S. 15.

18 Lorenz von Stein: Geschichte der sozialen Bewegung in Frankreich von 1789 bis auf unsere Tage (1840). Hrsg. von G. von Salomon. München, 1921; Nachdruck Darmstadt, 1959, Bd. 2, S. 59/60.

19 Jean-Jacques Rousseau: a.a.O., S. 235.

20 a.a.O., S. 12.

21 a.a.O., S. 225/226.

22 a.a.O., S. 384.

23 a.a.O., S. 605/606.

24 Friedrich Paulsen: Das deutsche Bildungswesen in seiner geschichtlichen Entwicklung. Leipzig und Berlin, 1912^{3}, S. 84.

25 Jean-Jacques Rousseau: a.a.O., S. 202.

26 Joachim Heinrich Campe: Anmerkungen zur deutschen Übersetzung des Émile von Jean-Jacques Rousseau. In: Allgemeine Revision des gesamten Schul- und Erziehungswesens von einer Gesellschaft praktischer Erzieher. Hrsg. von J.H. Campe. Hamburg/Wien/ Wolfenbüttel/Braunschweig, 1785-1792, Bd. X, S. 68.

27 Zitiert nach: Otto Friedrich Bollnow: Die Aufklärung und wir – J. H. Campe zum 200. Geburtstag. In: Schola, 1947.

28 Gotthold Ephraim Lessing: 17. Literaturbrief. Zitiert nach der Lachmann-Munkerschen Gesamtausgabe. Leipzig, 1886 ff, Bd. VI, S. 288.

29 Heinz-Joachim Heydorn: Über den Widerspruch von Bildung und Herrschaft. Frankfurt/Main, 1970, S. 99.

30 Immanuel Kant: Grundlegung zur Metaphysik der Sitten (1785). Hamburg, 1957, S. 52 (Akademie-Ausgabe S. 429).
31 Friedrich Immanuel Niethammer: Der Streit des Philanthropinismus und Humanismus in der Theorie des Erziehungsunterrichtes unserer Zeit (1808). Neudruck hrsg. von W. Hillebrecht, Weinheim, 1968, S. 237.
32 Friedrich Immanuel Niethammer: a.a.O., S. 199.
33 Wilhelm von Humboldt: Gesammelte Schriften. Hrsg. von der Preußischen Akademie der Wissenschaften. Berlin, 1903-1936, Bd. II, S. 93 (Über den Charakter).
34 a.a.O., Bd. I, S. 118 (Ideen zu einem Versuch...).
35 a.a.O., Bd. XIII, S. 277 (Der litauische Schulplan).
36 a.a.O., Bd. I, S. 261
37 Johann Heinrich Pestalozzi: Stanser Brief (1799). In: Pestalozzi über seine Anstalt in Stans. Hrsg. von W. Klafki, Weinheim, 1975³, S. 11.
38 Johannes Ramsauer: Kurze Skizze meines pädagogischen Lebens. Mit besonderer Berücksichtigung auf Pestalozzi und seine Anstalten. Oldenburg, 1838, S. 8-9.
39 Karl Barth: Die protestantische Theologie im 19. Jahrhundert. Ihre Vorgeschichte und ihre Geschichte. Zürich, 1947, S. 379-381.
40 Friedrich Schleiermacher: Über die Religion. Rede an die Gebildeten unter ihren Verächtern (1799). Hrsg. von M. Rade. Berlin o.J., S 1/2.
41 a.a.O., S. 206.
42 Friedrich Schleiermacher: Pädagogische Schriften. Hrsg. von E. Weniger und Th. Schulze. Bd. I: Die Vorlesungen aus dem Jahre 1826. Düsseldorf/München, 1957, S. 10/11.
43 a.a.O., S. 12.
44 Wilhelm von Humboldt: a.a.O., Bd. XIII, S. 276/277 (Der litauische Schulplan).
45 a.a.O., S. 278.
46 a.a.O., S. 266 (Der königsberger Schulplan).
47 Friedrich Nietzsche: Kritische Gesamtausgabe (Werke). Hrsg. v. G. Colli und M. Montinari. Bd. IV, Berlin/New York, 1967, S. 199.
48 Zitiert nach: Hans-Georg Herrlitz: Studium als Standesprivileg. Die Entstehung des Maturitätsproblems im 18. Jahrhundert. Frankfurt/Main, 1973, S. 57.
49 Zitiert nach: a.a.O., S. 66.
50 Wilhelm von Humboldt: a.a.O., Bd. X, S. 211 (Bericht der Sektion des Kultus und Unterrichts).
51 a.a.O., S. 213.
52 a.a.O., S. 212.
53 Friedrich-Wilhelm Schelling: Werke. Hrsg. von M. Schröter. München, 1954-1959, Bd. 3, S. 240.
54 Wilhelm von Humboldt: a.a.O., S. 251 (Über die innere und äußere Organisation der höheren wissenschaftlichen Anstalten in Berlin).
55 Wilhelm und Caroline von Humboldt in ihren Briefen. Hrsg. von Anna Sydow. Berlin, 1906-1916, Bd. 3, S. 19 und S. 399.
56 Promemoria und Entwurf eines allgemeinen Gesetzes über die Verfassung des Schulwesens im Preußischen Staate 1819. In: B. Michael/H. H. Schepp (Hrsg.): Politik und Schule von der Französischen Revolution bis zur Gegenwart. Bd. 1, Frankfurt/Main, 1973, S. 217/218.
57 Zitiert nach: Clemens Menze: Die Bildungsreform Wilhelm von Humboldts. Hannover, 1975.
58 Johann Heinrich Pestalozzi: Sämtliche Werke. Hrsg. von A. Buchenau und E. Spranger. Bd. IX, Berlin-Leipzig, 1930, S. 355.
59 Georg Wilhelm Friedrich Hegel: Nürnberger Schriften. Hrsg. von J. Hoffmeister. Leipzig, 1938.
60 Georg Wilhelm Friedrich Hegel: Sämtliche Werke. Hrsg. von H. Glockner. Stuttgart, 1927 ff, Bd. III, S. 87.
61 Georg Wilhelm Friedrich Hegel: Grundlinien der Philosophie des Rechts (1821). Hrsg. von J. Hoffmeister. Hamburg, 1955, S. 174 (§ 198).
62 Immanuel Kant: Kritik der praktischen Vernunft (1788). Hrsg. von K. Vorländer. Hamburg, 1974, S. 36 (§ 7) (Akademieausgabe S. 54).
63 Immanuel Kant: Über Pädagogik (1803). Hrsg. von H. H. Groothoff. Paderborn, 1963, S. 20.
64 Johann Friedrich Herbart: Allgemeine Pädagogik aus dem Zweck der Erziehung abgeleitet (1806). Kleine Pädagogische Texte, Heft 25, Weinheim o.J.
65 a.a.O., S. 9.
66 Johann Friedrich Herbart: Pädagogische Schriften. Hrsg. von E. Asmus. Düsseldorf-München, 1964/65, Bd. 2, S. 168.

67 Tuiscon Ziller: Grundlegung zur Lehre vom erziehenden Unterricht. Leipzig, 1865, S. 427/428.
68 a.a.O., S. 428.
69 Christian Ufer: Vorschule der Pädagogik Herbarts (1886). Dresden, 1899[9].
70 Johann Friedrich Herbart: Allgemeine Pädagogik aus dem Zweck der Erziehung abgeleitet, a.a.O., S. 11.
71 Johann Friedrich Herbart: Sämtliche Werke. Hrsg. von G. Hartenstein. Bd. X, Leipzig, 1851.
72 Otto von Bismarck: Gedanken und Erinnerungen (1898). Mit einer Einführung von Theodor Heuß. Berlin, 1951, S. 29.
73 Adolf Diesterweg: Prinzipien zur Gestaltung der Zukunftsschule. In: Rheinische Blätter 1866. Hier zitiert nach: R. Rißmann: Deutsche Pädagogen des 19. Jahrhunderts. Leipzig, 1910, S. 46.
74 Ansprache Friedrich Wilhelm IV. an die Seminarlehrer (1849). In: B. Michael/H. H. Schepp (Hrsg.), a.a.O., S. 313/314.
75 Ferdinand Stiehl: Regulativ betreffend den Unterricht in den preußischen Volksschulen (1854). In: B. Michael/H. H. Schepp (Hrsg.), a.a.O., S. 315/316.
76 Hier zitiert nach: Robert Rißmann, a.a.O., S. 125.
77 Nach Herwig Blankertz: Bildung im Zeitalter der großen Industrie. Hannover, 1969, S. 58.
78 Wilhelm Dilthey: Schulreform (1900). Hier zitiert nach dem Anhang zu: W. Dilthey: Über die Möglichkeit einer allgemeingültigen pädagogischen Wissenschaft. Hrsg. von H. Nohl. Weinheim o.J., S. 85/86.
79 Wilhelm II.: Eröffnungsansprache zur Schulkonferenz 1890. In: G. Giese (Hrsg.): Quellen zur deutschen Schulgeschichte seit 1800. Göttingen, 1961, S. 196/197.
80 a.a.O., S. 199.
81 Zitiert nach: C. Matschoß: Preußens Gewerbeförderung 1821-1921. Berlin, 1921, S. 38.
82 Nach Herwig Blankertz, a.a.O., S. 84.
83 Zitiert nach: J. Becker: Von der Bauakademie zur Technischen Universität. Berlin, 1949, S. 51.
84 J. Götting: Militärdienst und Volksschullehrer. In: Lexikon der Pädagogik. Hrsg. von O. Willmann und M. Roloff. Bd. 3, Freiburg, 1914, S. 678/679.
85 Friedrich August von Etzel: Spezialgutachten zur Frage 4. In: Schriften des Vereins für Sozialpolitik. Bd. XV: Das gewerbliche Fortbildungswesen. Leipzig, 1879, S. 63.
86 a.a.O., S. 63/64.
87 Georg Wilhelm Friedrich Hegel: Grundlinien der Philosophie des Rechts, a.a.O., S. 14.
88 Moses Heß an Berthold Auerbach am 2. 9. 1841. Zitiert nach: Rüdiger Thoma: Der unbekannte junge Marx. Mainz, 1973, S. 250.
89 Karl Marx: Manifest der kommunistischen Partei (1847). In: Die Frühschriften. Hrsg. von S. Landshut. Stuttgart, 1953, S. 525.
90 Karl Marx: Das Elend der Philosophie (1847). In Marx-Engels: Werke. Hrsg. vom Institut für Marxismus-Leninismus. Bd. IV, Berlin, 1959, S. 157.
91 Karl Marx: Grundrisse der Kritik der politischen Ökonomie (1859). Berlin, 1953, S. 592.
92 Zitiert nach Detlef K. Müller: Qualifikationskrise und Schulreform. In: Zeitschrift für Pädagogik, 14. Beiheft. Weinheim, 1977, S. 20/21.
93 Otto von Bismarck: Gespräche: Von der Entlassung bis zum Tode. In: Gesammelte Werke, Band 9, hrsg. v. W. Andreas, Berlin, 1926, S. 40.
94 Wilhelm II.: Eröffnungsansprache zur Schulkonferenz 1890. In : G. Giese (Hrsg.), a.a.O. S. 198/199.
95 Zitiert nach Detlef K. Müller: a.a.O., S. 27/28.
96 Zitiert nach Detlef K. Müller: a.a.O., S. 31/32.
97 Julius Kirchhoff: Die allgemeine Fortbildungsschule und ihr Verhältnis zur gewerblichen Fortbildungsschule. In: Schriften des Vereins für Sozialpolitik. Bd. XV. Leipzig, 1879, S. 69.
98 Friedrich Nietzsche: Morgenröthe. Nr. 190. In Nietzsche: Kritische Gesamtausgabe (Werke), Bd. V/1, hrsg. v. G. Colli u. M. Montinari, Berlin/New York, 1971, S. 162.
99 Zitiert nach: Wilhelm Flitner/Gerhard Kudritzki (Hrsg.): Die deutsche Reformpädagogik, Bd. 1. München-Düsseldorf, 1961, S. 277.
100 Wilhelm Dilthey: Gesammelte Werke. Bd. VII, Stuttgart, 1958[2], S. 79-81.
101 Wilhelm Dilthey: Über die Möglichkeit einer allgemeingültigen pädagogischen Wissenschaft. Hrsg. von H. Nohl. Weinheim o.J., S. 15/16.
102 Wilhelm Dilthey: Schriften zur Pädagogik. Hrsg. von H. H. Groothoff und U. Herrmann. Paderborn, 1971, S. 34.
103 Wilhelm Dilthey: a.a.O., S. 51.

104 Oskar Peschel: Die Lehren der jüngsten Kriegsgeschichte. In: Das Ausland. Nr. 29, Ausgabe vom 17.7.1866, S. 695. Vgl. auch: Jürgen Henningsen: Die Impotenz der Schule. In: G. Groth (Hrsg.): Horizonte der Erziehung. Stuttgart, 1981, S. 99.

105 Zitiert nach G. Giese (Hrsg.), a.a.O. S. 154.

106 Herman Nohl: Der Bildungswert fremder Kulturen (1928). In: H. Nohl: Pädagogik aus 30 Jahren. Frankfurt/Main, 1949, S. 50.

107 Wilhelm Rein: Der Krieg. In: Der Tag. Illustrierter Teil, vom 18.8.1914 (Berlin).

108 Friedrich Wilhelm Foerster: Erlebte Weltgeschichte (Memoiren). 1953, S. 186.

109 Friedrich Wilhelm Foerster: Politische Ethik und politische Pädagogik. München, 1918^{3}, S. 177.

110 Zitiert nach B. Michael/H. H. Schepp (Hrsg.): Politik und Schule von der Französischen Revolution bis zur Gegenwart. Bd. 2. Frankfurt/Main, 1974, S. 44.

111 Zitiert nach B. Michael/H. H. Schepp (Hrsg.) a.a.O., S. 51/52.

112 Heinz-Joachim Heydorn: Über den Widerspruch von Bildung und Herrschaft. Frankfurt/Main, 1970, S. 124.

113 Die Reichsschulkonferenz in ihren Ergebnissen. Hrsg. vom Zentralinstitut für Erziehung und Unterricht. Berlin-Leipzig, 1920, S. 476.

114 Die Reichsschulkonferenz in ihren Ergebnissen: a.a.O., S. 581.

115 Zitiert nach B. Michael/H. H. Schepp (Hrsg.), a.a.O. S. 324, 326.

116 Zitiert nach: Erwin Jordan/Dieter Sengling: Einführung in die Jugendhilfe. München, 1977, S. 53.

117 Karl Wilker: Fürsorgeerziehung als Lebensschulung (1921) und Karl Wilker: Der Lindenhof (1921). Zitiert nach Gertrud Herrmann: Die sozialpädagogische Bewegung der zwanziger Jahre. Weinheim, 1956, S. 35/36.

118 Walter Herrmann: Das Hamburgische Jugendgefängnis Hahnöfersand (1926). Zitiert nach Gertrud Hermann: a.a.O., S. 46.

119 Wilhelm Flitner: Das Selbstverständnis der Erziehungswissenschaft in der Gegenwart. Heidelberg, 1966^{4}, S. 15/16.

120 Herman Nohl: Die Pädagogische Bewegung in Deutschland und ihre Theorie. Frankfurt/Main, 1949^{3}, S. 119/120.

121 Herman Nohl: a.a.O., S. 218-219.

122 Herman Nohl: a.a.O., S. 227.

123 Herman Nohl: a.a.O., S. 227.

124 Adolf Hitler: Mein Kampf (1927). München, 1941^{597}, S. 451-482.

125 H.Rauschning: Gespräche mit Hitler. (1940). Zitiert nach B. Michael/H. H. Schepp (Hrsg.), a.a.O. S. 213/214.

126 Ernst Krieck: Völkisch-politische Anthropologie. Bd. I. Leipzig, 1938^{2}, S. 77.

127 Alfred Bäumler: Männerbund und Wissenschaft. Berlin, 1934, S. 99.

128 Alfred Bäumler: Bildung und Gemeinschaft. Berlin, 1942, S. 103.

129 Alfred Bäumler, a.a.O. S. 85.

130 Martin Buber: Reden über die Erziehung. Heidelberg, 1956, S. 47 und 46.

131 Paul Natorp: Sozialpädagogik (1899). Stuttgart, 1955^{6}, S. 25.

132 Paul Natorp: Philosophie und Pädagogik (1909). Marburg, 1923^{2}, S. 37.

133 Alfred Petzelt: Kant: Das Fürwahrhalten läßt sich nicht mitteilen. In: W. Fischer (Hrsg.): Einführung in die pädagogische Fragestellung, Teil II. Freiburg, 1963, S. 49.

134 Peter und Else Petersen: Die pädagogische Tatsachenforschung. Paderborn, 1965, S. 109.

135 Aloys Fischer: Deskriptive Pädagogik (1914). In: S. Oppolzer (Hrsg.): Denkformen und Forschungsmethoden der Erziehungswissenschaft. München, 1966, S. 84.

136 Herman Nohl: Pädagogik aus dreißig Jahren. Frankfurt/Main, 1949, S. 13.

137 Paul Oestreich: Bund und Reichstagswahl. In: Die neue Erziehung. 1924, S. 148.

138 Kurt Löwenstein: Das Kind als Träger der werdenden Gesellschaft. Wien, 1928^{2}, S. 31.

139 Kurt Löwenstein: Die Aufgaben der Kinderfreunde (1929). In: Kurt Löwenstein: Sozialismus und Erziehung. Berlin-Bad Godesberg, 1976, S. 220.

140 Edwin Hoernle: Erziehung zum Klassenkampf (1922). In: Flach/Londershausen (Hrsg.): Das proletarische Kind. Berlin, 1974, S. 55.

141 Edwin Hoernle: Schulpolitische und pädagogische Schriften. Berlin, 1962, S. 17.

142 Siegfried Bernfeld: Sisyphos oder die Grenzen der Erziehung (1925). Frankfurt/Main, 1967.

143 Siegfried Bernfeld: Das Massenproblem in der sozialistischen Pädagogik (1927). In: S. Bernfeld: Antiautoritäre Erziehung und Psychoanalyse. Hrsg. von L. v. Werder und R. Wolf. Bd. 3. Meisenheim, 1970, S. 923-926.

Literaturhinweise

Von den in ihrer ersten Auflage kurz nach dem zweiten Weltkrieg erschienenen Geschichten der Pädagogik sind zwei besonders erfolgreich gewesen. Sie sind beide primär als Ideengeschichte der Pädagogik angelegt und verfolgen ein historisch-systematisches Interesse im Sinne der geisteswissenschaftlichen Pädagogik:

Fritz Blättner: Geschichte der Pädagogik, Heidelberg, 1973[14].

Albert Reble: Geschichte der Pädagogik, Stuttgart, 1975[12].

Zu dem Werk von Reble gehören zwei Dokumentenbände. Der Band I enthält Dokumente von der Antike bis zum Ende der Aufklärung, der Band II von der Deutschen Klassik bis zur Gegenwart. Beide Bände tragen den Titel „Geschichte der Pädagogik", Stuttgart, 1971.

Zum Nachschlagen eignet sich ein neueres Werk, das keine Ideen-, Geistes- oder Problemgeschichte sein will, erst recht keine Sozialgeschichte, auch keine historisch-systematischen Interessen verfolgt, sondern die Geschichte der Pädagogik nur aus dem Horizont der Selbstdeutungen von Menschen früherer Zeiten zur Verfügung stellt:

Theodor Ballauff/Klaus Schaller: Pädagogik. Eine Geschichte der Bildung und Erziehung. Band I: Von der Antike bis zum Humanismus, Freiburg 1969; Band II: Vom 16. bis zum 19. Jahrhundert, Freiburg 1970; Band III: 19. und 20. Jahrhundert, Freiburg, 1973.

Eine streng systematisch gehaltene Darstellung einiger pädagogischer Theoriebildungen von der Aufklärung bis zur Gegenwart (unter Absehung des sozial-, bildungs- und wissenschaftsgeschichtlichen Kontextes) stammt von

Josef Leonard Blass: Modelle pädagogischer Theoriebildung. Zwei Bände, Stuttgart, 1978.

Kurze Biographien von berühmten Pädagogen und Vertretern anderer Wissenschaften, die für die Pädagogik wichtig geworden sind, hat herausgegeben

Hans Scheuerl (Hrsg.): Klassiker der Pädagogik. Zwei Bände, München, 1979.

Die Geschichtsschreibung des deutschen Bildungswesens hat einen Altmeister, von dem alle späteren Historiker des Unterrichtswesens gelernt haben: Friedrich Paulsen. Obwohl inzwischen viele neue Einzelheiten erforscht, manche Korrekturen an Paulsens Darstellung notwendig wurden, in mancher Hinsicht sich auch neue Sichtweisen durchsetzten, ist immer noch lesenswert:

Friedrich Paulsen: Geschichte des gelehrten Unterrichts auf den deutschen Schulen und Universitäten vom Ausgang des Mittelalters bis zur Gegenwart. Leipzig 1885, dritte Auflage in zwei Bänden hrsg. v. R. Lehmann, Berlin und Leipzig, 1919/1921; Neudruck Berlin, 1965.

Außer dieser großen, mit viel Material versehenen Darstellung gibt es ein kleines, außerordentlich flüssig geschriebenes und gut lesbares Büchlein:

Friedrich Paulsen: Das deutsche Bildungswesen in seiner geschichtlichen Entwicklung. Leipzig, 1906; Neudruck Berlin, 1960.

Inhaltlich und methodisch „gegen" Paulsen geschrieben ist das Buch von

Wilhelm Roessler: Die Entstehung des modernen Erziehungswesens in Deutschland. Stuttgart, 1961.

Eine vom gegenwärtigen Stand der Erziehungswissenschaft als sozialwissenschaftliche Disziplin geschriebene Schulgeschichte des 18. und beginnenden 19. Jahrhunderts stammt von

Achim Leschinski/Peter Martin Roeder: Schule im historischen Prozeß. Zum Wechselverhältnis von institutioneller Erziehung und gesellschaftlicher Entwicklung. Stuttgart, 1976.

Eine Zusammenfassung der neueren Forschung zur Schulgeschichte im 19. und 20. Jahrhundert haben vorgelegt

Hans-Georg Herrlitz/Wulf Hopf/Hartmut Titze: Deutsche Schulgeschichte von 1800 bis zur Gegenwart. Königstein, 1981.

Der Zusammenhang der europäischen Bildung und ihrer Theorie mit den politisch-ökonomischen Strukturen der realen Macht ist in einem von Sokrates bis zur Gegenwart reichenden Bogen dargestellt worden von:

Heinz-Joachim Heydorn: Über den Widerspruch von Bildung und Herrschaft. Frankfurt/Main 1970; Neudruck Frankfurt/Main, 1979. Dieses Buch ist glänzend geschrieben und enthält viele überraschende, gegenüber der sonstigen Literatur zur Geschichte der Pädagogik abweichende und subtile Wendungen. Es läßt sich aber mit Gewinn erst von demjenigen lesen, der bereits über gutes Faktenwissen zur europäischen Bildungsgeschichte verfügt.

„Gegen den Strich" ist eine bewußt unhistorisch verfahrende Zusammenstellung von kurzen Auszügen aus der pädagogischen Literatur zwischen 1667 und 1908 angelegt. Die hier präsentierten Auszüge aus Schriften bekannter, z.T. berühmter Autoren sind aus ihrem jeweiligen Zusammenhang so herausgelöst, daß sie für Brutalität, Überwältigungs- und Indoktrinationswillen, subjektive Überheblichkeit und objektive Ahnungslosigkeit der Pädagogen zeugen. Als Kontrapunkt und Erholung von zuviel pädagogischem Edelmut ist auch diese Sammlung lesenswert:

Katharina Rutschky (Hrsg.): Schwarze Pädagogik. Quellen zur Naturgeschichte der bürgerlichen Pädagogik. Frankfurt/Main, 1977.

Für die meisten Klassiker der Pädagogik gibt es jeweils einen Interpreten, der den Stand der Forschung voll aufgearbeitet hat und von dessen Werk sich für den Ratsuchenden die Verzweigungen der unterschiedlich akzentuierten Auslegungen erschließen:

Comenius
Klaus Schaller: Die Pädagogik des Johann Amos Comenius und die Anfänge des pädagogischen Realismus im 17. Jahrhundert. Heidelberg, 1962.

Rousseau
Martin Rang: Rousseaus Lehre vom Menschen. Göttingen, 1959.

Pestalozzi
Die Pestalozzi-Literatur ist fast unübersehbar, aber *den* Pestalozzi-Interpreten gibt es nicht. Deshalb nenne ich hier zwei Werke, die die Spannweite der differierenden Pestalozzi-Auslegungen markieren:
Friedrich Delekat: Pestalozzi (1927). Heidelberg, 1968.
Adalbert Rang: Der politische Pestalozzi. Frankfurt/Main, 1967.

Humboldt
Clemens Menze: Die Bildungsreform Wilhelm von Humboldts. Hannover, 1975.

Schleiermacher
Johannes Schurr: Schleiermachers Theorie der Erziehung. Düsseldorf, 1975.

Herbart
Walter Asmus: Johann Friedrich Herbart. Bd. 1: Heidelberg, 1968; Bd. 2: Heidelberg, 1970.

Dilthey
Ulrich Herrmann: Die Pädagogik Wilhelm Diltheys. Göttingen, 1971.

Der zeitliche Abstand zu den Vorgängen im 20. Jahrhundert ist zu kurz, als daß von „Klassikern" gesprochen werden könnte. Es gibt aber einige Bücher, die bestimmte Richtungen der Pädagogik des 20. Jahrhunderts oder einzelne Aspekte ihrer Entwicklung erschlossen haben:

Hermann Röhrs: Die Reformpädagogik. Ursprung und Verlauf in Europa. Hannover, 1980.
Bernhard Huschke-Rhein: Das Wissenschaftsverständnis in der geisteswissenschaftlichen Pädagogik. Dilthey-Litt-Nohl-Spranger. Stuttgart, 1979.
Ilse Dahmer/Wolfgang Klafki (Hrsg.): Geisteswissenschaftliche Pädagogik am Ausgang ihrer Epoche – Erich Weniger. Weinheim, 1968.
Christoph Führ: Zur Schulpolitik der Weimarer Republik. Weinheim, 1970.
Harald Scholtz: NS-Ausleseschulen. Internatsschulen als Herrschaftsmittel des Führerstaates. Göttingen, 1973. (Dieses Buch hebt sich aus der Literatur über die NS-Pädagogik durch Hypothesenbildung, methodische Durchführung und sprachliche Gestaltung so hervor, daß es, obschon es nur einen sehr speziellen Aspekt thematisiert, doch als Einführung in den Gesamtzusammenhang der faschistischen Pädagogik gelesen werden kann).
Dietrich Benner: Hauptströmungen der Erziehungswissenschaft. Eine Systematik traditioneller und moderner Theorien. München, 1978[2].
Klaus Schaller (Hrsg.): Erziehungswissenschaft der Gegenwart. Prinzipien und Perspektiven moderner Pädagogik. Bochum, 1979.

PERSONENREGISTER

Dieses Register enthält nur die Namen der im Text erwähnten Personen, nicht die Autorennamen zu den im Quellennachweis und in Literaturhinweisen genannten Werken.